[신정판]

알기 쉬운
한국어 문법론

[신정판]

알기 쉬운

한국어 문법론

이 주 행

역락

신정판 머리말

한국어 문법론의 독자 중 상당수가 기존의 한국어 문법론에 관한 저서들이 이해하기 어렵게 기술되어 있다고 인식한다. 그리하여 좀 더 이해하기 쉬운 한국어 문법에 관한 저서를 집필하여야겠다는 일념으로 이 책의 초판을 2011년에 발간하였다. 2013년에 재판을 발간한 지 5년 만에 부족한 점을 보완하여 신정판(新訂版)을 발행하게 되었다.

이 책에서는 초판에서 다루지 않았던 '양태(樣態)'를 '제11장 서법'에 추가하여 기술하였다. 그리고 '제13장 경어법'에 '경어법의 용법'에 대한 내용을 첨가하였다.

앞으로도 부족한 점을 보완하여 한국어 문법을 이해하고 연구하고자 하는 독자들에게 도움을 주기 위해서 끊임없이 노력할 것이다.

출판계의 어려운 사정에도 불구하고 신정판을 발간하여 주신 역락 출판사 이대현 사장님과 이 책을 편집하느라 고생하신 박윤정 편집자님께 깊이 감사를 드린다.

2018년 11월
이주행(李周行)

초판 머리말

모든 언어는 보편성과 특수성을 지니고 있다. 언어를 연구하는 사람은 이러한 언어의 성질을 염두에 두고 여러 언어 현상을 거시적·미시적으로 살펴서 체계화하려고 힘써야 한다. 19세기서부터 최근까지 이루어진 한국어 문법에 관한 논문과 저서를 일별(一瞥)하여 보면 상당수의 논저(論著)가 한국어의 특성을 무시하고, 외국어 문법의 이론에 따라 미시적인 관점에서 직관으로 한국어의 문법 현상을 난해하게 기술하고 있음을 알 수 있다. 궁극적으로 이러한 논저는 한국어의 문법 연구에 기여하기보다 해악을 끼칠 것이다. 그런데 이 책은 한국어의 특수성과 언어의 보편성을 고려하여 거시적·미시적 관점에서 한국어의 문법 현상을 알기 쉽게 기술하였다.

이 책은 다음과 같은 특징을 지니고 있다.

(1) 문장 문법의 틀에서 벗어나 담화 문법의 차원에서 한국어의 문법 현상을 설명하였다.

(2) 경어법과 같은 문법 범주는 사회언어학적인 관점에서 기술하였다.

(3) 한국어의 특수성을 고려하여 조사(助詞)를 단어로 간주하였다.

(4) 한국어에서 문법적으로 대단히 중요한 기능을 하는 조사(助詞)와 어미(語尾)에 대해서 구체적으로 논의하였다.

(5) 한국어의 문법 현상을 용이하게 이해할 수 있도록 적합한 보기를 들어 쉽게 설명하였다.

최근까지 이루어진 여러 한국어 문법학자의 논문과 저서의 덕택으로 이 책을 발간할 수 있게 되었다. 그분들께 지면을 통해 양해를 구하고 매우 깊은 감사의 마음을 표한다.

앞으로 부단히 이 책의 부족한 점을 보완하여 갈 것이다. 독자들의 지도 편달이 있기를 간절히 바란다.

출판계의 어려운 사정에도 불구하고 이 책을 흔쾌히 발간하여 주신 역락출판사의 이대현 사장님과 무더위 속에서 이 책을 편집하느라 고생을 많이 한 편집부 박선주 님께 깊이 감사의 뜻을 표한다.

2011년 7월 26일
이주행

차례

제1장
한국어 문법론이란 무엇인가

문법에 대한 정의(定義)는 문법학자의 언어관에 따라 다르다. 문법 연구 대상도 문법 연구자의 문법관에 따라 상이하다. 이 장에서는 문법의 정의·연구 대상·종류 등에 대해서 살펴보고자 한다.

1.1 한국어 문법론의 정의와 연구 대상

1.1.1 한국어 문법론의 정의

문법에 대한 정의는 문법을 연구하는 이의 언어관에 따라 다르다. 전통문법학자(傳統文法學者)는 이성주의(理性主義)와 실증론(實證論)에 입각해서, 문법이란 글을 바르게 쓰는 규칙이라고 한다. 구조문법학자(構造文法學者)는 경험주의(經驗主義) 언어관에 입각하여, 문법이란 관찰이 가능한 언어 자료를 형성하고 있는 단위 요소들과 그 단위 요소들의 관계를 기술하는 규칙이라고 한다. 그런데 변형생성문법학자(變形生成文法學

者)는 합리주의(合理主義)에 입각해서, 문법이란 적격문(well-formed sentence)을 무한히 생성할 수 있는 유한한 언어의 규칙 체계라고 한다. 이와 같이 문법의 정의는 문법학자의 언어관에 따라 상이하다.

문법이란 좁은 의미로는 단어나 문장을 형성하거나 운용하는 규칙이다. 그런데 문법은 넓은 의미로는 언어를 형성하는 규칙이다. 즉 문법은 음소가 모여서 음절을 형성하고, 음절이 단어를 형성하며, 단어가 문장을 구성하고, 문장이 담화나 텍스트를 형성하는 규칙이다.

한국어 문법론이란 한국어의 문법에 대해서 연구하는 한국어학의 한 분야이다. 좀 더 구체적으로 말하면, 한국어 문법론은 한국어의 형태소(形態素, morpheme)가 배합하여 단어(單語)를 형성하는 원리, 품사(品詞)의 분류와 용법, 단어가 결합하여 문장을 구성하는 원리 등에 관해서 연구하는 한국어학의 한 분야이다.1) 형태소가 배합하여 단어를 형성하는 원리와 품사에 대해서 연구하는 분야를 형태론(形態論, morphology)이라고 한다. 단어를 형성하는 원리에 대해서 연구하는 것을 '단어 형성론(單語形成論)'이라고 일컬으며, 품사에 대해서 연구하는 것을 '품사론(品詞論)'이라고 한다. 단어가 문장을 구성하는 원리에 대하여 연구하는 분야를 통사론(統辭論, syntax)2)이라고 한다. 이렇듯 한국어 문법론은 형태론과 통사론으로 양분된다.

요컨대 좁은 의미의 한국어 문법론이란 한국어의 단어와 문장이 이루어지는 규칙이나 단어와 문장을 운용하는 방법에 대해서 연구하는 한국어학의 한 분야이다.

---

1) 촘스키(Chomsky)는, 문법이란 한 조의 규칙의 집합체(a set of rules)라고 한다. 그냥 규칙이 아니고 한 조의 규칙 또는 규칙의 집합이라고 하는 것은 어떤 자연 언어를 기술할 수 있는 문법 규칙이 그러한 규칙 한 개만으로는 불가능하고, 일정한 수효의 규칙이 있어서 이것들이 상호 작용하여 이루어지기 때문이다.
2) 통사론을 '통어론(統語論)' 혹은 '문장론(文章論)'이라고 일컫기도 한다.

문법론의 연구 대상

문법을 좁은 의미로 해석하느냐 넓은 의미로 해석하느냐에 따라 문법론의 연구 대상이 달라진다. 좁은 의미의 문법론은 일반적으로 형태론과 통사론으로 양분된다. 형태론과 통사론의 연구 대상이 곧 문법론의 연구 대상이 된다. 형태론의 연구 대상은 형태소와 단어이며, 통사론의 연구 대상은 단어·구(句)·연어(連語, collocations)·절(節)·문장(文章) 등이다.

형태소란 의미를 지닌 최소의 언어 단위이다. 단어란 한 개 이상의 형태소로 이루어지고, 분리성이 없으며, 그 내부에 휴지를 둘 수 없는 언어 단위이다(3.1 참조). 구(句)란 주어와 서술어 관계를 맺지 않은, 둘 이상의 단어로 형성된 언어의 단위이다. 연어(連語)³란 복합 구성의 문법 항목을 뜻한다. '-지 아니하다', '-는 게 어때요?', '-(으)ㄹ 테니', '-기 때문에' 등이 그 보기에 속한다. 절(節)이란 주어와 서술어 관계를 맺고 있되 문장의 한 성분으로 쓰이는 언어 단위이다(7.2.1 참조). 문장이란 하나의 완결된 사상과 감정을 단어나 단어의 결합으로 나타내는 언어 단위이다(6.1 참조).

좁은 의미의 문법론의 연구 대상은 형태소·단어·구(句)·연어(連語)·절(節)·문장 등이다. 일정한 언어의 규칙을 문법으로 간주하는 광의의 문법론의 연구 대상은 음소(音素)·형태소·단어·구(句)·연어·절(節)·문장·담화·텍스트 등이다.

---

3) 연어(連語)를 '표현 항목(expression entries)', '관용 표현' 등이라고 일컫기도 한다. 연어의 보기를 들어 보면 다음과 같다.
(1) 꿈을 꾸다, 눈을 감다, 눈을 뜨다, 잠을 자다
(2) 별로 (기분이) -지 않다, 비단 …만이 아니다, 왜냐하면 … -기 때문이다, -ㄹ 수밖에 없다

형태론의 최소 연구 대상은 형태소이고, 최대 연구 대상은 단어이다. 이를테면 '일꾼'은 '일'이라는 자립 형태소와 '-꾼'이라는 의존 형태소가 결합하여 이루어진 단어이며, '일'은 어근(語根)이고, '-꾼'은 접미사라고 논의하는 일은 형태론에서 하는 것이다.

통사론의 최소 연구 대상은 단어이고, 최대 연구 대상은 문장이다. 이를테면 "아저씨가 나무에 물을 준다."는 것은 하나의 문장이다. 이 문장의 주어는 '아저씨가'이고, 서술어는 '준다'이며, 목적어는 '물을'이며, '나무에'는 부사어라고 기술하거나, '나무'에 조사 '에게'가 결합하면 이 문장이 비문법적인 문장이 되는 것은 '나무'와 같은 무정 명사에는 조사 '에게'가 결합될 수 없기 때문이라고 논의하는 일은 통사론에서 하는 것이다.

단어는 형태론과 통사론의 공통 연구 대상이 된다. 따라서 형태론과 통사론은 밀접한 관계를 맺고 있는 것이다. 특히 한국어는 인구어(印歐語)와 달리 비형상적 언어(非形狀的言語, non-configurational language)[4]이므로 한국어 문법론의 연구 대상 중에서 단어가 차지하는 비중이 가장 크다.

1.2 문법의 종류

문법(文法)은 분류 기준 - 연구 대상·연구 목표·연구관과 연구 방법·연구 태도 등 - 에 따라 여러 가지로 나뉜다. 그것을 도시하면 다음의 [그림 1]과 같다.

---

4) 비형상적 언어(非形狀的言語, nonconfigurational language)란 어순이 비교적 자유롭고 문법 요소의 계층적 구조가 문법 관계의 결정에 매우 중요한 구실을 하지 않는 언어를 뜻한다. 한국어·몽골어·터키어·만주어 등이 그 보기에 해당한다.

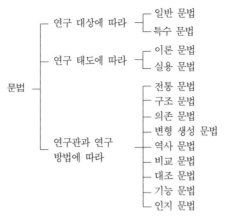

[그림 1] 문법의 종류

1.2.1 일반 문법과 특수 문법

일반 문법(一般文法)이란 세계의 모든 언어가 공통적으로 지니고 있는 보편적인 언어 규칙에 대해서 규명하는 것을 목표로 하는 문법이다. 그런데 특수 문법(特殊文法)은 특정한 언어 즉 개별 언어의 규칙을 밝히는 데 목표를 두고 있는 문법이다. 이것을 '특정 문법(特定文法)' 혹은 '개별 문법(個別文法)'이라고 일컫기도 한다. 일반 문법은 세계의 모든 언어 현상을 그 연구 대상으로 삼는데, 특수 문법은 그 가운데 한 언어 현상을 연구 대상으로 삼는다.

일반 문법의 이론적 뒷받침이 없이 특수 문법이 제대로 연구될 수 없고, 특수 문법을 토대로 하지 않고서 일반 문법이 성립될 수 없다. 이렇듯 일반 문법과 특수 문법은 배타적인 관계에 있는 것이 아니라 상부상조(相扶相助)의 밀접한 관계를 맺고 있다.

19세기말부터 오늘날에 이르기까지 한국어 문법을 연구하는 이들 가운데 상당수가 한국어의 특성을 무시한 채 인구어(印歐語) 문법 특히

영문법의 체계대로 한국어 문법 체계를 기술하려는 경향이 있다. 이를 테면 한국어에 없는 관계 대명사를 설정하거나, 조사를 단어로 인정하지 않고 접미사의 일종으로 처리하거나, 성(性, gender) 범주를 한국어의 문법 범주로 설정하는 일 등은 한국어의 특성을 경시하고 다른 나라 말의 문법에 지나치게 의존하여 한국어 문법 체계를 연구하는 데서 기인하는 오류이다. 그렇다고 일반 문법의 이론을 무시하고 우물 안 개구리 식으로 한국어의 문법에 대해서 연구하는 것도 경계하여야 할 일이다.

일반 문법의 이론은 보편성을 지니고 있으므로 이것을 활용하여 한국어 현상에 대해서 연구하게 되면, 지금까지 규명되지 않았던 한국어 문법 현상도 밝혀질 것이고, 나아가서 한국어 문법이 일반 문법의 미비점을 보완하여 주기도 할 것이다.

1.2.2 실용 문법과 이론 문법

실용 문법(實用文法)이란 일반 국민의 언어생활에 실제적인 도움을 주기 위하여 언어 규칙을 규범화한 문법이다. 이것은 학문적인 전문성보다 실용성과 교육의 효율성을 중시하여 언어 규칙을 체계화한 문법이다. 실용 문법을 내용면에서 '규범 문법(規範文法)' 혹은 '명령 문법(命令文法)'이라 하고, 용도면에서 '학교 문법(學校文法)' 혹은 '교시 문법(敎示文法)'이라고 일컫기도 한다. 실용 문법은 언어 자체의 과학적 연구가 아닌, 일정한 나라의 문법을 내국인과 외국인의 학습자에게 교육하기 위한 문법이다. 그래서 실용 문법은 학습자의 의사소통 능력의 향상에 도움을 줄 수 있는 것이어야 한다. 실용 문법은 이론 문법(理論文法)의 발달 결과를 수용하면서 발달한다. 그런데 실용 문법은 이론 문법을 그대로 수용하는 것이 되어서는 안 된다. 실용 문법은 학습자의 의사 소통 능력 향상을 위한 문법이 되도록 그 체계가 수립되어야 한다.

이론 문법이란 실용적 효용성·교육의 효율성·관용성 등을 중시하는 실용 문법과 달리 학문적 전문성을 중시하여 언어 현상을 체계화하는 문법이다. 이것을 '학문 문법(學問文法)' 또는 '과학 문법(科學文法)'이라고 일컫기도 한다. 이론 문법은 실용 문법을 위한 이론적 근거를 제시한다.

이론 문법은 언어관과 연구 방법에 따라 전통 문법(傳統文法, Traditional Grammar), 구조 문법(構造文法, Structural Grammar), 변형 생성 문법(變形生成文法, Transformational Generative Grammar), 의존 문법(依存文法, Dependenzgrammatik), 역사 문법(歷史文法, Historical Grammar), 비교 문법(比較文法, Comparative Grammar), 대조 문법(對照文法, Contrastive Grammar), 기능 문법((機能文法, Functional Grammar), 인지 문법(認知文法, Cognitive Grammar) 등으로 나뉜다.

전통 문법이란 이성주의(理性主義), 사변 철학(思辨哲學),[5] 실증론(實證論)[6] 등에 입각하여 언어 현상에 대해서 연구하는 문법이다. 전통 문법[7]은 구조 문법이 출현하기 이전의 문법을 통틀어 일컫는 용어이다. 이것은 기원전 5세기 플라톤(Platon)의 철학적 문법부터 19세기 말 영국의 언어학자인 스위트(Sweet, H.)와 덴마크의 언어학자인 예스페르센(Jespersen, O.)의 과학적 문법까지 한데 묶어 일컫는 것이다.

스위트와 예스페르센이 실증론에 입각하여 문법을 연구하기 이전의

---

5) '사변 철학(思辨哲學)'이란 실천이나 경험을 개재시키지 않고, 순수한 사고(思考)와 이성만으로 사물의 진실에 도달하려는 철학을 뜻한다.
6) '실증론(實證論)'이란 현상의 배후에서 형이상학적(形而上學的)인 원인을 찾으려는 사변(思辨)을 배제하고, 관찰이나 실험으로써 검증할 수 있는 지식만을 인정하려는 사상이다.
7) 그리스-로마 전통 문법(Greco-Roman tradition grammar)을 일반적으로 '전통 문법(傳統文法)'이라고 일컫는다.

문법을 '라틴 전통 문법'이라 하고, 스위트와 예스페르센이 체계화한 문법을 '과학적 전통 문법'이라고 하여 구분하기도 한다.

　구조 문법이란 경험론(經驗論)8)의 언어관에 입각하여 관찰이 가능한 언어 자료만을 가지고 언어 체계를 공시적(共時的)인 방법에 따라 분석하고 기술하는 문법이다. 이것은 1910년대에 소쉬르(Saussure, Ferdinand de, 1857~1913)가 씨앗을 뿌리고 블룸필드(Bloomfield, Leonard, 1887~1949)가 꽃을 피운 것이다. 구조 문법은 어떤 언어의 문법 현상을 귀납법으로 연구하는 것이다. 이것은 현지 조사로 수집한 언어 자료에 나타나는 표면 현상을 평면적으로 분석하여 기술하고, 각 언어에 대한 기술 결과를 비교함으로써 공통 요소를 추출하여 내는 것이다. 구조 문법은 언어의 계층이나 단위를 명확히 구분하지 않고 중심적인 개념으로 설명하는 전통 문법과 달리 언어의 계층 또는 위상의 구별을 명확히 하고, 작은 단위로부터 큰 단위로 옮겨 가면서 기술하는 문법이다.

　변형 생성 문법은 합리론(合理論)9)에 입각하여 인간이 지니고 있는, 태어날 때부터 선천적으로 주어진 언어 능력(linguistic competence)에 대해서 설명하는 데 목적이 있는 문법이다.10) 이것을 '변형 문법' 혹은 '생성 문법'이라고 일컫기도 한다.

　언어 능력은 이상적인 화자(話者)의 언어 지식을 뜻한다. 이것은 유한한 규칙으로 무한정한 수의 문장을 생성하여 낼 수 있고, 문법적인 문장과 비문법적인 문장을 구별하며, 전에 경험한 바가 없는 문법적인

---

8) 경험론(empericism)은 모든 지식은 실제의 경험에서 생긴다고 하는 이론이다. 이론이나 관념보다 실제 경험을 중시한다.
9) 합리론(rationalism)이란 진정한 인식은 경험이 아닌 생득적(生得的)인 이성(理性)에 의하여 얻어지는 것이므로, 인식은 이성에 바탕을 두어야 한다는 사상이다.
10) 변형 생성 문법은 1957년 미국의 언어학자인 촘스키(Noam Chomsky, 1928~)가 "통사 구조론(Syntactic Structures)"이라는 저서를 발간한 이후 오늘날까지 연구되어 오고 있는 문법이다.

문장만을 만들어 내는 능력이다. 래드퍼드(Radford, A., 1981 : 30)에서는 어떤 언어의 문법이란 그 언어의 평범한 모어 화자가 가지고 있는 '언어 능력'의 모델이라고 한다.

변형 생성 문법의 이론은 1957년에 촘스키(Chomsky)가 "통사 구조론(Syntactic Structures)"이라는 문법서를 발간한 이후 오늘날에 이르기까지 많이 변하여 왔다. 그동안 변형 생성 문법의 변화한 이론들은 초기 이론(初期理論), 표준 이론(標準理論), 확대 표준 이론(擴大標準理論), 생성 의미론(生成意味論), 수정 확대 표준 이론(修正擴大標準理論), 최소 이론(最少理論) 등으로 구분된다.

의존 문법이란 문장 성분들 사이의 종속 관계를 연구하는 문법이다. 이것을 '종속 문법(Abhängigkeitsgrammatik)' 혹은 '결합가 문법(結合價文法, Valenzgrammatik)' 혹은 '결합가 이론(Valenztheorie)'[11)이라고 일컫기도 한다. 의존 문법은 문장을 구성하는 상이한 등급의 요소들 중에서 지배 요소가 어떤 것이고, 이 지배 요소에 결합되어 있는 하위 요소가 어떤 것인지에 대해서 연구하는 것이다. 결합가(結合價)란 문법적으로 완전한 문장을 형성하기 위해서 특정한 수와 특정한 종류의 보족어를 요구하는 동사의 능력을 뜻한다. 이를테면 동사 '먹다'는 주어와 목적어로 쓰인 명사나 대명사를 요구한다. 이 명사나 대명사는 동사의 특정한 하위 부류, 즉 주어와 목적어를 취하는 동사에 종속할 수 있는 문장 성분이 된다. "나는 과일을 좋아한다."라는 문장에서 '좋아한다'는 문장의 최상위 요소 즉 지배소(支配素, Regens)이고, '나는'과 '과일을' 등은

---

11) 결합가 이론의 창시자는 프랑스 언어학자인 Lucien Tesnière이다. 그는 1953년에 구조문법의 개요를 다룬 소책자에서 '결합가(Valenz : 프랑스어로 valence)'라는 용어를 처음으로 사용하였다. 학문적인 결합가 이론에 대한 실질적인 토대로 간주되는 그의 저서 "구조통사론의 원리(Eléments de syntaxe structure)"는 1959년에 발간되었다.

하위 규정어(規定語, Bestimmung) 혹은 의존소(依存素, Dependens)이다.

역사 문법이란 어떤 언어의 문법 현상을 통시적으로 연구하는 문법이다. 즉 이것은 언어 사실의 추이적 현상 속에서 추이 법칙을 체계화하고 기술하는 문법이다. 예컨대 한국어의 경어법이 고대로부터 오늘날에 이르기까지 어떻게 변하여 왔는지에 대해서 체계적으로 기술하는 것이 역사 문법이다.

비교 문법이란 계통이 같은 언어들 간의 문법을 비교 연구하여 조어(祖語, parent language)를 재구하는 데 이바지하는 문법이다. 이를테면 알타이어 계통에 속하는 한국어, 터키어, 몽골어, 퉁구스-만주어, 일본어 등의 격(格, case)・어순(語順)・태(態, voice)・부정법(否定法)・시제(時制)・상(相, aspect) 등을 상호 비교하여 공통점을 체계화하거나, 한국어와 같은 어족에 속하는 언어의 문법 체계의 도움을 받아서 한국어 문법 현상을 탐구하는 것이다.

대조 문법이란 계통이 다른 언어들 간의 문법 현상을 대조하여 연구하는 문법이다. 계통이 다른 한국어와 영어, 한국어와 독일어, 한국어와 프랑스어 등의 문법 현상을 대조 연구하는 것이 그 보기에 해당한다. 이 연구는 외국어 교육에 기여하는 바가 많다.

기능 문법이란 기능론(機能論)에 입각하여 의사소통을 할 때 언어가 기능하는 것에 대해서 연구하는 문법이다. 기능문법학자는 언어가 구조를 중심으로 독자적으로 존재하는 형식 체계가 아니라 언어는 근본적으로 의사소통의 도구라고 주장한다. 언어는 화자와 청자가 어떤 의사를 전달하기 위하여 사용하는 기호 체계라는 것이다. 따라서 기능문법학자의 연구 관심은 어떠한 의사를 전달하기 위해 어떠한 형태가 사용되는지를 살피는 데 있다. 기능문법학자는 언어의 형태가 본질적으로 의사소통에 관여하는 모든 요소에 의해 결정된다고 간주한다.

인지 문법이란 인지론(認知論)에 입각하여 직접적으로 인지적 처리 과정과 관련되는 언어 구조의 심리적 실재적 기술을 추구하는 문법이다. 인지문법학자는 문법과 어휘부(lexicon)의 통일된 기술을 제공하고, 의미를 명시적으로 다루려고 노력한다.

제2장
형태소

형태소(形態素)는 좁은 의미의 문법론의 연구 대상 중에서 가장 작은 언어 단위이다. 형태소는 단어를 형성하는 데 대단히 중요한 기능을 하는 것이다. 이 장에서는 형태소의 정의(定義), 형태소의 종류, 변이 형태와 자유 변이, 형태소의 식별 준거 등에 대해서 살펴보고자 한다.

2.1 형태소의 정의

형태소란 의미를 나타내는, 가장 작은 언어 단위이다.[1] 여기에서의 '의미'는 어휘적 의미는 물론 문법적 의미도 포함한다.

    (1) ㄱ. 저 사람이 떡을 모두 먹었다.
       ㄴ. 나무가 매우 크다.

---

[1] 형태소(形態素, morpheme)란 용어는 블룸필드(Bloomfield, 1933 : 161)에서 처음으로 쓰이었다.

위의 예문 (1ㄱ)은 '저', '사람', '이', '떡', '을', '모두', '먹-', '-었-', '-다' 등 9개의 형태소로 구성되어 있다. (1ㄱ)에서 조사(助詞)인 '이', '을' 등과 어미(語尾)인 '-었-', '-다' 등과, (1ㄴ)에서 조사인 '가'와 어미인 '-다' 등은 문법적인 의미를 나타내는데, 그 이상 나누어 쪼개면 이것들이 어떤 의미도 나타내지 못하므로 이것들을 형태소로 간주한다. 그런데 (1ㄱ)에 쓰인 '사람'에서 '사-'와 '-람'은 각각 어떤 의미도 나타내지 못하기 때문에 '사-'나 '-람'은 형태소가 아니다. (1ㄱ) '모두'의 '모-', '-두'와 (1ㄴ) '매우'의 '매-', '-우' 등도 각각 어떤 의미도 지니고 있지 않으므로 형태소로 처리하지 않는다. 이를 통하여 볼 때 형태소란 최소의 유의적(有意的)인 언어 단위임을 알 수 있다.

2.2 형태소의 종류

형태소는 자립성 여부·기능·의미 등에 따라 여러 가지로 나뉜다. 형태소는 자립성 여부에 따라 자립 형태소(自立形態素)와 의존 형태소(依存形態素)로 양분되고, 의미와 기능에 따라 어휘 형태소(語彙形態素)와 문법 형태소(文法形態素)로 나뉜다.

2.2.1 자립 형태소와 의존 형태소

자립 형태소란 다른 말에 의존하지 아니하고 단독으로 쓰이는 형태소이다. 이것은 어휘적인 의미를 나타낸다. '눈', '코', '입', '귀', '손', '발' 등은 단독으로 쓰일 수 있기 때문에 자립 형태소에 속한다.
의존 형태소란 다른 말에 의존하여 쓰이는 형태소이다. 이것은 문법적인 의미를 나타내는 형태소이다.

(2) ㄱ. 아이가 책을 읽었다.

ㄴ. 맨몸으로 적을 무찌르러 가겠니?

앞의 예문 (2ㄱ)에서 의존 형태소에 해당하는 것은 '가', '을', '읽-', '-었-', '-다' 등이며, (2ㄴ)에서 의존 형태소에 속하는 것은 '맨-', '으로', '을', '무찌르-', '-러', '가-', '-겠-', '-니' 등이다. (2ㄴ)에 쓰인 '맨몸'의 '맨-'은 접두사이다. (2ㄱ)에 쓰인 '읽었다'에서 '읽-'은 동사인 '읽다'의 어간이고, '-었-'은 선어말어미이며, '-다'는 평서법 종결어미이다. (2ㄴ)에 쓰인 '가겠니'에서 '가-'는 동사인 '가다'의 어간이며, '-겠-'은 선어말어미이고, '-니'는 의문법 종결어미이다.

요컨대 한국어에서 의존 형태소에 해당하는 것은 '접두사', '파생 접미사', '접두사나 파생 접미사가 결합되지 않은 용언의 어간', '선어말어미', '어말어미', '조사(助詞)' 등이다.

일반적으로 '조사'를 제외한 의존 형태소는 '맨-', '풋-', '읽-', '-었-', '-겠-', '-히-', '-다' 등과 같이 붙임표(-)를 사용하여 표시한다. 조사의 앞에 붙임표를 사용하지 않는 것은 조사를 단어로 간주하기 때문이다.[2] 붙임표가 있는 쪽에 반드시 어떤 형태가 결합하여야 함을 뜻한다. 그러나 자립 형태소에는 이러한 표시를 하지 않는다.

형태소는 다른 형태소와 비교적 자유롭게 배합한다. 그런데 형태소들 가운데 어떤 것은 일정한 형태소와만 배합하는 것이 있다. 이와 같은 형태소를 '**유일 형태소**'[3]라고 한다. '만하다'는 의존 명사 '만'에 '하다'가 배합하여 이루어진 단어인데, '만'은 파생 접미사 '-스럽다', '-롭다', '-답다' 등과 통합하지 못하고 오직 '하다'와만 배합할 수 있는 유

---

2) 조사를 단어로 간주하지 않고 격 표지로 처리하는 사람은 '-가', '-을', '-에게' 등과 같이 붙임표를 사용하여 표기한다.

3) '유일 형태소'를 '특이 형태소(特異形態素)'라고 일컫기도 한다.

일 형태소이다.

2.2.2 어휘 형태소와 문법 형태소

어휘 형태소란 어휘적 의미를 나타내는 형태소이다. 이것을 '실사(實辭)' 또는 '내용 형태소(內容形態素)' 또는 '실질 형태소(實質形態素)'라고 일컫기도 한다.[4] 어휘 형태소는 자립 형태소일 수도 있고 의존 형태소일 수도 있다. 이를테면 어휘 형태소인 '눈', '몸', '밤', '밥', '매우' 등은 자립 형태소에 해당하지만, 동사 '먹다'의 어간인 '먹-', 형용사 '넓다'의 어간인 '넓-' 등은 어휘 형태소인데 의존 형태소에 속한다.

문법 형태소란 어휘 형태소에 붙어 문법적 관계를 나타내는 형태소이다. 이것을 '허사(虛辭)' 또는 '기능 형태소(機能形態素)' 혹은 '형식 형태소(形式形態素)'라고 일컫기도 한다. 문법 형태소는 어휘적 의미가 소실되어 문법적인 의미를 나타낸다. 동사 '읽다'의 활용형인 '읽어라', '읽으니', '읽으면', '읽은' 등에 쓰인 어미 '-어라', '-으니', '-으면', '-은' 등과, '먹이다', '읽히다', '갈리다', '갖추다', '많이', '부지런히' 등에 쓰인 파생 접미사인 '-이-', '-히-', '-리-', '-추-', '-이', '-히' 등과 종결 어미인 '-다', '-오', '-자', '-소서' 등과 조사(助詞)가 문법 형태소에 해당한다.

---

4) Langacker(1986)에서 '실질 형태소(full morpheme)'라고 한 것을 Langacker (1973 : 75 ~78)에서는 '어휘 형태소(lexical morpheme)'라 하고, Langacker(1968)에서 '형식 형태소(empty morpheme)'라고 한 것을 Langacker(1973 : 75~78)에서는 '문법 형태소 (grammatical morpheme)'라고 바꾸어 기술하고 있다.

변이 형태(變異形態)란 주위 환경에 따라 음상(音相)을 달리하는 현상, 즉 교체에 의해 서로 달리 실현된 형태를 뜻한다. 즉 변이 형태란 의미가 동일하면서 상보적 분포5)인 형태를 뜻한다. 변이 형태는 동일한 형태소에 속하면서 구성 음소가 다른 것이다. 이것은 '음소적 변이 형태(音素的變異形態)'와 '형태적 변이 형태(形態的變異形態)'로 양분된다.

음소적 변이 형태란 이웃하는 음소의 제약으로 생긴 변이 형태를 뜻한다. 이것은 분포된 음소 환경에 따라 꼴바꿈을 하는 변이 형태이다. 음소적 변이 형태를 '음운론적으로 조건화된 변이 형태'라고 일컫기도 한다. 예를 들면 '흙'은 모음 앞에서 /흘ㄱ/, 자음과 단어 경계 앞에서는 /흑/, 비음(鼻音) 앞에서는 /흥/ 등 세 변이 형태로 실현된다.

(3) ㄱ. 흙+이→/흘기/ : {흘ㄱ}
　　ㄴ. 흙+도→/흑또/ : {흑}
　　ㄷ. 흙+만→/흥만/ : {흥}

앞에 제시한 (3ㄱ)의 {흘ㄱ}, (3ㄴ)의 {흑}, (3ㄷ)의 {흥} 등은 {흙}의 음소적 변이 형태에 해당한다.

음소적 변이 형태는 기호 '~'를 사용하여 /이~가/, /을~를/, /-아~-

---

5) 상보적 분포(相補的 分布, complementary distribution)란 동일한 형태소에 해당하는 변이 형태들이 동일한 환경에 나타나지 못하는 것을 뜻한다. 이것을 배타적 분포(排他的 分布)라고 일컫기도 한다. 이를테면 자음 아래에 분포되는 주격 조사 '이'는 모음 아래에 분포하지 못하며, 모음 아래에 분포되는 주격 조사 '가'는 자음 아래에 분포하는 일이 없는 것이다.

어/, /-았-∽-었-∽-쓰-/ 등과 같이 표시한다.

형태적 변이 형태란 선행하는 형태소에 따라 꼴바꿈을 하는 변이 형태이다. 이것을 '형태론적으로 조건화된 변이 형태'라고 일컫기도 한다. /-았-∽-었-/은 음소적 변이 형태이지만, /-였-/은 음소 환경에 관계없이 용언의 어간인 '하-'에 결합되고, /-렀-/도 음소 환경에 관계없이 용언의 어간인 /이르-/, /푸르-/ 등과 같은 몇 개의 한정된 형태에만 결합되는 것이다. 명령법 종결어미인 /-아라∽-어라/는 음소적 변이 형태로서 선행 음소의 제약을 받지만, 명령법 종결어미인 /-거라∝-너라/는 /-아라∽-어라/와 달리 선행하는 형태소의 제약을 받는다. 그래서 /-렀-/을 /-았-∽-었-/의 형태적 변이 형태라고 하며, /-거라∝-너라/도 /-아라∽-어라/의 형태적 변이 형태라고 한다. 이것은 ∝라는 기호를 사용하여 /(-았-∽-었-)∝-렀-/으로 표시한다.

둘 이상의 변이 형태를 지닌 형태소에 대해서 문법적으로 설명할 경우에는 그 중에서 표준이 되는 변이 형태를 선정하여 설명하기도 한다. 둘 이상의 변이 형태 가운데 표준이 되는 변이 형태를 '기본 변이 형태' 혹은 '표준 변이 형태'라고 일컫는다. 일반적으로 기본 변이 형태는 { } 속에 넣어 표시한다. 기본 변이 형태를 선정할 경우에는 다음의 몇 가지 사항에 유의하여야 한다.

① 교체 현상을 가장 합리적으로 설명할 수 있는 것
   '값'이 '값만'에서 '값만→갑만→감만'과 같이 받침 'ㅄ'이 'ㅁ'으로 발음되고, '값도'에서 'ㅅ'이 탈락하는 현상은 국어 음운 규칙에 의해 합리적으로 설명된다. 그런데 변이 형태 '값', '갑', '감' 중에서 '감'을 기본 변이 형태로 설정할 경우에는 이것이 자음 앞에서 '갑'이 되고, 모음 앞에서 '값'으로 바뀐다고 설명하기가 어렵다.
② 통계적으로 우세한 것
③ 새 단어의 생산성이 큰 것

2.3.2 자유 변이

자유 변이(自由變異)란 동일한 환경에서 동일 형태소의 변이 형태들이 자유로이 교체되는 변이를 뜻한다. 이를테면 사람에 따라 '막았다'에 쓰인 선어말어미인 /-았-/ 대신에 /-었-/을 사용하여 '막었다'라고 말하기도 하는데, 이와 같이 변이 형태들이 임의적으로 자유롭게 교체되는 현상을 자유 변이라고 한다. 그리고 변이 형태 /-았-~-었-/과 같이 서로 자유롭게 교체되는 변이 형태를 '자유 변이 형태(自由變異形態)'라고 한다.

2.4 형태소의 식별 준거

형태소는 대치(代置)의 원리와 삽입(揷入)의 원리로 식별한다.6)

대치의 원리란 어떤 언어 단위와 같은 성질을 가진 다른 언어 단위가 그 언어 단위를 대신할 수 있다는 것이다. 이러한 종류의 언어 단위는 계열체(系列體)를 이루기 때문에 상호 계열 관계(系列關係)에 있다고 한다.

    (4) 저 <u>사람이</u> 떡을 <u>모두</u> <u>먹었다.</u>

앞의 예문 (4)에 쓰인 '저'가 하나의 형태소로 분석되는 것은 '저' 대신에 관형사 '이'나 '그'를 쓸 수 있기 때문이다. 그리고 '사람이'가 형태소 '사람'과 '이'로 분석되는 것은 '사람' 대신에 '아이', '소년', '소녀', '남자', '여자' 등을 쓸 수 있고, 주격 조사 '이' 대신에 보조사

---

6) 대치(代置, substitution)를 계열 관계(系列關係, paradigmatic relation)라 하고, 삽입(揷入, insertion)을 통합 관계(統合關係, syntagmatic relation)라 일컫기도 한다. 이것은 언어 단위의 분석 단위로 널리 이용된다.

인 '은', '도' 등을 쓸 수 있기 때문이다. '떡을'이 형태소 '떡'과 목적격 조사 '을'로 분석되는 것은 '떡'의 자리에 '밥', '빵', '사과', '딸기', '포도' 등의 다른 것이 대치될 수 있고, 목적격 조사 '을'을 보조사인 '은', '도', '마저' 등과 같은 것으로 대치할 수 있기 때문이다. 그리고 (4)의 '모두'도 이것 대신에 '전부', '다', '약간', '조금' 등을 쓸 수 있기 때문이다. '먹었다'가 형태소 '먹-', '-었-', '-다' 등 세 개로 분석되는 것은 '먹-' 대신에 '팔-', '사-', '버리-' 등을 쓸 수 있고, '-었-' 대신에 '-겠-'을 쓸 수 있으며, '-다' 대신에 '-어', '-자', '-지', '-느냐' 등을 쓸 수 있기 때문이다.

삽입의 원리란 어떤 형태소들 사이에 다른 형태소가 끼어들 수 있다는 것이다. 이때 서로 결합될 수 있는 형태소들 사이의 관계를 '통합 관계(統合關係)'라고 한다. 이상의 예문 (4)에 쓰인 '사람이'에서 '사람'과 '이' 사이에 '만'이 삽입될 수 있고, (4)에 쓰인 '먹다'의 '먹-'과 '-다' 사이에 '-었-', '-겠-' 등이 삽입될 수 있다. 이와 같은 삽입의 원리에 따라 '사람', '이', '먹-', '-었-', '-겠-', '-다' 등이 형태소임을 알 수 있다.

제3장
단어

인간이 세계를 보는 능력은 어휘력과 비례한다고 볼 수 있다. 이렇듯 단어는 언어생활에서 대단히 중요한 기능을 한다. 이 장에서는 단어의 정의(定義), 단어의 구조, 단어의 종류, 단어 형성법 등에 대해서 살펴보려고 한다.

3.1 단어의 정의

단어는 일정한 언어 사회의 구성원들의 일상 언어생활에서 가장 자주 쓰이는 용어이다. 이것은 문법론에서 형태소보다 더 큰 비중을 차지하는 언어 단위이다. 언어 사회 구성원들이 직관적으로 하나의 언어 단위로 인지하는 단어에 대해서 정의하면, 단어란 한 개 이상의 형태소로 구성되고, 분리성이 없으며, 그 내부에 휴지(休止)를 둘 수 없는 언어 단위라고 할 수 있다.

(1) ㄱ. <u>저 사람이</u> 책을 <u>읽었다</u>.
　　ㄴ. 어젯밤에 <u>함박눈</u>이 많이 내렸다.

　앞의 예문 (1ㄱ)에 쓰인 '읽었다'는 '읽-', '-었-', '-다' 등 세 개의 의존 형태소로 이루어진 하나의 단어이다. (1ㄴ)에 쓰인 '함박눈'은 '함', '박', '눈' 등 세 개의 자립 형태소로 형성된 한 개의 단어이다. 이와 같이 단어는 한 개 이상의 형태소로 이루어진다.

　분리성이란 다른 단어가 끼어들 수 있는 성질을 뜻한다. 단어에 분리성이 없다는 것은 단어 내부에 다른 단어를 끼워 넣을 수 없다는 것을 의미한다. 이상의 예문 (1ㄱ)에 쓰인 '저 사람이'에서 '사람'은 '사-'와 '-람'으로 분리가 불가능한데, '저'와 '사람' 사이에는 '큰', '위대한', '멋진', '점잖은', '용감한' 등의 단어를 끼워 넣어 '저 큰 사람', '저 위대한 사람', '저 멋진 사람', '저 점잖은 사람', '저 용감한 사람' 등과 같이 '저'와 '사람'을 분리할 수 있다. 그리고 '사람'과 주격 조사 '이' 사이에 '만'을 개입시켜 '사람만이'와 같이 '사람'과 주격 조사 '이'를 분리시킬 수 있다. 그리하여 조사는 앞말과 분리될 수 있는 것이기 때문에 단어로 처리한다. (1ㄴ)에 쓰인 '함박눈'은 '함', '박', '눈' 등 세 개의 자립 형태소로 이루어진 단어이다. 그런데 '함박눈'을 '함과 박과 눈'이나 '함의 박의 눈' 등으로 분리하면, '굵고 탐스럽게 내리는 눈'이란 의미를 그대로 나타내지 못하므로 분리가 불가능하다. 따라서 '함박눈'은 단어라고 할 수 있는데, '함과 박과 눈'이나 '함의 박의 눈' 등은 단어라고 할 수 없다.[1] 이와 같이 단어는 분리성이 없다.

　또한 단어는 그 내부에 휴지(休止)를 둘 수 없는데, 그 앞과 뒤에는 휴지를 두는 언어 단위이다. 단어 내부에는 폐쇄 연접(閉鎖連接, close

---

1) '함과 박과 눈'이나 '함의 박의 눈'은 단어가 아니라 구(句, phrase)이다.

juncture)이 오지만, 단어와 단어 사이에는 개방 연접(開放連接, open juncture)이 온다. 앞의 예문 (1ㄱ)에 쓰인 '사람'에서 '사-'와 '-람' 사이 혹은 '읽었다'에서 '읽-'과 '-었-' 사이 혹은 '-었-'과 '-다' 사이에는 휴지를 둘 수 없다. 즉 그것들 사이에는 폐쇄 연접이 온다. 이상의 예문 (1ㄴ)에 쓰인 '함박눈'은 '함'과 '박'과 '눈' 사이에 각각 휴지를 둘 수 없다. 그러나 (1ㄱ)에 쓰인 '저'와 '사람' 사이, '책'의 전후, '읽었다' 앞뒤에 휴지를 둘 수 있다. 이처럼 단어의 내부에는 휴지를 둘 수 없는데, 단어의 앞과 뒤에는 휴지를 둘 수 있다.[2]

3.2 단어의 구조

단어의 구조에는 단순 구조(單純構造)와 복합 구조(複合構造)가 있다. 단순 구조는 한 개의 어근(語根)으로 이루어진 것이다. 복합 구조는 두 개이상의 어근이 결합하여 구성되거나, 어근에 접두사 혹은 파생 접미사가 배합하여 구성된 것이다. 복합 구조는 파생 구조와 합성 구조로 나뉜다. 파생 구조란 어근에 접두사나 파생 접미사가 결합된 구조이고, 합성 구조란 두 개 이상의 어근이 결합한 구조이다.

 (2) ㄱ. 나무, 몸, 사랑, 손, 하늘
   ㄴ. 군-소리, 맨-손, 풋-사랑, 털-보, 높-이, 곤-히, 먹-이-다, 웃-기-다
   ㄷ. 겉-늙-다, 굳-세-다, 손-목, 잘-못

---

2) Chomsky-Halle(1968 : 367)에서는 단어란 (a) s[#X[#, (b) #]X#]s, (c) #]X [#와 같은 형태의 경계에 둘러싸인 요소라고 한다. 즉, 양쪽에 두 개의 #를 가진 요소를 단어라고 한다. 예컨대 ##the#book##was#in#an#unlikley## place##와 같은 구(句)에서 단어는 'the book, was in an unlikely, place' 등 세 개가 된다.

앞의 (2ㄱ)에 제시된 단어들은 한 개의 어근으로 이루어진 것이며, (2ㄴ)의 단어들은 접두사인 '군-', '맨-', '풋-' 등이나 파생 접미사인 '-보', '-이', '-히', '-이-', '-기-' 등이 어근인 '소리', '손', '사랑', '털', '높-', '곤-', '먹-', '웃-' 등에 결합하여 이루어진 것이다. (2ㄷ)의 '겉늙다'는 어근 '겉-'과 '늙-'이, '굳세다'는 어근 '굳-'과 '세-'가, '손목'은 어근 '손'과 '목'이, '잘못'은 어근 '잘'과 '못'이 각각 결합하여 이루어진 단어이다. (2ㄱ)의 단어들과 같이 한 개의 어근으로 이루어진 구조를 단순 구조라 하고, 이와 같은 구조로 된 단어를 단일어(單一語)라고 한다. 그리고 (2ㄴ)이나 (2ㄷ)의 단어들과 같은 구조를 복합 구조라고 한다. (2ㄴ)의 단어들과 같은 구조로 된 단어를 파생어(派生語)라 하고, (2ㄷ)의 단어들과 같은 구조로 된 단어를 합성어(合成語)라고 한다. 파생어와 합성어를 묶어 복합어(複合語)라고 일컫는다.

3.2.1 어근과 접사

어근(語根)이란 단어를 구성하는 요소 가운데 가장 기본이 되는 형태소이다. 이것은 단어의 기본 의미를 나타내는 핵(核)이다. 어근은 자립 형태소이거나 의존 형태소이다.

접사(接辭)란 단어의 주변부를 형성하는 형태소이다. 이것은 단어의 구성 요소 중에서 어근을 제외한 나머지 부분으로, 어떤 어근에 첨가되어 새로운 단어를 만들어 내거나 문법적 관계를 나타낸다. 예를 들면 '어른들'에서 '어른'은 어근이고, '-들'은 접사이며, '맨몸'에서 '맨'은 접사이고, '몸'은 어근이다. '읽었다'에서 '읽-'은 어근이고, '-었-'과 '-다'는 접사이다.

한국어의 접사는 그 기능에 따라서 활용 접사(活用接辭)와 파생 접사

(派生接辭)로 나뉜다. 활용 접사는 한 단어의 활용을 담당하는 접사이다. 활용이란 용언의 어간이 여러 어미를 취하는 것을 뜻한다(제5장 참조). '먹다', '먹고', '먹으니', '먹으면', '먹어라', '먹지' 등에서 '-다', '-고', '-으니', '-으면', '-어라', '-지' 등의 어미가 활용 접사에 속한다. 파생 접사는 어근에 결합하여 새로운 단어를 만들어 내는 접사이다. 예를 들면 '새파랗다'에 쓰인 '새-', '맨몸'에 쓰인 '맨-', '풋과일'에 쓰인 '풋-' 등과, '맡-기-다', '먹-이-다', '읽-히-다', '자연-스럽-다', '정-답-다', '평화-롭-다' 등에 쓰인 '-기-', '-이-', '-히-', '-스럽-', '-답-', '-롭-' 등과, '가위-질', '넓-이', '베-개', '일-꾼', '잠-꾸러기', '잠-보' 등에 쓰인 '-질', '-이', '-개', '-꾼', '-꾸러기', '-보' 등이 파생 접사에 해당한다.

접사는 어근의 앞에 놓이느냐 뒤에 놓이느냐에 따라 접두사(接頭辭)와 접미사(接尾辭)로 나뉘기도 한다. 접두사란 어근의 앞에 붙어 새로운 단어를 생성하는 접사이다. '군-말', '덧-신', '맨-몸', '풋-과일', '헛-수고', '빗-나가다', '새-파랗다' 등에 쓰인 '군-', '덧-', '맨-,' '풋-', '헛-', '빗-', '새-' 등이 접두사이다. 접두사는 파생 접사의 일종이다.

접미사란 어근의 뒤에 놓이는 접사이다. 접미사는 파생 접미사(派生接尾辭)와 활용 접미사(活用接尾辭)로 나뉜다. 파생 접미사는 어근 뒤에 결합하여 새로운 단어를 생성하는 접미사이다. '먹-이', '심술-꾸러기', 싸움-질, '잠-보', '점-쟁이', '사랑-스럽-다', '없-애-다', '웃-기-다', '인간-답-다', '해-롭-다' 등에 쓰인 '-이', '-꾸러기', '-질', '-보', '-쟁이', '-스럽-', '-애-', '-기-', '-답-', '-롭-' 등이 파생 접미사에 속한다.

활용 접미사는 용언의 어간 뒤에 붙어 활용의 기능을 하는 것인데, 파생어를 생성하는 구실을 하지 못하는 접미사이다. 이른바 어미가 활용 접미사이다. '먹-다', '먹-고', '먹-는데', '먹-더라도', '먹-어', '먹-

어라', '먹-으니', '먹-으면', '먹-을수록', '먹-자' 등에서 동사 '먹다'
의 어간 '먹-'에 결합된 '-다', '-고', '-는데', '-더라도', '-어', '-어
라', '-으니', '-으면', '-을수록', '-자' 등이 활용 접미사에 해당한다.
활용 접미사와 파생 접미사는 다음과 같은 차이점이 있다.

> ① 파생 접미사는 활용 접미사 앞에 올 수가 있는데, 활용 접미사는 파생
> 접미사 앞에 올 수가 없다. [보기] 읽-히-다(○), 읽-다 -히(×)
> ② 활용 접미사는 파생 접미사에 비하여 분포에 제약을 덜 받는다.
> [보기] 읽-다, 읽-고, 읽-으면, 읽-어, 읽-어라, 읽-자
> 잡-히-다(○), 먹-히-다(○), 막-히-다(○),
> 열-히-다(×), 놓-히-다(×), 쓰-히-다(×)

3.2.2 어간과 어미

어간(語幹)이란 하나 혹은 그 이상의 어근(語根)으로 구성되는 단어의
핵 요소로서, 활용 접미사 즉 어미가 결합될 수 있는 단어의 구성 요
소이다. 즉 어간은 활용어[3)]의 중심부를 형성하는 줄기 부분으로 의존
형태소이다.

어미(語尾)란 어간에 붙어 용언의 주변부를 형성하는 형태소이다. 즉
어미는 어간에 붙는 가변 요소이며, 의존 형태소이다. 예를 들면 '잡
다', '잡고', '잡으니', '잡으면' 등에서 '잡-'이 어간이고, '-다', '-고',
'-으니', '-으면' 등이 어미이다. 또한 '잡히다', '잡히고', '잡히면', '잡
히어서', '잡히어라'…… 등에서 어간은 '잡히-'이고, '-다', '-고', '-면',
'-어서', '-어라' 등은 어미에 해당한다.

---

3) 활용어(活用語)는 어간에 여러 어미가 붙어서 꼴을 바꾸는 단어이다. 동사, 형용사,
지정사 등이 활용어에 해당한다.

어미(語尾)는 그 분포와 기능에 따라 여러 가지로 분류된다. 분포에 따라 선어말어미(先語末語尾)와 어말어미(語末語尾)로 나뉜다.

선어말어미는 어말어미의 앞에 오는 어미이다. 예를 들면 '먹겠다', '간다', '읽는다', '막았다', '먹었다', '하였다', '오시다', '잡겄다', '하리다' 등에 쓰인 '-겠-', '-ㄴ-/-는-', '-았- /-었-/-였-', '-시-', '-겄-', '-리-' 등이 선어말어미에 속한다.4)

어말어미란 단어의 맨 끝에 오는 어미이다. 이 어미로 한 단어가 끝나기 때문에 어말어미라고 한다.

(3) ㄱ. 철수는 밥을 <u>먹고</u>, 영희는 빵을 <u>먹는다</u>.
    ㄴ. 그동안 많이 <u>굶었으니</u> 많이 <u>먹어라</u>.
    ㄷ. 날씨가 <u>좋은</u> 날에 소풍을 <u>가자</u>.
    ㄹ. 공공장소에서 크게 <u>웃음</u>은 남에게 결례가 된다.

위의 예문 (3ㄱ)에 쓰인 '먹고', '먹는다'에서의 '-고', '-다' 등과 (3ㄴ)에 쓰인 '굶었으니', '먹어라'에서의 '-으니', '-어라' 등과 (3ㄷ)에 쓰인 '좋은', '가자'에서의 '-은', '-자' 등과 (3ㄹ)에 쓰인 '웃음'에서의 '-음' 등은 어말어미에 해당한다.

어말어미는 문장의 종결 여부에 따라 종결어미(終結語尾)와 비종결어미(非終結語尾)로 나뉜다. 종결어미는 문장이 끝남을 나타내는 어미이다. 위의 예문 (3ㄱ), (3ㄴ), (3ㄷ) 등에 쓰인 '먹는다', '먹어라', '가자' 등에서의 '-다', '-어라', '-자' 등이 종결어미이다. 비종결어미는 문장의 끝남을 나타내지 않는 어말어미이다. '먹고', '굶었으니', '좋은', '웃음' 등에 쓰인 '-고', '-으니', '-은', '-음' 등이 비종결어미이다. 비종결어미는 연결어미(連結語尾)와 전성어미(轉成語尾)로 나뉜다. 연결어미는 선행

---

4) 제5장에서 선어말어미에 대해서 좀 더 구체적으로 논의할 것이다.

절을 다른 후행절에 이어 주는 구실을 하는 어미이며, 전성어미는 용언으로 하여금 명사나 관형사의 기능을 하도록 전성시키는 구실을 하는 어미이다. (3ㄱ)의 '먹고', (3ㄴ)의 '굶었으니' 등에 쓰인 '-고', '-으니' 등이 연결어미에 해당하고, (3ㄷ)의 '좋은'과 (3ㄹ)의 '웃음'에 쓰인 '-은'과 '-음'이 전성어미에 속한다(제5장 참조).

3.3 단어의 종류

단어는 분류 기준에 따라 여러 가지로 나뉜다. 단어의 분류 기준으로는 구조·어원·의미·표준·시대·지역 변인·사회 변인 등을 들수 있다. 이 기준에 따라 단어를 분류하면 다음의 [그림 2]와 같다.

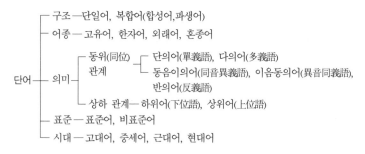

[그림 2] 단어의 종류

3.3.1 단일어·복합어

단어는 그 구조에 따라 단일어(單—語)와 복합어(複合語)로 나뉜다. 복합어는 파생어(派生語)와 합성어(合成語)로 나뉜다.

단일어는 단순 구조로 되어 있는 단어이다. 즉 단일어는 하나의 어근으로 형성된 단어이다. 이것의 보기를 들어 보면 다음의 (4)와 같다.

(4) ㄱ. 귀, 눈, 머리, 얼굴, 코, 나무, 바람, 사람; 곱다, 놀다, 덥다, 자다

ㄴ. 가(可), 각(角), 난(蘭), 단(單), 담(膽), 문(門), 벽(壁), 산호(珊瑚),
인도(印度), 창(窓), 총각(總角), 침(鍼), 포도(葡萄)

앞의 (4ㄱ)에 제시된 단어는 고유어이고, (4ㄴ)에 제시된 단어는 한자어이다. (4ㄱ)에 제시된 '곱다'는 의존 형태소인 '곱-'과 '-다'가 합쳐서 이루어진 단어이다. '놀다', '덥다', '자다' 등도 이와 같이 두 개의 의존 형태소가 결합하여 이루어진 단어이다. 이 단어들에서 '곱-', '놀-', '덥-', '자-' 등은 어근이며, '-다'는 활용 접미사이다. 이것들도 한 개의 어근으로 이루어진 단어이므로 단일어에 해당한다. (4ㄴ)에 제시된 '산호(珊瑚)', '인도(印度)', '총각(總角)', '포도(葡萄)' 등은 2음절로 이루어진 한자어이지만 단일어이다.5) 이 단어들을 단일어로 간주하는 것은 이것들의 각 음절이 각각 어근이 되는 것이 아니라 두 음절이 한 개의 어근이 되기 때문이다.

합성어는 복합 구조로 된 단어이다. 이것은 두 개 이상의 어근이나 둘 이상의 단어로 이루어진 단어이다.6)

(5) ㄱ. 밤[夜]+낮[晝]→밤낮(늘, 항상)

ㄴ. 봄+비→봄비

ㄷ. 앞+뒤→앞뒤

ㄹ. 멋+있다→멋있다

ㅁ. 반짝+반짝→반짝반짝

---

5) 한국어 한자어 중에는 두 개의 음절로 이루어진 단어가 가장 많다.

6) 합성어에 대한 의견이 분분하다. 남기심·고영근(1993 : 191)에서는 합성어란 실질 형태소들의 결합으로 이루어진 말이라고 한다. 이익섭(2009 : 37)에서는 합성어란 형태소가 둘이나 그 이상이 모여 만들어진 단어라고 정의하고, 합성어를 복합어와 파생어로 양분하고 있다. 이익섭(2009 : 37)에서는 이 글의 합성어를 복합어라고 한다.

위의 (5ㄱ)의 '밤낮'은 '밤'과 '낮'이라는 두 개의 단어로 형성되어 있는데, 각 단어의 의미가 소실되고 의미의 특수화 현상에 따라 '늘'이라는 새로운 의미를 나타낸다. (5ㄱ)과 같은 유형의 합성어의 보기를 더 들어 보면 다음의 (5ㄱ)′과 같다.

> (5ㄱ)′ 새언니(갓 시집온 올케를 이르는 말), 치맛바람(여자의 극성스러운 사회 활동을 야유조로 이르는 말), 작은아버지(아버지의 결혼한 남자 동생)

위에 제시한 (5ㄴ)의 '봄비'는 '봄'이 '비'를 수식하는 구조로 되어 있다. 합성어 가운데 이 유형에 속하는 것이 가장 많다. (5ㄴ)과 같은 유형의 합성어의 보기를 들어 보면 다음의 (5ㄴ)′과 같다.

> (5ㄴ)′ 길가, 김치찌개, 깃발, 나뭇가지, 나뭇잎, 낯빛, 냇가, 등불, 못자리, 바닷가, 바닷물, 발등, 뱃길, 베갯잇, 보름달, 빗물, 손등, 소가죽, 새집, 솔밭, 쇠고기, 쌀밥, 아랫니, 아침밥, 잇몸, 좁쌀, 집일, 콧등, 풀밭, 햇살 ; 기어가다, 기어오다, 넘어가다, 들어가다, 돌아오다, 살펴보다, 잘하다

앞에 제시한 (5ㄷ)의 '앞뒤'는 상대적인 의미를 나타내는 어근 '앞'과 '뒤'가 대등적인 관계로 형성된 합성어이다. 이와 같은 유형의 합성어는 다음의 (5ㄷ)′과 같다.

> (5ㄷ)′ 나남, 남녀, 논밭, 물불, 안팎, 오가다, 오르내리다

위에 제시한 (5ㄹ)의 '멋있다'는 주어와 서술어 관계에 있는 "멋이 있다."라는 형태에서 주격 조사 '이'가 탈락하고 '멋'과 '있다'가 결합

하여 합성어가 된 것이다. 이와 같이 체언에 용언이 결합하여 이루어 진 합성어의 보기를 들어 보면 다음의 (5ㄹ)′과 같다.

(5ㄹ)′ 값나가다, 값싸다, 값없다, 맛없다, 맛있다, 멋없다, 빛나다, 생각나 다, 철없다

위에 제시한 (5ㅁ)의 '반짝반짝'은 어근인 '반짝'이 반복되어 형성된 합성어이다. 이와 같이 동일한 어근이 중첩되어 형성된 합성어는 (5ㄴ) 유형 다음으로 많다. 두 개의 어근으로 이루어진 의성어와 의태어는 (5ㅁ)의 유형에 속하는 합성어이다. (5ㅁ)의 유형에 속하는 합성어의 보기를 들어 보면 다음의 (5ㅁ)′과 같다.

(5ㅁ)′ 가닥-가닥, 갸우뚱-갸우뚱, 갸웃-갸웃, 거듭-거듭, 거치적-거치적, 고루-고루, 고붓-고붓, 곳-곳, 굼실-굼실, 굼틀-굼틀, 굽신-굽신, 그뜩-그뜩, 그르렁-그르렁, 근드적-근드적, 글그렁-글그렁, 글썽-글썽, 긁적-긁적, 기우뚱-기우뚱, 기웃-기웃, 길쭉-길쭉, 길찍-길찍, 꼬박-꼬박, 나근-나근, 나릿-나릿, 나직-나직, 다닥-다닥, 달그락-달그락, 덜커덩-덜커덩, 덤벙-덤벙, 두루-두루, 둥실-둥실, 따끔-따끔, 마디-마디, 소곤-소곤, 집-집, 찰랑-찰랑, 출렁-출렁, 찰칵-찰칵, 텀벙-텀벙, 푸드득-푸드득, 하나-하나, 하루-하루

합성어는 두 개의 어근이 결합하는 방식이 구(句)를 형성하는 방식과 같은지 다른지에 따라 통사적 합성어(統辭的合成語)와 비통사적 합성어(非 統辭的合成語)로 나뉘기도 한다. 통사적 합성어는 구(句)를 형성하는 방식 과 같은 방식으로 이루어진 합성어이다. 통사적 합성어가 비통사적 합 성어에 비해 많다. 그 보기를 들어 보면 다음의 (6)과 같다.

(6) ㄱ. 명사 + 명사→명사: 국-물, 나비-춤, 들-일, 머리-띠, 머리-말,
　　 무-김치, 바다-거북, 바람-꽃, 속-마음, 어깨-동무, 콩-밥, 콩-죽,
　　 팥-떡

ㄴ. 동사 + 동사 →동사: 날아-들다, 돌아-가다, 살펴-보다, 알아-듣
　 다, 잡아-매다

ㄷ. 형용사 + 형용사 →형용사: 넓디-넓다, 높디-높다, 맑디-맑다, 크
　 디-크다, 푸르디-푸르다

ㄹ. 용언의 관형사형 + 명사 →명사: 먹을-거리, 볼-거리, 굳은-살,
　 빈-말, 작은-아버지, 젊은-이, 큰-어머니, 큰-형

ㅁ. 관형사 + 명사 →명사: 새집, 새해, 이것, 그것, 저것, 한차례

ㅂ. 부사 + 용언 →용언: 못-나다, 못-하다, 아니-하다, 잘-하다, 한결
　 -같다

ㅅ. 부사 + 부사 →부사: 곧-잘, 꿈적-꿈적, 미리-미리, 오래-오래

　통사적 합성어는 그 구조가 구(句)와 유사하기 때문에 구와 식별하기
가 어려운 경우가 있다. 통사적 합성어와 구를 식별하는 준거는 다음
과 같다.

(ㄱ) 개방 연접의 개재 유무

　합성어의 구성 성분들 사이에는 폐쇄 연접이 오는데, 구(句)의 구성
요소들 사이에는 개방 연접이 온다. 합성어 '산나물'의 구성 성분 '산'
과 '나물' 사이에는 폐쇄 연접이 오지만, 구(句)인 '산 나물'의 구성 요
소인 '산'과 '나물' 사이에는 개방 연접이 온다.

(ㄴ) 구성 성분의 배열 순서

　합성어는 구성 성분의 배열 순서가 바뀌면 단어로 성립되지 않는데,
구(句)는 구성 요소의 배열 순서가 바뀌어도 구로 존재한다. 합성어 '안
팎'의 구성 성분인 '안'과 '밖'의 배열 순서를 바꾸어 '밖안'으로 하면

단어로 성립되지 않지만, 구(句)인 '안 밖'은 그 순서를 바꾸어 '밖 안'
이라 하여도 구로 존재한다.

(ㄷ) 음소 변화의 유무

합성어는 이것이 만들어질 때에 음소의 첨가나 탈락 현상이 나타나
지만, 구(句)는 그러한 현상이 일어나지 않는다. 이것은 합성어의 형태
소 간의 밀착도가 구의 구성 요소보다 강하기 때문이다. 합성어 '안팎'
은 '안'과 '밖'이 결합하여 합성어가 될 적에 'ㅎ'이 첨가된 것이며, 합
성어 '소나무'는 '솔'과 '나무'가 결합하여 합성어가 될 때에 'ㄹ'이 탈
락한 것이다.

(ㄹ) 구성 성분 사이의 내적 확장의 가부

합성어는 내적 확장이 불가능하다. 즉 합성어의 구성 성분 사이에
어떤 형태소도 끼워 넣을 수 없다. 그러나 구(句)는 내적 확장이 가능하
다. 이것은 합성어와 구의 식별 준거 중에서 매우 중요한 비중을 차지
하는 것이다. 합성어 '나뭇잎'은 분리가 불가능하다. 만일에 '나뭇잎'
을 '나무의 잎'으로 분리하면 이것은 합성어로서의 생명을 잃는다. 그
러나 구(句)인 '나무 잎'은 '나무와 잎, 나무로 만든 잎' 등과 같이 내적
확장이 가능하다.

(ㅁ) 구성 성분이 수반할 수 있는 외적 분포류의 차이

합성어와 구(句)의 앞에 오는 외적 분포류가 각각 다르다. 예를 들면
'용언의 관형사형+명사'의 구조로 이루어진 합성어를 수식하는 말은
관형어인데 구(句)를 수식하는 말은 부사어이다. 합성어 '큰집'의 앞에

는 관형어 '나의, 부유한, 행복한, ……' 등이 와서 '나의 큰집', '부유한 큰집', '행복한 큰집' 등으로 표현될 수 있는데, 구(句)인 '큰 집' 앞에는 '매우', '가장', '너무', '약간', '다소' 등의 부사어가 와서 '매우 큰 집', '가장 큰 집', '너무 큰 집', '약간 큰 집', '다소 큰 집' 등과 같이 표현할 수 있다. 이와 같이 합성어와 구(句)는 외적 분포류가 다르다.

(ㅂ) 의미의 변화 유무

합성어는 두 개 이상의 직접 구성 성분이 단일 개념을 가리키는 의미의 특수화 현상을 나타내는데, 구(句)는 이러한 현상이 나타나지 않는다. '밤'과 '낮'으로 이루어진 합성어 '밤낮'은 '늘'이란 뜻을 나타내는데, 이것은 '밤'과 '낮'이 합성어가 되기 전에 지녔던 의미와 멀어져 특수화한 것이다. 그러나 구(句)인 '밤 낮'은 이러한 현상이 나타나지 않는다. 이것은 식별 준거 '(ㄹ)'과 같이 매우 중요한 비중을 차지하는 것이다.

비통사적 합성어는 '검붉다', '굳세다', '꺾쇠', '접칼' ; '넓둥글다', '높푸르다', '들놓다', '맵짜다', '무뜯다', '보살피다', '오가다', '우짖다', '잇달다', '잇따르다', '지새다' 등과 같이 구(句)를 형성하는 방식과 달리 형성된 합성어이다. 그 보기를 더 들어 보면 다음의 (7)과 같다.

> (7) ㄱ. 용언 어간 + 명사 →명사: 꺾-쇠, 누비-이불, 묵-밭, 접-칼
>   ㄴ. 용언 어간 + 용언 어간 + 종결어미 '-다'→용언: 곧-바르다, 내-쫓다, 든-보다, 얕보다, 붙-잡다, 빌-붙다
>   ㄷ. 부사 + 명사 →명사: 몰래-카메라
>   ㄹ. 상징 부사의 일부분 + 명사 →명사: 부슬-비, 뻐꾹-새, 얼룩-말

파생어는 어근에 접두사나 파생 접미사가 결합하여 이루어진 단어이다. 어근에 접두사가 결합하여 이루어진 파생어의 보기를 들어 보면 다음의 (8ㄱ), (8ㄴ), (8ㄷ) 등과 같다.

(8) ㄱ. 접두사 + 명사 어근 →파생 명사: 군-말, 날-달걀, 덧-니, 막-말, 맞-절, 빗-금, 선-잠, 숫-총각, 알-밤, 알-부자, 애-호박, 엇-그루, 올-벼, 외-아들, 웃-돈, 웃-어른, 잔-주름, 풋-고추, 한-겨울, 헛-소리, 홀-어미

ㄴ. 접두사 + 동사 어근 →파생 동사: 덧-붙다, 들-볶다, 들이-닥치다, 빗-나가다, 설-익다, 얼-버무리다, 엇-나가다, 에-두르다, 엿-듣다, 엿-보다, 올-되다, 외-딸다, 잔-널다, 짓-밟다, 처-먹다, 처-부수다, 치-닫다, 헛-보다

ㄷ. 접두사 + 형용사 어근 →파생 형용사: 드-높다, 새-파랗다, 샛-노랗다,[7] 시-퍼렇다, 싯-누렇다, 얄-궂다, 얄-밉다, 해-맑다

앞의 (8)에서 보는 바와 같이 접두사는 어근의 의미를 제한하는데 어근의 문법적 기능을 바꾸지는 못한다. 즉 접두사는 한정적 접사[8]이지만 지배적 접사[9]는 아니다. 한국어의 접두사는 접미사에 비하여 그 수효가 적은 편이다.

한국어의 파생 접미사는 접두사보다 훨씬 더 많다. 파생 접미사들 가운데는 어근의 의미를 제한하기만 하거나, 어근의 의미 제한과 더불어 어근의 문법적 기능을 전환시키는 것 등이 있다. 파생 접미사가 한정적 접사[10]로만 기능하는 것은 '따-님', '멋-쟁이', '사람-들', '욕심꾸

---

7) 접두사 '샛'은 접두사 '새'의 변이 형태이다. '샛-'은 유성 자음 'ㄴ' 앞에만 온다.
8) 한정적 접미사란 어근의 의미를 한정하는 접사이다. 이것을 '가의적 접사(加意的 接辭)'라고 일컫기도 한다.
9) 지배적 접사란 어근의 문법적인 기능을 바꾸는 접사이다. 이것을 '조어적 접사 (造語的接辭)'라고 일컫기도 한다.
10) 한정적 접사란 어근에 결합하여 어근의 의미를 제한하는 기능을 하는 접사이다.

러기', '일-꾼', '잠보' 등에 쓰인 파생 접미사 '-님', '-쟁이', '-들', '-꾸러기', '-꾼', '-보' 등과 같이 명사의 어근과 결합하여 파생 명사를 만드는 것이다. 파생 접미사가 어근의 문법적 기능을 바꾸는 지배적 접사로 쓰인 보기를 들어 보면 다음의 (9)와 같다.

(9) ㄱ. 높-이-다, 넓-히-다, 밝-히-다, 사람-답-다, 평화-롭-다, 넓이
    ㄴ. 깨-우-다, 맡-기-다, 먹-이-다, 부딪-히-다, 안-기-다, 열-리-다, 울-리-다

앞에 제시한 (9ㄱ)의 '높-이-다', '넓-히-다', '밝-히-다' 등에 쓰인 파생 접미사 '-이-', '-히-' 등은 형용사를 동사로 바꾸는 기능을 하고, '사람-답-다', '평화-롭-다' 등에 쓰인 파생 접미사 '-답-', '-롭-' 등은 명사를 형용사로 전성시키는 기능을 한다. (9ㄱ) '넓이'에 쓰인 파생 접미사 '-이'는 형용사를 명사로 전성시키는 기능을 한다. (9ㄴ)의 '깨-우-다', '맡-기-다', '먹-이-다', '울-리-다' 등에 쓰인 파생 접미사 '-우-', '-기-,' '-이-', '-리' 등은 주동사를 사동사로 전성시키는 기능을 하고, '부딪-히-다', '안-기-다', '열-리-다' 등에 쓰인 파생 접미사 '-히-', '-기-', '-리-' 등은 능동사를 피동사로 전성시키는 기능을 한다.

파생법으로 생성된 파생어의 보기를 들어 보면 다음의 (10)과 같다.

(10) ㄱ. 명사 어근 + 접미사 → 파생 명사: 멋-쟁이, 몸-매, 빛-깔, 잠-꾸러기, 일-꾼, 잎-사귀, 지게-꾼,11) 털-보, 톱-질, 팔-꿈치
    ㄴ. 동사 어근 + 접미사 → 파생 명사: 날-개, 베-개, 찌-개, 놀-이, 듣-기, 먹이
    ㄷ. 형용사 어근 + 접미사 → 파생 명사: 기쁨, 슬픔, 길-이, 깊-이, 넓-이

---

11) 접미사 '-꾼'은 종래에 '-군'으로 표기하던 것이다. 1988년 1월 19일에 개정 고시된 '한글 맞춤법' 제54항에서는 접미사 '-군'을 '-꾼'으로 바꾸어 적도록 규정하고 있다. 북한에서는 '-군'으로 표기하도록 규정하고 있다.

ㄹ. 동사 어근 + 접미사 → 파생 동사: 돋-구-다, 맞-추-다, 맡-기-
다, 메-우-다, 솟-구-다, 웃-기-다, 놀-리-다, 끼-우-다

ㅁ. 형용사 어근 + 접미사 → 파생 동사: 넓-히-다, 높-이-다, 덥-히-다

ㅂ. 부사 어근 + 접미사 → 파생 동사: 꿀꿀-거리다, 더펄-거리다, 삐
죽-거리다, 들썩-이다, 펄럭-이다, 훌쩍-이다

ㅅ. 명사 어근 + 접미사 → 파생 형용사: 값-지-다, 멋-지-다, 변덕
(變德)-스럽-다, 사람-답-다, 자연(自然)-스럽-다, 창피(猖披)-스
럽-다, 평화(平和)-롭-다, 향기(香氣)-롭-다

ㅇ. 동사 어근+접미사 → 파생 형용사: 무럽다(물-업-다), 미덥다(믿
-업-다)

ㅈ. 부사 어근+접미사 → 파생 형용사: 보드랍다(보들-압-다), 시끄
럽다(시끌-업-다), 어지럽다(어질-업-다)

ㅊ. 명사 어근 + 접미사 → 파생 부사: 마음-껏, 욕심-껏, 정성-껏, 힘-껏

ㅋ. 동사 어근 + 접미사 → 파생 부사: 너무(넘-우), 도로(돌-오), 비
로소(비롯-오), 자주(잦+우)

ㅍ. 형용사 어근+접미사 → 파생 부사: 깨끗-이,12) 따뜻-이, 작-히, 정
결-히

한국어의 단어 중에는 이상의 단어 형성법과 달리 만들어진 것도
있다. 다음의 (11)에 제시된 단어들은 어근이 없이 접두사와 접미사가
결합하여 새로운 단어가 만들어진 것이다.

---

12) '한글 맞춤법' 제51항에서는 부사화 접미사 '-이/히'의 표기에 대해서 다음과 같
이 규정하고 있다.
부사의 끝 음절이 분명히 '이'로만 나는 것은 '-이'로 적고, '히'로만 나거나 '이'
나 '히'로 나는 것은 '-히'로 적는다.
(1) '이'로만 나는 것
가붓이, 깨끗이, 가까이, 고이, 날카로이, 많이, 적이, 겹겹이, 번번이, 집집이,
틈틈이
(2) '히'로만 나는 것
극히, 급히, 딱히, 속히, 작히, 족히, 특히, 엄격히, 정확히
(3) '이, 히'로 나는 것
솔직히, 소홀히, 꼼꼼히, 섭섭히, 상당히, 조용히, 고요히, 도저히

(11) 핫-퉁이,13) 외-롭다

'핫퉁이'는 접두사 '핫-'과 접미사 '-퉁이'가 결합하여 이루어진 단어
이고, '외롭다'는 접두사 '외-'14)에 접미사 '-롭-'이 배합하여 이루어진
단어이다.

3.3.2 고유어 · 한자어 · 외래어 · 혼종어

한국어의 어휘는 어종상 고유어(固有語), 한자어(漢字語), 외래어(外來語),
혼종어(混種語) 등으로 이루어져 있다. 고유어는 아득한 옛날부터 오늘
날에 이르기까지 한민족(韓民族)이나 한국인이 한국어의 단어 형성법에
따라 만들어 사용하여 오는, 순수한 한국어의 단어이다. 이것은 한국
어의 어휘 중에서 20% 이내밖에 되지 않는다. 그것들마저도 고유어로
보기 어려운 것들이 있다. 예를 들면 '말[馬]'은 터키어 'mor'에서 유래
한 것이며, '온 국민'에 쓰인 '온'15)은 터키어 'on'에서 유래한 것이다.
그런데 모든 한국어 사전에서는 이것들을 고유어로 간주하고 있다. 고
유어의 예를 들면 다음의 (12)와 같다.

(12) 가슴, 가을, 귀, 나라, 눈, 땅, 마음, 몸, 물, 볼, 불, 사람, 입, 잎, 코, 탈,
팔, 하늘 ; 가다, 놀다, 달다, 멀다, 벌다, 사다, 알다, 차다, 캐다, 타다,
파다, 하다

---

13) '핫퉁이'는 철 지난 뒤에 입은 솜옷이나 솜을 많이 넣어 만든 두툼한 옷을 입은
사람을 낮잡아 이르는 말이다.
14) 고어에서 '외-'는 '외롭다'는 의미를 나타내는 관형사로 쓰이었다.
15) 터키어 'on'은 '열'을 뜻하는 단어인데 한국에서 처음 차용할 때는 '백(百)'의 의
미를 쓰이다가 '모든'이라는 의미로 확대되어 쓰인다.

한자어(漢字語)는 원래 중국어에서 차용된 단어인데 오늘날 쓰이는 것들 중에는 '사돈(査頓), 서방(書房)' 등과 같이 남한과 북한에서 만들어진 것도 있다. 한자어는 한국어의 어휘 중에서 가장 많은 비율을 차지한다. 이러한 까닭은 예로부터 오랫동안 중국 문화를 수용하여 왔고, 정치가나 지식인들이 사대주의(事大主義)에 젖어 고유어보다 한자어를 더 즐겨 썼기 때문이다. 한자어 가운데는 2음절어가 가장 많다. 고유어의 구조는 다음의 보기 (13ㄱ)과 같이 '목적어 + 서술어'이거나 (13ㄴ)과 같이 '부사어 + 서술어'인데, 한자어는 다음의 보기 (13ㄷ)과 같이 '서술어 + 목적어'이거나 (13ㄹ)과 같이 '서술어 + 부사어'의 구조로 되어 있는 어휘가 많다. 이것은 한자를 하나씩 차용하지 않고, 한문의 구(句) 형태를 그대로 차용한 데서 기인한다.

(13) ㄱ. 목적어 + 서술어: 꿈-꾸다, 등-지다, 선-보다, 숨-쉬다, 애-쓰다, 욕-보다, 윷-놀다, 힘-쓰다
　　 ㄴ. 부사어 + 서술어: 거울삼다, 뒤서다, 앞서다, 앞장서다
　　 ㄷ. 서술어 + 목적어: 구인(求人), 급수(給水), 독서(讀書), 승차(乘車), 애국(愛國), 애족(愛族)
　　 ㄹ. 서술어 + 부사어: 귀경(歸京), 귀성(歸省), 귀향(歸鄉), 낙향(落鄉), 등교(登校), 등산(登山), 입실(入室)

한국어의 한자어는 중국계 한자어, 한국계 한자어, 일본계 한자어 등 세 가지로 나뉜다. 이것들 중에서 중국계 한자어가 가장 많다.

중국계 한자어는 대부분 중국의 경서(經書), 사서(史書), 문집(文集) 등을 통하여 전래되었다. 그 보기를 들면 다음의 (14)와 같다.

(14) ㄱ. 선왕(先王), 화목(和睦), 상하(上下), 신체(身體), 부모(父母), 입신(立身), 후세(後世), 백성(百姓), 부귀(富貴), 사직(社稷), 사해(四海), 제후(諸侯)

ㄴ. 경개(梗槪), 기계(器械), 미행(微行), 반복(反復), 선명(鮮明), 시절(時節), 식물(植物), 동물(動物), 오락(娛樂), 조석(朝夕), 지세(地勢), 풍년(豊年), 풍속(風俗), 학교(學校)

ㄷ. 동맹(同盟), 문물(文物), 물산(物産), 선린(善隣), 성명(聲明), 수령(首領), 영롱(玲瓏), 오색(五色), 왕실(王室), 즉위(卽位), 황천(黃泉), 후사(後嗣)

앞의 (14ㄱ)은 "효경(孝經)"에서 발췌한 것이고, (14ㄴ)은 "문선(文選)"에서 발췌한 것이며, (14ㄷ)은 "좌전(左傳)"에서 발췌한 것이다.

한국계 한자어의 예를 들어 보면 다음의 (15)와 같다(심재기, 1982 : 48).

(15) 감기(感氣), 고생(苦生), 도령(道令), 병정(兵丁), 복덕방(福德房), 사돈(査頓), 사주(四柱), 팔자(八字), 생원(生員), 서방(書房), 시댁(媤宅), 신열(身熱), 존당(尊堂), 진사(進士), 채독(菜毒), 한심(寒心)

일본계 한자어는 갑오경장(1894) 이후 한국에 들어오기 시작하여 한국어 어휘 체계에 깊이 자리를 잡게 되었다. 그 보기를 들면 다음의 (16)과 같다. [ ] 안의 것은 전통적인 한국어 한자어이다.

(16) 납득(納得)[이해(理解)], 당번(當番)[당직(當直), 상직(上直)], 대가(貸家)[세가(貰家)], 부지(敷地)[기지(基地), 기지(基址)], 상담(相談)[상의(相議)], 상호(相互)[호상(互相)], 생산고(生産高)[생산액(生産額)], 식량(食糧)[양식(糧食)], 안내(案內)[인도(引導)], 약속(約束)[언약(言約)], 역할(役割)[소임(所任)], 인구(人口)[어구(於口)], 입장(立場)[처지(處地)], 조인(調印)[체결(締結)], 청부(請負)[도급(都給)], 흑판(黑板)[칠판(漆板)], 잔고(殘高)[잔액(殘額)], 가족(家族)[식구(食口)], 현금(現金)[직전(直錢)], 판매(販賣)[방매(放賣)], 지진(地震)[지동(地動)], 실패(失敗)[낭패(狼狽)]

한국어의 고유어와 한자어 중에서 고빈도어(高頻度語)에 속하는 것은 고유어이며, 저빈도어(低頻度語)에 해당하는 것은 한자어이다. 한자어는 고유어의 어휘 체계와 의미 체계의 결손 부분을 보충하여 준다. 고유어는 한자어에 비하여 의미 영역이 넓다. 그리하여 고유어와 한자어는 의미상 일(一) 대 다(多) 대응 현상을 보인다. 예를 들면 고유어인 '생김'은 한자어인 '생성(生成)', '발생(發生)', '출생(出生)', '야기(惹起)' 등과 대응한다.

한자어의 차용은 한국어의 단어 형성법에도 변화를 가져왔다. 같은 의미의 고유어와 한자어가 결합하여 새로운 합성어를 만들어 내거나, 의미가 다른 한자어와 고유어가 결합하여 새로운 단어를 만들어 내기도 한다.

(17) ㄱ. 당사실(唐絲-), 사기그릇(沙器-), 역전앞(驛前-),[16] 처갓집(妻家-)
　　　ㄴ. 강물(江-), 등불(燈-), 연못(蓮-), 잡소리(雜-), 향불(香-)

앞에 제시한 (17ㄱ)은 같은 의미를 지닌 한자어와 고유어가 결합하여 이루어진 어휘이다. (17ㄱ)의 '당사실(唐絲-)'에서 한자인 '사(絲)'는 고유어 '실'을 뜻하고, '사기그릇(沙器-)'에서 한자인 '기(器)'는 고유어 '그릇'을 뜻하며, '역전앞(驛前-)'에서 한자인 '전(前)'은 고유어 '앞'을 뜻하고, '처갓집(妻家-)'에서 한자인 '가(家)'는 고유어인 '집'을 뜻한다. 이상의 (17ㄱ)과 같은 어휘를 혼종반복어라고 일컫기도 한다. 앞에 제시한 (17ㄴ)은 의미가 다른 한자어와 고유어가 합쳐서 형성된 어휘이다.

한자어 가운데 대응되는 고유어가 없는 것은 자립 형태로 쓰이는데, 대응하는 고유어가 있는 한자어는 자립 형태로 쓰이지 못한다. '문(門)', '벽(壁)', '종(鐘)', '차(車)', '창(窓)' 등은 이것들에 대응하는 고유어가 없기 때문에 자립 형태로 쓰인다. 그러나 '부(父)', '모(母)', '자(子)', '천(川)', '천

---

16) '역전앞'은 널리 쓰이는 단어이지만 표준어는 아니다.

(泉)' 등은 이것들에 대응하는 고유어인 '아버지', '어머니', '아들', '내', '샘' 등이 있기 때문에 구어에서 자립 형태로 쓰이지 못한다.17)

(18) ㄱ. 종(鐘)이 울리자 학생들이 교실 밖으로 나왔다.
　　ㄴ. <u>아들</u>이 있는가?
　　ㄷ. '자(子)가 있는가?

한국어의 외래어는 원래 다른 나라의 단어이던 것이 대한민국에 들어와서 한국어의 음운 체계와 의미 체계에 동화되어 쓰이는 단어이다. 중국계 한자어나 일본계 한자어도 엄격한 의미에서 볼 때 외래어에 속한다. 한국어의 외래어 가운데 가장 많은 비율을 차지하는 것은 중국어 계통의 외래어이다. 그 다음으로는 일본어와 영어 계통의 외래어이다. 이것들 이외에 한국어의 외래어에는 프랑스어, 이탈리아어, 에스파냐어,18) 독일어, 러시아어, 포르투갈어, 네덜란드어, 그리스어, 라틴어, 히브리어, 노르웨이어, 오스트레일리아 원주민어, 아랍어,19) 벨기에어, 페르시아어, 산스크리트어, 터키어, 몽골어, 만주어, 여진어, 길랴크어(Gilyak語),20) 드라비다어 계통의 외래어 등이 있다. 그 보기를 들어 보면 다음의 (19)와 같다.

(19) 그리스어: 카오스(chaos), 파이(pi)
　　네덜란드어: 칸델라(kandelaar)
　　독일어: 나트륨(Natrium), 노이로제(Neurose), 세미나(Seminar), 아르바이트(Arbeit), 알레르기(Allergie), 이데올로기(Ideologie), 칼륨(Kalium),

---

17) 고유어와 공존하는 한자어 '父, 母, 妻, 子, 女' 등은 구어에서는 자립 형태로 쓰이지 못하지만, 문어에서는 자립 형태로 쓰이는 경우가 있다.
18) '에스파냐어'는 '스페인어'라고 일컫기도 한다.
19) '아랍어'를 '아라비아(Arabia)어'라고 일컫기도 한다.
20) 길랴크어는 아무르 강 하류 지방과 사할린 동북부의 길랴크족의 언어임.

호프(Hof)

라틴어: 에고(ego), 이드(id), 칼리(kali), 페르소나(persona)

러시아어: 캄파니야(kampaniya), 토치카(totschka), 페치카(pechka), 프락치(fraktsiya)

만주어: 가위, 메주, 수수, 호미

산스크리트어: 가사(袈裟<kasaya), 나무(南無<Namas), 달마(達磨, dharma), 부처(<Buddha), 사리(舍利·奢利, śarīra), 열반(涅槃, nirvāna)[21], 찰나(刹那, kṣaṇa), 탑(塔, stūpa), 파순(波旬, Papiys)[22]

영어: 가솔린(gasoline), 가스(gas), 가스라이터(gas lighter), 갱(gang), 거즈(gauze), 껌(gum), 나르시시즘(narcissism), 나이트(knight), 나이프(knife), 나일론(nylon), 뉴스(news), 댄디즘(dandism), 댄서(dancer), 댄스(dance), 더블(double), 더빙(dubbing), 덤프 트럭(dump truck), 덤핑(dumping), 드라마(drama), 라디오(radio), 라이브(live), 마스코트(mascot), 방갈로(bungalow), 백(bag), 카운터(counter), 카툰(cartoon), 카트(cart), 카페리(car ferry), 카펫(carpet), 텍스트(text), 텐트(tent), 텔레마케터(telemarketer), 텔레뱅킹(telebanking), 텔레비전(television), 파이프(pipe), 파일럿(pilot), 해프닝(happening)

이탈리아어: 칼란도(calando), 파쇼(Fascio), 피우(più), 피자(pizza)

일본어: 가마니(<叺/かます), 가방(<鞄/かばん)[23] 라면(ラメン), 바께쓰(バケツ), 뻰찌(ベンチ)[24], 뻥끼(ベンキ), 오뎅(おでん), 와사비(山葵/わさび), 요지(楊枝, ようじ), 짬뽕(ちゃんぽん)

중국어: 김치(<沈菜), 배추(<白菜), 붓(<筆), 자장면(炸醬麵), 라조기(辣子鷄)

포르투갈어: 빵(pāo)

프랑스어: 레스토랑(restaurant), 마리오네트(marionette), 마요네즈(mayonnaise), 뷔페(buffet), 앙코르(encore), 카페(café), 콩트(conte), 쿠데타(coup d'État), 피코(picot)

---

21) 열반(涅槃, nirvāna)이란 불도(佛道)를 완전히 이루어 일체의 번뇌를 해탈한 최고의 경지를 뜻한다.
22) 파순(波旬, Papiyas)은 석가모니와 그의 제자의 수행을 방해한 마왕이다.
23) 일본어 かばん은 네덜란드어 kabas를 차용한 것이다.
24) 일본어 ベンチ는 영어 pincers를 차용한 것이다.

1910년 한일합방이 되기 이전까지는 중국어에서 어휘를 가장 많이 차용하고, 한일합방 이후 1945년 8·15 광복 이전까지는 일본어에서 가장 많이 차용하였다. 8·15 광복 이후 오늘날에 이르기까지는 영어에서 가장 많이 차용하여 오고 있다.25) 중국에서는 학술 용어가 아닌 일반 어휘는 주로 번역 차용을 한다.26) 그런데 한국에서는 주로 음차(音借)를 한다.

혼종어(混種語)는 어종이 다른 언어가 결합하여 이루어진 단어이다. 이것을 '혼태어(混態語)' 혹은 '혼성어(混成語)'라고 일컫기도 한다. 혼종어는 고유어와 한자어, 고유어와 외래어, 한자어와 외래어 등 이외에 어원이 상이한 외래어가 결합하여 이루어진 단어이다. 한국어의 혼종어 중에는 고유어와 한자어가 결합하여 이루어진 것이 가장 많다. 그런데 오늘날에는 고유어와 영어 계통의 외래어가 결합하여 이루어진 것이 많이 생겨나고 있다. 혼종어의 보기를 들어 보면 다음의 (20)과 같다.

(20) ㄱ. 고무(gomme)+신 → 고무신
　　　ㄴ. 나일론(nylon)+옷 → 나일론옷

---

25) 오늘날 서구어 계통의 외래어를 생성하는 데 주도적인 구실을 하는 것은 대중 매체이다. 그리고 지식인, 의류업체와 제약업체에 종사하는 사람, 일부 연예인 등이 주도적으로 외국어를 차용하고 있다.

26) 중국에서는 외국어를 음역(音譯), 반음반의역(半音半意譯), 음의겸역(音義兼譯) 등 세 가지 방식으로 차용한다. 그 보기를 들면 다음과 같다(李.知沅,2004 : 40~66).

　(ㄱ) 음역(音譯): 的士(taxi), 菲林(film), 巴士(bus), 沙發(sofa), 布丁(pudding), 麥克風(micro- phone), 吉他(guitar), 咖啡(coffee), 可可(cocoa), 巧克力(chocolate), 三明治(sandwich), 漢堡(hamburger), 夾克(jacket), 撲克(poker), 白蘭地(brandy)

　(ㄴ) 반음반의역(半音半意譯): 珂羅版(collotype), 華爾街(Wall Street), 迷你裙(miniskirt), 霓虹燈(neon sign)

　(ㄷ) 음의겸역(音義兼譯): 嬉皮(hippy), 烏托邦(Utopia), 俱樂部(club), 引得(index), 幽默(humor), 邏輯(logic), 托福(TOFEL), 維他命(vitamin)

ㄷ. 로스(← roast)+구이 → 로스구이

ㄹ. 론(loan)+거래(去來) → 론거래

ㅁ. 가루+약(藥) → 가루약

ㅂ. 우승(優勝)+컵(cup) → 우승컵

ㅅ. 잉크(ink)+병(瓶) → 잉크병

ㅇ. 버터(butter)+빵(pão) → 버터빵

ㅈ. 디스카운트(discount)+하다 → 디스카운트하다

ㅊ. 고민(苦悶)+틱(tic)+하다 → 고민틱하다

ㅋ. 다다미(たたみ)+방(房) → 다다미방

앞에 제시한 (20ㄱ)의 '고무신'은 프랑스어 계통의 외래어인 '고무
(gomme)27)'와 고유어인 '신'이 결합되어 이루어진 것이고, (20ㄴ)의 '나
일론옷'은 영어 계통의 외래어인 '나일론'과 고유어인 '옷'이 결합되어
형성된 것이다. (20ㄷ)의 '로스구이'는 영어인 'roast'의 말음 't'가 탈락
한 형태에 고유어 '구이'가 결합되어 이루어진 것이고, (20ㄹ)의 '론거
래'는 영어 계통의 외래어인 '론'과 한자어인 '거래'가 결합되어 형성
된 것이다. 또한 (20ㅁ)의 '가루약'은 고유어인 '가루'와 한자어인 '약
(藥)'이 결합되어 이루어진 것이고, (20ㅂ)의 '우승컵'은 한자어인 '우승
(優勝)'과 영어 계통의 외래어인 '컵(cup)'이 결합되어 형성된 것이다. (20
ㅅ)의 '잉크병'은 영어 계통의 외래어인 '잉크(ink)'와 한자어인 '병(瓶)'
이 결합되어 형성된 것이고, (20ㅇ)의 '버터빵'은 영어 계통의 외래어
인 '버터(butter)'와 포르투갈어 계통의 외래어인 '빵(pão)'이 결합되어 이
루어진 것이다. (20ㅈ)의 '디스카운트하다'28)는 영어 계통의 외래어인

---

27) 일본에서 프랑스어 'gomme'를 차용하여 'ゴム'라고 쓰는 것을 우리나라에서 그대
로 받아들이어 '고무'라고 쓰는 것이다.

28) 오늘날 '디스카운트하다'와 같이 영어에 고유어 '하다'가 결합하여 이루어진
혼종어가 매우 많이 생성되고 있다. 과거에 모화사상(慕華思想)으로 인하여 한어
(漢語)에 고유어인 '하다'가 결합하여 이루어진 혼종어가 많이 만들어졌듯이 오
늘날에는 배미사상(拜美思想)으로 말미암아 영어에 고유어인 '하다'가 결합하여

'디스카운트(discount)'와 고유어인 '하다'가 결합되어 이루어진 것이고, 이상의 (20ㅊ)의 '고민틱하다'[29]는 한자어인 '고민(苦悶)'과 영어 접미사인 '-tic'과 고유어인 '하다'가 결합되어 형성된 것이며, (20ㅋ)의 '다다미방'은 일본어 계통의 외래어 '다다미(たたみ)'에 한자어인 '방(房)'이 결합되어 형성된 단어이다.

3.3.3 다의어·동음어·동의어와 반의어·하위어와 상위어

단어는 의미의 동위(同位) 관계에 따라 단의어(單義語)와 다의어(多義語), 동음어(同音語), 동의어(同義語)와 반의어(反義語) 등으로 나뉘고, 상하 관계에 따라 하위어(下位語)와 상위어(上位語)로 나뉜다.

다의어(多義語)란 여러 의미를 나타내는 단어이다. 즉 한 형태가 두 개 이상의 의미를 나타내는 것을 뜻한다. '손'은 대표적인 다의어인데, 이것의 의미를 적어 보면 다음의 (21)과 같다.

(21) ㄱ. 사람의 팔목에 달린 손가락과 손바닥이 있는 부분 예 밥을 먹기 전에 손을 씻다.
　　ㄴ. 손가락 예 그녀는 손에 반지를 끼었다.
　　ㄷ. 손바닥 예 손에 묻은 흙을 닦아라.
　　ㄹ. 어떤 일을 하는 데 필요한 사람의 힘 예 손이 모자란다.
　　ㅁ. 기술 예 그 사람의 손이 가야 일이 제대로 이루어진다.
　　ㅂ. 교제. 관계 예 나는 오랜 친구와 손을 아주 끊을 수 없다.
　　ㅅ. 수완. 잔꾀 예 그는 사기꾼의 손에 놀아났다.

이루어진 혼종어가 많이 생성되고 있다.
29) '고민틱하다'와 같이 한자어나 고유어에 영어 접미사인 '-tic'을 결합하고 이러한 형태에 고유어인 '하다'가 결합되어 이루어진 혼종어들은 '디스카운트하다'와 같이 영어에 '하다'가 결합되어 이루어진 혼종어보다 그 수가 많지 않다. 그것은 한국인들이 후자보다 전자에 거부감을 더 느끼기 때문이다.

ㅇ. 마음씨 예 그녀는 손이 맑다.

ㅈ. 소유된 상태 예 그의 집이 남의 손에 넘어갔다.

ㅊ. 힘. 역량 예 우리 가정의 미래는 너의 손에 달려 있다.

　다의어(多義語)와 대립하는 단어는 단의어(單義語)이다. 단의어는 한 개
의 의미를 나타내는 단어이다. 그런데 실제로 이러한 단어는 존재하지
않는다. 왜냐하면 단어가 상이한 상황이나 맥락에 쓰일 때마다 다양한
의미를 나타내기 때문이다.

　동음어(同音語)란 형태는 같지만 의미가 다른 단어이다. 이것을 동음
이의어(同音異義語) 혹은 동철어(同綴語)라고 일컫기도 한다. 동음어는 철
자와 발음이 같고 의미가 다른 것과, 철자와 의미가 다른데 발음이 같
은 것을 포괄적으로 일컫는 것이다. 한국어의 동음어는 고유어·한자
어·외래어·혼종어 등 여러 어종이 얽혀 구성되어 있다. 한자어에 동
음어가 가장 많다. 여기에 고유어와 외래어를 포함시키면 16,508군이
된다. 한자어와 고유어 사이에 형성된 동음 현상은 전체의 10.2%로
18,812군이 된다. 고유어끼리의 동음어는 5.32%로 945군에 지나지 않
는다. 음절별로 보면 1음절에서부터 6음절까지 동음 현상이 나타난다.
이 가운데 가장 많은 것은 2음절어로 91.37%인 16,129군이 된다(李光政,
1990 : 306~307). 동음어의 보기를 들어 보면 다음의 (22)와 같다.

　(22) ㄱ. 배[腹]30)-배[船]-배[梨]-배(胚)-배(杯), 쓰다[書]-쓰다[用], 차다[冷]-
　　　　차다[滿]-차다[蹴]-차다[佩]

　　　ㄴ. 개선(改善)-개선(改選)-개선(凱旋), 경사(警査)-경사(慶事)-경사(競射),
　　　　고사(考査)-고사(告祀)-고사(故事)-고사(古寺), 공사(公私)-공사(工

---

30) 2014년 12월 5일 개정하여 2015년 1월 1일부터 시행하는 문장 부호 사용법 중
　'12.대괄호([ ]) (2)'에는 "고유어에 대응하는 한자어를 함께 보일 때 대괄호를 쓴
　다."고 규정하고 있다.

事)-공사(公事)-공사(公舍)-공사(空土)-공사(公社)-공사(公使), 공포
(公布)-공포(空砲)-공포(空胞), 수상(受賞)-수상(受像)-수상(首相)-수상
(隨想)-수상(手相)-수상(水上)-수상(授賞)-수상(穗狀), 진정(眞正)-진
정(眞情)-진정(辰正)-진정(進呈)-진정(進程)-진정(塵情), 창(窓)-창(槍),
추경(秋景)-추경(秋耕), 추고(推考)-추고(推故)-추고(追考)-추고(追告)

앞에 제시한 (22ㄱ)은 고유어끼리의 동음어이고, (22ㄴ)은 한자어끼
리의 동음어이다.

동의어(同義語)는 형태는 다른데 의미가 같은 단어이다. 즉 형태는 다
른데 동일한 사물을 가리키는 단어이다. 형태가 다른 단어들이 서로
똑같은 의미를 나타내기는 어렵다. 그래서 '동의어'라는 용어는 부적
합한 것이라고 하여 유의어(類義語) 혹은 유사어(類似語)라고 일컫기도 한
다. 동의어의 보기를 들어 보면 다음의 (23)과 같다.

   (23) ㄱ. 키=신장(身長)
       ㄴ. 옥수수=강냉이
       ㄷ. 맹장(盲腸)=충수(蟲垂)=충양돌기(蟲樣突起)
       ㄹ. 열쇠=키(key)

앞에 제시한 (23ㄱ)은 고유어와 한자어가 동의 관계에 있으며, (23
ㄴ)은 지역 방언 간에 동의 관계에 있고, (23ㄷ)은 한자어끼리 동의 관
계에 있으며, (23ㄹ)은 고유어와 영어 계통의 외래어가 동의 관계에 있
는 것이다.

반의어(反義語)는 의미가 서로 반대되는 단어이다. 이것은 비교 기준
이 되는 어떤 축의 양쪽 끝에 놓여 있는 단어이다. 그 보기를 들면 다
음의 (24)와 같다.

(24) ㄱ. 여자 ↔ 남자

　　 ㄴ. 위 ↔ 아래

　　 ㄷ. 승리 ↔ 패배

　　 ㄹ. 덥다 ↔ 춥다

앞의 (24)에서 보듯이 반의어들이 완전히 서로 반의 관계에 있는 것이 아니고 대립 관계에 있으므로, 반의어라고 하여서는 안 되고 '상대어(相對語)'라고 일컬어야 한다고 주장하는 이도 있다.

하위어(下位語)란 하의(下義) 관계에 있는 단어이다. 한 단어의 의미 영역이 다른 단어의 의미 영역의 한 부분일 때 작은 영역의 의미 관계를 하의 관계라고 한다. 하위어를 하의어(下義語)라고 일컫기도 한다. 상위어(上位語)는 하위어를 안고 있는 상위의 단어를 뜻한다. 하위어는 그 위에 여러 종류에 걸쳐 상위어를 가질 수 있다. 하의 관계에서는 더 높은 층위의 상위어일수록 의미 영역이 더 포괄적이고 일반적이며, 층위가 낮을수록 그 의미 영역이 한정적이며 특수화된다.

[그림 3] 하의 관계

단어는 표준 여부에 따라 표준어와 비표준어로 나뉜다. 표준어란 한 나라의 표준이 되는 단어를 뜻한다. 각 나라에서는 정치·경제·문화·교육 등의 중심이 되는 지역의 단어를 표준어로 삼는다. 대한민국에서도 모든 것의 중심지인 서울말을 표준어로 삼고 있다.

> 표준어는 교양 있는 사람들이 두루 쓰는 현대 서울말로 정함을 원칙으로
> 한다(표준어 사정 원칙 제1항).

대한민국에서는 여러 사회 계층의 말 가운데 '교양 있는 사람이 사용하는 말'을, 여러 시대의 언어 중에서는 '현대어'를, 지역 방언 중에서는 '서울말'을 표준어로 삼는 것을 원칙으로 하고 있다.[31]

표준어는 통일의 기능 · 독립의 기능 · 우월의 기능 · 준거의 기능 등을 수행한다. 통일의 기능이란 여러 방언 집단을 단일한 표준어 공동체로 통합하는 기능이다. 독립의 기능은 동일한 하나의 언어를 씀으로써 다른 나라 · 다른 국민과 구별하여 자기 나라 · 자기 국민을 깨닫게 하여 주는 기능이다. 사회적으로 우위에 있는 사람이 그렇지 않은 사람보다 표준어를 더 잘 구사한다. 우월의 기능이란 표준어를 구사할 수 있는 것은 우위에 있는 사람과의 일치를 성취하였다는 자부심을 느끼게 하여 주는 기능을 뜻한다. 준거의 기능이란 표준어를 어느 정도 정확히 구사하느냐에 따라 그 사람이 표준어라는 규범에 얼마나 잘 순응하는지를 재는 척도의 기능을 뜻한다.

표준어의 설정 기준은 능률성(efficiency) · 적절성(adequacy) · 수용성(acceptability) 등이다. 능률성이라는 기준은 국민이 배우기 쉽고 쓰기 쉬운 것을 표준어로 정하여야 한다는 것이다. 적절성이라는 기준은 국민이 의사소통을 하는 데 가장 적절한 것을 표준어로 정하여야 한다는 것이다. 수용성이라는 기준은 여러 사람이 좋아하고 즐겨 쓰는 것을 표준어로

---

31) '한글 맞춤법 통일안' 총론 제2항에서는 "표준말은 대체로 현재 중류 사회에서 쓰는 서울말로 한다."로 규정되어 있다. '표준어 사정 원칙(1988)'에서 '표준말'이 '표준어'로, '현재'가 '현대'로, '중류 사회'가 '교양 있는 사람' 등으로 바뀌었다.

삼아야 한다는 것이다. 표준어를 설정할 때에는 이러한 기준들을 고려하여야 한다. 표준어를 사정하기 전에 사회언어학과 지리언어학적인 측면에서 국민이 사용하는 어휘를 사회 계층·연령·성·지역별 등으로 나누어 철저히 조사를 해서 통계 처리를 하여야 한다. 이러한 기초 조사를 하지 않은 채 소수의 표준어 사정 위원이 부실한 자료를 가지고 직관적으로 표준어를 사정하여서는 안 된다.

단어를 시대에 따라 나누면 고대어·중세어·근대어·현대어 등의 단어로 구분된다. 고대어의 단어는 918년 고려 건국 이전의 단어이고, 중세어의 단어는 고려 건국 이후 16세기말까지의 단어이며, 근대어의 단어는 17세기 이후 19세기말까지의 단어이고, 현대어의 단어는 우리가 살고 있는 이 시대의 단어를 뜻한다. 예컨대 '가슬'은 고대어이고, '가ᅀᆞᆯ'은 '가슬'의 중세어이며, '가올'은 '가슬'의 근대어이고, '가을'은 '가슬'의 현대어이다.

단어는 지역 변인에 따라 서울 방언·경기도 방언·충청도 방언·강원도 방언·황해도 방언·전라도 방언·경상도 방언·제주도 방언·평안도 방언·함경도 방언·육진 방언 등으로 나뉜다. '어머니'를 지시하는 단어가 지역에 따라 다르다. 함경도와 전라도에서는 '어마이'라 일컫고, 평안도에서는 '어마니'라 하며, 충청도에서는 '엄니'라고 한다. 전라도에서는 '어무이' 혹은 '어무니'라고도 한다. 경상도에서는 어머니를 '어무이' 혹은 '어머이'라고 한다.

또한 단어는 사회 변인—사회 계층·성·연령·종교 등—에 따라 여러 가지로 나뉜다. 사회 계층에 따라 단어의 사용 양상이 다르다. 상류 계층에 속하는 사람들은 어려운 한자어·외래어 등이나 외국어를 많이 사용하는데, 하류 계층에 속하는 사람들은 고유어나 이해하기 쉬운 한자어를 사용한다. 또한 하류 계층에 속하는 사람은 상류 계층에 속하는 사람보다 비어(卑語)나 속어(俗語)를 더 많이 쓰는 경향이 있다.

성별에 따라 단어 사용에 상이한 점이 있다. 일반적으로 여성들은 남성들에 비하여 우아하고 품위 있는 단어를 구사하려고 힘쓰는데, 남성들은 이와 달리 저속한 단어를 구사하는 경향이 있다.

연령에 따라 즐겨 쓰는 단어도 다르다. 한국의 70대 이상의 지식인들은 한자어를 영어 계통의 외래어보다 더 많이 사용하는데, 70대 미만의 지식인들은 한자어보다 영어 계통의 외래어나 외국어를 더 많이 쓴다. 또한 어떤 종교를 믿는지에 따라 사용하는 단어가 다르다. 다른 사람과 담화를 할 적에 불교 신도는 '보시(布施)', '윤회(輪廻)', '자비(慈悲)', '극락(極樂)', '가사(袈裟)' 등과 같은 불교 용어를 섞어 쓰는데, 기독교 신도는 '박애(博愛)', '천당(天堂)', '은총(恩寵)', '성부(聖父)', '성자(聖子)', '성령(聖靈)' 등의 기독교 용어를 사용한다.

우리는 사회 계층·성·연령·종교·출생지 등이 상이한 사람들과 한국어로 의사소통을 잘하려면 무엇보다도 먼저 지금까지 살펴본 수많은 단어의 의미와 기능을 알아 적절히 사용할 줄 알아야 한다.

3.4 단어 형성법

단어 형성법(單語形成法)이란 새로운 단어를 만들어 내는 방법이다. 이것을 조어법(造語法)이라고 일컫기도 한다. 단어 형성(單語形成)이란 새로운 단어를 만들어 내는 것을 뜻한다. 즉 이것은 어근과 어근의 결합, 어근과 접사의 결합, 어근 창조 등의 방법으로 새로운 단어를 만드는 것이다.

단어 형성법에는 합성법(合成法)·파생법(派生法)·어근 창조법(語根創造法) 등이 있다. 합성법은 합성어를 만드는 방법이고, 파생법은 파생어를 만드는 방법이다(3.3.1 참조). 어근 창조법은 이제까지 없던 어근으로 새로운 단어를 만들어 내는 방법이다.

3.4.1 합성법

합성법(合成法)이란 이미 사용하고 있는 두 개 이상의 어근이나 단어를 결합하여 새로운 단어를 만드는 방법이다. 이와 같은 단어 형성법으로 만들어진 단어를 합성어(合成語)라고 한다. 합성법으로 만든 단어의 보기를 품사별로 나누어 들어 보면 다음의 (25)~(28)과 같다.

(25) 합성 명사
  ㄱ. 명사 + 명사: 집-집, 돌-다리, 비지-땀, 손-발, 개-돼지, 비-바람
  ㄴ. 명사 + 첨가음 + 명사[32]: 나뭇잎(나무-ㅅ-잎), 냇가(내-ㅅ-가), 장맛비(장마-ㅅ-비), 찻집(차-ㅅ-집)
  ㄷ. 용언(동사, 형용사)의 관형사형 + 명사: 디딜-방아, 큰-아버지
  ㄹ. 용언(동사, 형용사)의 어간 + 명사: 곶-감, 닿-소리
  ㅁ. 동사의 부사형 + 명사: 비켜-덩이, 살아-생전
  ㅂ. 관형사 + 명사: 요-즈음, 새-달, 이-쪽
  ㅅ. 부사 + 명사: 어찌-씨, 나란히-고래, 뾰족-탑, 뻐꾹-새, 딱-총
  ㅇ. 부사 + 부사: 잘-못[33]
  ㅈ. 명사 + 조사 + 명사: 쇠고기(소-이[34]-고기), 귀-에-지

---

32) 이와 달리 형태소와 형태소가 결합하여 새로운 단어가 될 때, 형태소의 구성 음소 중에서 일부가 탈락하는 것도 있다. 그것의 보기를 들어 보면 다음과 같다. 솔 + 나무→소나무, 불 + 나비→부나비

33) '잘못'은 명사나 부사로 쓰인다. 명사인 '잘못'은 '잘하지 못하여 그릇되게 한 일' 또는 '옳지 못하게 한 일.'을 뜻하는데, 부사인 '잘못'은 '틀리거나 그릇되게' 혹은 '깊이 생각하지 아니하고 사리에 어긋나게 함부로.' 혹은 '적당하지 아니하게'를 뜻한다.

34) '이'는 고어에서 관형격 조사로 쓰이기도 하였다.

ㅊ. 고유어 명사 + 외래어 명사: 딸기-잼(jam), 쌀-빵(pão)

ㅋ. 외래어 명사 + 고유어 명사: 고무(gomme)-신, 담배(tobacco)-갑, 구두(クツ)-가게

(26) 합성 동사·합성 형용사

ㄱ. 명사 + 용언(동사, 형용사): 나무-하다, 도둑-맞다, 벼락-맞다, 손-잡다, 앞-서다, 좀-먹다, 귀-먹다 ; 낯-설다, 눈-멀다, 성-나다, 손-쉽다, 멋-있다, 뜻-있다, 멋-없다

ㄴ. 동사의 어간 + 동사: 뛰-놀다, 여-닫다('열-'+닫다), 우-짖다('울-'+짖다), 붙-잡다('붙-'+잡다), 드-나-들다('들-'+'나-'+들다), 오-가다('오-'+가다)

ㄷ. 용언(동사, 형용사)의 부사형 + 동사: 돌아-가다, 뜯어-먹다, 벗어-나다, 잡아-먹다, 좋아-하다, 기뻐-하다, 슬퍼-하다

ㄹ. 부사 + 용언: 아니-하다, 못-하다, 마주-보다, 가로-막다, 막-되다, 못-나다, 수이-보다

ㅁ. 명사 + 동사의 관형사형 + 명사 + 형용사: 물-샐-틈-없다

(27) 합성 관형사

ㄱ. 관형사 + 관형사: 몇-몇

ㄴ. 관형사 + 명사: 온-갖

ㄷ. 부사 + 용언의 관형사형: 몹-쓸

ㄹ. 수사 + 용언의 관형사형: 여-남은(←열 + 남은)

(28) 합성 부사

ㄱ. 명사 + 명사: 밤-낮, 구석-구석

ㄴ. 대명사 + 조사 + 명사: 제각기(저 + 의 + 각기)

ㄷ. 관형사 + 명사: 한-참, 어느-덧, 어느-새

ㄹ. 명사 + 조사 + 명사 + 조사: 도-나-캐-나35)

ㅁ. 명사 + 조사: 정말-로, 참말-로36)

ㅂ. 용언 + 용언: 오나-가나

---

35) 도나캐나 : 하찮은 아무 대상이나. 또는 무엇이든지.

36) 둘 이상의 실질형태소가 결합하여 이루어진 단어를 합성어로 간주하는 이들은 '정말-로', '참말-로'를 합성어로 간주하지 않는다. 그런데 이 글에서 둘 이상의 어근이나 단어가 결합하여 이루어진 단어를 합성어로 간주하기 때문에 '정말-로', '참말-로'를 합성어로 처리한다.

ㅅ. 용언의 관형사형 + 의존 명사: 이른-바, 읽을-거리, 볼-거리

ㅇ. 부사 + 부사: 고루-고루, 곧-바로, 곧-잘, 더욱-더, 또-다시, 부디-부디, 오래-오래, 잘-못, 자주-자주

ㅈ. 부사 + 용언: 잘-해야

ㅊ. 부사 + 용언 + 조사: 못-해-도

(29) 합성 감탄사

명사 + 조사: 세상-에, 천만-에

합성어 중에는 구(句)를 형성할 때의 방식과 같거나 다른 것이 있다. '나란히고래', '뾰족탑', '접칼', '날뛰다', '여닫다' 등은 구(句)에서는 찾아볼 수 없는 특이한 결합 방식으로 이루어진 합성어이다. 이러한 것들을 비통사적 합성어(非統辭的合成語)라고 일컫는다.

'낯설다', '돌다리', '맛있다', '잘나다', '잡아먹다', '큰아버지' 등은 구(句)를 형성할 때의 방식으로 형성된 합성어이다. 이러한 것을 통사적 합성어(統辭的合成語)라고 한다(3.3.1 참조).

3.4.2 파생법

파생법(派生法)이란 어근에 접사를 덧붙여 새로운 단어를 만드는 방법이다. 즉 이것은 어근에 접두사나 파생 접미사를 결합하여 새로운 단어를 만드는 방법을 뜻한다. 파생법을 접사첨가법이라고 일컫기도 한다. 파생법에는 접두파생법(接頭派生法)·접미파생법(接尾派生法)·내적 변화 파생법(內的變化派生法)[37] 등이 있다.

접두파생법은 접두사를 어근에 붙여 새로운 단어를 만드는 방법이고, 접미파생법은 파생 접미사를 어근에 결합해서 새로운 단어를 만드

---

37) '내적 변화 파생법'을 '음운 교체법'이라고 일컫기도 한다.

는 방법이다. 내적 변화 파생법은 접두사나 파생 접미사를 이용하지 않고 모음이나 자음을 교체하여 새로운 단어를 만드는 방법이다.[38]

다음 (30)은 '접두파생법'으로 파생어를 만든 것이고, (31)은 '접미파생법'으로 파생어를 만든 것이다. 그리고 (32)는 '내적 변화 파생법'으로 파생어를 만든 것이다.

(30) 접두파생법
  ㄱ. 접두사 + 명사: 군-침, 막-일, 맨-손, 풋-과일
  ㄴ. 접두사 + 동사: 빗-맞다, 헛-딛다, 짓-밟다, 들-볶다, 엿-듣다
(31) 접미파생법
  ㄱ. 명사 + 명사화 접미사: 잠-보, 점-쟁이, 가위-질, 이파리(잎-아리)
  ㄴ. 명사 + 형용사화 접미사: 이-롭-다, 자랑-스럽-다, 정-답-다
  ㄷ. 용언의 어근 + 명사화 접미사: 먹-이, 읽-기, 마개(막-애), 슬픔 ('슬프-'+'-ㅁ'), 울-음
  ㄹ. 형용사의 어근 + 부사화 접미사: 많-이, 자주('잦-'+'-우')
  ㅁ. 대명사 + 명사화 접미사: 저-희, 너-희
  ㅂ. 부사 + 명사화 접미사: 뻐꾸기(뻐꾹-이), 개구리(개굴-이), 부엉-이
(32) 내적 변화 파생법
  ㄱ. 아장아장 →어정어정, 파릇파릇→푸릇푸릇, 호호 →후후
  ㄴ. 감감하다 →깜깜하다 →캄캄하다, 덜거덩→떨거덩 →털거덩

접두사나 파생 접미사가 어근에 결합되지 않거나 음운 교체를 하지 않고 단어가 다른 품사로 바뀌는 일이 있다. 이와 같은 것을 무접파생법(無接派生法) 혹은 영파생법(零派生法)[39]이라고 일컫기도 한다. '왈가닥,[40]

---

38) '내적 변화 파생법'을 파생법의 일종으로 간주하지 않고 '어음 교체법'이라고 일컫는 이도 있다.
39) '무접파생법' 혹은 '영파생법'을 파생법의 일종으로 처리하지 않고 '품사 전성법'으로 간주하기도 한다.
40) '왈가닥'은 원래 '여러 개의 굳고 단단한 물건이 서로 거칠게 부딪혀 나는 소리를 시늉한 말'로 부사이던 것이 '남자처럼 덜렁거리며 수선스럽게 구는 여자'를

아주,41) 꽝,42) 얼룩,43) 뻥,44) 이런,45) 저런46)' 등이 그 보기에 해당한다. 그런데 이것은 어근에 접두사나 파생 접미사가 결합되지 않고, 음운 교체도 하지 않기 때문에 파생법의 일종으로 간주하는 것보다 '품사 전성법(品詞轉成法)'으로 처리하는 것이 더욱 합당하다.

앞(3.3.1)에서 언급한 바와 같이 한국어의 단어들 가운데는 합성법이나 파생법으로 다루기 어려운 것들이 있다. 그 보기를 들어 보면 다음의 (33)과 같다.

> (33) ㄱ. 핫-둥이
> ㄴ. 풋47)-내기)48)
> ㄷ. 외-롭다

뜻하는 명사로 전성한 것이다.

41) '아주'는 원래 정도를 나타내는 부사인데, '남의 잘하는 체하는 언동을 조롱함'을 나타내는 감탄사로 전성되어 쓰이기도 한다. '아주'가 부사로 쓰일 적에는 [아주]로 발음되고, 감탄사로 쓰일 적에는 [아ː주]로 발음된다.

42) '꽝'은 원래 '무겁고 단단한 물건이 바닥에 떨어지거나 부딪힐 때 울리는 소리'를 뜻하는 부사인데, 이것이 추첨에서 뽑히지 못하여 배당이 없는 것을 속되게 이르는 명사로 전성되어 쓰이는 경우도 있다.

43) '얼룩'은 부사 '얼룩얼룩'의 한 어근인데, 이것은 '어떤 물체의 바탕에 다른 빛깔의 액체가 젖거나 스미거나 하여 생긴 자국'을 뜻하는 명사로 쓰이기도 한다.

44) '뻥'은 원래 '구멍이 뚫어진 모양 혹은 갑자기 요란스럽게 터지는 소리 혹은 공을 세차게 차는 모양' 등을 뜻하는 부사인데, '거짓말'을 속되게 이르는 명사로도 쓰인다.

45) '이런'은 원래 형용사 '이러하다'의 관형사형인데, 감탄사로 전성되어 '말하는 이가 뜻밖의 바람직하지 않은 일을 저지르거나 겪었을 때 놀라서 내는 소리'를 의미하는 단어로 쓰이기도 한다.

46) '저런'은 원래 형용사 '저러하다'의 관형사형인데, '이런'과 같이 감탄사로 전성되어 '말하는 이가 뜻밖의 바람직하지 않은 일을 저지르거나 겪었을 때 놀라서 내는 소리'를 의미하는 단어로 쓰이기도 한다.

47) '-풋'은 일부 명사 앞에 붙어 '덜 익은, 덜 여문'의 뜻을 나타내거나, '서툰, 미숙한'의 뜻을 나타내는 접두사이다. [보기] 풋고추, 풋과일, 풋사랑, 풋정열.

48) '-내기'는 어떤 말에 붙어서 그 말이 뜻하는 사람임을 얕잡아 이르는 접미사이다. [보기] 보통내기, 여간내기, 신출내기.

앞에 제시한 (33ㄱ)의 '핫-퉁이'49)는 접두사 '핫-'과 접미사 '-퉁이'가 결합하여 이루어진 단어이며, (33ㄴ)의 '풋-내기'는 접두사 '풋-'과 접미사 '-내기'가 합쳐서 이루어진 단어이다. (33ㄷ)의 '외-롭다'는 접두사 '외-'에 접미사 '-롭-'이 배합하여 형성된 단어이다. 이 단어들의 구성 요소는 모두 의존 형태소이다. 그런데 통시적 관점에서 보면 '핫-, -퉁이, 풋-, -내기, 외-' 등은 원래 자립 형태소이었던 것이 의존 형태소로 바뀐 것이므로 '핫퉁이, 풋내기'는 합성어로, '외롭다'는 파생어로 처리할 수도 있다.

3.4.3 어근 창조법

어근 창조법(語根創造法)은 이제까지 없던 새로운 어근을 활용하여 단어를 만드는 방법이다. 이것에는 신어 창조, 환칭(換稱), 외국어 차용, 민간 어원 등이 있다.

신어 창조는 이제까지 존재하지 않은 어근으로 새로운 단어를 만드는 것이다. 만일에 '서로 다투는 짓'을 뜻하는 단어로 '아룽'이란 것을 새로 만들었다면, 이것이 신어 창조의 보기에 해당한다. '아룽'은 이제까지 없던 어근으로 된 단어이기 때문이다. 또한 작가들이 새롭게 의성어나 의태어를 만들어 쓰는 경향이 농후한데, 이러한 의성어나 의태어도 신어 창조의 보기에 속한다.

환칭은 제유(提喩)의 일종으로, 고유 명사를 보통 명사·동사·형용사 등으로 바꾸어 쓰는 것을 뜻한다.

---

49) '핫퉁이'는 솜을 많이 두어 퉁퉁한 옷이나 그러한 옷을 입은 사람을 뜻하는 단어이다. 접두사 '핫-'은 옷이나 이불 따위와 결합하여 솜을 둔 것을 뜻하는 말이다. 또는 배우자를 갖추고 있음을 뜻하기도 한다. [보기] 핫아비, 핫어미

(34) ㄱ. 네로(Nero) → 사납고 나쁜 왕(통치자)이나 사람

　　ㄴ. 린치(Lynch) → 사적인 형벌을 가하다

　　ㄷ. 보이콧(Boycott) → 불매 동맹(不買同盟)을 하다

　　ㄹ. 샌드위치(Sandwich) → 음식 이름

　　ㅁ. 약주(藥酒) → '술'의 높임말

　　ㅂ. 로봇(Robot) → 기계인

　　ㅅ. 제록스(Xerox) → 복사

　　ㅇ. 나일론(Nylon) → 섬유 이름

　　ㅈ. 점보(Jumbo) → 거대한

앞에 제시한 (34ㄱ) '네로(Nero)', (34ㄴ) '린치(Lynch)', (34ㄷ) '보이콧(Boycott)', (34ㄹ) '샌드위치(Sandwich)' 등은 사람의 이름을 나타내는 고유 명사가 보통 명사로 바뀐 것이다. (34ㅁ) '약주(藥酒)'는 본디 '약으로 쓰는 술'을 지칭하는 것이었는데, 이제는 '술'의 높임말로 쓰인다. (34ㅂ)의 '로봇(Robot)'은 원래 체코의 극작가 차페크(Capek, K.)가 그의 희곡에서 작중 인물의 이름으로 사용한 것인데, 일상어에서 '인조인간'이라는 보통 명사로 쓰인다. (34ㅅ) '제록스(Xerox)'와 (34ㅇ) '나일론(Nylon)'은 원래 상품명을 나타내는 고유 명사이었는데 보통 명사로 바뀐 것이며, (34ㅈ) '점보(Jumbo)'는 미국의 서커스단이 19세기 말에 영국 동물원에서 수입한, 매우 큰 코끼리의 이름을 나타내는 고유 명사이었는데 형용사로 바뀐 것이다.

외국어 차용은 외국어를 빌려서 쓰는 것을 뜻한다. 외국어 차용 방법에는 형식 차용법, 의미 차용법, 형식과 의미 차용법 등 세 가지가 있다.

형식 차용법50)이란 외국어 단어의 음(音)을 그대로 빌려 쓰는 것이다. '볼(← ball), 가스(← gas)' 등이 그 보기에 속한다. 의미 차용법은 외국어의 단어의 의미를 빌려서 쓰는 것이다. 예를 들면, '야구(← baseball),

---

50) '형식 차용법'을 '음 차용법(音借用法)'이라고 일컫기도 한다.

투수(← pitcher), 의미 자질(← semantic feature)'등이다.

형식과 의미 차용법은 외국어의 형식과 의미를 함께 차용하는 법이
다. '樂喜(← lucky), 桑港(← San Francisco)'등이 그 보기에 해당한다.

민간 어원(民間語源)은 언어 사용자들이 어원을 잘 모르거나, 알고 있
더라도 편의상 단어의 형태를 바꾸어 쓰는 것이다. 어떤 말의 뜻이 불
분명할 때 민중이 거기에 가까운 뜻을 적용함으로써 근거 없는 어원
으로 인식하고 드디어 그 어형까지 편리하게 바꾸는 것이다. '소나기,
행주치마, 잇몸, 황소'등이 그 보기에 속한다. '소나기'는 소를 걸고
내기를 함을 뜻하는 '소+내기'가 변한 단어이다. '행주치마'는 '힝ᄌ
쵸마'가 '힝ᄌ치마'로 바뀌었다가 사람들이 경기도 행주에 사는 아낙
네들의 치마로 잘못 인식하여 형성된 것이다. '잇몸'은 '닛므윰(齒齦)'이
'니의 몸'으로 인식되어 '닛몸'으로 바뀌었다가 두음 법칙으로 인하여
변한 것이다. '황새'는 '한새[大鳥]'가 변한 것이고, '황소'는 '한쇼[大牛]'
가 변한 것이다.

제4장
품사

수많은 단어의 문법적인 기능을 일일이 기술하기란 쉬운 일이 아니다. 단어들을 일정한 기준에 따라 분류한 것을 품사(品詞)라고 한다. '품사'는 단어의 문법적인 기능을 기술하는 데 편리한 용어이다. 전통문법론에서는 품사론(品詞論)을 중시한다. 이 장에서는 품사(品詞)의 정의(定義), 품사 분류 기준, 품사 분류의 실제 등에 대해서 살펴보고자 한다.

4.1 품사의 정의

품사란 단어를 기능·형태·의미 등이 같은 것끼리 분류한 것이다. 품사라는 용어는 본래 그리스어에서 '문장 또는 구(句)의 부분들'을 뜻하던 것인데, 영국·프랑스·독일 등지에서 'parts of speech'(영국), 'parties de discours'(프랑스), 'Rede-teile'(독일) 등과 같이 잘못 번역해서 차용한 것이다. 이것을 19세기 말 일본에서 '品詞'라고 번역 차용한 것을 한국에서 그대로 받아들여 사용하고 있다.

품사 분류는 언어를 간편하게 기술하는 데 도움을 준다. 이것은 문법을 이해하거나 설명하는 데 쓸모가 있다. 수많은 단어의 낱개에 대한 기술이 몇몇 어군(語群)에 대한 기술로 대치될 수 있기 때문이다. 품사 분류의 기준은 형태·기능·의미 등이다.

단어들 중에는 문장에서 단어가 하는 기능에 따라 그 형태가 변화하는 것이 있고 변화하지 않는 것이 있다. 단어 형태의 변화 유무에 따라 품사를 분류하기도 한다.

(1) ㄱ. 나무, 돌, 물, 바람, 사랑, 잎, 하늘
  ㄴ. 나, 너, 그이, 당신, 우리, 너희, 자기, 저, 저희
  ㄷ. 첫째, 둘째, 셋째, 넷째, 다섯째
  ㄹ. 모든, 새, 어느
  ㅁ. 가장, 너무, 매우, 몹시, 잘
  ㅂ. 글쎄, 아무렴, 아이구, 어머나, 어머머
  ㅅ. 이/가, 을/를, 에게, 에서, 은/는, 도, 마저, 만
  ㅇ. 가다, 먹다, 알다, 졸다, 타다, 풀다
  ㅈ. 곱다. 높다, 아름답다, 용감하다, 착하다
  ㅊ. 이다, 아니다

앞에 제시한 (1ㄱ)~(1ㅊ) 가운데 어느 경우에나 어형이 바뀌지 않는 것은 (1ㄱ), (1ㄴ), (1ㄷ), (1ㄹ), (1ㅁ), (1ㅂ), (1ㅅ) 등이다. 그러나 (1ㅇ), (1ㅈ), (1ㅊ) 등은 다음의 (2), (3), (4) 등과 같이 어형이 바뀐다.

(2) ㄱ. 가다, 가고, 가니, 가면, 가면서, 간, 갈, 가느냐, 가거라
  ㄴ. 먹다, 먹고, 먹으니, 먹으면, 먹으면서, 먹은, 먹을, 먹느냐, 먹어라
  ㄷ. 알다, 알고, 아니, 알면, 알면서, 안, 알, 아느냐, 알아라
  ㄹ. 졸다, 졸고, 조니, 졸면, 졸면서, 존, 졸, 조느냐, 졸아라

ㅁ. 타다, 타고, 타니, 타면, 타면서, 탄, 탈, 타느냐, 타거라

ㅂ. 풀다, 풀고, 푸니, 풀면, 풀면서, 푼, 풀, 푸느냐, 풀어라

(3) ㄱ. 곱다, 곱고, 고우니, 고우면, 고우면서, 고운, 고울, 고우냐

ㄴ. 높다, 높고, 높으니, 높으면, 높으면서, 높은, 높을, 높으냐

ㄷ. 아름답다, 아름답고, 아름다우니, 아름다우면, 아름다우면서, 아름
다운, 아름다울, 아름다우냐

ㄹ. 용감하다, 용감하고, 용감하니, 용감하면, 용감하면서, 용감한, 용
감할, 용감하냐

ㅁ. 착하다, 착하고, 착하니, 착하면, 착하면서, 착한, 착할, 착하냐

(4) ㄱ. 이다, 이고, 이구나, 이냐, 이니, 이면, 이면서, 이어라, 인, 일

ㄴ. 아니다, 아니고, 아니구나, 아니냐, 아니면, 아니면서, 아닌, 아닐

한국어의 단어들을 형태에 따라 품사 분류를 하면 (1ㄱ)~(1ㅅ) 등과
같이 어형이 바뀌지 않는 것과, (1ㅇ), (1ㅈ), (1ㅊ), (2), (3), (4) 등과 같
이 어형이 바뀌는 것으로 양분된다. 전자를 불변화사(不變化詞)라 하고,
후자를 변화사(變化詞)라고 한다.

기능은 문장에서 어떤 단어가 다른 단어와 맺는 관계를 뜻한다.

(5) ㄱ. 그 사람은 떡을 많이 먹었다.

ㄴ. 모든 어린이가 열심히 공부한다.

앞의 예문 (5ㄱ)에서 '그'는 '사람'을 꾸미고, '사람'은 '그'의 꾸밈을
받는다. '많이'는 '먹었다'를 수식하고, '먹었다'는 '많이'의 꾸밈을 받는
다. '그'는 '먹었다'를 꾸미지 못하고, '많이'는 '사람'을 수식하지 못한
다. 예문 (5ㄱ)에서 '사람'과 '먹었다'는 '누가 어찌하다'의 관계를 맺고
있으며, '떡'과 '먹었다'는 '무엇을 어찌하다'의 관계를 맺고 있다.

이상의 예문 (5ㄴ)에서 '모든'은 '어린이'를 꾸미고, '어린이'는 '모
든'의 꾸밈을 받는다. '열심히'는 '공부한다'를 꾸미고, '공부한다'는

'열심히'의 꾸밈을 받는다. 예문 (5ㄴ)에서 '모든'은 '공부한다'를 꾸미지 못하고, '열심히'는 '어린이'를 꾸미지 못한다. 그리고 '어린이'와 '공부한다'는 '누가 어찌하다'의 관계를 맺고 있다. 이와 같이 단어들은 서로 기능이 같은 것과 다른 것이 있다. 기능이 같은 것끼리 묶어 동일한 품사로 분류하게 되면 문법을 설명할 때에 유용한 점이 많다. 따라서 기능도 품사 분류의 기준에서 중요한 비중을 차지한다.

품사 분류의 기준이 되는 '의미'는 개별 단어의 어휘적인 의미가 아니라 단어들의 공통적인 의미를 뜻한다. "어떤 단어가 사람이나 사물의 이름을 나타낸다."든지 "움직임이나 성질, 상태 등을 나타낸다."든지 하는 것을 뜻한다. 이러한 의미 기준에 따라 앞에서 든 예문 (5ㄱ)에 쓰인 '사람', '떡', (5ㄴ)에 쓰인 '어린이' 등을 동일한 품사로 묶을 수 있으며, (5ㄱ)에 쓰인 '먹었다'와 (5ㄴ)에 쓰인 '공부한다'를 동일한 품사로 분류할 수 있다. '사람', '떡', '어린이' 등은 사물이나 대상의 이름을 뜻하는 단어이고, '먹었다', '공부한다' 등은 사물의 움직임을 나타내는 단어이기 때문이다. 또한 (5ㄱ)에 쓰인 '그'와 (5ㄴ)에 쓰인 '모든'을 한 품사로 묶을 수 있고, (5ㄱ)에 쓰인 '많이'와 (5ㄴ)에 쓰인 '열심히'를 동일한 품사로 분류할 수 있다. '그'와 '모든'은 '어떠한'이라는 의미를 나타내고, '많이'와 '열심히'는 '어떻게'라는 의미를 나타내기 때문이다.

의미는 형태와 기능을 위주로 하여 분류한 어휘의 의미적 차이를 보일 뿐만 아니라, 이와 같은 분류가 도식적인 형태 분류를 벗어나 단어의 통사론적 기능과 의미를 유추하는 데 중요한 구실을 한다. 만일 의미만을 가지고 품사를 분류한다면 그 수가 매우 많을 것이며, 객관적인 것이 되지 못할 것이다. 따라서 품사를 분류할 때에는 세 가지 기준 즉 형태·기능·의미 등을 적절히 고려하여야 한다.

4.3 품사 분류의 실제

전통문법론, 구조문법론, 변형생성문법론 가운데에서 품사 분류를 중요한 연구 대상으로 삼는 것은 전통문법론이다.

형태에 따라 품사를 분류하면 불변화사(不變化詞)와 변화사(變化詞)로 나뉘고, 기능에 따라 분류하면 체언(體言)·용언(用言)·관계언(關係言)·수식언(修飾言)·독립언(獨立言)·접속언(接續言) 등 여섯 개의 품사로 나뉜다. 체언은 의미에 따라 명사(名詞)·대명사(代名詞)·수사(數詞) 등으로 다시 나뉘고, 용언(用言)은 동사(動詞)·형용사(形容詞)·지정사(指定詞) 등으로 세분된다. 그리고 관계언에 속하는 것은 조사(助詞)이고, 독립언에 속하는 것은 감탄사(感歎詞)이며, 접속언에 속하는 것은 접속사(接續詞)이다. 수식언은 기능에 따라 다시 관형사(冠形詞)와 부사(副詞)로 나뉜다. 그리하여 한국어의 품사는 명사·대명사·수사·조사·동사, 형용사·지정사·관형사·부사·접속사·감탄사 등 모두 11개로 분류된다. 이것을 도시하면 다음의 [그림 4]와 같다.

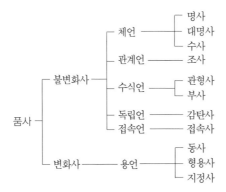

[그림 4] 품사의 분류

단어의 설정이나 품사의 분류에 있어서 문법학자들 사이에 의견이 분분한 것들이 있다.

조사(助詞)를 단어로 인정하지 않고 품사에서 제외시키는 이도 있고, 대명사와 수사를 독립시키지 않고 함께 명사로 처리하는 이도 있으며, 수사를 대명사에 포함시키는 이도 있다. '이다'를 서술격 조사로 간주하거나, 용언의 일종으로 보아 지정사 혹은 잡음씨라고 하거나, 단어로 인정하지 않고 품사에서 제외시키는 이도 있다. 또한 '그리고', '그런데', '그러나' 등을 부사로 처리하거나 접속사로 간주하는 이도 있다. 이와 같이 문법학자들 간에 의견을 달리하는 것은 그들이 동일한 언어 현상에 대해서 다른 문법의 이론을 가지고 고찰하는 데서 기인한다.

이 글에서는 전통문법론(傳統文法論)에 따라 조사(助詞)를 단어로 간주하여 독립된 품사로 설정하고, 명사·대명사·수사를 각각 독립시켜 기술하기로 한다. 또한 이른바 서술격 조사 '이다'를 지정사로, 접속부사를 접속사로 처리하고자 한다.

4.3.1 명사

정의(定義) 명사(名詞)란 사람이나 사물의 이름을 나타내는 품사이다.

> (6) ㄱ. 아버지, 어머니, 남자, 여자, 이동혁, 김은영
> ㄴ. 개, 고양이, 닭, 돼지, 말, 소, 오리, 토끼
> ㄷ. 느티나무, 대나무, 동백나무, 박달나무, 소나무
> ㄹ. 새벽, 아침, 낮, 노을, 황혼, 밤
> ㅁ. 민주주의, 민족주의, 사대주의, 단정, 명제

앞에 제시한 (6ㄱ)의 단어들은 사람을 지시하는 것이고, (6ㄴ)의 단

어들은 짐승의 이름을 나타내는 것이며, (6ㄷ)의 단어들은 나무의 이름을 가리키는 것이고, (6ㄹ)의 단어들은 자연의 현상을 의미하는 단어이며, (6ㅁ)의 단어들은 추상적 개념을 뜻하는 것이다. 이와 같이 사람이나 사물의 이름을 지시하는 단어들을 명사라고 한다.

특징(特徵) 명사는 다음과 같은 특징을 지니고 있다.

첫째, 명사는 조사의 지배를 받는다.

> (7) ㄱ. 동혁아, {영주, *꽃, *나무}에게 물을 주어라.
> ㄴ. 동혁아, {*영주, 꽃, 나무}에 물을 주어라.

앞의 예문 (7ㄱ)에서 조사인 '에게'는 유정 명사인 '영주'와 공기 관계를 맺는데, 무정 명사인 '꽃'이나 '나무'와는 공기 관계(共起關係)[1]를 맺지 못한다. (7ㄴ)에서 조사인 '에'는 무정 명사인 '꽃'이나 '나무'와 공기 관계를 맺는데 유정 명사인 '영주'와는 공기 관계를 맺지 못한다. 왜냐하면 조사인 '에게'는 유정 명사와 공기 관계를 맺고 무정 명사와는 공기 관계를 맺지 못하는 것인데, 조사인 '에'는 '에게'와 달리 유정 명사와는 공기 관계를 맺지 못하고 무정 명사와 공기 관계를 맺는 것이기 때문이다. 이렇듯 명사는 조사의 지배를 받는다.

둘째, 대부분의 명사는 관형어의 수식을 받는다.

> (8) ㄱ. {저, *가장} 꽃이 아름답다.
> ㄴ. {그, *대단히} 사람이 용감하다.
> ㄷ. 아주 부자가 인색하게 산다.

---

1) 공기 관계(共起關係)란 문장을 구성하는 요소들이 서로 필요하여 함께 쓰이는 통사적 관계이다.

앞의 예문 (8ㄱ)에 쓰인 '저'와 (8ㄴ)에 쓰인 '그'는 관형어이고, (8ㄱ)의 '가장'과 (8ㄴ)에 쓰인 '대단히'는 부사어이다. (8ㄱ)에서 명사 '꽃'은 관형어인 '저'의 꾸밈을 받을 수 있지만, 부사어인 '가장'의 꾸밈을 받지 못한다. (8ㄴ)에서도 명사 '사람'은 관형어인 '그'의 꾸밈을 받을 수 있는데, 부사어인 '대단히'의 꾸밈을 받지 못한다. 이와 같이 명사는 일반적으로 관형어의 꾸밈을 받는다.

그런데 위의 예문 (8ㄷ)에서 명사인 '부자'는 부사어인 '아주'의 꾸밈을 받고 있다. 부사어의 수식을 받는 명사는 '거부(巨富)', '거지', '미남(美男)', '미인(美人)', '바람둥이', '사기꾼', '선인(善人)', '악인(惡人)', '추남(醜男)', '추녀(醜女)', '한량(閑良)' 등과 같이 어떤 성질이나 상태의 정도를 나타내는 정도성 명사이다.

셋째, 명사는 조사와 결합하여 문장에서 여러 문장 성분으로 기능을 한다.

> (9) ㄱ. <u>바람이</u> 분다.
> ㄴ. 바람이 <u>벚나무를</u> 쓰러뜨렸다.
> ㄷ. <u>바람아</u>, 더욱 세차게 불어라.
> ㄹ. 저 사람들은 자녀를 <u>사랑으로써</u> 훌륭히 길렀다.
> ㅁ. 그는 <u>마음의</u> 문을 열었다.

앞의 예문 (9ㄱ)에서 '바람이'는 주어로, (9ㄴ)에서 '벚나무를'은 목적어로, (9ㄷ)에서 '바람아'는 독립어로, (9ㄹ)에서 '사랑으로써'는 부사어로, (9ㅁ)에서 '마음의'는 관형어로 쓰이었다. 이와 같이 명사는 조사와 결합하여 여러 문장 성분으로 기능을 하는 품사이다.

종류(種類) 명사는 분류 기준 ─ 사용 범위, 자립성 유무, 감정성 유무, 동태성(動態性) 유무, 구상성(具象性) 유무 등 ─ 에 따라 다음의 [그림 5]와 같이 여러 가지로 나뉜다.

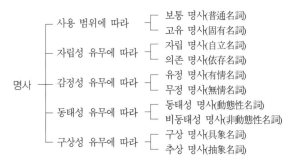

[그림 5] 명사의 종류

보통 명사와 고유 명사 명사는 사용 범위에 따라 보통 명사와 고유 명사로 나뉜다. 보통 명사는 같은 성질을 지닌 사물이나 사람에 두루 쓸 수 있는 이름을 나타내는 명사이다. 이것을 '통칭 명사(通稱名詞)' 혹은 '두루이름씨'라고 일컫기도 한다. 고유 명사는 특정한 사람·장소·사물 등의 이름을 나타내는 명사이다. 이것을 '특립 명사(特立名詞)' 혹은 '홀로이름씨'라고 일컫기도 한다.

(10) ㄱ. 사람, 나라, 문(門), 신문(新聞), 강(江), 산(山)
ㄴ. 철수, 대한민국, 동대문, 한국일보, 한강, 백두산

앞의 (10ㄱ)에 제시된 '사람'이란 단어는 '철수', '영철', '영희', '숙희'라는 존재 가운데 어떤 존재에게나 쓸 수 있는 것이다. (10ㄴ)의 '철수'라는 단어는 '철수'라고 불리는 특정한 사람만을 지시할 때 쓰이는 것이다. (10ㄱ)의 '나라', '문', '신문(新聞)', '강(江)', '산(山)' 등도 '사람'과 같이 비슷한 성질을 지닌 대상에 두루 쓰일 수 있는 명사이므로 보통 명사에 해당한다. 그런데 (10ㄴ)의 '대한민국', '동대문', '한국일보',

'한강', '백두산' 등은 '철수'와 같이 특정한 대상만을 지시하는 명사이므로 고유 명사에 속한다.

자립 명사와 의존 명사 자립 명사는 문장 내에서 관형어의 도움 없이 홀로 쓰일 수 있는 명사이다. 이것을 '완전 명사(完全名詞)' 혹은 '옹근이름씨'라고 일컫기도 한다. 의존 명사는 문장 내에서 관형어의 도움을 받지 않고 홀로 쓰일 수 없는 명사이다. 즉 이것은 문장에서 그 앞에 관형어가 반드시 와야 쓰일 수 있는 명사이다. 의존 명사를 '불완전 명사(不完全名詞)' 혹은 '안옹근이름씨' 또는 '매인이름씨'라고 일컫기도 한다. '간(間)', '것', '겨를', '겸(兼)', '김', '나름', '나위', '녀석', '년', '녘', '노릇', '놈', '대로', '덧', '데', '둥', '들', '듯', '듯이', '등(等)', '등등(等等)', '등속(等屬)', '등지(等地)', '따름', '따위', '딴', '때문', '리(理)', '만', '만큼', '무렵', '바', '바람', '밖', '법(法)', '분', '빨', '뻔,' '뿐', '성', '셈', '손,' '수,' '양(樣)', '외(外)', '이', '이래(以來)', '자(者)', '적', '족족', '줄', '중(中)', '즈음', '지', '지경(地境)', '직', '짓', '짝', '쪽', '참', '축', '치', '터', '턱', '차(次)', '척/체', '채', '통', '편(便)', '폭', '품', '해' 등이 의존 명사에 해당한다.

다음의 예문 (11ㄱ)과 (11ㄴ)에 쓰인 자립 명사 '책'의 용법에서 보는 바와 같이 자립 명사는 그 앞에 관형어가 오든지 안 오든지 문장 구성에 지장을 받지 않는다. 그런데 의존 명사 '것' 앞에 관형어가 오지 않으면 예문 (12ㄱ)과 같이 비문법적인 문장이 되므로, 예문 (12ㄴ)처럼 의존 명사 '것' 앞에는 관형어가 반드시 와야 문법에 맞는 문장이 된다.

(11) ㄱ. 책이 많다.
　　 ㄴ. 읽어야 할 책이 많다.
(12) ㄱ. *도서관에는 것이 많다.
　　 ㄴ. 도서관에는 읽을 것이 많다.

의존 명사는 보조사(補助詞)보다 분포의 제약을 더 받는다. 그리고 의존 명사 가운데는 통사적인 제약을 덜 받거나 매우 많이 받는 것이 있다.

(13) ㄱ. 사람은 {먹은, 먹는, 먹을, 먹던} 것에 대하여 지나치게 집착해서
　　　는 안 된다.
　　 ㄴ. 그 사람이 집에 {*있은, *있는, 있을, *있던} 리가 없다.

의존 명사 '것'은 예문 (13ㄱ)에서와 같이 용언의 어간에 관형사형 전성어미 '-(으)ㄴ', '-는', '-(으)ㄹ', '-던' 등이 결합되어 있는 관형어와 공기 관계를 맺을 수 있는데, 의존 명사 '리'는 (13ㄴ)에서와 같이 용언의 어간에 관형사형 전성어미 '-(으)ㄹ'이 결합되어 있는 관형어와만 공기 관계를 맺을 수 있다. 의존 명사들 중에서 '딴', '만', '외(外)', '짝', '해' 등은 어간에 관형사형 전성어미 '-(으)ㄴ', '-는', '-(으)ㄹ', '-던' 등이 결합된 용언의 관형사형과 공기 관계를 맺지 못한다. 이것들은 의존 명사가 보조사로 변천해 가는 과정에 있는 것들이다.

의존 명사는 어휘적인 의미가 소실되어서 그 의미를 파악하기가 용이하지 않다. 이것은 지정사인 '이다', 조사(助詞) 등과 같이 문법화[2]한 것이다. 그래서 의존 명사의 의미는 문맥을 통해 파악한다.

(14) ㄱ. 이 도자기는 내가 가장 소중히 여기는 것이다.
　　 ㄴ. 우리가 남을 용서하는 일은 매우 아름다운 것이다.
　　 ㄷ. 이 책은 내 것이다.
(15) ㄱ. 그가 착하다는 것은 더 말할 나위가 없다.
　　 ㄴ. 경찰은 너에 대해서 더 이상 알아볼 나위 없이 조사했다.

---

2) 문법화(grammaticalization 혹은 grammaticization)란 내용어가 기능어로 바뀌는 것이다. 어휘적인 의미를 소실하고 문법적인 기능을 수행하는 단어로 바뀌는 것이다. 'grammaticalization'은 변화의 결과에 주목할 때 사용하는 용어이고, 'grammaticization'은 변화의 과정에 주목할 경우에 사용하는 용어이다.

위의 예문 (14ㄱ)에 쓰인 의존 명사 '것'은 '물건'을 뜻하고, (14ㄴ)에 쓰인 '것'은 '일'을 뜻하며, (14ㄷ)에 쓰인 '것'은 '책'을 뜻한다. 위의 예문 (15ㄱ)에 쓰인 의존 명사 '나위'는 '필요'를 의미하고, (15ㄴ)에 쓰인 '나위'는 '여지(餘地)'를 뜻한다. 이와 같이 의존 명사는 어휘적인 의미가 소실되어 문법적인 의미를 나타내는 것이다.

유정 명사와 무정 명사　명사는 [감정성(感情性)]의 유무에 따라 유정 명사(有情名詞)와 무정 명사(無情名詞)로 나뉜다. 유정 명사는 [감정성]을 지닌 명사이다. 즉 유정 명사는 감정을 나타낼 수 있는 대상을 지시하는 명사이다. 무정 명사는 [감정성]을 지니고 있지 않은 명사이다. 이 것은 감정을 나타낼 수 없는 대상을 가리키는 명사이다.

> (16) ㄱ. 사람, 어린이, 어른, 어머니, 아버지, 누나, 철수, 영희
> 　　　ㄴ. 개, 말, 고양이, 호랑이, 사슴
> 　　　ㄷ. 꽃, 나무, 국화, 무궁화, 소나무
> 　　　ㄹ. 바위, 돌, 석탄, 다이아몬드, 석유
> 　　　ㅁ. 아침, 낮, 노을, 저녁, 밤
> 　　　ㅂ. 국수주의, 민족주의, 사대주의, 자연주의, 사고(思考), 평화(平和)

위의 (16ㄱ)과 (16ㄴ)에 제시된 명사들은 감정을 나타낼 수 있는 것들이므로 유정 명사에 속한다. 그러나 (16ㄷ), (16ㄹ), (16ㅁ), (16ㅂ)에 제시된 명사들은 감정을 나타낼 수 없는 것들이므로 무정 명사에 해당한다.

동태성 명사(動態性名詞)와 비동태성 명사(非動態性名詞)　명사는 [동태성(動態性)]의 유무에 따라 동태성 명사(動態性名詞)와 비동태성 명사(非動態性名詞)로 나뉜다. 동태성 명사는 [동작성]과 [상태성]을 의미 자질로 가지고 있는 명사이다. 이것은 다시 의미 자질에 따라 동작성 명사(動作性名

詞)와 상태성 명사(狀態性名詞)로 나뉜다.

동작성 명사는 [동작성]을 지니고 있는 명사이다. 이것의 보기를 들어 보면 다음의 (17)과 같다.

(17) 노동(勞動), 변모(變貌), 사랑, 설명(說明), 설득(說得), 수양(修養), 연구(研究), 운동(運動), 이해(理解), 인식(認識), 입학(入學), 진학(進學), 졸업(卒業), 취직(就職), 합류(合流), 희망(希望)

상태성 명사는 [상태성]을 지니고 있는 명사이다. 그 보기를 들어 보면 다음의 (18)과 같다.

(18) 다정(多情), 만족(滿足), 무관심(無關心), 무상(無常), 무성의(無誠意), 무죄(無罪), 부정(不正/不淨), 부족(不足), 불만(不滿), 성실(誠實)

상태성 명사는 모두 한자어(漢字語)이다. 이것은 형용사화 접미사인 '-하다'3)와 결합될 수 있지만, '-답다',4) '-롭다',5) '-되다' 등과는 결합될 수 없다. 그리고 상태성 명사 가운데는 형용사화 접미사인 '-스럽다'6)

---

3) [+동작성] [-상태성]의 의미 자질을 지닌 어근에 결합하는 '하다'는 접미사가 아니라 어근이지만, [-동작성] [+상태성]의 의미 자질을 지닌 어근에 결합하는 '-하다'는 형용사화 접미사이다. '공부하다, 운동하다, 작용하다' 등의 어근 '공부-, 운동-, 작용-' 등에 결합된 '하다'는 어근인데, '고독하다, 단순하다, 복잡하다, 애통하다' 등의 어근 '고독-, 단순-, 복잡-, 애통-' 등에 결합된 '-하다'는 형용사화 접미사이다. '공부하다, 운동하다, 작용하다' 등에 쓰인 '하다'는 분리가 가능하지만 '고독하다, 복잡하다, 단순하다' 등에 쓰인 '하다'는 분리가 불가능하다. 따라서 전자는 합성어로 처리하고, 후자는 파생어로 간주하여야 한다.
4) '-답다'는 체언에 붙어 그 체언이 지니는 성질이 있음을 나타내는 형용사화 접미사이다.
5) '-롭다'는 '그러함'을 인정하거나 '그럴 만하다'는 뜻을 나타내는 형용사화 접미사이다. [보기] 자유롭다, 평화롭다, 향기롭다
6) '-스럽다'는 상태성 명사와 결합하여 그러한 상태를 미흡하게 지니고 있음을 나타내는 형용사화 접미사이다. [보기] 다정스럽다, 사랑스럽다, 자연스럽다

와 결합하여 파생 형용사를 형성하는 것이 있다. '다정스럽다', '만족스럽다', '불만스럽다' 등이 그 보기에 속한다. 그런데 접두사 '무(無)-'와 결합하여 이루어진 상태성 명사인 '무관심(無關心)', '무상(無常)', '무성의(無誠意)', '무죄(無罪)' 등에는 접미사 '-스럽다'가 결합될 수 없다.

비동태성 명사(非動態性名詞)는 [동태성(動態性)]이 없는 명사이다. 이것은 의미 특성에 따라 구체성 명사(具體性名詞), 정도성 명사(程度性名詞), 방향성 명사(方向性名詞), 추상 개념 명사(抽象槪念名詞) 등으로 나뉜다.

구체성 명사(具體性名詞)는 객관적으로 관찰하거나 오관(五官)으로 인지할 수 있는, 구체적인 대상을 나타내는 명사이다. '철수', '동물', '산', '바다', '구름', '꽃' 등이 구체성 명사이다.

정도성 명사(程度性名詞)는 주관적인 판단이나 평가가 내포되어 있는 명사이다. '가난뱅이', '난봉꾼', '돌팔이', '머저리', '미남(美男)', '미인(美人)', '바람둥이', '바보', '백치(白痴)', '부자(富者)', '빈자(貧者)', '선인(善人)', '심술꾸러기(心術)', '심술쟁이', '욕심꾸러기', '잠꾸러기', '장난꾸러기', '악인(惡人)', '욕심쟁이' 등이 정도성 명사이다. 이것은 대상의 상태를 나타내는 의미 특성을 지니고 있기 때문에 정도 부사인 '아주', '약간' 등의 수식을 받는다.

(19) ㄱ. 현우는 아주 <u>미남</u>이다.
　　ㄴ. 그는 약간 <u>바보</u>야.

방향성 명사(方向性名詞)는 방향이나 처소를 지시하는 명사이다. '앞', '뒤', '위', '아래', '옆', '동쪽', '서쪽', '남쪽', '북쪽', '오른쪽', '왼쪽' 등이 그 보기에 속한다.

추상 개념 명사(抽象槪念名詞)는 시간과 공간 밖에 존재하는 실체를 지시하는 명사이다. 이것은 전통 문법에서 일컫는 추상 명사와는 그 개

넘이 다르다. 전통 문법의 추상 명사에는 동태성 명사인 '생각', '사랑', '이해', '평화' 등과 같은 것도 포함된다. 그런데 추상 개념 명사는 비동태성 명사이다. '명예', '민주주의', '보편성', '슬기', '이념', 지혜', '합리주의' 등이 추상 개념 명사이다. 이것들은 접미사 '-하다'와 결합하지 못하는데, 다른 비동태성 명사에 결합하지 못하는 접미사 '-롭다'와 결합할 수 있는 것들이 있다. 그 보기를 들면 다음의 (20)과 같다.

(20) ㄱ. 슬기+'-롭다'
ㄴ. 지혜+'-롭다'
ㄷ. 명예+'-롭다'

구상 명사와 추상 명사 구상 명사(具象名詞)는 구체적인 대상을 지시하는 명사이다. '꽃', '나무', '돌', '물', '바다', '바위', '사람', '의자', '집', '책', '책상' 등이 구상 명사이다. 추상 명사(抽象名詞)는 [−구체성]의 의미 자질을 지니고 있는 명사이다. 추상 개념 명사는 모두 이것에 속한다. '명예', '민족주의', '사색', '이념', '자본주의' 등이 추상 명사이다.

4.3.2 대명사

정의(定義) 대명사(代名詞)는 명사(名詞)를 대신하여 지시하는 단어들이다. 이것은 고유한 지시어가 없어 의무적으로 선행사를 필요로 한다.

(21) ㄱ. <u>나</u>는 어제 <u>이것</u>을 샀다.
ㄴ. <u>저기</u>에 손님이 앉아 있다.

위의 예문 (21ㄱ)에 쓰인 대명사 '나'는 '동혁', '은영', '현정' 등과 같은 사람의 이름을 나타내는 명사 대신에 쓰이는 것이고, (21ㄱ)에 쓰인 대명사 '이것'은 '책', '책상', '의자', '컴퓨터' 등과 같은 물건을 나타내는 명사 대신에 쓰이는 것이다. 위의 예문 (21ㄴ)에 쓰인 '저기'는 '마루', '방', '소파', '의자' 등과 같은 구체적인 처소를 나타내는 명사 대신에 쓰이는 단어이다. 이와 같이 대명사는 명사를 대신하여 쓰이는 단어들이다.

특징(特徵)   대명사는 명사와 같이 조사의 지배를 받고, 여러 문장 성분으로 기능을 한다. 그런데 대명사는 다음과 같은 특징을 지니고 있다.
첫째, 대명사는 어떤 말을 대신하여 지시하는 기능을 한다.

(22) ㄱ. 어제 <u>나</u>는 <u>저것</u>을 샀다.
ㄴ. <u>저기</u>에 앉아 있는 사람이 <u>그</u>의 친구입니다.

앞의 예문 (22ㄱ)에 쓰인 '나'와 (22ㄴ)에 쓰인 '그'는 어떤 사람의 이름을 나타내는 단어 대신에 쓰이고, (22ㄱ)의 '저것'은 어떤 물건을 지시하는 단어 대신에 쓰이며, (22ㄴ)의 '저기'는 어떤 처소를 뜻하는 단어 대신에 쓰인 것이다. 이와 같이 어떤 말을 대신하여 쓰이는 성질을 대용성(代用性)이라고 한다. 대명사는 대용성을 지니고 있다.
둘째, 대명사는 화맥(話脈)7)이나 문맥(文脈)8)에 의해서 어떤 대상을 지시하는지가 표현된다. 대명사는 이런 상황 지시적인 성질을 지니고 있다. 이러한 성질을 상황 지시성(指示性)이라고 한다. 위의 예문 (22ㄱ)에 쓰인 '나'는 화자가 누구인지에 따라 '나'가 지시하는 대상은 '철수'일 수도 있고 '영희'가 될 수도 있다. 상황에 따라 같은 책을 지시하는 말

---

7) 화맥이란 이야기에 표현된 의미의 앞뒤 연결 관계를 뜻한다.
8) 문맥이란 글에 표현된 의미의 앞뒤 연결 관계를 뜻한다.

은 '이것' 혹은 '그것' 혹은 '저것'이 될 수 있다. 예문 (22ㄴ)에 쓰인 '저기'는 화자와 청자가 어디에 있는지에 따라 '저기'가 지시하는 곳은 달라질 수 있다. 대명사 '저기'는 화자와 청자 모두에게 떨어져 있는 장소를 지시하는 것이다.

셋째, 대명사는 명사에 비하여 선행하는 관형어와의 직접 구성에 제약을 더 받는다.

(23) ㄱ. *어느 <u>우리</u>가 잘못을 했니?
ㄴ. *어떤 <u>그이</u>가 잘못을 했다.

앞의 예문 (23ㄱ)과 (23ㄴ)에서 보는 바와 같이, 대명사 '우리'나 '그이' 앞에 관형어 '어느'나 '어떤'이 오면 비문법적인 문장이 된다. 그러나 (23ㄱ)과 (23ㄴ)에서 관형어인 '어느'나 '어떤'을 삭제하면 문법에 맞는 문장이 된다.

다음의 예문 (24ㄱ)과 같이 명사에 관형격 조사인 '의'가 결합된 관형어가 대명사 바로 앞에 오면 비문법적인 문장이 된다. 그러나 예문 (24ㄴ)과 같이 명사에 지정사 '이다'의 관형사형 '인'이 대명사 바로 앞에 오면 문법에 맞는 문장이 된다.

(24) ㄱ. *교육자의 <u>너</u>는 위대하다.
ㄴ. 교육자인 <u>너</u>는 위대하다.

종류(種類) 대명사는 분류 기준 — 의미의 특성 — 에 따라 몇 개의 유형으로 세분된다.

대명사는 [재귀성]의 유무에 따라 재귀 대명사(再歸代名詞)와 비재귀 대명사(非再歸代名詞)로 나뉜다.

비재귀 대명사는 [인칭성(人稱性)]의 유무에 따라 인칭 대명사(人稱代名

詞)와 비인칭 대명사(非人稱代名詞)[9])로 나뉜다. 인칭 대명사는 시점(視點)에 따라 '특정 인칭 대명사(特定人稱代名詞)'와 '부정 인칭 대명사(不定人稱代名詞)'로 나뉜다. 특정 인칭 대명사란 특정한 사람을 가리켜 이르는 대명사이다. 부정 인칭 대명사란 분명하게 정해지지 않은 사람을 가리켜 이르는 대명사이다.

인칭 대명사 인칭 대명사(人稱代名詞)는 사람을 가리키는 대명사이다. 이것을 '인대명사(人代名詞)' 혹은 '사람대이름씨'라고 일컫기도 한다. 인칭 대명사는 화자가 가리키는 대상에 따라 일인칭 대명사(一人稱代名詞), 이인칭 대명사(二人稱代名詞), 삼인칭 대명사(三人稱代名詞) 등으로 나뉜다.

일인칭 대명사(一人稱代名詞)는 말하는 사람이 자기 자신을 가리키는 대명사로, '나', '저', '우리', '저희' 등이 이것에 해당한다. '우리'는 화자(話者)와 청자(聽者), 그 밖의 제삼자를 함께 일컫는 것이다. '저희'는 청자를 대우하여 '나'를 낮추어 이르는 1인칭 대명사 '저'의 복수형으로 청자를 제외하고 화자 자신과 제삼자를 함께 낮추어 일컫는 인칭 대명사이다. 그래서 화자가 자신이 재학하고 있는 학교의 구성원인 청자(聽者)에게 '저희 학교'라고 말하거나, 화자와 고향이 같은 청자에게 '저희 고향'이라고 하면 안 되고, '우리 학교', '우리 고향[10])'이라고 하여야 한다.

이인칭 대명사(二人稱代名詞)는 청자를 지시하는 대명사이다. '너', '자네', '그대', '군(君)', '당신(當身)', '이녁',[11]) '너희', '여러분', '임자', '제군(諸君)'[12]) 등이 이인칭 대명사에 속한다. 본래 '당신(當身)'은 '하오체'

---

9) 비인칭 대명사(非人稱代名詞)를 '지시 대명사(指示代名詞)'라고 일컫기도 한다.

10) '우리 나라'는 '우리의 나라'라는 뜻을 나타내는 말인데, '우리나라'는 우리 한민족이 세운 나라를 스스로 이르는 말이다.

11) '이녁'은 '하오' 할 청자를 조금 낮추어 이르는 이인칭 대명사이다.

12) 제군(諸君) : 통솔자나 지도자가 여러 명의 아랫사람을 조금 높여 이르는 이인칭

에 쓰이는 경칭 대명사(敬稱代名詞)인데, 오늘날 한국인들 중에는 청자를 약간 낮추어 일컫는 대명사로 인식하는 사람이 있다.

> (25) ㄱ. <u>당신</u>이 뭘 안다고 그래요?
> ㄴ. <u>당신</u>이 먼저 가오.
> ㄷ. <u>당신</u>이 뭘 안다고 그래.

앞의 예문 (25ㄱ)에 쓰인 '당신'은 화자가 '해요' 할 청자를 존대하여 이름을 뜻하고, (25ㄴ)에 쓰인 '당신'은 화자가 '하오' 할 청자를 약간 높여서 이름을 나타내며, (25ㄷ)에 쓰인 '당신'은 상대방을 낮추어 이름을 뜻한다. 이와 같이 이인칭 대명사 '당신'은 여러 화계(話階)에 쓰인다. 오늘날 한국인들 중에는 이인칭 대명사 '당신'을 '비존대 대명사(非尊待代名詞)'로 인식하는 이가 많으므로 이 대명사는 신중히 사용하여야 한다.

삼인칭 대명사(三人稱代名詞)는 화자와 청자 이외의 제삼의 대상을 지시하는 대명사이다. 대화 장면에서 일인칭과 이인칭은 언제나 사람일 수밖에 없으나, 삼인칭은 사람뿐만 아니라 동물·식물·물건·일 등 삼라만상(森羅萬象)이 될 수 있다.

삼인칭 대명사는 화자와 청자 간의 거리에 대한 화자의 판단에 따라 근삼인칭 대명사(近三人稱代名詞), 중삼인칭 대명사(中三人稱代名詞), 원삼인칭 대명사(遠三人稱代名詞) 등으로 세분된다. 이것의 보기를 들어 보면 다음의 (26)과 같다.

> (26) ㄱ. 근삼인칭 대명사: 이, 이들, 이이, 이분, 이치
> ㄴ. 중삼인칭 대명사: 그, 그들, 그이, 그녀. 그분, 그치, 궐녀(厥女),[13]

대명사.

궐자(厥者)14)

ㄷ. 원삼인칭 대명사: 저들, 저이, 저분, 저자, 저치

위의 (26ㄱ)에 제시된 대명사들을 근삼인칭 대명사(近三人稱代名詞)라고 한다. 이것은 말하는 사람 가까이에 있는 사람을 가리킬 때 쓰인다. 근삼인칭 대명사인 '이'는 구어(口語)에서 주로 쓰이고 문어(文語)에서는 쓰이지 않는다. 문어에 쓰이는 '이'는 비인칭 대명사이다. (26ㄴ)에 제시된 대명사들은 중삼인칭 대명사(中三人稱代名詞)이다. 이것은 청자 가까이에 있는 사람을 가리킬 때 쓰인다. (26ㄷ)에 제시된 대명사들은 원삼인칭 대명사(遠三人稱代名詞)로서 화자와 청자로부터 비슷한 거리에 멀리 떨어져 있는 사람을 가리킬 적에 쓰이는 대명사이다.

근삼인칭 대명사(近三人稱代名詞)인 '이'와 중삼인칭 대명사(中三人稱代名詞)인 '그'에 대응하는 '저'가 원삼인칭 대명사(遠三人稱代名詞)에는 없다. 다만 '저'의 복수형인 '저들'이 쓰인다. 인칭 대명사인 '이', '그', '그녀', '그들', '이이', '그이', '저이', '이치', '그치', '저치' 등은 [-존경]의 의미 자질을 지니고 있다.15) 이것들은 화자가 제삼자를 낮추어 지시할 때에 쓰인다. 그런데 기사문(記事文)에서는 '그', '그녀', '그들' 등이 존비(尊卑)가 중화되어 쓰인다. 중삼인칭 대명사(中三人稱代名詞)에는 남성을 지시하는 '그'와 여성을 지시하는 '그녀'가 있는데, 근삼인칭 대명사(近三人稱代名詞)와 원삼인칭 대명사(遠三人稱代名詞)에는 이러한 것들이 존재하지 않는다.

'이치', '그치', '저치' 등은 비어(卑語)로서 욕설에만 한정되어 쓰인

---

13) '궐녀(厥女)'는 '그 여자'를 홀하게 이름을 뜻하는 대명사이다.

14) '궐자(厥者)'는 '그 사람'을 홀하게 이름을 뜻하는 대명사이다. 이것을 줄여 '궐(厥)'이라고 한다. '궐자'나 '궐녀'는 오늘날 거의 쓰이지 않는다.

15) '이', '그', '이이', '그이', '그녀', '저이' 등은 제삼자를 지시하는 예사말인데, '이치', '그치', 저치' 등은 제삼자를 낮잡아 지시하는 말이다.

다. 그런데 '이분', '그분', '저분' 등은 [+존경]의 의미 자질을 지니고 있어서 말하는 사람이 제삼자를 존대해서 지시할 경우에 쓰인다.

부정 인칭 대명사(不定人稱代名詞)는 특별히 정하여지지 않은 대상을 지시하는 대명사이다. '누구', '아무', '아무개' 등이 부정 인칭 대명사이다. '누구'는 화자가 모르는 대상을 지시하는 대명사인데, '아무'[16]와 '아무개'는 화자가 아는 대상을 지시하는 대명사이다.

비인칭 대명사 비인칭 대명사는 [사물성]의 유무에 따라 사물 대명사(事物代名詞)와 처소 대명사(處所代名詞)로 나뉜다. 사물 대명사는 사물을 가리키는 대명사이고, 처소 대명사는 처소[17]를 지시하는 대명사이다. 사물 대명사와 처소 대명사를 묶어 지시 대명사(指示代名詞)라고 일컫기도 한다. 사물 대명사와 처소 대명사도 시점에 따라 특정칭 사물 대명사(特定稱事物代名詞), 특정칭 처소 대명사(特定稱處所代名詞), 부정칭 사물 대명사(不定稱事物代名詞), 부정칭 처소 대명사(不定稱處所代名詞) 등으로 나뉜다. 특정칭 사물 대명사와 특정칭 처소 대명사는 화자와 청자, 지시하는 사물과 처소 등의 거리에 따라 근칭 사물 대명사(近稱事物代名詞), 중칭 사물 대명사(中稱事物代名詞), 원칭 사물 대명사(遠稱事物代名詞), 근칭 처소 대명사(近稱處所代名詞), 중칭 처소 대명사(中稱處所代名詞), 원칭 처소 대명사(遠稱處所代名詞) 등으로 세분된다.

(27) ㄱ. 이, 이것, 이것들, 요것, 요것들 ; 그것, 그것들, 고것,
고것들 ; 저것, 저것들, 조것, 조것들 ········· 특정칭 사물 대명사

---

16) '아무'는 관형사로, 뒤에 오는 명사와 관련되는 대상을 한정하지 않음을 뜻하는 단어로 쓰이기도 한다.
　　[보기] 네가 우리 집에 아무 때나 놀러 와도 좋아.
17) '처소'는 어떤 일이 일어나거나 어느 사람 혹은 어느 물건이 있는 곳을 뜻하는 명사이다.

ㄴ. 무엇 ·· 부정칭사물 대명사

(28) ㄱ. 여기, 요기 ; 거기, 고기, 저기, 조기 ; 이곳,

　　　　그곳, 저곳 ······························· 특정칭 처소 대명사

　　ㄴ. 어디 ·· 부정칭 처소 대명사

위의 (27ㄱ)에 제시된 것은 특정칭 사물 대명사이고, (27ㄴ)의 '무엇'
은 부정칭 사물 대명사이며, (28ㄱ)에 제시된 것은 특정칭 처소 대명사
이고, (28ㄴ)의 '어디'는 부정칭 처소 대명사이다. 특정칭 사물 대명사
중에는 관형사인 '이'와 의존 명사인 '것'이 결합해서 형성된 '이것',
관형사인 '요'와 의존 명사인 '것'이 결합해서 형성된 '요것', 관형사인
'그'와 의존 명사인 '것'이 결합해서 형성된 '그것', 관형사인 '저'와
의존 명사인 '것'이 결합해서 형성된 '저것', 관형사인 '조'와 의존 명
사인 '것'이 결합하여 형성된 '조것' 등과 같은 합성 대명사가 있다.

　(27ㄱ)의 '이', '이것', '이것들', '요것', '요것들'은 근칭 사물 대명사
로서 화자 가까이에 있는 사물을 지시할 때 쓰인다. (27ㄱ)의 '그것',
'그것들', '고것', '고것들'은 중칭 사물 대명사로서 청자 가까이에 있
는 사물을 가리킬 적에 쓰인다. (27ㄱ)의 '저것', '저것들', '조것', '조것
들'은 이른바 원칭 사물 대명사로서 화자와 청자에게서 멀리 떨어져
있는 사물을 가리킬 때 쓰이는 것이다. '요것', '요것들'은 '이것', '이
것들'을 얕잡아 일컫거나 상대적으로 작고 귀여운 것을 가리키는 것
이고, '고것', '고것들'은 '그것', '그것들'을 얕잡아 일컫거나 상대적으
로 작고 귀여운 것을 지시하는 것이며, '조것', '조것들'은 '저것', '저
것들'을 얕잡아 일컫거나 상대적으로 작고 귀여운 것을 가리키는 것
이다.

　앞에서 든 (28ㄱ)의 '여기', '요기', '이곳' 등은 근칭 처소 대명사(近稱
處所代名詞)로서 화자 가까이에 있는 처소를 지시할 때 쓰이고, (28ㄱ)의

'거기', '고기', '그곳' 등은 중칭 처소 대명사(中稱處所代名詞)로서 청자 가까이에 있는 처소를 가리킬 때 쓰이며, (28ㄱ)의 '저기', '조기', '저곳' 등은 원칭 처소 대명사(遠稱處所代名詞)로서 화자와 청자에게서 멀리 떨어져 있는 처소를 지시할 때 쓰인다.

부정칭 사물 대명사인 '무엇'은 화자가 아는 대상을 지시하는 대명사인데, 부정칭 처소 대명사인 '어디'는 화자가 모르는 처소를 지시하는 대명사이다.

(29) ㄱ. 너는 <u>무엇</u>을 사려고 하니?
　　　 ㄴ. 그 책을 <u>어디</u>에 두었니?

재귀 대명사(再歸代名詞)　재귀 대명사는 선행하는 동일체를 지시하는 명사나 대명사를 다시 받는 대명사이다. 즉 동일한 선행사(先行詞)의 중복 사용을 피하기 위해서 선행사를 대신하여 가리키는 대명사이다. 이것을 줄여서 재귀사(再歸辭, reflexive)라고 일컫기도 한다. 재귀 대명사로는 '자기', '저',18) '저희', '당신19)' 등을 들 수 있다.

(30) ㄱ. {*나, *너, 그}는 <u>자기</u>가 최고로 잘난 사람인 줄로 알고 있다.
　　　 ㄴ. {*나, *너, 그분}은/는 <u>당신</u>의 손자를 늘 소중히 사랑하신다.
　　　 ㄷ. 일정한 지역의 사람들이 <u>저희</u> 이익만 꾀하려 하고 다른 지역의

---

18) '저'가 '나'의 겸양어로 쓰일 경우에는 일인칭 대명사인데, '저'가 선행사를 대신하여 지시하는 대명사로 쓰일 경우에는 재귀 대명사이다.
　[보기] ㄱ. 저는 중학생입니다. [일인칭 대명사]
　　　　 ㄴ. 철수는 친구가 없어요. 늘 그는 저 혼자 잘났고 언동하니까요. [재귀 대명사]
19) '당신(當身)'은 이인칭 대명사나 재귀 대명사로 쓰인다. 이것이 재귀 대명사로 쓰일 적에는 지시하는 선행사를 극존대함을 나타낸다.
　[보기] 할머니께서 살아 계실 적에 당신은 저를 무척 사랑하셨습니다.

이익을 배려하지 않으면 그 나라는 미래가 없다.
ㄹ. 영주는 그 일을 <u>제</u>가 하겠다고 한다.

위의 예문 (30ㄱ)과 (30ㄴ)에서 보듯이 재귀 대명사는 선행사의 인칭 대명사에 제약을 가하여 일인칭 대명사와는 공기 관계를 맺지 못하고, 삼인칭 대명사와만 공기 관계를 맺는다. (30ㄱ)에서는 선행사 '그'가 재귀 대명사 '자기'로, (30ㄴ)에서는 선행사인 '그분'이 재귀 대명사 '당신'으로 바뀐 것이다. 이와 같이 비재귀 대명사가 재귀 대명사로 바뀌는 현상을 재귀화(再歸化)라고 한다. 이상의 (30ㄷ)에서는 선행사인 '일정한 지역의 사람들'이 재귀 대명사인 '저희'로, (30ㄹ)에서는 선행사인 '영주'가 재귀 대명사인 '제'[20]로 바뀐 것이다.

4.3.3 수사

정의(定義) 수사(數詞)는 사람과 사물의 수효나 차례를 가리키는 품사이다.

(31) ㄱ. 둘에 셋을 더하면 <u>다섯</u>이 된다.
ㄴ. 이상적인 가치 덕목은 <u>첫째</u>가 사랑이고, <u>둘째</u>가 의로움이고, <u>셋째</u>가 믿음이다.

앞의 예문 (31ㄱ)에 쓰인 '둘', '셋', '다섯' 등은 사물의 수효를 나타내는 단어들이고, (31ㄴ)에 쓰인 '첫째', '둘째', '셋째' 등은 사물의 차례를 나타내는 단어들이다. 이와 같이 사람이나 사물의 수효 혹은 차례를 나타내는 단어들을 수사(數詞)라고 한다.

---

20) 재귀 대명사 '저'는 주격 조사 '가'가 연결되면 '제'가 된다.

수사는 의미상 명사와 구분될 뿐 기능과 형태상 유사점이 많다고 하여 명사(名詞)로 처리하기도 하는데, 명사와 구분하여 독립된 품사로 설정하는 것이 문법을 기술하는 데 더 유익한 점이 많으므로 이 글에서는 독립된 품사로 다루기로 한다.

특징(特徵) 수사의 특징은 다음과 같다.

첫째, 수사는 선행하는 관형어와의 직접 구성에서 명사보다 제약을 더 받는다.

(32) ㄱ. *어느 <u>일곱</u>이 어느 <u>여섯</u>보다 작으냐?
　　ㄴ. *나는 아름다운 <u>일곱</u>을 좋아한다.
　　ㄷ. 어느 <u>사람</u>이 너보다 못났느냐?
　　ㄹ. 나는 아름다운 <u>사람</u>을 좋아한다.

앞의 예문 (32ㄱ)과 (32ㄴ)이 비문법적인 문장이 된 것은 (32ㄱ)에서 관형어 '어느'와 수사인 '일곱'과 '여섯'이 각각 직접 구성을 할 수 없고, (32ㄴ)에서 수사인 '일곱'이 관형어 '아름다운'과 직접 구성을 할 수 없기 때문이다. 그러나 위의 예문 (32ㄷ)과 (32ㄹ)에서 보듯이 명사인 '사람'은 관형어인 '어느', '아름다운' 등과 직접 구성을 할 수 있다. 이와 같이 관형어와의 직접 구성에서 수사는 명사보다 제약을 더 받는다.

둘째, 수사는 명사 앞에 놓이기도 하고 뒤에 놓이기도 한다.

(33) ㄱ. <u>일곱</u> 학생이 함께 유럽 여행을 떠났다.
　　ㄴ. 학생 <u>일곱</u>이 함께 유럽 여행을 떠났다.
　　ㄷ. ?나는 일곱 카네이션을 샀다.
　　ㄹ. ?나는 카네이션 일곱을 샀다.
　　ㅁ. ?나는 철수에게 사과 <u>하나</u>를 주었다.
　　ㅂ. ?영희는 철수에게 편지 <u>하나</u>를 보냈다.

앞의 예문 (33ㄱ)과 (33ㄴ)에서처럼 수사는 명사의 앞과 뒤에 자유롭게 실현된다. 그런데 공기 관계를 맺는 명사의 의미 특성에 따라 (33ㄷ), (33ㄹ), (33ㅁ), (33ㅂ) 등과 같이 부자연스러운 문장이 되기도 한다.

종류(種類)　수사는 의미에 따라 양수사(量數詞)와 서수사(序數詞)로 나뉜다. 양수사는 사람의 수효나 사물의 수량을 가리키는 수사로, '기본수사'라고 일컫기도 한다. 양수사에는 고유어 수사와 한자어 수사가 있다.

(34) ㄱ. 하나, 둘, 셋, 넷, 다섯, 여섯, 일곱, 여덟, 아홉, 열, 열 하나, 열 둘, 스물, 스물둘, 서른, 서른셋, 마흔, 마흔넷, 쉰, 쉰다섯, 예순, 예순여섯, 일흔, 일흔일곱, 여든, 여든여덟, 아흔, 아흔아홉

ㄴ. 한둘, 두셋, 서넛, 두서넛, 너덧, 댓, 너더댓, 대여섯, 예닐곱, 일여덟

(35) ㄱ. 영(零), 일(一), 이(二), 삼(三), 사(四), 오(五), 육(六), 칠(七), 팔(八), 구(九), 십(十), 십일(十一), 이십(二十), 삼십(三十), 사십(四十), 오십(五十), 육십(六十), 칠십(七十), 팔십(八十), 구십(九十), 구십구(九十九), 백(百), 천(千), 만(萬), 억(億), 조(兆), 경(京), 해(垓), 자(秭), 양(穰), 구(溝), 간(澗), 정(正)

ㄴ. 일이(一二), 이삼(二三), 삼사(三四), 사오(四五), 오륙(五六), 육칠(六七), 칠팔(七八), 팔구(八九), 구십(九十)

앞의 (34ㄱ)과 (34ㄴ)은 고유어 수사이다. 그런데 (35ㄱ)과 (35ㄴ)은 한자어 수사이다. (34ㄱ)과 (35ㄱ)의 수사를 정수(定數)라 하고, (34ㄴ)과 (35ㄴ)의 수사를 부정수(不定數)라고 한다.

정수(定數)는 정확한 수효와 수량을 지시하는 수사이고, 부정수(不定數)는 대략적인 수효나 수량을 나타내는 수사이다.

위의 (34ㄴ)과 같이 고유어 부정수는 대개 둘 이상의 정수가 결합하여 이루어지는데, 그 과정에서 음소 변화가 일어난다. 그런데 (35ㄴ)과 같이 한자어 부정수는 음소 변화 현상이 나타나지 않는다. 한자어 수

사에는 '영(零)', '백(百)', '천(千)', '만(萬)', '억(億)', '조(兆)', '경(京)', '해(垓)', '자(秭)', '양(穰)', '구(溝)', '간(澗)', '정(正)', '재(載)', '극(極)', '항하사(恒河沙)', '아승기(阿僧祇)',[21] '나유타(那由他)', '불가사의(不可思議)', '무량대수(無量大數)[22]' 등의 수사가 있어서 고유어 수사보다 체계가 더 정립되어 있다.

서수사(序數詞)는 사람이나 사물의 차례를 나타내는 수사이다. 서수사에도 양수사와 같이 고유어 서수사와 한자어 서수사가 있다.

    (36) ㄱ. 첫째, 둘째, 셋째, 넷째, 다섯째, 여섯째, 일곱째, 여덟째, 아홉째, 열째, 열한째, 열두째, 열셋째, 스무째, 서른째, 마흔째, 쉰째, 예순째, 일흔째, 여든째, 아흔째, 아흔아홉째

       ㄴ. 한두째, 두어째, 두세째, 두서너째, 서너째, 댓째, 여남은째

    (37) ㄱ. 제일(第一), 제이(第二), 제삼(第三), 제사(第四), 제오(第五), 제육(弟六), 제칠(第七), 제팔(第八), 제구(第九), 제십(第十), 제십일(第十一), 제이십(第二十), 제이십오(第二十五), 제삼십(第三十)

       ㄴ. 제일이(第一二), 제이삼(第二三), 제삼사(第三四), 제오륙(第五六)

앞의 (36ㄱ)은 고유어 서수사로서 정수이고, (37ㄱ)은 한자어 서수사로서 정수이다. (36ㄴ)은 고유어 서수사이고, (37ㄴ)은 한자어 서수사인데, 이것들은 부정수(不定數)이다.

고유어 서수사의 특성은 '하나째'라 하지 않고 '첫째'라고 하는 것과, 부정수의 형성 과정에서 음소 변화 현상이 나타난다는 것, 그리고 한자어 서수사보다 덜 체계적이라는 것이다. 이상의 (36ㄱ)의 '둘째', '셋째', '넷째' 등은 양수사인 '둘', '셋', '넷' 등에 접미사인 '-째'[23]가 결합되어 형성된 서수사이다.

---

21) '아승기'는 산스크리트어인 'asamkhya'에서 유래한 단어이다.
22) '무량대수(無量大數)'는 '불가사의(不可思議)'의 억 배를 뜻하는 수사로, '무량수(無量數)'라고 일컫기도 한다.
23) '-째'는 어근에 '차례'나 '등급'의 뜻을 첨가하는 접미사이다.

수사가 분류사(分類詞)24)와 공기 관계를 맺는 양상이 다양하다. 이것은 다음의 (38)과 같이 세 유형으로 나누어 볼 수 있다.

(38) ㄱ. 고유어 분류사가 고유어 수사와만 공기 관계를 맺는 경우
　　　ㄴ. 분류사가 고유어 수사나 한자어 수사와 공기 관계를 맺는 경우
　　　ㄷ. 분류사가 한자어 수사와만 공기 관계를 맺는 경우

위의 (38ㄱ)에 해당하는 보기는 '양복 두 벌', '신발 다섯 켤레', '소 한 마리' 등과 같은 것이다. 그런데 물건의 수효가 백 이상일 경우에는 분류사가 고유어라고 하더라도 '양복 백 두 벌', '신발 백열 켤레', '소 백 아홉 마리' 등과 같이 한자어 수사와 고유어 수사를 함께 섞어 쓴다. 그 이유는 한국어 고유어 수사 중에 '백(百)', '천(千)', '만(萬)', '억(億)', '조(兆)', '경(京)' 등의 한자어 수사와 대응하는 것이 없기 때문이다.

분류사가 한자어라고 하더라도 '사과 두 개(個)', '맥주 석 잔(盞)', '잉크 한 병(甁)', '쇠고기/소고기 다섯 근(斤)', '책 두 권(卷)', '명주 한 필(疋)', '자동차 석 대(臺)' 등과 같이 고유어 수사를 사용하여 표현하기도 한다.

위의 (38ㄴ)에 해당하는 분류사는 '명(名)', '척(隻)', '평(坪)' 등이다. 이것들은 '배 한 척', '배 일 척' ; '외국인 한 명', '외국인 일 명' ; '땅 여섯 평', '땅 육 평' 등과 같이 고유어 수사나 한자어 수사와 공기 관계를 맺는다.

위의 (38ㄷ)의 한자어 수사와만 공기 관계를 맺는 분류사는 화폐 단위를 나타내는 '원', '엔', '달러', '마르크', '파운드', '프랑', '리라', '리알' 등과 같은 것이나, '세기(世紀)', '연(年)', '월(月)', '일(日)', '분(分)', '초(秒)' 등과 같은 것이다. 그런데 분류사인 '시(時)', '시간(時間)' 등은 '두

---

24) 분류사란 '개(個)', '그루', '근', '마리', '명', '송이' 등과 같이 수량 단위를 나타내는 명사이다. 이것을 '단위 명사'라고 일컫기도 한다.

시', '한 시간' 등과 같이 고유어 수사와 공기 관계를 맺는다.

한국어 어문 규정 '표준어 사정 원칙 제17항'에서는 '셋'과 '넷'이 분류사인 '돈', '말', '발', '푼', '냥', '되', '섬', '자' 등과 함께 쓰일 경우에는 다음의 (39)와 같은 변이 형태를 사용하도록 규정하고 있다.[25]

(39) ㄱ. 서 {돈, 마지기, 말, 발, 푼}
     ㄴ. 석 {냥, 대, 되, 섬, 자, 잔}
     ㄷ. 너 {돈, 마지기, 말, 발, 푼}
     ㄹ. 넉 {냥, 대, 되, 섬, 자, 잔}

그런데 오늘날 한국인 중 상당수가 위에 제시한 (39ㄱ)의 '서'와 (39ㄴ)의 '석' 대신에 '세'를, (39ㄷ)의 '너'와 (39ㄹ)의 '넉' 대신에 '네'를 사용한다. 앞으로 표준어를 사정할 때에는 이러한 국민의 언어 사용 실태를 정확히 파악하여 정통성, 현실성, 합리성 등을 고려하여 표준어를 정하여야 한다.

한자어 수사인 '일백(一百)', '일천(一千)', '일만(一萬)' 등이 분류사와 함께 쓰일 적에는 '일(一)'을 생략하고 '백 원', '천 원', '만 원' 등으로 표현된다. 그런데 '일억(一億)', '일조(一兆)', '일조(一京)' 등은 '일(一)'을 생략하지 않고 '일억 원', '일조 원', '일경 원' 등으로 표현한다. 이와 같이 수사에 따라 사용 양상이 다른 것은 한국인이 오래 전부터 그와 같이 써 온 언어생활의 습관 때문이다.

4.3.4 조사

정의(定義) 조사(助詞)는 체언―명사, 대명사, 수사 등―이나 용언의 명

---

25) 한국어 어문 규정 '표준어 사정 원칙' 제17항 참고.

사형에 연결되어 그 체언이나 용언의 명사형이 문장 내의 다른 단어와 맺는 관계를 나타내거나, 체언·용언·부사 등에 연결되어 그것들에 어떤 뜻을 첨가하거나, 앞말을 뒷말에 접속하여 주는 기능을 하는 품사이다.

(40) ㄱ. 철수가 학교에 간다.
ㄴ. 영주가 너를 칭찬하였다.
ㄷ. 둘에 다섯을 더하면 일곱이 된다.
ㄹ. 나는 성실히 일함을 좋아한다.
ㅁ. 너마저 나의 곁을 떠나려 하는구나.
ㅂ. 할 일도 없는데 낮잠이나 자자.
ㅅ. 이 줄을 잡아요.
ㅇ. 나는 생선을 먹지를 못한다.
ㅈ. 조금도 슬프지 않아요.
ㅊ. 철수와 영희는 대학생이다.

앞의 예문 (40ㄱ)에 쓰인 '철수가'에서의 '가', '학교에'에서의 '에', (40ㄴ)에 쓰인 '영주가'에서의 '가', '너를'에서의 '를', (40ㄷ)의 '둘에', '다섯을', '입곱이' 등에 쓰인 '에', '을', '이' 등과 (40ㄹ)의 '일함을'에 쓰인 '을', (40ㅁ)의 '나의'에 쓰인 '의', (40ㅅ)의 '줄을'에 쓰인 '을' 등은 그것들과 결합한 체언-명사·대명사·수사 등-이나 용언의 명사형이 문장 내에서 다른 단어와 맺는 관계를 나타내는 것들이다.

그런데 이상의 예문 (40ㄹ)의 '나는'에 쓰인 '는', (40ㅁ)에 쓰인 '너마저'에서의 '마저', (40ㅂ)의 '일도'와 '낮잠이나'에 쓰인 '도'와 '이나', (40ㅅ)의 '잡아요'에 쓰인 '요', (40ㅇ)의 '먹지를'에 쓰인 '를', (40ㅈ)의 '조금도'에 쓰인 '도', (40ㅊ)의 '영희는'에 쓰인 '는' 등은 앞말에 어떤 의미를 더하여 주는 기능을 한다.

예문 (40ㅊ)의 '철수와'에 쓰인 '와'는 앞말인 '철수'와 뒷말인 '영희'

를 이어 주는 구실을 한다. 이와 같이 체언이나 용언의 명사형에 연결되어서 그 체언이 문장 내의 다른 단어와 맺는 관계를 나타내거나, 앞말에 어떤 뜻을 첨가하거나, 앞말과 뒷말을 이어 주는 구실을 하는 단어들을 조사(助詞)라고 한다.

특징(特徵)　조사는 다음과 같은 특징을 지니고 있다.

첫째, 조사는 어휘적인 의미를 나타내지 못한다. 조사가 이러한 특성을 지니고 있기 때문에 조사를 단어로 인정하지 않는 이도 있다. 조사는 일찍이 어휘적인 의미를 상실하고 문법적인 의미만을 나타낸다.

둘째, 조사는 문장에서 주로 체언에 연결되어 쓰인다. 그런데 조사는 부사·용언·절(節) 등에 연결되어 쓰이는 경우도 있다.

(41) ㄱ. 어머니께서 갑자기 돌아가셔서 나는 너무도 슬펐다.
　　ㄴ. 나는 생선을 먹지는 못한다.
　　ㄷ. 저 꽃은 향기롭지가 않다.
　　ㄹ. 나는 그녀가 나를 좋아하는지를 잘 모르겠다.

위의 예문 (41ㄱ)에서는 조사인 '도'가 부사인 '너무'에, (41ㄴ)에서는 조사인 '는'이 동사인 '먹지'에, (41ㄷ)에서는 조사인 '가'가 형용사인 '향기롭지'에, (41ㄹ)에서는 조사인 '를'이 명사절인 '그녀가 나를 좋아하는지'에 각각 연결되어 있다. 이와 같이 조사는 부사·용언·절 등에 연결되기도 한다.

셋째, 조사는 활용하지 못한다. 지정사인 '이다'를 조사로 간주하는 견해가 있다. '이다'는 '이고', '이니', '이므로', '인데', '일수록' 등과 같이 활용하므로 조사로 처리하는 것은 합당하지 않다(4.3.7 참고).

종류(種類) 조사는 그 기능에 따라 격 조사(格助詞), 접속 조사(接續助詞), 보조사(補助詞) 등으로 나뉜다.

(ⅰ) 격 조사

격 조사는 체언이나 용언의 명사형에 연결되어 격을 나타내는 조사이다. 즉 이것은 체언이나 용언의 명사형에 연결되어 그 체언이나 용언의 명사형이 문장에서 다른 단어와 맺는 관계를 나타내는 조사이다. 격 조사에는 주격 조사(主格助詞), 보격 조사(補格助詞), 목적격 조사(目的格助詞), 관형격 조사(冠形格助詞), 부사격 조사(副詞格助詞), 독립격 조사(獨立格助詞) 등이 있다.

목적격 조사를 대격 조사(對格助詞)라고 일컫기도 하고, 관형격 조사를 속격 조사(屬格助詞) 혹은 소유격 조사(所有格助詞)라고 하며, 독립격 조사를 호격 조사(呼格助詞)라고 일컫기도 한다. 이와 같은 분류는 의미에 따른 것으로 일관성이 결여되어 있다. '이/가'를 주격 조사라고 일컫는 것은 기능에 따른 분류의 명명(命名)이므로 나머지 것들도 기능에 따라 명명하여야 한다. 이 글에서는 의미에 따라 '대격 조사', '속격 조사', '호격 조사'라고 일컫는 것들을 기능에 따라 '목적격 조사', '관형격 조사', '독립격 조사'라고 일컫기로 한다.

▮ 주격 조사(主格助詞)

주격 조사는 주로 체언―명사·대명사·수사 등―이나 체언 상당 어구26)에 연결되어 그것들이 주어로 기능을 하게 하는 조사이다. 조사

---

26) 체언 상당 어구란 체언과 같은 기능을 하는 단어 혹은 구(句) 혹은 절(節) 등을 뜻한다.

'이', '가', '께서', '께옵서' 등이 주격 조사에 해당한다. '께서'는 주격 조사 '이', '가' 등의 높임말이고, '께옵서'는 '께서'의 높임말로 문어에서 쓰인다.

(42) ㄱ. 나무가 매우 크다.
ㄴ. 사람이 짐승보다 더 추악하다.
ㄷ. 선생님께서 저기에 오신다.
ㄹ. 아버지께옵서 보내 주신 하숙비를 잘 받았사옵니다.
ㅁ. 그는 성격이 좋지가 않다.

앞의 예문 (42ㄱ)에서는 조사인 '가'가 명사인 '나무'에 연결되어 '나무'로 하여금 주어로 기능을 하게 하고, (42ㄴ)에서는 조사인 '이'가 명사인 '사람'에 연결되어 '사람'으로 하여금 주어로 기능을 하도록 하고 있다. (42ㄷ)에서는 '께서'가 명사인 '선생님'에 연결되어 '선생님'으로 하여금 주어로 기능을 하게 하고 있다. (42ㄹ)에서는 '께옵서'가 명사인 '아버지'에 연결되어 '아버지'로 하여금 주어로 기능을 하도록 하고 있다. (40ㅁ)에서는 '성격이'에서 '이'가 명사인 '성격'에 연결되어 '성격'으로 하여금 주어로 기능을 하게 하고 있다. 그런데 (42ㅁ)의 '좋지가'와 같이 용언의 활용형 뒤에 연결되어 있는 조사 '가'는 주격 조사가 아니라 그 용언에 의미를 더하여 주는 보조사이다.

조사 '서'와 '에서'가 주격 조사로 쓰이는 경우가 있다. 주격 조사 '서'는 '혼자, 둘이27), 셋이, 넷이' 등과 같은 사람의 수를 나타내고 받침이 없는 명사의 뒤에 연결되어 그 명사가 주어가 되게 한다.

(43) ㄱ. 이 일은 혼자서 하기가 매우 어려운 것이다.
ㄴ. 이 바위를 우리 셋이서 들어 보자.

---

27) '둘이'는 '두 사람'을 뜻하는 명사이다.

2 보격 조사(補格助詞)

보격 조사는 주로 체언이나 체언 상당 어구에 연결되어 보어(補語)로 기능을 하게 하는 조사이다. 조사 '이', '가' 등이 보격 조사에 해당한다.

> (44) ㄱ. 영수는 공무원이 아니다.
> ㄴ. 올챙이가 개구리가 된다.

앞의 예문 (44ㄱ)에서는 조사 '이'가 명사인 '공무원'에 연결되어 '공무원'이 보어임을 나타내고, (44ㄴ)에서는 조사 '가'가 명사인 '개구리'에 연결되어 '개구리'가 보어임을 나타내고 있다. 이와 같이 보격 조사는 체언이나 체언 상당 어구에 연결되어 그 앞말이 보어임을 나타내는 기능을 한다.

3 목적격 조사(目的格助詞)

목적격 조사는 주로 체언이나 체언과 같은 기능을 하는 단어 혹은 구(句) 혹은 절(節) 등에 연결되어 그것들로 하여금 목적어로 기능을 하게 하는 조사이다. 목적격 조사는 어떤 동작이나 작용이 미치는 대상을 지시하는 조사이다. 조사 '을', '를', 'ㄹ' 등이 목적격 조사에 해당한다. 목적격 조사 'ㄹ'은 주로 구어체에 쓰인다.

> (45) ㄱ. 영미가 밥을 먹는다.
> ㄴ. 철수가 나뭇가지를 꺾는다.
> ㄷ. 나는 그가 언제 떠났는지를 안다.
> ㄹ. 그는 철수와 영주를 사랑한다.
> ㅁ. 나는 모랠 날랐다.

위의 예문 (45ㄱ)과 (45ㄴ)에서는 목적격 조사 '을'과 '를'이 명사 '밥'과 '나뭇가지'에 각각 연결되어 '밥'과 '나뭇가지' 등으로 하여금 목적어 기능을 하도록 하고 있다. 그리고 (45ㄷ)에서는 명사절인 '그가 언제 떠났는지'에, (45ㄹ)에서는 명사구인 '철수와 영주'에 목적격 조사 '를'이 연결되어 그것들로 하여금 목적어의 기능을 하도록 하고 있다. 이상의 예문 (45ㅁ)에서는 목적격 조사 'ㄹ'이 '모래'에 연결되어 '모래'로 하여금 목적어의 기능을 하게 하고 있다.

때로는 조사 '을', '를', 'ㄹ' 등이 보조사로 쓰이기도 한다.

(46) ㄱ. 나는 생선을 먹지를 못한다.
ㄴ. 비행기가 하늘을 날아간다.
ㄷ. 나는 네 곁을 떠나질 않겠다.

앞의 예문 (46ㄱ)에서는 조사 '를'이 본동사 '먹지'에 연결되어 '먹는 다'는 행위를 강조하고 있으며, (46ㄴ)에서는 조사 '을'이 처격 조사 '에'가 올 자리에 놓여 '하늘'이란 공간을 강조하고 있다.

위의 예문 (46ㄷ)에서는 조사 'ㄹ'이 본동사인 '떠나지'에 연결되어 '떠난다'는 행위를 강조하고 있다. 이와 같이 쓰인 조사 '을', '를', 'ㄹ' 등은 목적격 조사가 아니라 앞말에 어떤 의미를 첨가하는 기능을 하는 보조사이다.

▨ 관형격 조사(冠形格助詞)

관형격 조사는 체언이나 체언 상당 어구에 연결되어 그것들로 하여금 관형어로 기능을 하게 하는 조사이다. 이것을 '속격 조사(屬格助詞)', '소유격 조사(所有格助詞)'라고 일컫기도 한다. 관형격 조사는 '의' 하나뿐이다. 이것은 두 체언이나 체언 상당 어구를 수식어와 피수식어의 통사적 관계로 묶어 주는 기능을 한다.

> (47) ㄱ. 한국의 산수는 매우 아름답다.
> ㄴ. 이 물건은 철수와 영희의 것이다.

위의 예문 (47ㄱ)에서는 관형격 조사 '의'가 명사인 '한국'에 결합되어 '한국'으로 하여금 관형어로 기능을 하도록 하며, (47ㄴ)에서도 관형격 조사인 '의'가 명사구인 '철수와 영희'에 결합되어 '철수와 영희'로 하여금 관형어로 구실을 하게 한다. 이렇듯 관형격 조사인 '의'는 앞 체언이나 체언 상당 어구에 연결되어 그것들로 하여금 뒤에 오는 체언과 수식어와 피수식어 관계를 맺게 하는 기능을 한다. 이것은 접속 조사 '와', 과', '하고' 등과 같이 앞말과 서술어와의 관계를 나타내 주는 기능을 하지 못한다.

5 부사격 조사(副詞格助詞)

부사격 조사는 주로 체언에 연결되어 그 체언으로 하여금 부사어의 기능을 하게 하는 조사이다. 이것은 다른 격 조사에 비해 그 수효가 많다. 부사격 조사는 의미에 따라 처격 조사(處格助詞), 여격 조사(與格助詞), 공동격 조사(共同格助詞), 비교격 조사(比較格助詞), 재료격 조사(材料格助詞), 도구격 조사(道具格助詞), 방향격 조사(方向格助詞), 변성격 조사(變成格助詞), 수단격 조사(手段格助詞), 자격격 조사(資格格助詞), 원인격 조사(原因格助詞), 인용격 조사(引用格助詞) 등으로 세분된다.

처격 조사(處格助詞)는 앞에 연결된 체언이 처소(處所)임을 나타내는 조사이다. 조사 '에', '에서' 등이 처소격 조사로 쓰인다.

(48) ㄱ. 그 라디오는 어디<u>에</u> 있어요?

ㄴ. 그것은 책상 위<u>에</u> 있어.

(49) ㄱ. 동수는 어디<u>에서</u> 무엇을 하니?

ㄴ. 그는 도서관<u>에서</u> 공부를 해.

여격 조사(與格助詞)는 선행 체언이 수여(授與)의 대상임을 나타내는 조사이다. 조사 '에', '에게', '께', '한테', '더러', '보고' 등이 여격 조사에 속한다. 이것들 중에서 '에'를 제외한 '에게', '께', '한테', '더러', '보고' 등은 유정 명사에 연결된다. '께'는 '에게'의 높임말로 쓰인다.

(50) ㄱ. 나는 물을 나무<u>에</u> 주었다.

ㄴ. 나는 영희<u>에게</u> 선물을 주었다.

ㄷ. 나는 할머니<u>께</u> 편지를 보냈다.

ㄹ. 너는 그 선물을 누구<u>한테</u> 주었니?

ㅁ. 이 책을 영희<u>더러</u> 가지라고 하였다.

ㅂ. 너는 나<u>보고</u> 원망하지 마라.

공동격 조사(共同格助詞)는 앞에 연결된 대상이 다른 대상과 어떤 일을 함께함을 나타내는 조사이다. 조사 '과', '와', '랑', '이랑', '하고' 등이 공동격 조사이다. '과', '와'는 문어(文語)와 구어(口語)에 두루 쓰이는데, '랑', '이랑', '하고' 등은 주로 구어(口語)에 쓰인다.

(51) ㄱ. 철수는 그의 친구들{<u>과, 하고</u>} 놀고 있다.

ㄴ. 나는 영희<u>와</u> 탁구를 쳤다.

ㄷ. 개가 사슴<u>과</u> 즐겁게 논다.

ㄹ. 나는 동혁<u>이랑</u> 물놀이를 했다.

ㅁ. 나는 영수<u>하고</u> 테니스를 쳤다.

비교격 조사(比較格助詞)는 둘 이상의 사람이나 사물을 견줌을 뜻하는 조사이다. 조사 '같이', '만큼', '처럼', '보다', '과', '와', '랑', '이랑', '하고' 등이 비교격 조사로 쓰인다.

(52) ㄱ. 동혁은 너처럼 용감하다.
　　 ㄴ. 그는 바보같이 행동하였다.
　　 ㄷ. 동혁은 숙희만큼 공부를 잘한다.
　　 ㄹ. 영희는 숙희보다 더 착하다.
　　 ㅁ. 그의 성격은 너와 같다.
　　 ㅂ. 사람의 언어는 짐승과 다르다.
　　 ㅅ. 그의 키는 너랑 비슷해.
　　 ㅇ. 너는 엄마하고 닮았어.

위의 예문 (52ㄱ)에 쓰인 '처럼'은 동혁의 용감한 정도가 '너'와 유사함을 나타내고, (52ㄴ)에 쓰인 '같이'는 '그'가 행동한 것이 '바보'와 행동한 것과 비슷함을 뜻한다. (52ㄷ)에 쓰인 '만큼'은 동혁이 공부를 잘하는 정도가 '숙희'와 비슷함을 나타내고, (52ㄹ)에 쓰인 '보다'는 영희가 착한 것이 '숙희'에 비해 더 착함을 뜻한다. 예문 (52ㅁ)에 쓰인 '와'는 '그'의 성격과 '너'의 성격이 같음을 견주어 나타낸 것이고, (52ㅂ)에 쓰인 '과'는 사람의 언어와 짐승의 언어가 다름을 나타낸다. (52ㅅ)에 쓰인 '랑'은 그의 키와 너의 키가 비슷함을 뜻하고, (52ㅇ)에 쓰인 '하고'는 너와 엄마가 닮았음을 나타낸다.

이상에서 보듯이 조사 '같이', '만큼', '처럼' 등은 동등 비교(同等比較)를 나타내는 비교격 조사인데, '보다'는 부등 비교(不等比較)를 나타내는 비교격 조사이다. 그런데 '과', '와', '랑', '이랑' '하고' 등은 '같다', '비슷하다', '유사하다' 등과 같은 서술어와 공기 관계를 맺을 적에는 동등 비교를 나타내고, '다르다', '상이하다' 등과 같은 서술어와 공기 관계를 맺을 적에는 부등 비교를 나타낸다(제15장 참조).

재료격 조사(材料格助詞)는 앞에 연결된 체언이 어떤 물건의 재료임을 나타내는 조사이다. 조사 '로', '으로' 등이 재료격 조사로 쓰인다.

(53) ㄱ. 이 빵은 국산 밀로 만든 것이다.
　　ㄴ. 나는 진흙으로 도자기를 만든다.

앞의 예문 (53ㄱ)에 쓰인 '로'는 "국산 밀이 이 빵의 재료임"을 나타내고, (53ㄴ)에 쓰인 '으로'는 "진흙이 내가 만든 도자기의 재료임"을 나타낸다.

도구격 조사(道具格助詞)는 앞에 연결된 체언이 어떤 사물의 도구임을 나타내는 조사이다. 다음의 예문 (54)에 쓰인 조사 '로', '으로' 등이 도구격 조사이다.

(54) ㄱ. 나는 과도로 과일을 깎았다.
　　ㄴ. 나는 볼펜으로 편지를 썼다.

수단격 조사(手段格助詞)는 앞말이 어떤 사물의 수단임을 나타내는 조사이다. 조사 '로', '으로', '로써', '으로써' 등이 수단격 조사로 쓰인다.

(55) ㄱ. 나는 그 물건을 자동차로 운반하였다.
　　ㄴ. 나는 혼자 힘으로 시련을 극복할 수 있다.
　　ㄷ. 그는 열심히 공부함으로써 대학의 입학시험에 합격했다.

방향격 조사(方向格助詞)는 앞에 연결된 체언이 어떤 행동이나 상태의 방향임을 나타내는 조사이다. 조사 '로', '으로' 등이 방향격 조사로 사용된다.

(56) ㄱ. 그는 네팔로 여행을 떠났다.
ㄴ. 자신의 부귀영화를 위해 남을 괴롭히는 것은 자신을 불행<u>으로</u> 이
끄는 길이다.

변성격 조사(變成格助詞)는 주체가 어떤 동작이나 작용으로 인하여
바뀐 대상임을 나타내는 조사이다. 조사 '로', '으로' 등이 변성격 조
사로 쓰인다.

(57) ㄱ. 밭이 논<u>으로</u> 바뀌었다
ㄴ. 얼음이 물<u>로</u> 변하였다.

자격격 조사(資格格助詞)는 신분·지위·자격 등을 나타내는 명사에
연결되어 주체가 그러한 신분·지위·자격 등을 가지고 있음을 나타
내는 조사이다. 조사 '로', '으로', '로서', '으로서' 등이 자격격 조사로
쓰인다.

(58) ㄱ. 나는 그를 일급 비서<u>로</u> 삼았다.
ㄴ. 정치가<u>로서</u> 그런 언동을 하면 안 된다.

원인격 조사(原因格助詞)는 앞에 연결된 말이 어떤 일의 원인임을 나
타내는 조사이다. 조사 '에', '로', '으로' 등이 원인격 조사로 쓰인다.

(59) ㄱ. 저 나무가 바람<u>에</u> 쓰러졌다.
ㄴ. 어제 그는 병<u>으로</u> 결석하였다.

인용격 조사(引用格助詞)는 앞말이 인용한 말임을 나타내는 조사이다.
조사 '고', '라고', '이라고', '하고' 등이 인용격 조사로 쓰인다. 조사
'고'는 앞말이 간접적으로 인용한 말임을 나타내는 조사이다. 조사

'라고', '이라고' 등은 앞말이 직접적으로 인용한 말임을 나타내는 조사이다. 조사 '하고'는 의성어나 독백이 직접적으로 인용한 말임을 나타내는 조사이다.

(60) ㄱ. 간접 인용: 기상청에서는 내일 비가 온다고 한다.
ㄴ. 직접 인용: 동수는 은서에게 "저는 그대의 충복입니다."라고 말했다.
ㄷ. 직접 인용: 그는 혼잣말로 "오늘따라 기분이 아주 좋구먼!"이라고 말했다.
ㄹ. 의성어를 직접 인용함: 갑자기 계곡에서 '우르르 쾅쾅'하고 소리가 났다.
ㅁ. 독백을 직접 인용함: 철수는 마음속으로 "최선을 다해야지."하고 굳게 다짐하고 경기에 임했다.

이상에서 살펴본 바와 같이 부사격 조사는 의미에 따라 여러 가지로 세분되고, 동일한 형태라고 하더라도 문맥에 따라 상이한 의미를 나타내는 조사이다.

6 독립격 조사(獨立格助詞)

독립격 조사는 앞말이 독립어가 되게 하는 조사이다. 이것을 '호격 조사(呼格助詞)'라고 일컫기도 한다. 조사 '아', '야', '여', '이여', '시여', '이시여' 등이 독립격 조사이다. 독립격 조사 '아'는 자음 아래에 쓰이고, 독립격 조사 '야'는 모음 아래에 쓰인다. 독립격 조사 '여'는 모음 아래에 쓰이는데, '이여'는 자음 아래에 쓰인다. 독립격 조사 '이시여28)'는 자음 아래에 쓰이는데, 모음 아래에서는 '이시여'의 '이-'가 생략된 '시여29)'가 쓰인다.

---

28) '이시여'는 '이여'의 높임말이다.

(61) ㄱ. 영주<u>야</u>, 이리 오너라.

　　ㄴ. 동혁<u>아</u>, 이리 와.

　　ㄷ. 그대<u>여</u>, 부디 행복하소서.

　　ㄹ. 나의 조국<u>이여</u>, 영원히 빛나라.

　　ㅁ. 하느님<u>이시여</u>, 불쌍한 인간들을 보살펴 주시옵소서.

　　ㅂ. 주(主)<u>시여</u>, 어디로 가시나이까?

　독립격 조사가 연결된 위의 예문 (61ㄱ)에 쓰인 '영주야', (61ㄴ)의 '동혁아', (61ㄷ)의 '그대여', (61ㄹ)의 '조국이여', (61ㅁ)의 '하느님이시여', (61ㅂ)의 '주시여' 등은 모두 독립어이다. 이와 같이 독립격 조사가 연결된 말은 문장 내에서 독립어로 기능을 한다.

(ii) 접속 조사

　접속 조사(接續助詞)는 두 단어를 동등한 자격으로 이어 주는 기능을 하는 조사이다. 접속 조사에는 '과', '와', '이니', '니', '이다', '다', '이랑', '랑', '이며', '며', '하고', '하며' 등이 있다. 접속 조사 '과', '와'는 문어와 구어에 두루 쓰이는데, '이니', '니', '이다', '다', '이랑', '랑', '이며', '며', '하고', '하며' 등은 주로 구어에 쓰인다.

(62) ㄱ. 나는 산<u>과</u> 물을 모두 좋아한다.

　　ㄴ. 너<u>와</u> 나는 애국자이다.

　　ㄷ. 창고에는 쌀<u>이니</u> 보리<u>니</u> 곡식이 가득하다.

　　ㄹ. 나는 떡<u>하고</u> 빵<u>하고</u> 과일<u>하고</u> 좋아한다.

　　ㅁ. 어제 나는 자두<u>하며</u> 수박<u>하며</u> 참외<u>하며</u> 많이 먹었다.

　　ㅂ. 조금 전에 나는 포도<u>랑</u> 복숭아<u>랑</u> 떡<u>이랑</u> 많이 먹었어.

---

29) '시여'는 선어말어미 '-시-'와 독립격 조사 '여'가 결합하여 이루어진 것이다.

조사 '과', '와', '이랑', '랑', '하고', '하며' 등은 접속 조사로 쓰이거나 부사격 조사로 쓰인다. 이것들의 용법의 차이는 다음과 같다.

첫째, 부사격 조사는 보조사 '은', '는', '도', '만' 등과 연결되어 쓰이는 경우가 있는데, 접속 조사는 보조사와 연결되어 쓰이지 못한다.

(63) ㄱ. 나는 선주<u>와도</u> 탁구를 쳤다.
　　 ㄴ. [*]나<u>와도</u> 선주는 대학생이다.

위의 예문 (63ㄱ)에 쓰인 '선주'에 연결된 부사격 조사인 '와'에는 보조사 '도'가 연결되어도 비문법적인 문장이 되지 않는데, (63ㄴ)에 쓰인 대명사 '나'에 연결된 '와'는 접속 조사이기 때문에 보조사 '도'가 연결되면 비문법적인 문장이 된다.

둘째, 부사격 조사가 연결된 말은 문장 내에서 이동에 별로 제약을 받지 않는데, 접속 조사가 연결된 말은 문장 내에서 이동에 제약을 매우 많이 받는다.

(64) ㄱ. 나는 <u>선주와</u> 함께 탁구를 쳤다.
　　 ㄴ. <u>선주와</u> 나는 함께 탁구를 쳤다.
　　 ㄷ. 나는 탁구를 쳤다 <u>선주와</u> 함께.
(65) ㄱ. <u>나와</u> 선주는 대학생이다.
　　 ㄴ. [*]선주는 <u>나와</u> 대학생이다.
　　 ㄷ. [*]대학생이다 선주는 <u>나와</u>.

위의 예문 (64ㄱ), (64ㄴ), (64ㄷ) 등에 쓰인 '와'는 부사격 조사인데, 이것은 예문 (64ㄴ)과 (64ㄷ)에서 보는 바와 같이 이동의 제약을 받지 않는다. 그러나 (65ㄱ), (65ㄴ), (65ㄷ) 등에 쓰인 '와'는 접속 조사인데, (65ㄴ)과 (65ㄷ)에서 보는 바와 같이 이동에 제약을 받는다.

셋째, 부사격 조사는 생략이 불가능하다. 그러나 접속 조사는 생략이 가능한데, 이러한 경우에는 일반적으로 쉼표(,)를 찍는다.

(66) ㄱ. *나는 영희( ) 탁구를 친다.
ㄴ. 나( ) 영희는 대학생이다.
ㄷ. 물은 기체, 액체, 고체 중에서 어느 것에 속합니까?

앞의 예문 (66ㄱ)은 '영희'에 부사격 조사 '와'가 연결되어야 하는데 이것이 생략되어 비문법적인 문장이 된 것이다. 그런데 (66ㄴ)은 '나'와 '영희' 사이에 놓일 접속 조사 '와'가 생략되었는데도 문법적인 문장이 되었다. 위의 예문 (66ㄷ)에 쓰인 '기체', '액체' 뒤에는 접속 조사 '와'를 생략한 것 대신에 '쉼표(,)'를 찍었다. 이와 같이 부사격 조사는 문장에서 생략할 수 없는 것인데, 접속 조사는 생략할 수 있는 것이다.

(ⅲ) 보조사

보조사(補助詞)는 체언이나 그 밖의 단어-용언, 부사 등-에 연결되어 어떤 뜻을 첨가하여 주는 기능을 하는 조사이다. 이것을 '특수 조사(特殊助詞)'라고 일컫거나, '한정 조사' 혹은 '두루토' 혹은 '도움토'라고 일컫기도 한다.

보조사에는 '은', '는', '도', '까지', '마저', '조차', '부터', '나', '이나', '나마', '이나마', '든지', '이든지', '라도', '이라도', '란', '이란', '마는', '마다', '만', '이야', '야말로', '이야말로', '은커녕', '는커녕', '밖에', '서껀', '요', '그려', '들', '따라', '토록' 등이 있다.

은/는 '은/는'은 보조사 중에서 사용 빈도수가 가장 높은 것이다.

보조사 '은'은 자음으로 끝난 말에 연결되고, 보조사 '는'은 모음으로 끝난 말에 연결된다.

(67) ㄱ. 사람은 생각하는 존재이다.
     ㄴ. 나는 대학생이다.

보조사인 '은/는'은 화자가 어떤 사물·동작·상태 등을 강조하여 지시함을 나타내거나, '대조(對照)'의 의미를 나타내거나, 어떤 대상이 화제(話題)이거나, 구정보(舊情報)임을 나타내는 것이다.

(68) ㄱ. 대조: 너는 부지런한데, 그는 게으르다.
     ㄴ. 강조: 그도 가끔은 선행을 베풀어.
     ㄷ. 화제: 인생은 유한한 것이다.
     ㄹ. 구정보: 옛날에 한 노인이 이 바닷가에서 살았어요. 그는 배를 타고 여행을 하는 것을 좋아했어요.

보조사인 '은/는'은 체언, 용언, 부사, 조사 등에 연결된다.

(69) ㄱ. 체언 뒤: 사람은 창조적인 존재이다.
     ㄴ. 용언 뒤: 우리는 현수가 언제 귀국하였는지는 모른다.
     ㄷ. 부사 뒤: 마음이 조금은 아팠어.
     ㄹ. 조사 뒤: 너의 칭찬이 나에게는 큰 활력소이다.

보조사 '은/는'은 일반적으로 성분절의 주체에 연결되지 못한다. 이것이 성분절의 주체에 연결되면 비문법적인 문장이 된다. 그런데 성분절의 주어 자리에 쓰인 보조사 '는'이 '대조'의 의미를 나타낼 경우에는 문법에 맞는 문장이 된다.

(70) ㄱ. 마음씨가 착한 사람은 영원히 산다.

ㄴ. *그는 의롭게 살았음을 우리는 뒤늦게 알게 되었다.

ㄷ. 머리는 좋은 사람이 나쁜 성질 때문에 승진을 하지 못했다.

앞의 예문 (70ㄱ)은 성분절인 '마음씨가 착한'의 주체에 주격 조사인 '가'가 연결되어 문법에 맞는 문장이 되었는데, (70ㄴ)은 성분절인 '그는 의롭게 살았음'의 주체인 '그'에 보조사 '는'이 결합되었기 때문에 비문법적인 문장이 되었다. 그런데 예문 (70ㄷ)에서는 보조사 '는'이 성분절의 주체인 '머리'가 '성질'과 대조됨을 나타내기 때문에 (70ㄷ)이 문법에 맞는 문장이 된 것이다.

"[[체언+주격 조사 '이/가' 혹은 보조사 '은/는']+[체언+주격 조사 '이/가']+서술어]]로 이루어진 문장을 통틀어 **이중주어문**(二重主語文) **혹은 주격 중출문**(主格重出文)으로 간주하는 이가 있다. 그런데 다음의 예문 (71)과 같이 "[[체언+주격 조사 '이/가' 혹은 보조사 '은/는']+[체언+주격 조사 '이/가']+형용사 서술어]] 구조로 되어 있으며, 선행 체언이 후행 체언의 소유주인 문장을 **이중주어문**(二重主語文) 혹은 **주격 중출문**(主格重出文)으로 처리하는 것은 합당하지 않다.

(71) ㄱ. 영주는 마음씨가 착하다. ← 영주의 마음씨가 착하다.

ㄴ. 할아버지는 안경이 멋지시다. ← 할아버지의 안경이 멋지시다.

앞의 예문 (71ㄱ)과 (71ㄴ)에 쓰인 보조사 '는'은 소유주인 '영주'와 '할아버지'를 강조하기 위하여 관형격 조사인 '의' 대신에 쓰인 것이다. 따라서 이상의 예문 (71ㄱ)과 (71ㄴ)에서 '영주는'과 '할아버지는'은 각각 관형어의 구실을 하므로 (71ㄱ)과 (71ㄴ)은 단문(單文)이다. 따라서 (71ㄱ), (71ㄴ)과 같은 문장을 이중주어문이나 주격 중출문으로 처리하는 것은 합당하지 않다.

도   보조사 '도'는 체언, 용언, 부사, 조사 등에 연결된다.

(72) ㄱ. 영수가 빵도 먹었다.
     ㄴ. 나는 그 과일을 먹어도 보았다.
     ㄷ. 나는 너무도 기뻐서 펑펑 울었다.
     ㄹ. 그는 연필로도 글씨를 잘 쓴다.

앞의 예문 (72ㄱ)에서는 보조사인 '도'가 명사 '빵'에 연결되고, (72ㄴ)에서는 보조사인 '도'가 동사인 '먹어'에 연결되고 있다. (72ㄷ)에서는 보조사 '도'가 부사 '너무'에 연결되어 있으며, (72ㄹ)에서는 보조사 '도'가 부사격 조사인 '로'에 연결되어 있다.

'도'는 이미 어떤 대상이나 사태에 포함되고 그 위에 더함의 뜻을 나타낸다.

(73) ㄱ. 영주가 과자를 먹고, 떡도 먹었다.
     ㄴ. 영주는 춤을 잘 추고, 노래도 잘한다.

보조사인 '도'는 '강조'의 뜻을 나타내기도 한다.

(74) 그녀는 노래를 잘도 부른다.

부터, 까지 보조사인 '부터'는 체언이나 용언에 연결되어 처소, 시간, 정도 등을 뜻하는 단어에 붙어 '맨 처음 시작하거나 출발함'을 뜻하는 것이다.

(75) ㄱ. 나는 이 언어의 발음부터 익힐 거야.
     ㄴ. 영희부터 출발해.
     ㄷ. 나는 담배를 끊으면서부터 건강해졌다.

보조사인 '까지'는 체언, 용언, 부사, 조사 등에 연결되어 '일정한 범위의 한계에 도달함'이나 '함께 포함시킴' 혹은 '정상적인 정도를 지나침'을 의미하는 것이다.

(75) ㄱ. 여기<u>까지</u> 오느라고 고생이 많았겠다.
　　 ㄴ. 그는 잠을 전혀 자지 않으면서<u>까지</u> 열심히 공부했다.
　　 ㄷ. 근우는 집에서<u>까지</u> 직장 업무를 본다.
　　 ㄹ. 현수가 그렇게<u>까지</u> 영희를 사랑할 줄 몰랐어.

보조사인 '까지'가 위의 예문 (75ㄱ)에서는 대명사 '여기'에 연결되어 '일정한 범위의 한계에 도달함'을 뜻한다. '까지'가 (75ㄴ)에서는 용언인 '않으면서'에 연결되어 있고, (75ㄷ)에서는 격조사 '에서'에 연결되어 있다. (75ㄹ)에서는 부사인 '그렇게'에 연결되어 있다. (75ㄴ)과 (75ㄷ) 등에 쓰인 '까지'는 '함께 포함시킴'의 의미를 나타내고, (75ㄹ)에 쓰인 '까지'는 '정상적인 정도를 지나침'을 뜻한다.

마저 보조사인 '마저'는 체언에 연결되어 '하나 남은 마지막까지'를 뜻하는 것이다. 이것은 부정적인 상황에서만 쓰인다.

(76) ㄱ. 너<u>마저</u> 떠나면 이곳에는 나만이 남는다.
　　 ㄴ. 그는 한 개밖에 없는 빵<u>마저</u> 먹어 버렸다.

조차 '조차'는 '화자가 예상하지 못한 일이 또 일어남'을 뜻하는 보조사이다.

(77) ㄱ. 너<u>조차</u> 그런 말을 하니?
　　 ㄴ. 강도가 나한테서 돈도 빼앗고 시계<u>조차</u> 빼앗아 갔다.

보조사 '조차'는 명령문이나 청유문에 쓰이지 못한다.

(78) ㄱ. *너<u>조차</u> 멀리 가 버려라.
ㄴ. *너<u>조차</u> 힘을 내자.

앞의 예문 (78ㄱ)과 (78ㄴ)이 비문법적인 문장이 된 것은 화자가 예상하지 못한 일이 또 일어남을 뜻하는 '조차'가 화자의 예상의 의미가 내포되어 있는 명령문과 청유문에 쓰이었기 때문이다.

보조사인 '까지', '마저', '조차' 등은 보조사 '도'와 같이 '또한', '역시'라는 의미를 나타낸다. '까지'는 '조차'와 달리 기대하는 일을 의미할 때에도 쓰이고, '마저'와 달리 화자에게 불리하지 않은 일을 뜻할 경우에도 쓰인다.

나/이나, 나마/이나마 보조사인 '나/이나'는 '화자의 마음에 차지 않는 오만한 선택'을 뜻하고, '나마/이나마'는 '마음에 차지 않는 겸허한 선택'을 의미한다.

보조사인 '나'와 '나마'는 모음으로 끝난 말에 연결되고, '이나'와 '이나마'는 자음으로 끝난 말에 연결된다.

(79) ㄱ. 텔레비전은 못 보더라도 라디오{<u>나</u>, <u>나마</u>} 들었으면 좋겠다.
ㄴ. 할 일이 없으면 책{<u>이나</u>, <u>이나마</u>} 읽자.
ㄷ. 이젠 좀 형편이 좋아졌다고<u>나</u> 할까.

든지/이든지 보조사인 '든지/이든지'는 체언에 연결되어 '무엇이나 가리지 않음'을 뜻하는 것이다. '든지'는 모음으로 끝난 말에 연결되고, '이든지'는 자음으로 끝난 말에 연결된다.

(80) ㄱ. 책이든지 노트든지 사고 싶은 것을 사라.

ㄴ. 누구든지 나를 따라 오렴.

라도/이라도 보조사인 '라도/이라도'는 체언, 용언, 부사 등에 연결
되어 '같지 않은 사물을 일부러 애써 구별하지 않음'이나 '강조'의 의
미를 나타낸다. '라도'는 모음으로 끝난 말에 연결되고, '이라도'는 자
음으로 끝난 말에 연결된다.

(81) ㄱ. 너라도 그를 위로하여야 한다.

ㄴ. 도와주지 못하면 측은하게 생각하기라도 해라.

ㄷ. 사지 못할 바에는 만져라도 봐라.

ㄹ. 아무리 돈이 많은 사람이라도 인간성이 결여되어 있으면 나는 존
경하지 않는다.

ㅁ. 천재라도 그 문제를 못 푼다.

ㅂ. 금방이라도 소나기가 내릴 것 같다.

란/이란 보조사인 '란/이란'은 어떤 대상을 지적하여 강조함을 뜻한
다. 이것은 주로 체언에 연결된다.

보조사 '이란'은 자음으로 끝난 말에 연결되고, '란'은 모음으로 끝
난 말에 연결된다.

(82) ㄱ. 정의(正義)란 사회를 위한 옳고 바른 도리이다.

ㄴ. 인생이란 무상한 것이다.

마는 보조사인 '마는'은 '-다, -냐, -랴, -지, -더니' 등의 어미에 연결
되어 '앞말이 지시하는 내용을 인정하면서 그것에 대한 의문이나 그
것과 대립되는 내용을 뒤에 들어 말함', 혹은 '어떤 사실을 전제하기
위하여 기정사실(既定事實)을 다시 한 번 말함' 혹은 '강조'를 뜻한다. 이

것을 줄이어서 '만'으로 사용하기도 한다.

> (83) ㄱ. 너와 함께 영화 구경을 가고 싶다<u>마는</u> 선약이 있어 가지 못한다.
> ㄴ. 여러분도 잘 아시는 것입니다<u>마는</u> 인간은 만물 중에서 가장 빼어
> 난 존재입니다.
> ㄷ. 그가 하도 불쌍하여 제가 도와주었더니<u>마는</u> 자주 도와 달라고 합
> 니다.

앞의 예문 (83ㄱ)에 쓰인 보조사 '마는'은 '앞말이 지시하는 내용을 인정하면서 그와 대립되는 내용을 뒤에 들어 말함'을 뜻한다. (83ㄴ)에 쓰인 보조사 '마는'은 '어떤 사실을 전제하기 위하여 기정사실을 다시 한 번 말함'을 뜻하고, (83ㄷ)에 쓰인 보조사 '마는'은 '강조'를 뜻한다.

마다 보조사인 '마다'는 체언에 연결되어 '빠짐없이 모두' 또는 '앞말이 지시하는 시기에 한 번씩'의 뜻을 나타내는 것이다.

> (84) ㄱ. 그는 만나는 사람<u>마다</u> 인사를 했다.
> ㄴ. 저 아이는 세 시간<u>마다</u> 밥을 한다.

앞의 예문 (84ㄱ)에 쓰인 '마다'는 '빠짐없이 모두'를 뜻하고, (84ㄴ)에 쓰인 '마다'는 '앞말이 지시하는 시기에 한 번씩'을 의미한다.

만 보조사인 '만'은 체언, 용언, 부사 등에 연결되어 '여럿 중에서 어느 것 하나에 한정함' 또는 '앞말을 강조함'을 뜻하는 것이다.

> (85) ㄱ. 나는 이 책을 너에게<u>만</u> 준다.
> ㄴ. 그는 연필로<u>만</u> 글을 쓴다.
> ㄷ. 그 사람이 자꾸<u>만</u> 보고 싶다.
> ㄹ. 나는 그 물건을 갖지 않고 만져<u>만</u> 보겠다.

앞의 예문 (85ㄱ)과 (85ㄴ)에 쓰인 보조사 '만'은 '여럿 중에서 한 가지에 한정함'을 뜻하는데, (85ㄷ)과 (85ㄹ)에 쓰인 '만'은 '앞말을 강조함'를 뜻한다.

야/이야, 야말로/이야말로   보조사인 '야/이야'는 '대조가 되는 말을 강조함'을 뜻한다. '야/이야'의 앞말은 보조사인 '은/는'과 같이 화자와 청자가 사전에 인지한 것이다. 보조사 '이야'는 자음으로 끝난 말에 연결되고, 보조사 '야'는 모음으로 끝난 말에 연결된다.

'이야말로/야말로'는 '지정하여 강조함'을 뜻한다. '이야말로'는 자음으로 끝난 말에 연결되고, '야말로'는 모음으로 끝난 말에 연결된다.

> (86) ㄱ. 그는 놀아도 밥{이야, 이야말로} 먹겠지.
> ㄴ. 나{야, 야말로} 뭐라고 말할 수 있겠니?
> ㄷ. 용서{야, 야말로} 소중한 가치 덕목이다.

보조사인 '야'는 부사에 연결될 수 있는데, '야말로'는 부사에 연결되지 못한다.

> (87) ㄱ. 돈이 별로 없으니 많이야 줄 수 없다.
> ㄴ. *돈이 별로 없으니 많이야말로 줄 수 없다.

커녕, 는커녕/은커녕   보조사인 '커녕'은 '그것은 말할 것도 없고 도리어'라는 뜻을 나타내는 것이다. '는커녕/은커녕'은 '앞말을 지정하여 어떤 사실을 부정함을 강조함'을 나타내는 것이다. '는커녕/은커녕[30]'

---

30) 보조사 '는커녕'의 준말은 'ㄴ커녕'이다.
[보기] 그는 **찬커녕** 전철을 타고 다닐 돈도 없다.

은 보조사 '는/은'에 보조사 '커녕'이 결합하여 형성된 것으로, 보조사 '커녕'의 강조형이다.

보조사 '커녕'은 모음이나 자음으로 끝난 체언 혹은 용언의 '-기 명사형'에 연결되는데, '는커녕'은 모음으로 끝난 체언 혹은 용언의 '-기 명사형'에 연결되고, 보조사 '은커녕'은 자음으로 끝난 체언에 연결된다.

(88) ㄱ. 나는 오징어{커녕, 는커녕} 작은 새우 한 마리도 못 잡았다.
ㄴ. 그는 나를 반기기{커녕, 는커녕} 눈인사도 하지 않았다.
ㄷ. 그는 우승{커녕, 은커녕} 예선 통과도 어렵다.

앞의 예문 (88ㄱ)의 '오징어는커녕', (88ㄴ)의 '반기기는커녕', (88ㄷ)의 '우승은커녕' 등은 (88ㄱ)의 '오징어커녕', (88ㄴ)의 '반기기커녕', (88ㄷ)의 '우승커녕' 등보다 더욱 강조함을 뜻한다.

밖에 보조사인 '밖에'는 '앞말이 지시하는 것 말고는 없음'을 뜻하는 것이다. 이것이 쓰인 문장에는 부정의 의미를 나타내는 '없다'가 반드시 쓰인다.

다음의 예문 (89ㄱ)에 쓰인 '밖에'는 "나에게 건강한 몸 이외에 다른 것이 없음"을 뜻하며, (89ㄴ)에 쓰인 '밖에'는 "그가 혼자서 이 문제를 해결하는 일 이외에 다른 방법이 없음"을 나타낸다.

(89) ㄱ. 나는 건강한 몸밖에 없다.
ㄴ. 그는 혼자서 이 문제를 해결할 수밖에 없다.

서껀 보조사인 '서껀'은 체언에 연결되어 '여럿의 대상에 함께 포함됨'을 뜻한다.

(90) ㄱ. 어제 나는 이 친구 집에서 떡, 과일<u>서껀</u> 많이 먹었어요.
　　　ㄴ. 나는 서점에서 이 책<u>서껀</u> 많이 샀다.

요 '요'는 체언, 용언, 부사 등에 연결되어 청자를 존대함을 나타내는 보조사이다.

(92) ㄱ. 누가 발표하겠니? 저<u>요</u>.
　　　ㄴ. 영수가 학교에 갔어<u>요</u>.
　　　ㄷ. 물가가 무척 비싸지<u>요</u>.
　　　ㄹ. 기분이 매우 좋네<u>요</u>.
　　　ㅁ. 저는 밥을 먹을래<u>요</u>.
　　　ㅂ. 아주 상쾌합니다<u>요</u>.
　　　ㅅ. 저는 밥을 떡을 먹었습니다<u>요</u>.
　　　ㅇ. 비가 오는데<u>요</u> 떠났습니까?
　　　ㅈ. 저는 너무 많이 먹어서<u>요</u> 배가 아픕니다.
　　　ㅊ. 저는 세수를 하고<u>요</u>, 밥을 먹었습니다.
　　　ㅋ. 눈이 내리니까<u>요</u> 기분이 좋습니다.
　　　ㅌ. 빨리<u>요</u> 출발해야 되지 않아<u>요</u>?
　　　ㅍ. 저도<u>요</u> 사과를 좋아합니다.
　　　ㅎ. 누가 너를 도와주었느냐? 현아가<u>요</u>.

　보조사 '요'가 앞의 예문 (92ㄱ)에서는 대명사 '저'에 연결되고, (92ㄴ)~ (92ㅅ)에서는 종결어미 '-어, -지, -네, -을래, -ㅂ니다/-습니다' 등에 연결되었다. 보조사 '요'가 앞의 예문 (92ㅇ)~ (92ㅊ)에서는 연결어미인 '-는데, -어서, -고, -니까' 등에 붙고, 예문 (92ㅌ)에서는 부사 '빨리'에 연결되고, (92ㅍ)에서는 보조사 '도'에 붙고, (92ㅎ)에서는 주격 조사 '가'에 연결되었다. 이와 같이 보조사 '요'는 체언, 용언, 부사, 조사 등에 연결되어 청자를 존대함을 표현하는 것이다.
　보조사 '요'는 다른 보조사에 비하여 분포의 제약을 가장 적게 받는 것이다. 그런데 다음의 예문 (93)과 어떤 화자가 보조사인 '요'를 한 문장 내에서 세 번 이상 사용하면 청자는 그 화자가 의도적으로 귀여운 인상을 주려고 사용한 것이라고 인식하거나, 그 화자의 언어 능력이 결여되어 있다고 판단할 가능성이 있다.

(93) 어제요 저는요 과일을요 많이요 먹었어요.

그려 보조사인 '그려'는 용언의 종결어미에 연결되어 '감탄'이나 '강조'의 뜻을 나타낸다. 이것은 하게체[31]에 쓰인다.

(94) ㄱ. 감탄: 경치가 매우 아름답네그려.
　　ㄴ. 강조: 좀 늦었네그려.

앞의 예문 (94ㄱ)에 쓰인 '그려'는 '감탄'의 의미를 나타내는데, (94ㄴ)에 쓰인 '그려'는 '강조'를 뜻한다.

들 보조사인 '들'은 주어 이외의 자리에 쓰이어 주어가 복수임을 나타내는 것이다. 접미사 '-들'은 가산명사(可算名詞)나 대명사에 붙어 그것들이 복수임을 나타내는데, 보조사인 '들'은 불가산명사(不可算名詞)에도 연결되고, 부사나 용언에도 연결된다.

(95) ㄱ. 어서들 오세요.
　　ㄴ. 여러분, 자유롭게 대화들 나누십시오.
　　ㄷ. 나는 여행을 하면서 읽을 책들을 많이 샀다.

---

31) '그려'를 구어의 '하오체' 혹은 '하십시오체'에서 쓰는 이도 있다.
　(ㄱ) 달이 매우 밝으오그려.
　(ㄴ) 달이 매우 밝습니다그려.

앞의 예문 (95ㄱ)과 (95ㄴ)에 쓰인 '들'은 보조사인데, (91ㄷ)에 쓰인 '들'은 '복수'임을 나타내는 파생 접미사이다.

따라 보조사인 '따라'는 주로 날을 나타내는 일부 명사에 연결되어 '여느 때와 달리 그 날에만 공교롭게'라는 뜻을 나타내는 것이다.

> (96) ㄱ. 오늘<u>따라</u> 기분이 매우 좋다.
> ㄴ. 그날<u>따라</u> 함박눈이 많이 왔다.

연어(連語)인 '…에 따라'에 쓰인 '따라'는 보조사가 아니고 동사 '따르다'의 활용형이다.

> (97) ㄱ. 나이에 <u>따라</u> 입장 급액이 달라요..
> ㄴ. 그는 자기의 기분에 <u>따라</u> 서비스를 달리한다.

토록 보조사인 '토록'은 그 앞말이 지시하는 정도나 수량에 미침을 뜻하는 것이다.

> (98) 그 선생님은 영원<u>토록</u> 기억될 것입니다.

뿐 보조사인 '뿐'은 '그것만이고 더는 없음' 또는 '오직 그렇게 하거나 그러하다는 것'을 의미한다. 다음의 예문 (99ㄱ)에 쓰인 보조사 '뿐'은 화자가 사랑하는 사람은 오직 '당신'밖에 없음을 뜻하고, (99ㄴ)에 쓰인 보조사 '뿐'은 화자가 오직 가장 소중하게 여기는 것이 책임을 뜻한다.

(99) ㄱ. 제가 사랑하는 사람은 오직 당신뿐입니다.

ㄴ. 내가 가장 소중하게 여기는 것은 이 책뿐이야.

4.3.5 동사

정의(定義)   동사(動詞)는 사람과 짐승의 동작이나 사물의 작용을 나타내는 품사이다. 동작은 유정 명사(有情名詞)의 움직임을 뜻하고, 작용은 무정 명사(無情名詞)의 움직임을 뜻한다.

(100) ㄱ. <u>개</u>가 노루를 {<u>잡았다</u>, <u>잡는다</u>, <u>잡겠다</u>}.

ㄴ. <u>철수</u>는 영희를 {<u>사랑하였다</u>, <u>사랑한다</u>, <u>사랑하겠다</u>}.

ㄷ. <u>해</u>가 동해에서 {<u>솟았다</u>, <u>솟는다</u>, <u>솟겠다</u>}.

앞의 예문 (100ㄱ)과 (100ㄴ)의 주체가 각각 유정 명사인 '개', '철수'이므로 (100ㄱ)의 '잡았다', '잡는다', '잡겠다' 등과 (100ㄴ)의 '사랑하였다', '사랑한다', '사랑하겠다' 등은 동작을 나타내는 단어이다. 그런데 (100ㄷ)의 주체는 무정 명사인 '해'이므로 '솟았다', '솟는다', '솟겠다' 등은 작용을 나타내는 단어이다. 이와 같이 사람과 짐승의 동작이나 사물의 작용을 나타내는 단어들을 동사[32]라고 한다.

특징(特徵)   동사는 다음과 같은 특징을 지니고 있다.

첫째, 동사는 어형 변화를 한다. 즉 동사는 활용을 한다. 명사, 대명사, 수사, 조사, 관형사, 부사, 감탄사 등은 그 자체가 어형 변화를 하지 못하는데, 동사는 그 자체가 어형 변화를 해서 여러 가지 문법적인 기능을 한다. 이를테면 명사 '나무'가 문장 내에서 어떤 기능을 하려

---

[32] 고유어 동사는 9,377개인데, 이것들 중에서 의성어나 의태어와 공기 관계를 맺는 것은 2,314개이다.

면 '나무'에 격 조사인 '가', '를', '와', '로', '에' 등이 연결되어야 하는
데, 동사인 '먹다'는 '먹고', '먹으니', '먹으면', '먹어라', '먹느냐', '먹
는구나', '먹는다', '먹자' 등과 같이 그 자체가 활용을 함으로써 여러
가지의 문법적인 기능을 한다.

　둘째, 동사는 [서술성]이라는 의미 특성을 가지고 있기 때문에 주로
서술어가 된다. 그 밖에 어미의 변화로 주어 · 목적어 · 관형어 · 부사
어 등의 기능을 하기도 한다.

　　　(101) ㄱ. 나무가 바람에 <u>흔들린다</u>.
　　　　　　 ㄴ. 열심히 <u>공부함</u>은 학생의 의무 사항이다.
　　　　　　 ㄷ. 그는 <u>거짓말함</u>을 싫어한다.
　　　　　　 ㄹ. 나는 학업에 <u>정진하는</u> 학생을 좋아한다.
　　　　　　 ㅁ. 그가 잠을 <u>자도록</u> 조용히 해라.

　앞의 예문 (101ㄱ)에서 동사인 '흔들린다'는 서술어로, (101ㄴ)에서
동사인 '공부함'은 주어로, (101ㄷ)에서 동사인 '거짓말함'은 목적어로,
(101ㄹ)에서 동사인 '정진하는'은 관형어로, (101ㅁ)에서 동사인 '자도
록'은 부사어로 기능을 한다. 이처럼 동사는 문장에서 서술어 외에 주
어 · 목적어 · 관형어 · 부사어 등으로도 기능을 한다.

　셋째, 동사는 수식어로서 부사어를 취한다. 즉 동사는 부사어의 수
식을 받는다.

　　　(102) ㄱ. 나뭇잎이 <u>바람에</u> 흔들린다.
　　　　　　 ㄴ. *나뭇잎이 <u>바람의</u> 흔들린다.
　　　(103) ㄱ. 그는 <u>열심히</u> 공부한다.
　　　　　　 ㄴ. *그는 <u>열심한</u> 공부한다.

앞의 예문 (102ㄱ)에서는 동사인 '흔들린다'가 부사어 '바람에'를 수식어로서 취하고 있기 때문에 예문 (102ㄱ)이 문법에 맞는 문장이 되었는데, 예문 (102ㄴ)은 동사인 '흔들린다'가 관형어인 '바람의'의 수식을 받도록 구성하였기 때문에 비문법적인 문장이 된 것이다. 그리고 예문 (103ㄱ)은 동사인 '공부한다'가 부사어인 '열심히'의 수식을 받기 때문에 문법에 맞는 문장인데, (103ㄴ)은 동사인 '공부한다'가 관형어인 '열심한'의 수식을 받는 구조로 되어 있기 때문에 비문법적인 문장이 된 것이다.

종류(種類)   동사는 분류 기준에 따라 여러 가지로 나뉜다.

자동사와 타동사   동사는 움직임이 미치는 대상에 따라 자동사(自動詞)와 타동사(他動詞)로 나뉜다.

자동사(自動詞)란 움직임이 주체에만 미치는 동사이다. 이것을 '제움직씨'라고 일컫기도 한다.

> (104) ㄱ. <u>바람</u>이 세차게 <u>분다</u>.
>   ㄴ. <u>철수</u>가 학교에 <u>간다</u>.

앞의 예문 (104ㄱ)에서 '분다'라는 작용은 주체인 '바람'에만 미치고, (104ㄴ)에서 '간다'라는 동작은 주체인 '철수'에게만 미친다. 이와 같이 어떤 작용이나 동작이 주체에만 미치는 동사를 자동사라고 한다.

한국어의 자동사 중에는 본래부터 자동사인 것과 타동사가 자동사로 전성된 것이 있다. '가다', '오다', '놀다', '서다', '앉다' 등이 전자에 해당하고, '들리다', '먹히다', '보이다', '부딪히다', '안기다' 등이 후자에 속한다. 타동사에서 전성된 자동사는 타동사의 어근에 피동 접미사인 '-이-', '-히-', '-리-', '-기-' 등이 결합되어 이루어진 것이다. 이러한 것을 '피동 자동사'라고 일컫기도 한다.

타동사(他動詞)란 움직임이 주체 이외에 객체에도 미치는 동사이다. 이것을 '남움직씨'라고 일컫기도 한다.

> (105) ㄱ. 철수는 밥을 <u>먹는다</u>.
> ㄴ. <u>현주</u>가 나에게 좋은 선물을 <u>주었다</u>.
> ㄷ. <u>흐르는 물</u>이 물레방아를 <u>돌린다</u>.

앞의 예문 (105ㄱ)에서 '먹는다'라는 행위는 주체인 '철수'와 객체인 '밥'에 미치고, (105ㄴ)에서 '주었다'라는 동작은 주체인 '현주'와 객체인 '나'와 '좋은 선물'에 미친다. 그리고 (105ㄷ)에서 '돌린다'라는 작용은 주체인 '흐르는 물'과 객체인 '물레방아'에 미친다. 이처럼 동작이나 작용이 주체와 객체에 미치는 동사를 타동사라고 한다. 타동사에도 원래 타동사와 전성 타동사가 있다.

> (106) ㄱ. 넣다, 때리다, 먹다, 보다, 주다, ……
> ㄴ. 남기다, 묵히다, 밝히다, 속이다, 웃기다, ……
> ㄷ. 맡기다, 밟히다, 먹이다, 불리다, 빗기다, ……

앞의 (106ㄱ)은 원래 타동사인데, (106ㄴ)은 전성 타동사이다. (106ㄴ)은 자동사인 '남다', '묵다', '밝다',[33] '속다', '웃다' 등의 어근 '남-', '묵-', '밝-', '속-', '웃-' 등에 사동 접미사인 '-기-', '-히-', '-이-' 등이 각각 결합되어 사동 타동사가 된 것이다. (106ㄷ)은 타동사인 '맡다', '밟다', '먹다', '불다', '빗다' 등의 어근인 '맡-', '밟-', '먹-', '불-', '빗-' 등에 사동 접미사인 '-기-', '-히-', '-이-', '-리-' 등이 각각 결

---

33) '밝다'가 동사로 쓰일 경우에는 '날이 새다'라는 뜻을 나타내고, 형용사로 쓰일 경우에는 '불빛이 흐리지 않고 분명하다' 혹은 '빛을 충분히 받아 어둡지 않고 환하다' 혹은 '청력이나 시력이 좋다' 또는 '빛깔이 산뜻하고 좋다'라는 뜻을 나타낸다.

합되어 '사동 타동사'가 된 것이다.

다음의 예문 (107ㄱ)에 쓰인 '그치었다'라는 동사는 '계속 내리던 폭우가 멈추었다'는 뜻을 나타내는 자동사인데, (107ㄴ)에 쓰인 '그치었다'라는 동사는 '계속 우는 것을 멈추었다'는 뜻을 나타내는 타동사이다. 이와 같이 동일한 형태의 동사가 자동사나 타동사로 쓰이는 동사를 '능격 동사' 혹은 '중립 동사'라고 일컫는다.

> (107) ㄱ. 방금 폭우가 <u>그치었다</u>.
>   ㄴ. 아기가 울음을 <u>그치었다</u>.

능격 동사의 보기를 더 들어 보면 다음의 (108)과 같다.

> (108) 가시다, 간질거리다, 건들거리다, 구기다, 그을리다, 그치다, 글썽거
>   리다, 나부끼다, 다치다, 멈추다, 비치다, 오물거리다, 움직이다, 휘
>   다, 휘청거리다

능격 동사가 타동사로 쓰인 문장에서 목적어로 실현된 것이, 능격 동사가 자동사로 쓰인 문장에서는 주어로 실현된다. 일반적으로 능격 동사가 타동사로 쓰이는 경우에는 그것의 주어가 행동주이며, 자동사로 쓰일 경우에는 그 주어가 의미역[34]의 대상이다.

> (109) ㄱ. <u>철수</u>는 회의장에 얼굴을 슬쩍 <u>비치고</u> 사라졌다.
>   ㄴ. 거울에 <u>비친</u> <u>그녀의 모습</u>이 매우 아름답다.

---

34) 의미역(theta-roles)이란 서술어가 나타내는 사건이나 상태 속에서 특정 명사항이 맡는 일정한 의미 역할을 뜻한다. 1980년대 지배 결속(GB) 이론의 도입 이래로 통사적 층위의 논항 실현은 서술어와 논항 사이의 의미 관계에 바탕을 둔 것으로 받아들여 왔다.

앞의 예문 (109ㄱ)에서는 '비치고'가 타동사로 쓰이었으며, 이것과 호응하는 행동주는 '철수'이다. (109ㄴ)에서 '비친'은 자동사로 쓰이었으며, 이것과 호응하는 대상은 '그녀의 모습'이다.

능동사와 피동사 동사는 행위자와 행위와의 관계에 따라 능동사(能動詞)와 피동사(被動詞)로 나뉜다.

능동사(能動詞)는 주체가 어떤 동작이나 작용을 스스로 함을 나타내는 동사이다.

> (110) ㄱ. <u>영주는</u> 그 문제를 <u>풀었다</u>.
> ㄴ. <u>철수는</u> 집의 담을 <u>높이었다</u>.
> ㄷ. <u>바람이</u> 먼지를 <u>날린다</u>.

앞의 예문 (110ㄱ)에 쓰인 '풀었다'는 주체인 '영주'가 스스로 한 동작을 나타내고, (110ㄴ)에 쓰인 '높이었다'도 주체인 '철수'가 스스로 한 동작을 나타내는 동사이다. 그리고 (110ㄷ)에 쓰인 '날린다'는 주체인 '바람'이 스스로 한 작용을 나타낸다. 이와 같이 주체가 어떤 동작이나 작용을 스스로 함을 나타내는 동사를 능동사라고 한다. 능동사에는 본래부터 능동사인 것과 형용사가 능동사로 전성된 것이 있다.

> (111) ㄱ. 듣다, 보다, 읽다, 쓰다, 먹다, 주다
> ㄴ. 넓히다, 높이다, 밝히다, 좁히다, 낮추다

앞의 (111ㄱ)에 열거한 동사는 본래부터 능동사인 것이고, (111ㄴ)의 동사는 형용사가 능동사로 전성한 것이다. (111ㄴ)의 '넓히다', '밝히다', '좁히다' 등은 형용사의 어근인 '넓-', '밝-', '좁-' 등에 파생 접미사인 '-히-'가 결합하여 능동사로 전성된 것이고, '높이다'는 형용사

'높다'의 어근인 '높-'에 파생 접미사인 '-이-'가 결합하여 능동사로 전성된 것이며, '낮추다'는 형용사인 '낮다'의 어근 '낮-'에 파생 접미사인 '-추-'가 결합하여 능동사로 전성된 것이다.

피동사(被動詞)는 주체의 동작이나 작용이 다른 행위자에 의하여 이루어짐을 나타내는 동사이다.

(112) ㄱ. <u>어린이</u>가 개한테 <u>물리었다.</u>
     ㄴ. <u>도둑</u>이 경찰관에게 <u>잡히었다.</u>
     ㄷ. <u>종이</u>가 바람에 <u>날리었다.</u>

앞의 예문 (112ㄱ)에 쓰인 '물리었다'는 주체인 '어린이'가 스스로 문 것이 아니라 묾을 당하였다는 뜻을 나타내는 동사이고, (112ㄴ)에 쓰인 '잡히었다'도 주체인 '도둑'이 스스로 잡은 것이 아니라 잡음을 당하였음을 뜻하는 동사이다. 그리고 (112ㄷ)의 '날리었다'도 주체인 '종이'가 스스로 난 것이 아니라 낢을 당하였음을 나타내는 동사이다. 이와 같이 주체의 동작이나 작용이 다른 행위자에 의해 이루어짐을 나타내는 동사를 피동사라고 한다.

피동사는 본래부터 피동사인 것은 없고, 능동 타동사나 자동사에 피동 접미사인 '-이-, -히-, -리-, -기-' 등이 결합되어 이루어진다. 앞의 예문 (112ㄱ)에 쓰인 '물리었다'는 타동사 '물다'의 어근 '물-'에 피동 접미사인 '-리-'가 붙어서 형성된 피동사이고, (112ㄴ)에 쓰인 '잡히었다'는 타동사 '잡다'의 어근 '잡-'에 피동 접미사인 '-히-'가 결합되어 이루어진 피동사이다. 그리고 (112ㄷ)의 '날리었다'는 자동사 '날다'의 어근 '날-'에 피동 접미사인 '-리-'가 결합되어 이루어진 피동사이다.

피동사의 보기를 더 들어 보면 다음의 (113)과 같다.

(113) 갈리다, 감기다, 걸리다, 걷히다, 긁히다, 깔리다, 깎이다, 깨이다, 꼬이다, 꼬집히다, 꽂히다, 끊기다, 끌리다, 낚이다, 놓이다, 닦이다, 달리다, 담기다, 덮이다, 둘러싸이다, 들리다, 뜯기다, 먹히다, 바뀌다, 박히다, 붙들리다, 빨리다, 빼앗기다, 실리다, 쌓이다, 썰리다, 쓰이다, 씹히다, 씻기다, 업히다, 엮이다, 읽히다,[35] 잘리다, 졸리다, 쪼이다, 쫓기다, 찔리다, 찢기다, 털리다, 팔리다, 풀리다, 헐리다

주동사와 사동사 능동사는 [사역성] 유무에 따라 주동사(主動詞)와 사동사(使動詞)로 나뉜다.

주동사는 동작이 주체인 동작주(動作主)에게 미침을 나타내는 동사이다. 즉 이것은 동작주가 스스로 하는 동작을 나타내는 동사이다. 이것을 작위 동사(作爲動詞)라고 일컫기도 한다.

사동사는 제일 동작주(第一動作主)의 동작이 제이 동작주(第二動作主)에게 미치어 제이 동작주로 하여금 어떤 동작을 하게 함을 나타내는 동사이다. 이것을 '사역 동사' 혹은 '하임움직씨'라고 일컫기도 한다. 제일 동작주를 사동주(使動主)라 하고, 제이 동작주를 피사동주(被使動主)라고 일컫기도 한다.

(114) ㄱ. 철수가 밥을 먹는다.
     ㄴ. 철수가 아기에게 밥을 먹인다.

앞의 예문 (114ㄱ)에 쓰인 '먹는다'라는 동사는 동작주인 '철수'가 스스로 밥을 먹는 행위를 나타내므로 주동사에 속한다. 그런데 (114ㄴ)의 '먹인다'라는 동사는 제일 동작주인 '철수'가 제이 동작주인 '아기'

---

35) '읽히다'는 피동사로 쓰이기도 하고, 사동사로 쓰이기도 한다. '읽히다'가 목적어를 필요로 하지 않으면 피동사인데, 목적어를 필요로 하면 사동사이다.
    [보기] (1) 오늘따라 책이 잘 읽힌다. [피동사]
          (2) 나는 학생들에게 책을 읽히었다. [사동사]

로 하여금 밥을 먹게 함을 나타내는 동사이므로 사동사에 해당한다. 사동사는 어근에 사동 접미사인 '-이-', '-히-', '-리-', '-기-', '-우-', '-구-', '-추-', '-이우-'36) 등이 결합하여 이루어진 단어이기 때문에 사동사는 모두 파생어에 해당한다.

사동사의 보기를 더 들어 보면 다음의 (115)와 같다.

> (115) 가리우다, 간질이다, 갈리다, 감기다, 갖추다, 곧추다, 굴리다, 굶기
> 다, 굵히다, 기울이다, 깎이다, 깨다, 깨우다, 끼우다, 날리다, 남기다,
> 녹이다, 놀래다, 놓이다, 누이다, 높히다, 늘리다, 닦이다, 돋구다, 돋
> 우다, 띄우다, 맞추다, 맞히다, 묶이다, 벗기다, 보이다, 불리다, 붙이
> 다, 빗기다, 살리다, 세우다, 속이다, 쓰이다, 쏠리다, 씌우다, 씻기다,
> 안기다, 알리다, 외이다, 웃기다, 입히다, 재우다, 죽이다, 지우다, 채
> 우다, 치이다, 태우다, 틔우다, 파이다, 핥이다

완전 동사와 불완전 동사 동사는 활용의 [완전성] 유무에 따라 완전 동사(完全動詞)와 불완전 동사(不完全動詞)로 나뉜다.

완전 동사는 어간이 대부분의 어미(語尾)와 결합할 수 있는 동사이다. 그러나 불완전 동사는 어간이 극소수의 어미와 결합할 수 있는 동사이다. 이것을 '불구 동사(不具動詞)'라고 일컫기도 한다.

> (116) ㄱ. 먹{-고, -으니, -으면, -어라, -는다}
> ㄴ. 데리{-고, -어, *-면, *-어라, *-ㄴ다}

앞의 (116ㄱ)에서 보듯이 '먹다'라는 완전 동사는 여러 어미를 취할 수 있는데, (116ㄴ)에서처럼 불완전 동사인 '데리다'는 여러 어미 중에

---

36) 자동사의 어근에 사동 접미사 '-이우-'가 붙어서 이루어진 사동사로는 '띄우다, 세우다, 재우다, 채우다, 태우다, 틔우다' 등이 있다.

서 '-고, -어' 등 두 어미만을 취할 수 있다. 대부분의 동사는 완전 동사에 해당한다. 불완전 동사로는 '데리다' 이외에 '가로다', '관하다', '달다',37) '대하다', '더불다', '말미암다', '즈음하다' 등을 들 수 있다.

규칙 동사와 불규칙 동사 전통문법론에서는 동사를 활용의 [규칙성] 유무에 따라 규칙 동사(規則動詞)와 불규칙 동사(不規則動詞)38)로 양분한다. 규칙 동사는 규칙적으로 활용하는 동사이다. 즉 활용할 때 어간과 어미의 형태가 일정한 동사이다. 그런데 불규칙 동사는 한국어의 음운 규칙에 제약을 받지 않고 불규칙적으로 활용하는 동사이다. 이것은 활용할 때 어간과 어미의 형태가 일정하지 않은 동사이다. '어떤 물건을 개거나 접어서 치우다'라는 뜻을 나타내는 '걷다39)'의 어간에 모음으로 시작하는 어미가 결합하면 이것은 '걷어', '걷으니', '걷어라' 등과 같이 활용한다. 그런데 '두 다리를 번갈아 움직여 옮겨 가다'라는 뜻을 나타내는 '걷다40)'의 어간에 모음으로 시작하는 어미가 결합하면, 이것은 '걸어', '걸으니', '걸어라' 등으로 활용한다. 전자는 어간과 어미의 형태가 바뀌지 않는데, 후자는 어간의 형태가 바뀐다. 이와 같이 어간과 어미의 형태가 비자동적으로 교체하는 동사가 불규칙 동사이다.

불규칙 동사는 어간이 불규칙적으로 활용하는 것, 어미가 불규칙적

---

37) '달다'는 '남이 나에게 무엇을 주기를 청하다'라는 뜻을 나타내는 동사로, 이것은 명령형으로만 쓰인다.
   (1) 나에게 죽음을 <u>달라</u>. (2) 나에게 빵을 <u>다오</u>.
38) 불규칙 동사를 '벗어난움직씨' 혹은 '변칙 동사'라고 일컫기도 한다.
39) '어떤 물건을 개거나 접어서 치우다'라는 뜻을 나타내는 '걷다'는 [걷따/거따]로 발음된다.
40) '두 다리를 번갈아 움직여 옮겨 가다'라는 뜻을 나타내는 '걷다'는 [걷 : 따/거 : 따]로 발음된다.

으로 활용하는 것, 어간과 어미가 불규칙적으로 활용하는 것 등 세 유형으로 세분된다. 어간이 불규칙적으로 활용하는 것에는 'ㄷ' 불규칙 동사, 'ㅂ' 불규칙 동사, 'ㅅ' 불규칙 동사, '우' 불규칙 동사 등이 있다. 어미가 불규칙적으로 활용하는 것41)에는 '러' 불규칙 동사, '거라' 불규칙 동사, '너라' 불규칙 동사 등이 있으며, 어간과 어미가 불규칙적으로 활용하는 것에는 '르' 불규칙 동사42)가 있다.

(ⅰ) 어간이 불규칙적으로 활용하는 동사

'ㄷ' 불규칙 동사 'ㄷ' 불규칙 동사는 어간 말음 'ㄷ'이 모음으로 시작하는 어미 앞에서 'ㄹ'로 바뀌어 나타나는 동사이다. '싣다'의 어간 '싣-'에 모음으로 시작하는 어미가 결합하면 어간 받침 'ㄷ'이 'ㄹ'로 바뀌어 '실어', '실어서', '실으니', '실으면' 등으로 된다. 이와 같이 불규칙적으로 활용하는 동사의 보기를 들어 보면 '걷다', '긷다', '깨닫다', '눋다', '닫다', '듣다', '묻다[問]', '붇다', '일컫다' 등이 이에 해당한다. 그런데 '걷다[撤]', '닫다[閉]', '돋다', '뜯다', '묻다[埋]', '믿다', '받다', '벋다', '뻗다', '얻다' 등은 어간 말음 'ㄷ' 뒤에 모음으로 시작하는 어미가 오더라도 어간 말음 'ㄷ'이 'ㄹ'로 바뀌지 않는 규칙 동사이다.

---

41) '공부하다, 운동하다, 일하다' 등과 같은 '하다'류 동사를 '여' 불규칙 동사로 처리하는 이가 있다. 이것은 모음 충돌(Hiatus) 회피 현상에 따라 어미 '-아'가 '-여'로 바뀐 것이므로 불규칙 동사로 간주하는 것은 타당하지 않다.

42) 남기심·고영근(1993：143~144)에서는 '르' 불규칙 용언을 어간이 불규칙적으로 활용하는 용언이라고 한다. '르'을 어미의 일부분으로 보게 되면 '-러'나 '-라'로 시작되는 어미가 생기게 되어 어미 체계가 복잡해지므로 '르' 불규칙 활용을 어간만의 변이로 해석한다는 것이다. 그러면서 이들은 어미가 불규칙 활용하는 용언으로 '러' 불규칙 동사를 인정한다. 이것은 모순된 논리이다. 따라서 이 글에서는 '르' 불규칙 용언에서 'ㄹ'의 덧생김을 어미의 일부분으로 간주하여 '르' 불규칙 용언을 어간과 어미가 불규칙적으로 활용하는 것으로 처리하고자 한다.

(117) ㄱ. 선주야, 내 말을 <u>들어라.</u>
ㄴ. 선주야, 비가 올 것 같으니 빨래를 <u>걷어라.</u>

앞의 예문 (117ㄱ)에 쓰인 '들어라'의 기본형은 '듣다'인데 어간 '듣
-'에 모음으로 시작하는 명령법 종결어미 '-어라'가 결합하여 어간
'듣-'이 '들-'로 바뀐 것이다. 예문 (117ㄴ)에 쓰인 '걷어라'의 기본형
은 '걷다'인데 어간 '걷-'에 모음으로 시작하는 명령법 종결어미 '-어
라'가 결합하여도 어간 '걷-'이 바뀌지 않는다. 예문 (117ㄱ)의 '들어
라'와 같이 어간 말음 'ㄷ'이 모음으로 시작하는 어미 앞에서 'ㄹ'로
바뀌는 것을 'ㄷ' 불규칙 동사라고 한다. (117ㄴ)에 쓰인 '걷어라'는 규
칙 동사에 속한다.

'ㅂ' 불규칙 동사 'ㅂ' 불규칙 동사는 어간 말음 'ㅂ'이 모음 앞에서
반모음 '우[w]'로 바뀌어 나타나는 동사이다. 동사인 '굽다[炙]'의 어간
인 '굽-'에 모음으로 시작하는 어미인 '-어', '-어서', '-어도', '으면'
등이 결합하면 어간 말음인 'ㅂ'이 반모음 '우[w]'로 바뀌어 '구워', '구
워서', '구워도', '구우면' 등으로 된다. 이와 같이 불규칙적으로 활용
하는 동사에는 '굽다[炙]', '깁다', '눕다', '돕다', '줍다' 등이 있다. 그
런데 '굽다[曲]',43) '뽑다', '씹다', '업다', '잡다', '접다', '집다' 등은 규
칙적으로 활용하는 동사이다.

(118) ㄱ. 여기에 <u>누워.</u>
ㄴ. 이 줄을 <u>잡아라.</u>

---

43) '굽다'가 '한쪽으로 휘어져 있다'를 뜻할 경우에는 형용사인데, '한쪽으로 휘다'
라는 뜻을 나타낼 적에는 동사이다.
(ㄱ) 길이 굽다. (형용사)　　(ㄴ) 팔이 안으로 굽지 밖으로 굽니? (동사)

위의 예문 (118ㄱ)에 쓰인 '누워'의 기본형은 '눕다'이다. '누워'는 '눕다'의 어간인 '눕-'에 명령법 종결어미인 '-어'가 결합하여 이루어진 것이다. '눕다'의 어간 말음 'ㅂ'이 반모음 '위[w]'로 바뀌고 반모음 '우'와 어미 '-어'가 합하여 '워'가 된 것이다. 이와 같이 어간 말음 'ㅂ'이 모음 앞에서 반모음 '위[w]'로 바뀌어 나타나는 동사를 'ㅂ' 불규칙 동사라고 한다. 그런데 앞의 예문 (118ㄴ)에 쓰인 '잡아라'의 기본형은 '잡다'인데, 어간인 '잡-'에 모음으로 시작하는 명령법 종결어미인 '-아라'가 결합하여도 어간인 '잡-'의 꼴이 바뀌지 않는다. '잡다'는 규칙적으로 활용하는 동사이다.

'ㅅ' 불규칙 동사 'ㅅ' 불규칙 동사는 어간 말음 'ㅅ'이 모음으로 시작하는 어미 앞에서 탈락하는 동사이다. 어간 끝에 'ㅅ' 받침을 가진 동사 중에서 '긋다', '낫다', '붓다', '잇다', '잣다', '젓다', '짓다', '퍼붓다' 등이 이것에 해당한다. 그런데 '벗다', '빗다', '빼앗다', '솟다', '씻다', '웃다' 등은 규칙적으로 활용한다.

> (119) ㄱ. 줄을 진하게 <u>그어라</u>.
> ㄴ. 머리를 예쁘게 <u>빗어라</u>.

위의 예문 (119ㄱ)의 '그어라44)'와 같이 'ㅅ' 불규칙 동사는 어간에 모음으로 시작하는 어미가 결합되면 어간 말음 'ㅅ'이 탈락하는데, (119ㄴ)의 '벗어라'처럼 규칙 동사는 어간에 모음으로 시작하는 어미가 결합되어도 어간 말음 'ㅅ'이 탈락하지 않는다.

---

44) '그어라'의 기본형은 '긋다'이다. '긋다'의 어간은 '긋-'이다.

'우' 불규칙 동사 '우' 불규칙 동사는 어간의 모음 '우'가 모음으로 시작하는 어미와 결합하면 탈락하는 동사이다. '우' 불규칙 동사는 '푸다' 하나뿐이다. 그런데 '꾸다', '누다', '두다', '쑤다', '주다', '추다' 등은 어간에 모음으로 시작하는 어미가 결합하더라도 어간의 모음 '우'가 탈락하지 않는 규칙 동사이다.

> (120) ㄱ. 물을 {퍼, 퍼라}. ※ 푸어→퍼, 푸어라→퍼라
> ㄴ. 꿈을 {꿔, 꿔라}. ※ 꾸어→꿔, 꾸어라→꿔라

앞의 예문 (120ㄱ)에서 보듯이 모음 충돌 회피 현상에 따라 '푸어'가 '퍼'로 실현되면 (120ㄴ)의 '꾸어'도 '꺼'로 실현되어야 할 텐데 '꾸어'는 '꾸어'나 '꿔'로 실현된다. 따라서 '푸어'가 '퍼'로 실현되는 것은 모음 충돌 회피 현상에 따라 어간의 모음 '우'가 탈락하는 것이 아니므로 '푸다'를 '우' 불규칙 동사로 처리하는 것이 합당하다.

(ii) 어미가 불규칙적으로 활용하는 동사

'러' 불규칙 동사 '러' 불규칙 동사는 어간의 끝 음절 '르' 뒤에 오는 어미 '-어'가 '-러'로 바뀌는 동사이다. 이것은 "일정한 지점이나 시점에 닿다."라는 뜻을 나타내는 '이르다'[45) 한 개뿐이다.

> (121) ㄱ. 나는 서울역에 <u>이르러</u> 타향에 온 서러움을 맛보았다.
> ㄴ. 너는 큰일을 <u>치러</u> 봐야 내 입장을 이해할 수 있을 거야.

---

45) "알아듣거나 깨닫게 말하다."라는 뜻을 나타내는 '이르다'는 '르' 불규칙 동사이다. 그리고 "어떤 때가 기준이 되는 때보다 앞선 상태에 있다."라는 뜻을 지닌 '이르다'는 '르' 불규칙 형용사이다.

앞의 예문 (121ㄱ)에 쓰인 '이르러'는 '닿다'라는 뜻을 나타내는 '이르다'의 어간 '이르-'에 어미 '-어'의 변이 형태인 '-러'가 결합한 것으로 불규칙 동사에 해당한다. 그런데 (121ㄴ)에 쓰인 '치러'는 '겪어 내다'라는 뜻을 나타내는 '치르다'의 어간인 '치르-'의 말음 '으'가 어미인 '-어'와 결합하면서 모음 충동 회피 현상에 따라 탈락한 형태로 규칙 동사에 해당한다.46)

'거라' 불규칙 동사 '거라' 불규칙 동사는 명령법 종결어미인 '-아라/-어라'가 '-거라'로 바뀌는 동사이다. '가다', '되다', '앉다', '자라다' 등이 그 보기에 해당한다. 오늘날 젊은이들 중에는 '먹어라'를 '먹거라'라고 말하는 이가 있다. 이렇듯 '거라' 불규칙 동사의 수효는 날로 늘어가는 추세에 있다.

(122) 가아라 → 가거라, 되라 → 되거라, 앉아라 → 앉거라

'너라' 불규칙 동사 '너라' 불규칙 동사는 명령법 종결어미인 '-아라'가 '-너라'로 바뀌는 동사이다. 이 동사에 해당되는 것은 '오다, 건너오다, 넘어오다, 들어오다, 뛰어나오다, 지나오다' 등이다. 그런데 오늘날 사람들 중에는 '오너라'를 '와라'라고 말하는 이가 많기 때문에 앞으로 '너라' 불규칙 동사는 규칙 동사로 바뀔 가능성이 높다.

---

46) '치르다'는 어간 '치르-'에 모음으로 시작하는 어미 '-어, -어서, -어라' 등이 결합하면 모음 충돌 회피 현상에 어간 말 음절 '르'의 '으'가 탈락한다. 그리하여 이러한 동사를 '으' 불규칙 동사라고 일컫는 이가 있다. 그런데 이것은 음운 규칙으로 설명할 수 있기 때문에 규칙 동사로 처리하는 것이 합당하다. 이와 같은 동사에는 '끄다, 뜨다, 들르다, 쓰다' 등이 있다.

(ⅲ) 어간과 어미가 불규칙적으로 활용하는 동사

'르' 불규칙 동사 '르' 불규칙 동사는 어간의 끝 음절 '르' 뒤에 어미 '-어'가 결합하면 어간 모음 '으'가 줄면서 'ㄹ'이 앞 음절 받침으로 올라붙고, 어미 '-어'가 '-라/-러'로 바뀌는 동사이다.

(123) 가르어 → 갈라, 나르어 → 날라, 누르어 → 눌러, 두르어 → 둘러, 마르어 → 말라, 이르어 → 일러[謂]

본동사와 보조 동사 동사는 문장에서의 기능과 위치에 따라 본동사(本動詞)와 보조 동사(補助動詞)로 나뉜다. 본동사는 보조 동사의 바로 앞에 놓여 어휘적인 의미를 나타내는 동사이다. 보조 동사는 다른 동사의 바로 뒤에 놓여47) 문법적인 의미를 나타내고, 서법(敍法)·양태(樣態)·시제(時制)·상(相) 등을 나타내는 기능을 하는 동사로, '조동사(助動詞)'라고 일컫기도 한다. 본동사와 보조 동사는 문장 내에서 자립성이 결여되어 있기 때문에 상호 의존 관계 혹은 필수적 공존 관계를 맺는다. 보조 동사는 동사의 어간에 보조적 연결어미인 '-아/-어/-여', '-게', '-지', '-고', '-아야/-어야/-여야' 등이 결합한 형태 뒤에 놓인다.

보조 동사는 선행하는 동사의 어간에 결합되는 보조적 연결어미와 보조 동사의 문법적인 의미에 따라 세분된다.

보조 동사를 선행하는 동사의 어간에 결합되는 보조적 연결어미에 따라 분류하면 다음의 [표 1]과 같다.

---

47) 다음의 예문 (ㄱ)에서 보조 동사 '하여' 뒤에 연결된 '주었다', (ㄴ)에서 보조 동사 '두지' 뒤에 연결된 '않았어'와 같이 보조 동사는 보조 동사 뒤에 놓이는 경우도 있다.
   (ㄱ) 나는 그가 즐거운 마음으로 떠나게 하여 주었다.
   (ㄴ) 나는 그 물건을 저 속에 넣어 두지 않았어.

[표 1] 보조적 연결어미에 따른 보조 동사의 분류

보조적 연결어미	보조 동사
-아/-어/-여	가다, 가지다, 내다, 놓다, 대다, 두다, 드리다, 먹다, 버릇하다, 버리다, 보다, 쌓다, 오다, 주다, 지다
-게	되다, 만들다, 하다
-지	말다, 못하다, 아니하다
-고	있다, 계시다
-아야/-어야/-여야	되다, 하다

보조 동사를 문법적인 의미에 따라 세분하면 불능 보조 동사, 부정 보조 동사, 당위 보조 동사, 피동 보조 동사, 사동 보조 동사, 진행 보조 동사, 종결 보조 동사, 경시 보조 동사, 봉사 보조 동사, 시행 보조 동사, 강세 보조 동사, 습관 보조 동사, 보유 보조 동사, 방법 보조 동사, 원인·이유 보조 동사 등 15가지로 세분된다.

1 불능 보조 동사(不能補助動詞)

불능 보조 동사는 주체의 의지가 아닌 다른 원인이나 이유로 어떤 동작이나 작용이 불가능함을 나타내는 것으로, '(-지) 못하다'가 이것에 해당한다.

(124) ㄱ. 철수는 목이 아파서 노래를 부르지 <u>못한다</u>.
ㄴ. 태풍으로 선로가 유실되어 기차가 운행되지 <u>못한다</u>.

앞의 예문 (124ㄱ)에 쓰인 '못한다'는 주체인 '철수'의 의지가 아닌 다른 원인이나 이유로 "그가 노래를 부르는 동작이 불가능함"을 뜻하고, (124ㄴ)의 '못한다'도 "주체의 의지가 아닌 다른 원인으로 기차가 운행되는 작용이 불가능함"을 뜻한다. 따라서 '(-지) 못하다'는 주체의 의지가 아닌 다른 원인이나 이유로 어떤 동작이나 작용이 불가능함을 나타내는 보조 동사이다.

다음의 예문 (125)에서 보는 바와 같이 보조적 연결어미인 '-지'에 보조사인 'ㄴ/는', '도', '를' 등이 연결되기도 한다.

> (125) 현미는 몹시 아파서 죽을 먹지{ㄴ/는, 도, 를} 못한다.

② 부정 보조 동사(否定補助動詞)

부정 보조 동사는 주체의 의지로 어떤 동작이나 작용을 부정함을 뜻하는 것이다. '(-지) 아니하다'와 '(-지) 말다' 등이 이것에 속한다. 구어에서는 '아니하다'의 준말인 '않다'가 주로 쓰인다.

> (126) ㄱ. 그는 공부하지 <u>아니한다</u>.
> ㄴ. 철수가 달리지 <u>아니한다</u>.
> ㄷ. 그는 남을 괴롭히지{ㄴ, 는, 도, 를, 마는} <u>아니한다</u>.

앞의 예문 (126ㄱ)에 쓰인 '아니한다'는 "그가 공부하는 동작을 부정함"을 나타내고, (126ㄴ)의 '아니한다'는 "철수가 달리는 동작을 부정함"을 뜻한다. 예문 (126ㄷ)에서와 같이 보조사 'ㄴ', '는', '도', '를', '마는' 등이 보조적 연결어미인 '-지'에 연결되기도 한다.

이른바 '안' 부정 평서문을 명령문으로 바꾸려면 부정 보조 동사인 '(-지) 말다'를 사용하여야 한다.

> (127) ㄱ. 나는 안 논다. → (너는) 놀지 <u>말아라/마라</u>.
> ㄴ. 나는 놀지 아니한다/않는다. → (너는) 놀지 <u>말아라/마라</u>.

3 당위 보조 동사(當爲補助動詞)

당위 보조 동사는 어떤 동작이나 작용을 마땅히 하여야 함을 뜻하는 것이다. '(-아야/-어야/-여야) 되다'와 '(-아야/-어야/-여야) 하다'가 이것에 해당한다. 당위 보조 동사 '되다'와 '하다'는 본동사 어간에 보조적 연결어미 '-아야/-어야/-여야'가 결합된 형태 뒤에 온다.

(128) ㄱ. 너는 열심히 공부하여야 한다.
　　　ㄴ. 너는 죽을 많이 먹어야 된다.
　　　ㄷ. 나는 저 구멍을 막아야 한다.

앞의 예문 (128ㄱ)에서 '공부하여야 한다'는 '마땅히 공부하여야 함'을 뜻하고, (128ㄴ)에서 '먹어야 된다'는 '마땅히 먹어야 함'을 의미하며, (128ㄷ)의 '막아야 한다'는 '마땅히 막아야 함'을 뜻한다. 이와 같이 보조 동사인 '(-아야/-어야/-여야) 되다'와 '(-아야/-어야/-여야) 하다' 등은 어떤 동작이나 작용의 당위성(當爲性)을 나타낸다.

4 피동 보조 동사(被動補助動詞)

피동 보조 동사는 어떤 동작을 입음을 뜻하는 것이다. '(-게) 되다', '(-아/-어/-여) 지다'[48] 등이 이것에 속한다.

(129) ㄱ. 나는 그 사람을 만나게 되었다.
　　　ㄴ. 나는 그 사람을 사랑하게 되었다.
　　　ㄷ. 그 이야기를 듣다 보니 코끝이 찡하여 지었다.

---

48) 보조 동사 '(-아/-어/여) 지다'는 현대 국어에서 문법화 현상에 따라 접미사화하는 과정에 있다.

5 사동 보조 동사(使動補助動詞)

사동 보조 동사는 사동주가 피사동주에게 어떤 동작을 시킴을 뜻하는 것이다. '(-게) 하다', '(-게) 만들다' 등이 이것에 해당한다. 이것을 '사역 보조 동사(使役補助動詞)'라고 일컫기도 한다.

> (130) ㄱ. 나는 어린이에게 책을 읽게 하였다.
> ㄴ. 나는 그 사람으로 하여금 나를 사랑하게 만들었다.

6 진행 보조 동사(進行補助動詞)

진행 보조 동사는 어떤 움직임이 지속되거나 진행됨을 뜻하는 것이다. '(-아/-어/-여) 가다', '(-아/-어/-여) 오다', '(-고) 있다', '(-고) 계시다' 등이 진행 보조 동사에 속한다. 보조 동사인 '(-아/-어/-여) 가다', '(-아/-어/-여) 오다' 등은 어떤 움직임의 상태가 지속됨을 의미하며, '(-고) 있다', '(-고) 계시다' 등은 어떤 움직임이 진행됨을 뜻한다.

> (131) ㄱ. 나는 그 문제를 다 풀어 간다.
> ㄴ. 나는 그 사람을 굳게 믿어 오고 있다.
> ㄷ. 철수는 현아를 신뢰하고 있다.
> ㄹ. 그 어른께서는 독서를 하고 계신다.

7 종결 보조 동사(終結補助動詞)

종결 보조 동사는 어떤 동작이 끝났음을 나타내는 것이다. '(-고) 나다', '(-아/-어/-여) 내다', '(-아/-어/-여) 버리다' 등이 이것에 해당한다. 이것을 '완료 보조 동사(完了補助動詞)'라고 일컫기도 한다.

> (132) ㄱ. 그는 큰 시련을 이기어 냈다.
> ㄴ. 나는 밥을 실컷 먹고 나니 잠이 쏟아진다.
> ㄷ. 그는 남은 문제를 모두 풀어 버리었다.

8 경시 보조 동사(輕視補助動詞)

경시 보조 동사는 어떤 움직임을 업신여김을 나타내는 것이다. '(-아/-어/-여) 먹다'가 이 동사에 해당한다.

> (133) ㄱ. 그는 지원들에게 봉급을 적게 주면서 실컷 부리<u>어 먹는다</u>.
> ㄴ. 그녀는 소중한 추억을 모두 잊<u>어 먹었다</u>.
> ㄷ. 그는 경영을 잘못해서 파산하<u>여 먹었다</u>.

9 봉사 보조 동사(奉仕補助動詞)

봉사 보조 동사는 봉사의 의미를 나타내는 것이다. '(-아/-어/-여) 주다', '(-아/-어/-여) 드리다'[49] 등이 이것에 속한다.

> (134) ㄱ. 음악은 우리의 정서를 순화하<u>여 준다</u>.
> ㄴ. 나는 동생에게 장난감을 만들<u>어 주었다</u>.
> ㄷ. 어제 나는 할머니께 심청전을 읽<u>어 드렸다</u>.
> ㄹ. 나는 그분의 옷을 세탁하<u>여 드렸다</u>.

10 시행 보조 동사(試行補助動詞)

시행 보조 동사는 어떤 동작을 시험 삼아 하여 보거나 꾀함을 뜻하는 것이다. '(-아/-어/-여) 보다'가 이것에 해당한다.

> (135) ㄱ. 내가 의자를 만들<u>어 보았다</u>.
> ㄴ. 나는 그 음식을 먹<u>어 보았다</u>.

11 강세 보조 동사(強勢補助動詞)

강세 보조 동사는 어떤 동작을 되풀이함을 뜻하는 것으로, '반복 보

---

49) '드리다'는 '주다'의 높임말이다.

조 동사'라고 일컫기도 한다. '(-아/-어/-여) 대다', '(-아/-어/-여) 쌓다' 등이 강세 보조 동사이다.

(136) ㄱ. 아기가 울어 {댄다, 싼다}.
ㄴ. 그는 빵을 마구 먹어 {댄다, 싼다}.

⑫ 습관 보조 동사(習慣補助動詞)

습관 보조 동사는 어떤 행위의 버릇을 뜻하는 것이다. '(-아/-어/-여) 버릇하다'가 이것에 속한다.

(137) ㄱ. 그가 아이에게 돈을 주어 버릇하면 아이가 나빠질 것이다.
ㄴ. 남의 물건을 훔치어 버릇하면 못쓴다.

⑬ 보유 보조 동사(保有補助動詞)

보유 보조 동사는 어떤 동작을 하여 둠을 뜻하는 것이다. '(-아/-어/-여) 놓다', '(-아/-어/-여) 두다' 등이 이것에 해당한다.

(138) ㄱ. 그에게 맡기어 놓았다.
ㄴ. 나는 그 시계를 수리하여 놓았다.
ㄷ. 그 물건을 저 서랍 속에 넣어 두었다.

⑭ 방법 보조 동사(方法補助動詞)

방법 보조 동사는 어떤 방법이나 수단의 의미를 나타내는 것으로, '(-아/-어/-여) 가지다'가 이것에 해당한다. 방법 보조 동사인 '(-아/-어/-여) 가지다'는 "'보조적 연결어미 {-아/-어/-여}'+'가지고'"의 연어 형태로 쓰인다.

(139) ㄱ. 나는 도둑을 잡아 가지고 경찰서에 갔다.

　　　ㄴ. 그는 떡을 만들어 가지고 맛있게 먹었다.

　　　ㄷ. 그 경찰은 사기범을 체포하여 가지고 파출소로 들어왔다.

⑮ 원인·이유 보조 동사(原因·理由補助動詞)

원인·이유 보조 동사는 어떤 원인이나 이유를 나타내는 것이다. 이것의 본용언은 동사나 형용사이다. 이 보조 동사도 방법 보조 동사와 같이 "'보조적 연결어미 {-아/-어/-여}'+'가지고'"의 연어 형태로 쓰인다.

(140) ㄱ. 그녀는 너무 많이 포식하여 가지고 배탈이 났다.

　　　ㄴ. 나는 너무 슬퍼 가지고 엉엉 울었다.

동사는 의미에 따라 순시 완결 동작 동사(瞬時完決動作動詞), 지속 미완 동작 동사(持續未完動作動詞), 과정 동사(過程動詞), 상태 동사(狀態動詞), 관계 동사(關係動詞), 심리 현상 동사(心理現象動詞), 결여 동사(缺如動詞) 등으로 나뉜다. 그런데 의미에 따른 동사의 분류는 일정하지 않다.

순시 완결 동작 동사(瞬時完決動作動詞)는 기동(起動), 도착(到着), 종지(終止) 등이 아주 짧은 시간에 완결됨을 뜻하는 동사이다.

(141) ㄱ. 기동: 출발하다, 시작하다

　　　ㄴ. 도착: 이르다(至), 도착하다

　　　ㄷ. 종지: 차다, 끝내다, 마치다, 완료하다

지속 미완 동작 동사(持續未完動作動詞)는 완결되지 않고 계속 진행되고 있음을 뜻하는 동작 동사이다. '가다', '걷다', '떠들다', '뛰다', '먹다', '서두르다', '오다' 등이 그 보기에 해당한다.

과정 동사(過程動詞)는 행위자가 없이 어떤 상태가 바뀜을 나타내는 동사이다. '가까워지다', '늘다', '늙다', '달라지다', '변하다', '예뻐지다', '자라다', '젊어지다', '좋아지다', '지나다' 등이 과정 동사에 속한다.

상태 동사(狀態動詞)는 어떤 상태를 나타내는 동사이다. '닮다', '반짝이다', '빛나다', '살찌다' 등이 상태 동사에 해당한다.

관계 동사(關係動詞)는 사람 간의 교섭, 또는 한 사물이 다른 사물에 미치는 영향, 다른 사물과의 차별 등을 나타내는 동사이다. '가지다', '결합하다', '결혼하다', '구별하다', '구성하다', '승리하다', '약혼하다', '위반하다', '이기다', '이혼하다', '일치하다', '지다', '지배하다', '통일하다', '패배하다', '흡수하다' 등이 관계 동사에 속한다.

심리 현상 동사(心理現象動詞)는 인간의 심리 현상을 나타내는 동사이다. '그리워하다', '기뻐하다', '모르다', '미워하다', '반가워하다', '부끄러워하다' '사랑하다', '사모하다', '수줍어하다', '슬퍼하다', '실망하다', '알다', '존경하다' 등이 심리 현상 동사에 해당한다.

결여 동사(缺如動詞)는 당연히 있어야 할 특정한 동작이 결여되어 있음을 나타내는 동사이다. '결석하다', '망각하다', '무능하다', '미납하다', '미달하다', '미숙하다', '부주의하다', '불복종하다', '불참하다', '불응하다', '잊다' 등이 결여 동사에 속한다.

동사를 화자(話者)의 의지(意志) 유무에 따라 **의지 동사**(缺如動詞)와 **무의지 동사**(無意志動詞)로 나누기도 한다. 의지 동사는 말하는 이의 의지를 나타내는 동사인데, 무의지 동사는 화자의 의지를 표현하지 못하는 동사이다. 피동사나 상태 동사는 무의지 동사이다. 무의지 동사는 명령법, 청유법, 약속의 의미를 나타내는 평서법 등을 나타내지 못한다.

(142) ㄱ. 아기에게 우유를 {먹이어라, 먹이자, 먹이렴, 먹이마}.
   ㄴ. 밥이 많이 {*먹히어라, *먹히자, *먹히렴, *먹히마}.

'먹이다'는 의지 동사이기 때문에 앞의 예문 (142ㄱ)과 같이 명령법, 청유법, 약속의 의미를 나타내는 평서법 등을 나타낼 수 있지만, '먹히다'는 무의지 동사이므로 (142ㄴ)과 같이 명령법·청유법·약속의 의미를 나타내는 평서법 등을 표현할 수가 없다.

4.3.6 형용사

정의(定義) 형용사(形容詞)는 사람이나 사물의 성질 혹은 상태에 대해서 서술하는 품사이다.

(143) ㄱ. 저 산의 경치가 매우 <u>아름답다</u>.
   ㄴ. 철수는 대단히 <u>용감하다</u>.

앞의 예문 (143ㄱ)에 쓰인 '아름답다'는 주체인 '경치'의 상태에 대해서 서술하는 단어이고, (143ㄴ)에 쓰인 '용감하다'는 주체인 '철수'의 성질에 대해서 서술하는 단어이다. 이와 같이 사람과 사물의 성질이나 상태에 대하여 서술하는 단어들을 형용사[50]라고 일컫는다.

특징(特徵) 형용사는 동사처럼 어형 변화를 하고, 주로 서술어로 쓰인다. 또한 형용사는 동사와 같이 서술어 이외에 주어·목적어·관형어·부사어 등의 기능도 한다. 형용사는 부사어만을 수식어로 취하는 특성을 지니고 있다.

---

50) 고유어 형용사는 3,384개인데, 이것들 중에서 의성어나 의태어와 공기 관계를 맺는 것은 2,353개이다.

동사와 형용사는 다음과 같은 몇 가지 다른 점이 있다.

첫째, 동사는 사람의 동작이나 사물의 작용을 의미하는 단어들인데, 형용사는 사람과 사물의 성질이나 상태를 뜻하는 단어들이다.[51]

둘째, 동사의 어간에는 평서법 종결어미 '-ㄴ다/-는다', '-(으)마', 명령법 종결어미 '-아라/-어라/-여라', 청유법 종결어미 '-자', 목적의 뜻을 지닌 연결어미 '-러', 의도의 뜻을 지닌 연결어미 '-고자/-려고', 관형사형 전성어미 '-는' 등이 결합될 수 있다. 그러나 '있다', '없다' 등을 제외한 나머지 형용사의 어간에는 이러한 어미들이 결합될 수 없다.

    (144) ㄱ. 먹는다, 먹으마, 먹어라, 먹자, 먹으러, 먹으려고, 먹고자, 먹는
          ㄴ. *낮는다, *낮으마, *낮아라, *낮자, *낮으러, *낮으려고, *낮고자, *낮는

위의 (144ㄱ)은 동사인 '먹다'의 활용형들이고, (144ㄴ)은 형용사인 '낮다'의 활용형들이다. 동사에 붙는 평서법 종결어미 '-는다', '-으마', 명령법 종결어미 '-아라', 청유법 종결어미 '-자', 목적을 뜻한 연결어미 '-러', 의도를 뜻하는 연결어미 '-으려고'와 '-고자', 관형사형 전성어미 '-는' 등이 형용사인 '낮다'의 어간 '낮-'에는 결합되지 못한다.

셋째, 동사 중에서 타동사는 목적어를 가지는데, 모든 형용사는 목적어를 가지지 못한다.

---

51) '있다'는 의미에 따라 동사나 형용사로 쓰인다. '있다'가 '일정한 곳에 머물러 살거나 지내다'라는 뜻을 나타낼 적에는 동사이고, '어떤 능력이나 태도가 갖추어지다' 혹은 '재물이 소유되다' 등의 의미를 나타낼 경우에는 형용사이다. 동사 '있다'의 부정형은 '안 있다, 있지 아니하다'이고, 존대형은 '계시다'이다. 형용사 '있다'의 부정형은 '없다'이고, 존대형은 '있으시다'이다.

이상의 동사와 형용사 간의 세 가지 차이점 중에서 첫째 것은 의미상의 차이이고, 둘째 것은 형태상의 차이이며, 셋째 것은 기능상의 차이에 관한 것이다.

종류(種類) 형용사는 기능·활용 형태·의미 등에 따라 여러 가지로 분류된다.

형용사는 기능과 위치에 따라 본형용사와 보조 형용사로, 활용 형태에 따라 규칙 형용사와 불규칙 형용사로 나뉜다. 또한 형용사는 의미에 따라 감각 형용사·심리 형용사·평가 형용사·비교 형용사·존재 형용사·지시 형용사 등으로 나뉜다.

본형용사와 보조 형용사 본형용사(本形容詞)는 보조 형용사(補助形容詞)의 바로 앞에 놓여서 보조 형용사와 필수적 공존 관계를 맺고 어휘적 의미를 나타내는 형용사이다. 보조 형용사(補助形容詞)는 일반적으로 본형용사나 본동사의 뒤에 놓여 본형용사나 본동사와 필수적 공존 관계를 맺고, 시제(時制)·상(相)·서법(敍法)·양태(樣態) 등을 나타내는 형용사이다. 보조 형용사 중에는 보조 용언 뒤에 놓이는 경우도 있다.[52] 보조 형용사를 '조형용사(助形容詞)' 혹은 '의존 형용사(依存形容詞)'라고 일컫기도 한다. 보조 형용사는 보조 동사에 비해 그 수효가 적다.

보조 형용사를 문법적 의미에 따라 분류하면 다음의 [표 2]와 같다.

---

52) 다음의 예문 (ㄱ)과 (ㄴ)의 '않다'처럼 보조 형용사가 보조 용언 뒤에 놓이는 경우도 있다.
  (ㄱ) 나는 그 사실을 부정하고 <u>싶지</u> <u>않다</u>.
  (ㄴ) 그는 의자에 앉아 <u>있지</u> <u>않다</u>.

[표 2] 보조 형용사의 분류

의미	보조적 연결어미	보조 형용사	예문
부정	-지	못하다, 아니하다	선아는 악하지 못하다/아니하다.
희망	-고	싶다	나는 영화를 보러 가고 싶다.
상태 지속	-아/-어/-여	있다	영주가 의자에 앉아 있다.
추측	-(으)ㄴ가/-는가, -나	보다	봄이 온가 보다. 기차가 오는가 보다. 선주가 왔나 보다.

보조 형용사는 의미에 따라 부정 보조 형용사(否定補助形容詞), 희망 보조 형용사(希望補助形容詞), 상태 지속 보조 형용사(狀態持續補助形容詞), 추측 보조 형용사(推測補助形容詞) 등 네 가지로 나뉜다.

1 부정 보조 형용사(否定補助形容詞)

부정 보조 형용사는 어떤 성질이나 상태를 부정함을 뜻하는 것이다. '(-지) 아니하다', '(-지) 못하다' 등이 이것에 해당한다. 구어(口語)에서는 '아니하다'의 준말인 '않다'가 주로 쓰인다. 다음의 예문 (145ㄷ)에서 보듯이 보조적 연결어미인 '-지'에 보조사인 '가', 'ㄴ/는', '도' 등이 연결되는 경우도 있다.

(145) ㄱ. 그는 마음씨가 착하<u>지 아니하다</u>.
　　　ㄴ. 저 방은 깨끗하<u>지 못하다</u>.
　　　ㄷ. 그는 성실하<u>지{가, 는, 도} 아니하다</u>.

앞의 예문 (145ㄱ), (145ㄴ), (145ㄷ) 등에서 보는 바와 같이 보조 형용사인 '아니하다'나 '못하다'와 공기 관계를 맺는 본용언은 형용사이다. 그런데 다음의 예문 (146ㄱ)과 (146ㄴ)에서 보듯이 '아니하다'와 '못하다'의 본용언이 동사인 경우에는 '아니하다'와 '못하다'가 보조 동사이다.

> (146) ㄱ. 그는 집에 <u>돌아가지 아니하였다</u>.
> ㄴ. 나는 네 방에서 <u>자지 못하였다</u>.

② 희망 보조 형용사(希望補助形容詞)

희망 보조 형용사는 주체가 어떤 동작을 하고 싶음을 뜻하는 것으로, '(-고) 싶다'가 이것에 해당한다. 이것과 공기 관계를 맺는 본용언은 동사이다.

> (147) ㄱ. 나는 밥을 <u>먹고 싶다</u>.
> ㄴ. 나는 책을 <u>읽고 싶다</u>.

③ 상태 지속 보조 형용사(狀態持續補助形容詞)

상태 지속 보조 형용사는 어떤 상태의 지속을 뜻하는 것으로서, '(-아/-어/-여) 있다'가 이것에 해당한다. 이것과 공기하는 본용언은 동사이다.

> (148) ㄱ. 그 사람이 저기에 <u>넘어지어 있습니다</u>.
> ㄴ. 그 어르신께서 저기에 <u>앉아 계십니다</u>.
> ㄷ. 기차가 역에 <u>도착하여 있다</u>.

앞의 예문 (148ㄱ)에서 '넘어지어 있습니다'는 그 사람이 넘어지어 있는 상태를 낮추어 표현한 것인데, (148ㄴ)에서 '앉아 계십니다'는 그 어르신이 앉아 있는 상태를 높여 표현한 것이다. (148ㄷ)에서 '도착하여 있다'는 기차가 도착하여 있는 상태를 나타낸 것이다.

4 추측 보조 형용사(推測補助形容詞)

추측 보조 형용사는 어떤 행위나 상태를 추측함을 뜻하는 것으로서, '{-(으)ㄴ가/-는가, -나} 보다'가 이것에 해당한다. 이것의 본용언은 동사이거나 형용사이다. 다음의 예문 (149ㄱ)에 쓰인 '하였나', '하였는가'는 동사인데, (149ㄴ)에 쓰인 '예쁜가'는 형용사이다.

(149) ㄱ. 현수가 그의 학급에서 일등을 하였{-나, -는가} 보다.
ㄴ. 저 여자가 가장 예쁜가 보다.

규칙 형용사와 불규칙 형용사 형용사는 활용의 형태에 따라 규칙 형용사(規則形容詞)와 불규칙 형용사(不規則形容詞)로 나뉜다. 규칙 형용사는 규칙적으로 활용하는 형용사이다. 즉 이것은 활용할 때 어간과 어미의 형태가 일정한 형용사이다. 그러나 불규칙 형용사는 한국어의 음운 규칙에 제약을 받지 않고 불규칙적으로 활용하는 형용사이다. 즉 이것은 활용할 때 어간과 어미의 형태가 일정하지 않은 형용사이다.

불규칙 형용사에는 (ⅰ) 어간이 불규칙적으로 활용하는 것, (ⅱ) 어미가 불규칙적으로 활용하는 것,[53] (ⅲ) 어간과 어미가 불규칙적으로 활용하는 것 등이 있다.

(ⅰ) 어간이 불규칙적으로 활용하는 형용사

'ㅂ' 불규칙 형용사 'ㅂ' 불규칙 형용사는 어간 끝 음절의 말음인 받침 'ㅂ'이 모음 앞에서 반모음 '우[w]'로 바뀌어 나타나는 형용사이다.

---

53) '단순하다', '부유하다', '빈곤하다', '복잡하다', '충분하다' 등과 같은 '하다'류 형용사를 '여' 불규칙 형용사로 처리하는 것은 타당하지 않다. 이것은 어미 '-어'가 모음 충돌 회피 현상에 따라 반모음 '이[y]'와 결합하여 '-여'로 바뀐 것이기 때문이다.

어근에 파생 접미사인 '-답다', '-롭다', '-스럽다' 등이 결합하여 형성된 형용사는 모두 'ㅂ' 불규칙 형용사에 속한다.

> (150) ㄱ. 아름답다, 아름다워서, 아름다우니,…
> ㄴ. 괴롭다, 괴로워서, 괴로우니,…
> ㄷ. 자연스럽다, 자연스러워서, 자연스러우니, …
> ㄹ. 가깝다, 가까워서, 가까우니, …
> ㅁ. 고맙다, 고마워서, 고마우니, …
> ㅂ. 곱다, 고와서, 고우니, …
> ㅅ. 굽다54), 굽어서, 굽으니, …
> ㅇ. 좁다, 좁아서, 좁으니, …
> ㅈ. 비좁다, 비좁아서, 비좁으니

앞의 (150ㄱ)~(150ㅂ)은 'ㅂ' 불규칙 형용사이고, (150ㅅ)과 (150ㅈ)은 규칙 형용사이다.

'ㅎ' 불규칙 형용사 'ㅎ' 불규칙 형용사는 어간 말음 'ㅎ'이 모음으로 시작하는 어미 앞에서 탈락하는 형용사이다. '까맣다', '노랗다', '말갛다', '빨갛다', '어떻다', '조그맣다', '파랗다', '하얗다' 등이 이에 해당한다. '-ㅎ다'로 끝나는 형용사 중에서 '좋다'를 제외한 나머지 모든 것은 'ㅎ' 불규칙 형용사에 속한다.

> (151) ㄱ. '파랗-' + '-은' → 파란, '파랗-' + '-을' → 파랄, '파랗-' + '-음'
> → 파람
> ㄴ. '조그맣-' + '-은' → 조그만, '조그맣-' + '-을' → 조그말, '조그맣-' + '-음' → 조그맘
> ㄷ. '좋-' + '-은' → 좋은, '좋-' + '-을' → 좋을, '좋-' + '-음' → 좋음

---

54) 규칙 형용사인 '굽다[曲]'는 '한쪽으로 휘어져 있다'는 뜻을 나타낸다. '날음식을 불 위에 놓고 익히다'라는 뜻을 지닌 '굽다'는 'ㅂ' 불규칙 동사이다.

'ㅅ' 불규칙 형용사 'ㅅ' 불규칙 형용사는 어간 말음인 'ㅅ'이 모음 어미 앞에서 탈락되는 것이다. 이것에 속하는 것은 "어떤 대상이 견주는 대상보다 더 앞서 있거나 더 좋다."는 뜻을 나타내는 '낫다' 한 개 뿐이다.

(152) '낫-' + '-아' → 나아, '낫-' + '-으니' → 나으니, '낫-' + '-으면'
→ 나으면

(ⅱ) 어미가 불규칙적으로 활용하는 형용사

'러' 불규칙 형용사 '러' 불규칙 형용사는 어간의 끝 음절 '르' 뒤에 오는 어미 '-어'가 '-러'로 바뀌는 형용사이다. 이것에 해당하는 형용사는 '누르다'와 '푸르다' 등이다.

(153) ㄱ. '누르-' + '-어' → 누르러
ㄴ. '푸르-' + '-어' → 푸르러

(ⅲ) 어간과 어미가 불규칙적으로 활용하는 형용사

'르' 불규칙 형용사 '르' 불규칙 형용사는 어간의 끝 음절 '르' 뒤에 어미 '-어'가 결합하면 어간 모음 '으'가 줄면서 'ㄹ'이 앞 음절의 받침으로 올라붙고, 어미 '-어'가 '-라/-러'로 바뀌는 형용사이다. '게으르다', '고르다', '너르다', '마르다', '바르다55)', '부르다56)', '빠르다', '이르다57)' 등이 '르' 불규칙 형용사에 해당한다.

---

55) 바르다 : ①겉으로 보기에 비뚤어지거나 굽은 데가 없다. ②말이나 행동 따위가 사회적인 규범이나 사리에 어긋나지 아니하고 들어맞다. ③사실과 어긋남이 없다.
56) 부르다 : 먹은 것이 많아 속이 꽉 찬 느낌이 들다.

(154) ㄱ. '고르-' + '-어' → 골라
　　　ㄴ. '너르-' +' -어' → 널러
　　　ㄷ. '마르-' + '-어' → 말라
　　　ㄹ. '바르-' + '-어' → 발라
　　　ㅁ. '부르-' + '-어' → 불러

　형용사를 의미에 따라 분류하면 감각 형용사·심리 형용사·평가
형용사·비교 형용사·존재 형용사·지시 형용사 등으로 나뉘는데,
이것들 중에서 '지시 형용사'를 제외한 나머지 것들을 묶어서 '성상
형용사'라고 일컫기도 한다.

　감각 형용사(感覺形容詞)는 감각적인 의미를 나타내는 형용사이다. '달
다', '시다', '쓰다', '짜다', '붉다', '하얗다', '시끄럽다', '뜨겁다', '차
다', '빠르다', '느리다', '가깝다', '멀다', '낮다', '높다', '덥다', '무덥
다', '후텁지근하다' 등이 감각 형용사이다.

　심리 형용사(心理形容詞)는 심리 상태를 나타내는 형용사이다. '기쁘다',
'슬프다', '밉다', '분하다', '싫다', '좋다', '아프다', '답답하다', '애통
하다', '우울하다', '울적하다', '상쾌하다', '유쾌하다', '통쾌하다', '홀
가분하다' 등이 심리 형용사이다.

　평가 형용사(評價形容詞)는 어떤 대상에 대한 평가를 뜻하는 형용사이
다. '근면하다', '성실하다', '모질다', '아름답다', '추하다', '선하다', '악
하다', '용감하다', '강하다', '약하다', '착하다' 등이 평가 형용사이다.

　비교 형용사(比較形容詞)는 둘 이상의 사람이나 사물을 견주어 서로 간
의 유사점과 차이점에 대하여 서술하는 형용사이다. '같다', '다르다',
'낫다', '상이하다' 등이 비교 형용사이다.

---

57) 이르다 : 대중이나 기준을 잡은 때보다 앞서거나 빠르다.

존재 형용사(存在形容詞)는 어떤 사람이나 사물의 존재 여부를 뜻하는 형용사이다. '있다', '없다' 등이 존재 형용사이다.

지시 형용사(指示形容詞)는 어떤 것을 지시함을 나타내는 형용사이다. '이러하다', '그러하다', '저러하다' 등이 지시 형용사에 해당한다.

4.3.7 지정사

정의(定義) 지정사(指定詞)란 '지정(指定)'이나 '판단(判斷)'의 뜻을 나타내는 품사이다. '이다'58)와 '아니다'가 지정사이다.

'이다'는 문법학자에 따라 논의가 분분한 것이다. '이다'를 단어로 인정하지 않는 이들은 '조음소', '통어성 조사(助辭)', '체언의 지정 어미' 등으로 처리하는데, '이다'를 단어로 인정하는 이들은 '서술격 조사(助詞)', '계사(繫辭)', '의존 형용사', '잡음씨', '지정사' 등으로 간주한다.

'이다'가 어휘적인 의미를 나타내지 못하는 것이라고 하여 단어로 인정하지 않는 것은 문제가 있다. '이다'의 전후에 휴지가 오고, 한국어를 일차 언어로 습득한 사람이면 모두가 '이다'를 독립된 언어 단위이며 문장을 구성하는 성분의 하나라고 인식하기 때문에 단어로 처리하는 것이 합당하다.59)

'이다'는 '이다', '이고', '이면', '이니', '이므로', '인', '인데' 등과 같

---

58) '이다'가 향가인 처용가에 쓰인 예를 보이면 다음과 같다. 다음 예문 '是如'가 '이다'에 대응한다. 모두 훈차(訓借)를 한 것이다.
　　本矣吾下是如馬於隱(미의 나하이다마른)
59) 한국인들 중에는 '이다'를 선행어와 띄어 쓰는 사람이 많다. 이것은 한국인들이 '이다'를 단어로 인지하고 있음을 입증하는 것이다. 다음에 제시한 예문은 고암 실업주식회사 제품인 '캠퍼스'라는 화장지의 광고문이다.
　　① 캠퍼스는 첨단 설비로 만든 실크 타입의 고급 화장지입니다.
　　② 캠퍼스는 순수 피부를 위한 깨끗한 화장지 입니다.

이 활용을 하고, 동사나 형용사와 같은 기능을 하며, 다음의 예문 (155
ㄱ), (155ㄴ) 등과 같은 분열문(分裂文, cleft sentence)[60]에서는 '이다'가 문장
끝에 오는데, 이 경우 그 앞에 동사와 형용사의 부사형이 온다. 그러
므로 '이다'가 체언이나 용언의 명사형에 연결되어 격을 나타내는 것
으로 판단하여 '조사(助詞)'로 간주하는 것은 합당하지 않다.

(155) ㄱ. 우리가 사는 것은 남에게 봉사하기 위해서<u>이다</u>.
ㄴ. 내가 너를 좋아하는 것은 너의 마음이 매우 아름다워서<u>이다</u>.

또한 '이다'를 '의존 형용사'로 처리하는 것도 문제이다. 모든 형용사
는 자립 형태인데, 형용사와 유사하게 활용한다고 해서 의미와 기능의
특성을 간과한 채 의존 형용사로 처리하는 것도 합당하지 않다.

'이다'와 '아니다'는 용언의 일종이지만 동사와 형용사와 다른 특성
을 지니고 있으므로 독립된 품사로 설정하는 것이 합당하다.

특징(特徵)　지정사는 다음과 같은 특징을 지니고 있다.

첫째, 지정사는 활용을 한다. '이다'와 '아니다'는 형용사와 같이 활
용하기도 하는데, '이로다', '이로세', '이로구나', '이올시다', '아니로다',
'아니로세', '아니로구나', '아니올시다' 등처럼 형용사와 달리 활용하기
도 한다. 그리고 '이다'와 '아니다'는 선어말어미인 '-시-', '-겠-', '-것-', '-
었-', '-더-', '-리-' 등과 자유롭게 결합한다.

둘째, 지정사는 주로 서술어로 기능을 한다. 그런데 동사나 형용사

---

60) 분열문 (分裂文)이란 문장에서 일정한 어구를 강조하기 위해 사용하는 구문을 뜻
한다. 분열문은 '~것이다' 또는 '…것이 아니다'로 표현된다. 강조하기 위하여 분
리한 문장으로 전제를 유발한다.
[보기] 내가 가장 존경한 분은 어머니이다. → 전제 유발 : 내가 누구를 가장 존
경하였다.

와 같이 여러 문장 성분의 기능을 하기도 한다.

       (156) ㄱ. 서술어: 나는 학생<u>이다</u>.[61]
           ㄴ. 주어: 그 소년이 가장 착한 학생<u>임</u>이 온 동네에 알려졌다.
           ㄷ. 관형어: 수평적<u>인</u> 사고를 하세요.
           ㄹ. 목적어: 네가 학생<u>임</u>을 밝혀라.
           ㅁ. 부사어: 우리가 처음 만난 장소는 이 광장<u>임</u>에 틀림없다.

셋째, 'X+이다' 형태 앞에는 'X'의 의미 특성에 따라 관형어나 부사어가 올 수 있다.

       (157) ㄱ. 동혁은 <u>빼어난</u> <u>미남</u>(美男)이다.
           ㄴ. 동혁은 <u>아주</u> <u>부자</u>(富者)이다.
           ㄷ. 이 사람은 <u>정말로</u> <u>선인</u>(善人)이다.

위의 예문 (157ㄱ)에서는 관형어 '빼어난'이 '미남(美男)'을 수식한다. 그리고 위의 예문 (157ㄴ)에서는 부사어인 '아주'가 명사인 '부자(富者)'를 수식하고, (157ㄷ)에서는 부사어인 '정말로'가 명사인 '선인(善人)'을 수식한다. 이 때 수식어인 '훌륭한', '아주', '정말로' 등은 어떤 성질이나 상태의 정도를 나타내는 정도성 명사인 '미남(美男)', '부자(富者)', '선인(善人)' 등을 각각 수식한다.

---

61) "나는 학생이다."는 "나는 학생이 이다."가 변하여 생성된 문장이다. '나는'은 주어이고, '학생이'는 보어이며, '이다'는 서술어이다. 동음 생략 규칙에 따라 '학생이'에 연결되어 있는 보격 조사 '이'가 생략된 것이다. "나는 학생이다."의 부정문은 "나는 학생이 아니다."이다.

정의(定義) 관형사(冠形詞)는 주로 체언 ─명사·대명사·수사 등─ 앞에 놓여 체언을 수식하는 단어들이다.

> (158) ㄱ. 그는 <u>새</u> 집으로 이사를 갔다.
> ㄴ. 나는 앞으로 <u>모든</u> 일을 신중히 처리할 것이다.

앞의 예문 (158ㄱ)에서 관형사인 '새'는 명사인 '집'을 수식하고, (153ㄴ)에서 관형사인 '모든'은 명사인 '일'을 수식한다. 이와 같이 체언 앞에 놓여 그 체언을 수식하는 단어들을 관형사라고 한다.

특징(特徵) 관형사의 특징은 다음과 같다.

첫째, 관형사는 어형이 바뀌지 않는다. 관형사는 동사와 형용사처럼 활용을 하지 못한다. 그래서 관형사는 용언의 관형사형과 구별된다.

> (159) ㄱ. <u>헌</u> 물건을 소중히 보관하여라.
> ㄴ. <u>낡은</u> 책을 소중히 보관하여라.

앞의 예문 (159ㄱ)에 쓰인 '헌'과 (159ㄴ)의 '낡은'은 바로 뒤에 있는 명사 '물건', '책'을 각각 수식하고 있다. 성상 관형사인 '헌'에는 활용 어미가 결합되지 못한다. 그러나 (159ㄴ)에 쓰인 '낡은'은 형용사인 '낡다'의 어간 '낡-'에 관형사형 전성어미 '-은'이 결합된 것이다. '낡다'는 '낡고, 낡으니, 낡으면, 낡을' 등과 같이 활용한다. (159ㄱ)의 '헌'과 같이 활용하지 못하고, 그 뒤에 오는 체언을 수식하는 것이 관형사이다.

둘째, 관형사는 관형어만으로 기능을 한다.

(160) ㄱ. 나는 <u>모든</u> 사람을 사랑한다.

ㄴ. *나는 <u>모든</u>을 사랑한다.

ㄷ. *나는 사람을 <u>모든</u> 사랑한다.

앞의 예문 (160ㄱ), (160ㄴ), (160ㄷ) 중에서 (160ㄱ)만이 문법에 맞는 문장이 된 것은 관형사 '모든'이 관형어로 쓰이었기 때문이다. 예문 (160ㄴ)과 (160ㄷ)이 비문법적인 문장이 된 것은 관형사 '모든'이 (160ㄴ)에서는 목적어로 쓰이었고, (160ㄷ)에서는 부사어로 사용되었기 때문이다. 이렇듯 관형사는 문장에서 관형어로만 기능을 한다.

셋째, 관형사에는 조사가 연결되지 못한다.

(161) ㄱ. *어제 나는 <u>새도</u> 차를 샀다.

ㄴ. 밥을 너무 많이 <u>먹지는</u> 말아라.

ㄷ. <u>나는</u> 너를 <u>조금도</u> <u>원망하지를</u> 않는다.

ㄹ. <u>셋은커녕</u> <u>하나도</u> 모른다.

앞의 예문 (161ㄱ)이 비문법적인 문장이 된 것은 관형사 '새'에 조사인 '도'가 연결되었기 때문이다. 그런데 (161ㄴ)에 쓰인 명사 '밥'과 (161ㄷ)에 쓰인 대명사 '나', '너'와 (161ㄹ)에 쓰인 수사 '셋', '하나' 등에 조사가 연결되어도 문법에 맞는 문장이 된다. (161ㄴ)에 쓰인 동사 '먹지'에는 보조사인 '는'이 연결되고, (161ㄷ)에 쓰인 형용사 '원망하지'에는 보조사 '를'이 연결되고, (161ㄷ)에 쓰인 부사 '조금'에는 조사 '도'가 연결되었다. 이렇듯 조사는 체언, 용언, 부사 등에 연결될 수가 있지만 관형사에는 연결되지 못한다.

'한 사람', '두 사람', '세 사람', '다섯 사람', '여섯 사람' 등에 쓰인 '한', '두', '세', '다섯', '여섯' 등과 같이 명사 앞에 놓여 명사를 수식하는 것들 중에서 '한', '두', '세' 등은 수사인 '하나', '둘', '셋' 등과 형태가 다르고, 조사가 붙지 못하므로 이것들을 관형사로 처리하는 이가 있다. 이것은 품사 분류 기준 가운데 의미를 무시하고 형태와 기능에 따라 불합리하게 기술한 것이다.

수사 중에서 '한', '두', '세', '열한', '열두', '스무', '스물한' 등을 제외한 대부분의 것들은 '다섯 명', '열 명' 등과 같이 명사 앞에 놓이어 바로 뒤에 오는 명사를 수식하더라도 그 어형이 바뀌지 않으며, 주어·목적어·부사어 등으로 쓰일 적에는 조사가 연결된다. 기능에 따라서만 품사를 분류하면 동일한 단어가 둘 이상의 품사로 분류되어 언어 현상을 체계화하는 데 걸림돌이 될 수 있다.

> (162) ㄱ. <u>우리</u> 학교는 저기에 있는 것이다.
>　　　ㄴ. <u>우리</u>는 소풍을 간다.
>　　　ㄷ. <u>우리</u>에게 자유와 평화를 달라.
>　(163) ㄱ. 여기는 경치가 <u>아름답다</u>.
>　　　ㄴ. 여기는 경치가 <u>아름다운</u> 곳이다.
>　　　ㄷ. 나는 네가 <u>아름답게</u> 살기를 바란다.
>　　　ㄹ. 저 여자가 그토록 <u>아름다움</u>은 매우 인자하게 살기 때문이다.

앞의 예문 (162ㄱ), (162ㄴ), (162ㄷ) 등에 쓰인 '우리'라는 단어는 동일한 의미와 형태를 지닌 것인데, 이것을 기능에 따라 (162ㄱ)의 '우리'를 관형사로, (162ㄴ)의 '우리'를 대명사로, (162ㄷ)의 '우리'를 부사로 처리하는 것은 불합리한 것이다. 위의 예문 (163ㄱ), (163ㄴ), (163ㄷ), (163ㄹ) 등에 쓰인 '아름답다', '아름다운', '아름답게', '아름다움' 등을 형용사라는 단일한 품사로 묶어 기술하지 않고, 기능에 따라 (163ㄱ)의 '아름답다'는 형용사로, (162ㄴ)의 '아름다운'은 관형사로, (163ㄷ)의 '아름답게'는 부사로, (163ㄹ)의 '아름다움'은 명사로 분류하게 되면, 한국어 현상을 설명하고 이해하는 데 오히려 혼란을 빚게 한다. 따라서 수효나 차례를 나타내는 단어가 명사 앞에서 형태가 바뀌어 명사를 수식하고, 조사가 결합되지 않더라도 그것을 관형어로 기능을 하는 수사(數詞)로 간주하는 것이 합당하다.

수사 가운데 관형어로 기능을 할 경우에 형태가 달라지는 '한', '두', '세', '스무' 등은 '하나', '둘', '셋', '스물' 등의 변이 형태이다. 몇 개의 수사에 한하여 이러한 변이 형태를 지니는 것은 한민족(韓民族)의 언어생활의 관습에서 기인하는 것이다. 수사는 관형어로만 기능을 하는 것이 아니라, 주어·목적어·부사어·서술어 등으로도 기능을 한다.

> (164) ㄱ. <u>다섯</u>은 여섯보다 작은 숫자이다.
> ㄴ. 나는 <u>다섯</u> 식구의 가장이다.
> ㄷ. 내가 가장 좋아하는 숫자는 <u>다섯</u>이다.
> ㄹ. 여섯에서 <u>다섯</u>을 빼면 하나가 남는다.
> ㅁ. <u>다섯</u>에서 둘을 빼면 셋이 남는다.

위의 예문 (164ㄱ)에서 '다섯'은 주어로, (164ㄴ)에서 '다섯'은 관형어로, (164ㄷ)에서 '다섯'은 서술어로, (164ㄹ)에서 '다섯'은 목적어로, (164ㅁ)에서 '다섯'은 부사어로 기능을 한다. 이렇듯 수사는 명사, 대명사 등과 문장에서 여러 기능을 하는 품사이다. 따라서 수사가 관형어 기능을 한다고 하여 관형사로 처리하는 것은 합당하지 않다.

일반인들은 명사를 수식하는 관형사와 '군소리', '덧신' 등의 '군-', '덧-' 등과 같이 파생 명사를 형성하는 접두사를 명확히 식별하지 못하는 경향이 있다. 관형사와 접두사의 차이점은 다음과 같다.

첫째, 관형사와 명사 사이에는 다른 단어가 끼어들 수 있지만, 접두사와 명사 사이에는 어떤 단어도 끼어들 수 없다.

(165) ㄱ. 모든 사람 → 모든 착한 사람

　　　ㄴ. 덧신 → *덧새신

앞의 (165ㄱ)에서 보듯이 관형사인 '모든'과 명사인 '사람' 사이에는 '착한'이란 단어가 끼어들 수 있는데, 접두사인 '덧-'과 명사인 '신'이 결합하여 이루어진 (165ㄴ)의 파생어인 '덧신'에서 접두사인 '덧-'과 명사인 '신' 사이에는 어떤 말도 끼어들 수가 없다.

　둘째, 관형사는 접두사에 비하여 그 뒤에 오는 명사의 제약을 덜 받는다.

(166) ㄱ. 모든 {나라, 사람, 소문, 수건, 소고, 책, …}

　　　ㄴ. 헛- {*사람, *수건, *책, 것, 소문, 수고, 일, …}

앞의 (166ㄱ)에서 관형사인 '모든'은 구상 명사나 추상 명사 등을 수식하는데, (166ㄴ)의 접두사인 '헛-'은 일부 명사와만 결합하여 단어를 형성한다.

　셋째, 관형사와 명사 사이에는 개방 연접이 오는데, 접두사와 명사 사이에는 폐쇄 연접이 온다.

(167) ㄱ. 새 사람/sæ+saram/

　　　ㄴ. 덧문/dənmun/

앞의 (167ㄱ)에서 관형사인 '새'와 명사인 '사람' 사이에는 개방 연접이 오지만, (167ㄴ)의 접두사인 '덧-'과 명사인 '문' 사이에는 폐쇄 연접이 온다.

종류(種類)　관형사는 의미에 따라 성상 관형사(性狀冠形詞), 지시 관형사(指示冠形詞), 수 관형사(數冠形詞) 등으로 나뉜다.

성상 관형사는 어떤 대상의 성질이나 상태의 의미를 나타내는 관형사인데, **지시 관형사**는 어떤 대상을 지시함을 뜻하는 관형사이다. 수 관형사는 수효를 나타내는 관형사이다.

    (168) ㄱ. 맨, 새, 여느, 헌, 오랜, 웬, 첫
          ㄴ. 순(純) {거짓말, 알맹이}, 고(故) {홍길동, 김천택}, 약(約)
    (169) ㄱ. 이, 그, 저, 요, 고, 조, 이런, 그런, 저런, 무슨, 어느
          ㄴ. 각(各), 모(某), 본(本)
    (170) ㄱ. 갖은, 모든, 뭇, 여러, 온
          ㄴ. 전(全), 제(諸), 일체(一切)

앞의 (168ㄱ)과 (168ㄴ)에 열거한 관형사는 성상 관형사이고, (169ㄱ)과 (169ㄴ)의 관형사는 지시 관형사이며, (170ㄱ)과 (170ㄴ)의 관형사는 수 관형사이다. 이상의 (168ㄱ), (169ㄱ), (170ㄱ) 등에 제시한 관형사는 고유어 관형사인데, (168ㄴ), (169ㄴ), (170ㄴ) 등에 제시한 관형사는 한자어 관형사이다. 이렇듯 관형사에는 고유어 관형사와 한자어 관형사가 있다.

문장에서 상이한 종류의 관형사가 연이어 쓰일 적에는 '지시 관형사', '수 관형사', '성상 관형사' 순으로 배열되어야 한국어의 어순 규칙에 맞는 문장이 된다.

    (171) ㄱ. 저 모든 새 물건을 가져라.
          ㄴ. 모든 저 새 물건을 가져라.
          ㄷ. 새 저 모든 물건을 가져라.

앞의 예문 (171ㄱ), (171ㄴ), (171ㄷ) 중에서 (171ㄱ)이 한국어의 어순 규칙에 맞게 지시 관형사 '저', 수 관형사 '모든', 성상 관형사 '새' 등

의 순서로 배열하여 구성한 문장이다. (171ㄴ)과 (171ㄷ)은 한국어의 어순 규칙에 어긋나게 관형사들이 배열된 것이다. 그런데 화자가 수 관형사인 '모든'을 강조하기 위해서 (171ㄴ)과 같이 지시 관형사인 '저' 앞에 놓거나, 성상 관형사인 '새'를 강조하기 위해 (171ㄷ)과 같이 지시 관형사인 '저' 앞에 놓은 경우는 자연스러운 문장으로 처리하여 야 한다. 그러나 아무런 의도도 없이 (171ㄴ)이나 (171ㄷ)과 같이 표현된 문장은 부자연스러운 문장으로 간주하는 것이 합당하다.

4.3.9 부사

정의(定義)　부사(副詞)는 동사나 형용사를 수식하거나 그 외의 다른 말을 수식하는 단어들이다. 부사는 의미를 정교하게 표현하는 데 중요한 구실을 하는 품사이다.

> (172) ㄱ. 경치가 <u>무척</u> 아름답다.
> 　　　 ㄴ. 철수는 <u>빨리</u> 걸어갔다.
> 　　　 ㄷ. 일 년 중에서 오늘은 비가 <u>가장</u> <u>많이</u> 내린 날이다.

앞의 예문 (172ㄱ)에서 부사인 '무척'은 형용사인 '아름답다'를, (172ㄴ)에서 부사인 '빨리'는 동사인 '걸어갔다'를 수식하고 있다. (172ㄷ)에서 부사인 '가장'은 부사인 '많이'를, '많이'는 동사인 '내린'을 수식하고 있다. 이와 같이 부사는 주로 동사와 형용사를 수식하고, 그 밖에 다른 말을 수식하는 단어들이다.

특징(特徵)　부사의 특징은 다음과 같다.
첫째, 부사는 어형 변화를 하지 못한다. 부사는 활용하지 못하고, 부사 뒤에 격 조사가 연결되지 못한다. 그런데 부사 중에는 보조사가 연결되는 것이 있다.

    (173) ㄱ. *그는 천천히<u>가</u> 걸었다.
         ㄴ. 그는 천천히<u>는</u> 걸었다.

  앞의 예문 (173ㄱ)이 문법에 어긋난 문장이 된 것은 부사 '천천히'에 격 조사인 '가'가 결합되었기 때문이다. 그런데 (173ㄴ)의 '천천히는'과 같이 부사에 보조사가 연결되어도 문법에 맞는 문장이 되는 경우가 있다.

  둘째, 부사는 문장에서 부사어로만 기능을 한다. 체언과 용언은 문장에서 주어·목적어·관형어·서술어·부사어 등 여러 기능을 하지만, 부사는 주로 부사어 기능을 한다.

    (174) ㄱ. 꽃이 <u>활짝</u> 피었다.
         ㄴ. 오늘은 날씨가 <u>매우</u> 쾌청하다.
         ㄷ. 철수는 노래를 <u>잘</u> 부른다.

  앞의 예문 (174ㄱ)에서 부사 '활짝'은 서술어인 '피었다'를 수식하고, (174ㄴ)에서 부사인 '매우'는 서술어인 '쾌청하다'를 수식하며, (174ㄷ)에서 부사인 '잘'은 서술어인 '부른다'를 수식한다. 이렇듯 부사는 주로 부사어로 기능을 한다.

  종류(種類) 부사는 그 기능에 따라 성분 부사(成分副詞)[62]와 문장 부사(文章副詞)로 나뉘고, 의미에 따라 정도 부사(程度副詞)·성상 부사(性狀副詞)·부정 부사(否定副詞)·시간 부사(時間副詞)·지시 부사(指示副詞)·서법 부사

---

62) '성분 부사'를 '단어 부사'라고 일컫기도 한다.

(敍法副詞), '양태 부사(樣態副詞)' 등으로 나뉜다.

성분 부사는 문장에서 한 성분만을 수식하는 부사인데, **문장 부사**는 바로 다음에 이어지는 문장을 수식하는 부사이다.

　(175) ㄱ. 그는 <u>매우</u> 어질다.
　　　　ㄴ. <u>다행히</u> 그는 죽음을 면하였다.

앞의 예문 (175ㄱ)에서 부사인 '매우'는 형용사인 '어질다'만을 수식하므로 성분 부사에 해당하고, (175ㄴ)에서 '다행히'는 바로 다음에 이어지는 문장인 "그는 죽음을 면하였다."를 수식하므로 문장 부사에 해당한다.

정도 부사는 어떤 동작·상태·성질 등의 정도를 나타내는 부사이다. '가장', '거의', '겨우', '꽤', '너무', '너무너무', '대단히', '더', '덜', '되게', '되우', '매우', '몹시', '무지', '무척', '썩', '아주', '약간(若干)', '엄청', '완전', '정말', '정말로', '제법', '조금', '좀', '진짜', '참', '퍽', '한결', '한층' 등이 정도 부사에 해당한다. 정도 부사는 의미의 제약으로 말미암아 일부 동사와 형용사만을 수식한다. 정도 부사가 형용사를 수식할 경우에 동사를 수식할 때보다 덜 제약을 받는다.

　(176) ㄱ. *그는 <u>매우</u> 먹는다.
　　　　ㄴ. 그는 <u>매우</u> 용감하다.

앞의 예문 (176ㄱ)은 정도 부사인 '매우'가 동사인 '먹는다'를 수식하는 구조로 되어 있기 때문에 비문법적인 문장이 되었다. 그러나 (176ㄴ)은 정도 부사인 '매우'가 형용사인 '용감하다'를 수식하는 구조로 되어 있기 때문에 문법적인 문장이 되었다.

성상 부사는 사람이나 사물의 성질이나 상태를 나타내는 부사이다.

부사 중에서 성상 부사의 수효가 가장 많다. 그 보기를 들어 보면 다음의 (177)과 같다.

(177) 가까스로, 가만히, 간신히, 간편히, 공평히, 과감히, 급히, 깨끗이, 꼼꼼히, 꾸준히, 꿋꿋이, 나붓이, 날카로이, 넉넉히, 느긋이, 따뜻이, 떳떳이, 막, 막연히, 분명히, 빨리, 산뜻이, 서서히, 섭섭히, 성실히, 속히, 솔직히, 스스로, 슬며시, 쓸쓸히, 아장아장, 어렴풋이, 어서, 얼른, 열심히, 외로이, 용감히, 익히, 잘, 저절로, 졸졸, 즐거이, 천천히, 충분히, 톡톡히

한국어는 의성어(擬聲語)와 의태어(擬態語)가 발달되어 있다. 의성어는 사람, 짐승, 사물 등의 소리를 흉내 낸 말이다. 의태어는 사람, 짐승, 사물 등의 모습이나 움직임을 흉내 낸 말이다. '꼬끼오', '똑딱똑딱', '멍멍', '보드득보드득', '절벅절벅', '졸졸', '첨벙첨벙', '하하' 등과 같은 '의성어63)와 '가물가물', '깡충깡충', '번쩍번쩍', '아장아장', '엉금엉금', '펄쩍펄쩍', '힐끗힐끗' 등과 같은 의태어64)는 모두 성상 부사에 속한다.

정도 부사는 대개 본래 부사이지만, 성상 부사는 대부분 형용사에서 부사로 전성된 것이다. 그래서 성상 부사는 형용사와 의미가 충돌되어 형용사를 수식하지 못한다.

(178) ㄱ. *꽃이 영원히 붉다.
ㄴ. *마음이 꾸준히 아름답다.
(179) ㄱ. 영주는 시장에서 집으로 {빨리, *막연히} 돌아왔다.
ㄴ. 철수가 책을 {잘, *엉금엉금} 읽는다.

---

63) 한국의 학교 문법에서는 의성어를 '의성 부사'라고 한다.
64) 한국의 학교 문법에서는 의태어를 '의태 부사'라고 한다. 북한의 학교 문법에서는 '의성 부사'와 '의태 부사'를 묶어 '상징 부사'라고 일컫는다.

ㄷ. 나쁜 소문은 {빨리, *열심히} 퍼진다.
ㄹ. 부모는 자녀를 {*빨리, 꾸준히} 사랑한다.
ㅁ. 얼굴이 {저절로, *꼿꼿이} 붉어졌다.

앞의 예문 (178ㄱ)과 (178ㄴ)이 비문법적인 문장이 된 것은 성상 부사인 '영원히'와 '꾸준히'가 형용사인 '붉다'와 '아름답다'와 각각 선택 제약을 받기 때문이다. 앞의 예문 (179ㄱ)~(179ㅁ)에서 보는 바와 같이 성상 부사 중에는 형용사, 동사 등과 선택 제약을 받지 않는 것만이 형용사나 동사를 수식한다.

문장에 성상 부사와 정도 부사가 함께 쓰일 경우 성상 부사는 정도 부사 뒤에 놓인다.

(180) ㄱ. 기차가 <u>매우</u> <u>빨리</u> 달린다.
　　　ㄴ. *기차가 <u>빨리</u> <u>매우</u> 달린다.

위의 예문 (180ㄱ)은 문법에 맞는 문장인데, 예문 (180ㄴ)은 비문법적인 문장이다. 예문 (180ㄴ)이 비문법적인 문장이 된 것은 성상 부사인 '빨리'가 정도 부사인 '매우' 앞에 배열되어 있기 때문이다.

부정 부사는 '못', '아니(안)' 등과 같이 부정의 의미를 나타내는 부사이다(제14장 참조). 다음의 예문 (181ㄱ)에 쓰인 '못'은 '간다'를 부정하고, (181ㄴ)에 쓰인 '안'은 '내린다'를 수식한다.

(181) ㄱ. 나는 여행을 <u>못</u> 간다.
　　　ㄴ. 비가 <u>안</u> 내린다.

시간 부사는 시간을 나타내는 부사이다. 이것은 한국어에서 시제(時制)65)나 상(相)66)을 나타내는 데 중요한 기능을 한다. 시간 부사는 그 기능에 따라 분류하면 시제 부사(時制副詞)와 상 부사(相副詞)로 나뉜다. 시제 부사는 시제를 나타내는 부사이다. '아까', '어제', '접때' 등은 과거 시제를 나타내는 부사이고, '지금'은 현재 시제를 나타내는 부사이며, '내일', '내년', '모레' 등은 미래 시제를 나타내는 부사이다.

> (182) ㄱ. 과거 시제: <u>어제</u> 그는 청소를 하였다.
>   ㄴ. 현재 시제: <u>지금</u> 나는 숙제를 하고 있다.
>   ㄷ. 미래 시제: <u>내일</u> 나는 너의 집에 가겠다.

상 부사(相副詞)는 상(相)을 나타내는 부사이다. '바야흐로', '한창' 등은 진행상을 나타내는 부사인데, '벌써', '이미' 등은 완료상을 나타내는 부사이다(제10장 참조).

> (183) ㄱ. 진행상: <u>바야흐로</u> 장미꽃이 아름답게 피고 있다.
>   ㄴ. 완료상: <u>벌써</u> 그는 미국으로 유학을 갔다.

적절한 시간 부사를 사용하지 않으면 비문법적인 문장이 된다.

> (184) ㄱ. 그는 {*<u>아직</u>, <u>이미</u>} 잠이 들었다.
>   ㄴ. <u>현재</u> 나는 책을 읽-{*-었-, -는-, -고 있-, *-겠- }다.

앞의 예문 (184ㄱ)은 완료상을 나타내는 문장인데 미완 진행상 부사인 '아직'을 사용하면 비문법적인 문장이 된다. '현재'는 현재 시제를 나타내는 부사이기 때문에 (184ㄴ)에서 부사인 '현재'는 '읽는다'나 '읽고 있다'와 공기 관계를 맺을 수 있지만, '읽었다'나 '읽겠다'와 공

---

65) 시제(時制)에 대해서는 제9장을 참고할 것.
66) 상(相)에 대해서는 제10장을 참고할 것.

기 관계를 맺지 못한다.

지시 부사는 일정한 방향을 지시하는 부사이다. '이리', '그리', '저리' 등이 그 보기에 해당한다.

(185) 동혁아, {이리, 그리, 저리} 오너라.

서법 부사는 청자나 사건에 대한 화자의 태도를 나타내는 부사이다. 즉 이것은 서법적 의미인 가능성·불가능성·필연성·개연성(蓋然性)·우연성·의혹·단정·양보·기원 등을 나타내는 부사이다(제11장 참조). '서법 부사'를 '화식 부사(話式副詞)'라고 일컫기도 한다. 그 보기를 들면 다음의 (186ㄱ)~(186ㅅ)과 같다.

(186) ㄱ. 아마
　　　ㄴ. 가령(假令), 만약(萬若), 만일(萬一), 만혹(萬或), 설령(設令), 설사(設使)
　　　ㄷ. 비록, 아무리
　　　ㄹ. 부디, 아무쪼록, 제발
　　　ㅁ. 결코(決-), 다만, 단지(但只), 도무지, 도저히(到底-), 별로(別-), 비단(非但), 절대로(絕對-)
　　　ㅂ. 기어이(期於-), 기어코(期於-), 기필코(期必-), 꼭67), 단연코, 반드시, 필히(必-)
　　　ㅅ. 과연(果然), 마땅히, 모름지기, 물론(勿論), 으레, 응당(應當), 진실로, 확실히

서법 부사는 문장의 맨 앞에 오거나 주어 바로 다음에 놓인다. 그리고 그 의미 특성에 따라 호응 관계를 맺는 말이 서로 다르다.

---

67) '꼭'은 '어김이나 빈틈이 없이'라는 뜻을 나타내는 부사로 동사만을 수식하는데, '똑'은 '아주 틀림없이'라는 의미를 나타내는 부사로 형용사를 수식한다.
　　[보기] 숙아, 내일 꼭 오너라. 숙희는 어머니를 똑 닮았다.

'아마'는 '개연성'을 나타내는 부사로서, 대체로 문장 앞에 놓인다. 보조사인 '도'가 '아마'에 결합되어 형성된 부사 '아마도'가 쓰이는 경우도 있다.

(187) ㄱ. <u>아마</u> 그 문제는 잘 해결될 것이다.
　　　 ㄴ. <u>아마도</u> 철수가 너의 집에 먼저 와 있을지 모르겠다.

서법 부사인 '가령(假令)', '만약(萬若)', '만일(萬一)', '만혹(萬或)', '설령(設令)', '설사(設使)' 등은 '실제로 없는 것을 있는 것으로 침'을 뜻하는 것이다. 이것들도 문장 앞에 놓이며, 이것들이 쓰인 문장은 "… {-면, -거든} … {-(으)ㄹ 것이다, -겠다}"로 구성된다.

(188) ㄱ. <u>만일</u> 내가 어마어마한 부자가 <u>되면</u>, 가난하고 착한 사람들을 위하여 돈을 쓰겠다.
　　　 ㄴ. <u>가령</u> 내가 파랑새라고 <u>하면</u> 언제나 창공을 날 수 있으니 매우 행복할 것이다.

'비록', '아무리' 등은 '양보(讓步)'의 의미를 나타내는 것이다. 이것들도 문장 앞에 놓인다. 이것들이 쓰인 문장은 "… {-(으)ㄹ망정, -(으)ㄹ지라도, -더라도} … {-ㄹ 것이다, -겠다}"로 구성된다.

(189) ㄱ. <u>비록</u> <u>가난하더라도</u> 약하게 살지 않겠다.
　　　 ㄴ. <u>아무리</u> 돈이 <u>많을지라도</u> 남을 위해 쓰지 못하면 어리석은 인간이라고 할 것이다.

'부디', '아무쪼록', '제발' 등은 '기원(祈願)'을 뜻하는 것이다. 이것들 역시 문장 앞에 놓인다.

(190) ㄱ. <u>부디</u> 행복하세요.

ㄴ. <u>제발</u> 저의 입장을 이해하여 주십시오.

ㄷ. <u>아무쪼록</u> 선량하게 사십시오.

'결코', '다만', '단지(但只)', '도무지', '도시(都是)'[68], '도저히(到底-)', '도통(都統)', '별로(別-)', '비단(非但)', '절대로(絶對-)' 등은 대개 주어 바로 다음에 놓이고, 부정 용언인 '못하다', '아니다', '아니하다', '없다' 등과 호응 관계를 맺는다.

(191) ㄱ. 나는 <u>결코</u> 그 일을 잊을 수가 <u>없다</u>.

ㄴ. 나는 <u>절대로</u> 과속 운전을 하지 <u>않는다</u>.

ㄷ. 네가 그런 실수를 하다니, 나는 <u>도무지</u> 이해할 수 <u>없다</u>.

ㄹ. 오늘 지각한 학생은 <u>비단</u> 너만이 <u>아니다</u>.

ㅁ. 나는 <u>별로</u> 노래를 잘 부르지 <u>못해</u>.

'기어이(期於-)', '기어코(期於-)', '기필코(期必-)', '꼭,' '단연코(斷然-)', '반드시', '필히(必)' 등은 '틀림없이 꼭'을 뜻하는 부사이다. 이것들도 '결코', '도무지', '별로', '비단(非但)', '도저히' 등과 같이 주어 바로 다음에 놓인다.

(192) ㄱ. 그는 <u>기어이</u> 성공할 것이다.

ㄴ. 나는 <u>단연코</u> 너의 의견에 반대한다.

서법 부사인 '과연(果然)', '마땅히', '모름지기', '물론', '으레', '응당(應當)',[69] '진실로', '확실히' 등은 '마땅히 그러하게'를 뜻하는 부사이다. 이것들 가운데 '과연(果然)', '마땅히', '물론', '응당', '진실로', '확실

---

68) '도시(都是)'는 '도무지'의 동의어이다.

69) '응당(應當)'은 '마땅히'의 유사어임.

히' 등은 일반적으로 문장 앞에 놓이고, '모름지기', '으레' 등은 주어 바로 다음에 놓인다.

(193) ㄱ. <u>마땅히</u> 자식은 부모에게 효도를 하여야 한다.
ㄴ. 인간은 <u>모름지기</u> 착하게 살아야 한다.

서법 부사에 따라 실현되는 서법이 상이하다.

(194) ㄱ. {부디, *아마} 이번 시험에 합격해라.
ㄴ. {*부디, 아마} 선주가 지금쯤 광천에 도착했을 거야.

앞의 예문 (194ㄱ)에서 서법 부사인 '부디'는 명령법을 실현하는데, '아마'는 명령법을 실현하지 못한다. 그러나 (194ㄴ)에서 '아마'는 추측법을 실현하는데, '부디'는 추측법을 실현하지 못한다.

양태 부사(樣態副詞)는 어떤 명제(命題)에 대한 화자의 심리적 태도를 나타내는 부사이다.

양태 부사에는 필연성을 뜻하는 '기어이(期於-)', '기어코(期於-)', '기필코(期必-)', '꼭', '반드시' 등과 당연함을 뜻하는 '과연', '마땅히', '모름지기', '물론', '으레' 등이 있다. 그리고 개연성(蓋然性)을 의미하는 '아마', '아마도' 등과 양보(讓步)를 뜻하는 '비록', '아무리' 등과 기원(祈願)을 의미하는 '부디', '아무쪼록', '제발' 등과 가정(假定)을 뜻하는 '가령(假令)', '만약(萬若)', '만일(萬一)', '설령(設令)' 등이 있다(11.2.2 참조). 동일한 단어가 양태 부사로 쓰이기도 하고, 서법 부사로 쓰이기도 한다.

양태 부사는 서법 부사와 같이 문장의 맨 앞에 오거나 주어 바로 다음에 놓인다. 그리고 양태 부사에 따라 문장에서 호응 관계를 맺는 말이 서로 다르다.

(195) ㄱ. 만일 내가 거부(巨富)가 되면 가난한 사람을 정성껏 도와줄 것
       이다.
      ㄴ. 나는 <u>결코</u> 그 사람을 잊을 수가 <u>없어</u>.

앞의 예문 (195ㄱ)에서 양태 부사인 '만일'은 문두에 놓이고 연결어
미 '-면'이 결합된 '되면'과 호응 관계를 맺고 있다. (195ㄴ)에서는 양
태 부사인 '결코'가 주어인 '나는' 바로 뒤에 놓이고, '없어'와 호응 관
계를 맺고 있다.

4.3.10 접속사

정의(定義) 접속사(接續詞)는 어구(語句)와 어구(語句)를 이어 주거나, 앞
문장을 뒤 문장에 이어 주는 기능을 하는 단어들이다.

한국어 문법학자 중에서 상당수가 접속사를 부사의 일종으로 처리
한다. 이것은 합당하지 않다. 접속사는 용언이나 다른 말을 수식하는
부사와 달리 어구와 어구, 문장과 문장을 접속하는 구실을 한다. 다른
말과 호응 관계를 맺을 때 부사는 그 말과 종속적인 관계를 맺는데,
접속사는 대등한 관계를 맺는다. 문장을 접속하는 구실을 하는 접속사
중에는 앞 문장의 내용을 지시하는 것도 있다.

(196) ㄱ. 보라는 <u>매우</u> 착하다. <u>그래서</u> 나는 그녀를 좋아한다.
      ㄴ. 현주는 탐정 소설을 <u>무척</u> 좋아한다. <u>그러나</u> 나는 탐정 소설을 <u>몹
       시</u> 싫어한다.

앞의 예문 (196ㄱ)에 쓰인 '그래서'와 (196ㄴ)에 쓰인 '그러나'는 접
속사인데, (196ㄱ)의 '매우'와 (196ㄴ)의 '무척'과 '몹시'는 부사이다. 접
속사인 '그래서'와 '그러나'는 앞 문장의 내용을 지시하면서 앞 문장과

뒤 문장을 접속시키는 구실을 한다. 그런데 앞의 예문 (196ㄱ)에서 부사인 '매우'는 형용사인 '착하다'를 수식하고, 예문 (196ㄴ)에서 부사인 '무척'은 동사인 '좋아한다'를 수식하며, 부사인 '몹시'는 동사인 '싫어한다'를 수식한다. 이와 같이 접속사는 말과 말을 이어 주는 구실을 하는 품사인데, 부사는 다른 말을 수식하는 구실을 하는 품사이다.

특징(特徵) 접속사는 다음과 같은 특징을 가지고 있다.

첫째, 어형 변화를 하지 않는다.

둘째, 단어와 단어, 구(句)와 구, 문장과 문장 등을 이어 주는 구실을 한다.

종류 접속사는 그 기능에 따라 단어 접속사(單語接續詞)와 문장 접속사(文章接續詞)로 나뉜다. 단어 접속사는 단어와 단어를 이어 주는 구실을 하는 접속사인데, 문장 접속사는 문장과 문장을 이어 주는 구실을 하는 접속사이다.

(197) ㄱ. 대한민국의 영토는 한반도 및 부속 도서로 이루어진다.
　　　 ㄴ. 열심히 공부해라. <u>그러면</u> 너는 반드시 성공할 것이다.

앞의 예문 (197ㄱ)에 쓰인 '및'은 '한반도'와 '부속 도서'를 이어 주는 구실을 하는 단어 접속사인데, (197ㄴ)에 쓰인 '그러면'은 앞 문장의 내용을 지시하면서 앞 문장과 뒤 문장을 접속하는 구실을 하는 문장 접속사이다. 단어 접속사에는 '및' 외에 '겸', '또는', '혹은' 등이 있으며, 문장 접속사에는 '그러면' 외에 '그래서', '그러기에', '그러나', '그러므로', '그런데', '그렇지마는', '그리고', '그리하여', '따라서', '하지만' 등이 있다.

접속사 중에는 단어 접속사나 문장 접속사로 쓰이는 것이 있다. '그리고'가 그 보기에 해당한다.

(198) ㄱ. 나는 야구, 축구, 농구, <u>그리고</u> 탁구를 좋아한다.
ㄴ. 현주는 매우 착하다. <u>그리고</u> 그녀는 매우 영리하다.

앞의 예문 (198ㄱ)에서 '그리고'는 단어 접속사로 쓰이었는데, (198ㄴ)에서 '그리고'는 문장 접속사로 쓰이었다.

접속사는 전후 단어와 문장의 접속 관계에 따라 순접 관계(順接關係)·역접 관계(逆接關係)·대등 관계(對等關係)·첨가 관계(添加關係)·인과 관계(因果關係)·예시 관계(豫示關係)·전환 관계(轉換關係) 등을 나타내는 접속사로 분류된다.

순접 관계를 나타내는 접속사는 앞 문장의 내용을 받아 뒤 문장에서 그것을 전개시키는 관계를 나타내는 것이다. 접속사 '그래서', '그러기에', '그리하여', '따라서' 등이 그것에 속한다.

(199) 어제는 폭설이 내렸다. <u>그래서</u> 오늘은 차가 다니지 못한다.

역접 관계를 나타내는 접속사는 뒤 문장에서 앞 문장의 내용과 반대되는 것을 전개하는 관계를 나타내는 것이다. 접속사 '그러나', '그런데', '그렇지만', '하지만' 등이 그것에 해당한다.

(200) 동혁은 착하다. <u>그러나</u> 철수는 악하다.

대등 관계를 나타내는 접속사는 앞 문장과 뒤 문장이 내용상 대등한 자격으로 접속되는 관계를 나타내는 것이다. 접속사 '또는', '및', '혹은' 등이 그것에 속한다.

(201) 그는 냉면 <u>혹은</u> 콩국수를 좋아할 것이다.

첨가 관계를 나타내는 접속사는 뒤 문장이 앞 문장의 내용을 첨가하는 하는 관계를 나타내는 것이다. 이것에 해당하는 접속사는 '그리고', '또한' 등이다.

(202) 니체는 철학자이다. <u>그리고</u> 그는 시인이다.

인과 관계를 나타내는 접속사는 앞 문장의 내용이 뒤 문장의 이유·원인·근거 등을 표현하거나, 그와 반대로 뒤 문장의 내용이 앞 문장의 이유·원인·근거 등을 표현하거나 하여 접속되는 관계를 나타내는 것이다. 이것은 넓은 의미의 순접 관계를 나타내는 접속사에 포함된다. 이것에 속하는 접속사는 '그래서', '그러므로', '그리하여', '따라서', '왜냐하면' 등이다.

(203) ㄱ. 현수는 열심히 일하였다. <u>그러므로</u> 그가 거부가 된 것은 당연한 일이다.
　　ㄴ. 고운 말을 구사하는 사람은 마음이 곱다. <u>왜냐하면</u> 고운 말은 고운 마음씨에서 싹트기 때문이다.

예시 관계를 나타내는 접속사는 뒤 문장에서 앞 문장에 대한 실제의 보기를 보이는 관계를 표현하는 것이다. 이것에 속하는 접속사는 '말하자면', '예컨대', '이를테면' 등이다.

(204) ㄱ. 그는 착한 사람이다. <u>이를테면</u> 그는 불우한 이웃을 보면 끝까지 도와주려 하고, 타인이 괴롭혀도 미워하지 않고 사랑으로 대한다.
　　ㄴ. 사나운 짐승 <u>예컨대</u> 사자, 호랑이, 늑대 등이 맹수이다.

전환 관계를 나타내는 접속사는 뒤 문장이 앞 문장의 내용과 다른 새로운 생각이나 사실을 서술하여 화제를 전환하는 관계를 표현하는 것이다. 이것에 속하는 접속사는 '그런데'[70]이다.

> (205) 그 물건도 좋군요. <u>그런데</u> 이 물건은 어떻지요?

접속사를 정확히 사용하여야 문장이나 글을 응집성 있게 조직할 수 있다.[71] 접속사를 부정확하게 사용하면 응집성이 결여된 문장이나 글이 된다.

> (206) ㄱ. 나는 이광수의 '무정', 김유정의 '감자', <u>그런데</u> 나는 이상의 '날개'도 읽었다.
> ㄴ. 영희는 예쁘다. <u>그리고</u> 영주는 예쁘지 않다.

앞의 예문 (206ㄱ)과 (206ㄴ)은 부적절한 접속사가 쓰이어 응집성이 결여된 글이 되었다. (206ㄱ)은 접속사인 '그런데'를 '그리고'로, (206ㄴ)은 접속사 '그리고'를 '그러나' 또는 '그런데'로 바꾸어 써야 응집성이 있는 글이 된다.

---

70) '그런데'는 역접 관계를 나타내는 접속사로 쓰이기도 한다.
71) 연결어미도 응집성이 있는 문장을 구성하는 데 중요한 구실을 한다. 다음의 예문 (ㄱ)과 (ㄴ)은 연결어미를 잘못 사용하여 응집성이 결여된, 비문법적인 문장이 된 것이다.

> (ㄱ) *겨울이 <u>오지만</u> 눈이 내릴 것이다.
> (ㄴ) *너무 무더<u>워서</u> 밖에 나가지 마라.

앞의 예문 (ㄱ)의 '오지만'은 '오면'으로, (ㄴ)의 '무더워서'를 '무더우니까' 혹은 '무더우므로'로 바꾸어야 (ㄱ)과 (ㄴ)이 응집성이 있는 적격문이 된다.

정의(定義) 감탄사(感歎詞)는 화자의 감정이나 태도, 청자에 대한 요구 등을 나타내는 단어들이다. 이것은 기쁨·슬픔·놀라움·두려움·아까움·안타까움 등의 여러 감정, 여러 가지 요구, 청자의 말에 대한 긍정·부정·의혹 등의 태도를 나타내는 품사이다. 이것을 '감동사(感動詞)' 혹은 '느낌씨'라고 일컫기도 한다.

> (207) ㄱ. <u>허허</u>, 이럴 수가 있나.
> ㄴ. <u>여보세요</u>, 이리 오십시오.
> ㄷ. <u>네</u>, 갈게요.

앞의 예문 (207ㄱ)에 쓰인 '허허'는 기막힌 일을 당했을 때 탄식하여 내는 말이고, (207ㄴ)의 '여보세요'는 청자의 주의를 화자에게 돌리라는 요구를 나타내는 말이며, (207ㄷ)의 '네'는 청자의 요구에 대한 화자의 긍정적인 태도를 나타내는 말이다. 이와 같이 화자의 감정·요구·태도 등을 나타내는 단어들을 감탄사라고 한다.

특징(特徵) 감탄사는 다음과 같은 특징을 가지고 있다.

첫째, 감탄사는 어형이 변화하지 않는다. 이것에는 조사가 연결되지 않는다.

둘째, 감탄사는 다른 문장 성분의 도움을 받지 않고서도 홀로 문장과 같은 기능을 할 수 있다. 위의 예문 (207ㄱ), (207ㄴ), (207ㄷ) 등에 쓰인 감탄사 '허허', '여보세요', '네' 등은 그 다음에 이어지는 말들이 생략되더라도 각각 홀로 문장이 될 수 있다.

셋째, 감탄사는 독립어로만 쓰인다.

종류(種類) 감탄사는 의미에 따라 감정 감탄사(感情感歎詞), 요구 감탄사(要求感歎詞), 태도 감탄사(態度感歎詞) 등으로 나뉜다.

감정 감탄사는 기쁨·슬픔·놀라움·한탄 등의 감정을 나타내는 감탄사이다. 감정별로 나누어 그 보기를 들어 보면 다음의 (208ㄱ)~(208ㅁ)과 같다.

> (208) ㄱ. 기쁨: 야 , 하하, 허허, 호호, 후후, 히히
> ㄴ. 슬픔: 아, 아이고, 어이구(줄여서 '에구' 혹은 '어이')
> ㄷ. 놀라움: 그것참(줄여서 '거참'), 아, 앗, 어, 어머, 어이구, 어이구머니(줄여서 '에구머니'), 어이쿠, 에구구, 에그, 에그그, 에그머니, 원
> ㄹ. 한탄: 아뿔싸, 허, 허허, 후유
> ㅁ. 언짢음: 원, 제기랄

앞의 (208ㄷ)과 (208ㅁ)의 '원'과 같이 형태가 같으면서 둘 이상의 감정을 나타내는 것은 화자의 어조로 구분된다.

요구 감탄사는 화자가 청자에게 어떤 것을 요구함을 나타내는 감탄사이다. '쉿', '아서', '아서라', '어이', '여보', '여보게', '여보세요', '여보시게', '여보시오', '여보십시오', '여봐라', '여봐요', '이봐', '자' 등이 그 보기에 해당한다.

> (209) ㄱ. 여보세요, 이리 오세요.
> ㄴ. 자, 그만 돌아갑시다.
> ㄷ. 쉿, 조용히 해.

태도 감탄사는 청자의 말에 대한 화자의 태도를 나타내는 감탄사이다. '그래', '그럼', '글쎄', '글쎄다', '글쎄올시다',[72] '아니', '아무렴',

'암', '예/네', '오냐', '응', 참, '천만에(千萬)'73) 등이 태도 감탄사이다.

> (210) ㄱ. 글쎄, 내가 뭐랬어?
> ㄴ. 암, 그 정도의 부탁이라면 들어 줄 수 있지.
> ㄷ. 오냐, 금방 가마.
> ㄹ. 천만에, 나도 할 수 있어.

담화를 할 때에 쉼 또는 멈칫거림을 줄이기 위하여 습관적으로 사용하는 '그', '머', '어', '에', '인제', '저' 등을 감탄사로 처리하는 이가 있다. 그러나 이것들은 일정한 의미를 나타내는 것이 아니므로74) 단어로 간주하는 것은 합당하지 않다.

---

72) '글쎄, 글쎄다. 글쎄올시다' 등은 청자의 물음이나 요구에 대하여 불분명한 태도를 나타내는 감탄사이다. '글쎄올시다'는 '글쎄다'의 높임말이다.
73) '천만에'는 청자의 말에 대하여 '도저히 그럴 수 없다', '절대 그렇지 않다'는 뜻을 나타내는 감탄사이다.
74) 문효근(1983 : 8)에서 군소리는 그 뿌리를 언어 기호에 두지 않는 한갓 호흡 조절에 따르는 생리적 문제와 관계가 있는 것이라고 한다.

제5장

활용

문장에서 용언은 활용(活用)을 하여 여러 가지 구실을 한다. 활용은 한국어 문법에서 매우 중요한 비중을 차지한다. 이 장에서는 활용이란 무엇이고, 활용형(活用形)과 어미(語尾)에는 어떤 것이 있는지에 대해서 살펴보기로 한다.

5.1 활용의 정의

활용(活用)이란 용언 – 동사・형용사・지정사 등 – 의 어간(語幹)에 여러 가지 어미(語尾)가 결합되는 현상이다. 즉 활용(活用)은 다른 문법적 관계를 나타내기 위해서 어미를 바꾸는 것이다. '활용'을 '어미변화' 혹은 '씨끝바꿈'이라고 일컫기도 한다.

(1) ㄱ. 동사: 먹다, 먹고, 먹으니, 먹으면, 먹느냐, 먹어서
   ㄴ. 형용사: 곱다, 곱고, 고우니, 고우면, 고우냐, 고와서
   ㄷ. 지정사: 이다, 이고, 이니, 이면, 이냐, 이어서

이상의 (1ㄱ), (1ㄴ), (1ㄷ) 등과 같이 활용하는 단어를 활용어(活用語)라고 하는데, 한국어에서는 동사·형용사·지정사 등이 활용어에 해당한다.

5.2 활용형의 종류

국어의 활용형(活用形)에는 종결형(終結形)·연결형(連結形)·전성형(轉成形) 등이 있다.

종결형은 한 문장을 종결짓는 활용형이다. 이것은 서법에 따라 평서법 종결형·의문법 종결형·명령법 종결형·청유법 종결형 등으로 세분된다.

연결형은 절(節)과 절을 연결하여 주는 구실을 하는 활용형이다. 이것은 그 기능에 따라 대등형과 종속형으로 양분한다. 종속형은 그 의미에 따라 의도형, 목적형, 이유·원인형, 동시성형, 연발성형, 계기성형, 양보형, 조건형, 수단·방법형, 중단·전환형, 익심형, 상황적 배경 제시형, 첨가형, 유사·비유형, 도급형 등으로 세분된다(5.3 참고).

전성형은 용언의 성격을 바꾸게 하는 활용형이다. 전성형은 그 기능에 따라 명사형과 관형사형으로 나뉜다.

(2) ㄱ. 철수는 야구를 <u>한다</u>.
ㄴ. 저 구멍을 <u>막아라</u>.
ㄷ. 지금 창 밖에 비가 <u>오니</u>?
ㄹ. 경치가 매우 <u>아름답구나</u>!
ㅁ. 검소하게 <u>살자</u>.

앞의 예문 (2ㄱ)에 쓰인 '한다'는 '하다'의 평서법 종결형이고, (2ㄴ)에 쓰인 '막아라'는 '막다'의 명령법 종결형이며, (2ㄷ)에 쓰인 '오니'는 '오다'의 의문법 종결형이며, (2ㄹ)에 쓰인 '아름답구나'는 '아름답다'의 평서법 종결형이며, (2ㅁ)에 쓰인 '살자'는 '살다'의 청유법 종결형이다.

(3) ㄱ. 인생은 짧고 예술은 길다.
    ㄴ. 비가 오니 기분이 상쾌하다.
    ㄷ. 여름이 가면 가을이 온다.
    ㄹ. 네가 열심히 공부하였으므로 상품을 준다.
    ㅁ. 밥을 너무 많이 먹어서 배가 아프다.
    ㅂ. 학문이란 탐구할수록 어려운 것임을 절감하게 된다.
    ㅅ. 구름에 달 가듯이 그는 떠났다.

앞의 예문 (3ㄱ)에 쓰인 '짧고'는 대등 연결형이다. 예문 (3ㄴ)에 쓰인 '오니', (3ㄷ)에 쓰인 '가면', (3ㄹ)에 쓰인 '공부하였으므로', (3ㅁ)에 쓰인 '먹어서', (3ㅂ)에 쓰인 '탐구할수록'과 (3ㅅ)에 쓰인 '가듯이' 등은 종속 연결형이다.

(4) ㄱ. 네가 읽는 책은 베스트셀러이다.
    ㄴ. 마음이 곱기가 비단과 같다.
    ㄷ. 내가 이렇게 열심히 일함은 오직 너를 위해서이다.

앞의 예문 (4ㄱ)에 쓰인 '읽는'은 '읽다'의 관형사형 전성형이다. 예문 (4ㄴ)에 쓰인 '곱기'는 '곱다'의 명사형 전성형이며, (4ㄷ)에 쓰인 '일함'은 '일하다'의 명사형 전성형이다.

어미(語尾)는 단어 내에서의 위치에 따라 선어말어미(先語末語尾)와 어말어미(語末語尾)로 나뉜다. 어말어미는 그 기능에 따라 종결어미(終結語尾)와 비종결어미(非終結語尾)로 나뉜다. 또다시 비종결어미는 그 기능에 따라 연결어미(連結語尾)와 전성어미(轉成語尾)로 나뉜다.

선어말어미는 어말어미 앞에 오는 어미이다. 예를 들면 '먹겠다', '먹는다', '먹더라', '먹었다', '앉으시다', '하리다', '가옵니다', '가것다', '가느냐' 등에 쓰인 '-겠-', '-는-', '-더-', '-었-', '-시-', '-리-', '-옵-', '-것-' 등이 선어말어미에 속한다. 선어말어미를 어간의 일종으로 다루지 않고 어미의 일종으로 다루는 것은 선어말어미가 일부 어간과만 결합하여 새로운 어간을 파생시키는 기능을 하지 못하고, 대부분의 어간과 결합하여 활용의 일부만을 담당하는 것이기 때문이다.

선어말어미는 용언이 형성되는 데 수의적인 것이지만 어말어미는 필수적인 것이다. 한 용언에 한 개의 어말어미가 쓰이지만 선어말어미는 두 개 이상이 쓰일 수 있다.[1] 한 개의 용언에 두 개 이상의 선어말어미가 결합할 경우 '잡-으시-었-겠-다', '가-시-겠-더-라' 등과 같이 순서가 정해져 있다. '잡-으시-었-겠-다'에서 선어말어미인 '-으시-', '-었-', '-겠-' 등의 순서가 지켜지지 않거나 '가-시-겠-더-라'에서 선어말어미인 '-시-', '-겠-', '-더-' 등의 순서가 지켜지지 않으면 문법에 어긋난 말이 된다.

선어말어미는 시제(時制) · 상(相) · 서법(敍法) · 양태(樣態) · 경어법(待遇法) 등을 실현하는 기능을 한다(제9장, 제10장, 제11장, 제13장 참조).

어말어미(語末語尾)는 단어의 맨 끝에 오는 어미(語尾)이다. 이것으로

---

1) '오시었겠다'에는 선어말어미 '-시-', '-었-', '-겠-' 등 세 개가 쓰였다.

한 단어가 끝나기 때문에 어말어미라고 한다.

    (5) ㄱ. 철수는 밥을 <u>먹고</u>, 영희는 빵을 <u>먹는다</u>.
        ㄴ. 그동안 많이 <u>굶었으니</u> 많이 <u>먹어라</u>.
        ㄷ. 날씨가 <u>좋은</u> 날에 소풍을 <u>가자</u>.
        ㄹ. 지금 밥을 <u>먹느냐</u>?
        ㅁ. 부디 <u>건강하소서</u>.
        ㅂ. 네가 이것을 <u>가지려무나</u>.

위의 예문 (5ㄱ)의 '먹고', '먹는다'[2]에 쓰인 '-고', '-다', (5ㄴ)의 '굶었으니', '먹어라'에 쓰인 '-으니', '-어라', (5ㄷ)의 '좋은'에 쓰인 '-은', '가자'에 쓰인 '-자', (5ㄹ)의 '먹느냐'[3]에 쓰인 '-느냐', (5ㅁ)의 '건강하소서'에 쓰인 '-소서', (5ㅂ)의 '가지려무나'에 쓰인 '-려무나' 등이 어말어미에 해당한다.

종결어미는 한 문장이 끝남을 나타내는 어미이다. 위의 예문 (5ㄱ)~(5ㅂ)에서 '먹는다', '먹어라', '가자', '먹느냐', '건강하소서', '가지려무나' 등에 쓰인 '-다', '-어라', '-자', '-냐', '-소서', '-려무나' 등이 종결어미에 속한다.

종결어미의 형태론적 특성은 다음과 같다.

첫째, 종결어미 중에 일정한 용언의 어간과 결합할 때에 제약을 받는 것이 있다. 평서법 종결어미 '-ㄹ세'는 지정사의 어간과 결합할 수 있는데, 동사와 형용사의 어간과는 결합하지 못한다. 평서법 종결어미 '-(으)ㄹ게', 평서법 종결어미 '-(으)ㅁ세', 명령법 종결어미 '-아라/-어

---

2) '먹는다'에서 '먹-'은 어간이고, '-는-'은 선어말어미이며, '-다'는 어말어미 중에서 평서법 종결어미이다.
3) '먹느냐'에서 '먹-'은 어간이고, '-느-'는 선어말어미이며, '-냐'는 어말어미 중에서 의문법 종결어미이다.

라/-여라' 등은 동사의 어간과만 결합하고, 형용사와 지정사의 어간과 결합하지 못한다. 다만 '기원(祈願)의 의미를 나타내는 '-아라/-어라/-여라'는 형용사와 지정사의 어간과 결합한다.

둘째, 종결어미 중에는 선어말어미와 결합하지 못하는 것이 있다. 평서법 종결어미인 '-(으)마', 명령법 종결어미 '-(으)려무나', '-(으)렴' 등은 어떤 선어말어미와도 결합하지 못한다.

셋째, 보조사인 '요'는 청자 존대의 의미를 나타내는 것이다. 이것은 '하십시오체'와 '해체'의 종결어미 뒤에 연결될 수 있지만, '하오체', '하게체', '해라체' 등의 종결어미 뒤에 연결되지 못한다.

(6) ㄱ. 어르신께서는 노래를 잘 부르십니다-요.
ㄴ. 이 줄을 잘 잡아-요.
ㄷ. *이 줄을 잘 잡으오-요.
ㄹ. *이 줄을 잘 잡게-요.
ㅁ. *이 줄을 잘 잡아라-요.

'하게체'의 명령법 종결어미인 '-게'와 청유법 종결어미인 '-세' 뒤에 '-나'가 연결되어 형성된 '-게나'와 -세나'는 '-게'와 '-세'보다 청자에게 친근함을 나타내는 것이다.

다음의 예문 (7ㄷ), (7ㄹ), (7ㅁ), (7ㅂ), (7ㅅ), (7ㅇ) 등에서 보는 바와 같이 청자에게 친근감을 나타내는 '-나'는 '하십시오체', '하오체', '해라체', '하세요체', '해요체', '해체' 등의 종결어미 뒤에 연결되지 못한다.

(7) ㄱ. 어서 오게-나.
ㄴ. 같이 가세-나.
ㄷ. *어서 가오-나.
ㄹ. *어서 오십시오-나.

ㅁ. *책을 많이 읽어-나.

ㅂ. *책을 많이 읽어요-나.

ㅅ. *책을 많이 읽으세요-나.

종결어미의 통사론적 특성은 다음과 같다.

첫째, 종결어미 중에 주어의 인칭을 제약하는 것이 있다. 평서법 종결어미인 '-(으)ㄹ게', '-(으)ㄹ래', '-(으)ㅁ세', '-(으)마' 등은 제1인칭 주어와만 공기 관계를 맺는다. 이것들은 제2인칭 주어나 제3인칭 주어와 공기 관계를 맺지 못한다.

(8) ㄱ. <u>내가</u> 빨리 <u>감세[4]</u>.

ㄴ. *<u>네가</u> 빨리 <u>감세</u>.

ㄷ. *<u>철수가</u> 빨리 <u>감세</u>.

앞의 예문 (8ㄱ)은 종결어미 '-ㅁ세'가 제1인칭 주어인 '내가'와 공기 관계를 맺었기 때문에 문법에 맞는 문장이 되었다. 그런데 예문 (8ㄴ)은 종결어미 '-ㅁ세'가 제2인칭 주어인 '네가'와 공기 관계를 맺었기 때문에 비문법적인 문장이 되었다. 예문 (3ㄷ)은 종결어미 '-ㅁ세'가 제3인칭 주어인 '철수가'와 공기 관계를 맺었기 때문에 비문법적인 문장이 되었다.

둘째, 종결어미 중에는 부사어와 공기 관계를 맺을 때 제약을 받는 것이 있다. 평서법 종결어미인 '-(으)ㄹ게', '-(으)ㄹ래', '-(으)ㅁ세', '-(으)마' 등과 명령법 종결어미인 '-(으)려무나', '-(으)렴' 등은 시간 부사어인 '나중에', '내일', '다음에' 등과 공기 관계를 맺을 수 있지만, '어제', '이전에' 등과 공기 관계를 맺지 못한다. 서법 부사어인 '설마',

---

4) 예문 (8)에 쓰인 '감세'는 '가다'의 어간 '가-'에 종결어미 '-ㅁ세'가 결합한 형태이다.

'하물며' 등은 의문법 종결어미와 공기 관계를 맺는다.

> (9) ㄱ. <u>내일</u> 너의 집에 놀러 <u>가마</u>.
>   ㄴ. *<u>어제</u> 너의 집에 놀러 <u>가마</u>.
> (10) ㄱ. <u>설마</u> 철수가 나를 <u>배신하겠니</u>?
>   ㄴ. *<u>설마</u> 철수가 나를 <u>배신하겠다</u>.

셋째, 종결어미는 청자 경어법의 화계(話階, speech level)의 제약을 받는다. 청자를 극존대하는 '하십시오체'로 말할 적에는 반드시 종결어미인 '-ㅂ니다/-습니다', '-ㅂ니까/-습니까', '-(으)십시오' 등을 사용하여야 문법에 맞는 문장이 된다. 그런데 '하십시오체'로 말하여야 할 경우에 종결어미인 '-소/-(으)오', '-게', '-아/-어/-야', '-아라/-어라/-여라' 등을 사용하면 비문법적인 문장이 될 뿐만 아니라 무례한 말이 된다.

> (11) ㄱ. <u>회장님</u>, 어서 <u>오십시오</u>.
>   ㄴ. *<u>회장님</u>, 어서 <u>오오</u>.
>   ㄷ. *<u>회장님</u>, 어서 <u>오게</u>.
>   ㄹ. *<u>회장님</u>, 어서 <u>와</u>.
>   ㅁ. *<u>회장님</u>, 어서 <u>오너라</u>.

종결어미의 의미적 특성은 종결어미가 '서술', '물음', '명령', '청유' 등의 서법적인 의미를 나타내는 것이다. 그리고 종결어미는 화자의 청자에 대한 존대 여부를 표현한다.

> (12) ㄱ. 나는 책을 <u>읽었다</u>.
>   ㄴ. 책을 <u>읽니</u>?
>   ㄹ. 책을 많이 <u>읽어라</u>.
>   ㅁ. 책을 많이 <u>읽자</u>.

앞의 예문 (12ㄱ)의 '읽었다'에 쓰인 종결어미인 '-다'는 아주 낮추

어 대우할 상대에게 '내가 책을 읽은 사실'을 서술함을 나타내고, (12
ㄴ)의 '읽니'에 쓰인 종결어미 '-니'는 아주 낮추어 대우할 상대에게
물음을 뜻한다. (12ㄷ)의 '읽어라'에 쓰인 종결어미 '-어라'는 아주 낮
추어 대우할 상대에게 '명령함'을 의미하고, (12ㄹ)의 '읽자'에 쓰인 종
결어미 '-자'는 아주 낮추어 대우할 상대에게 '청유함' 즉 어떤 행위
를 함께하기를 권함을 나타낸다.

종결어미는 다음과 같은 구실을 한다.

첫째, 종결어미는 문장의 끝맺음을 나타내는 기능을 한다. 종결어미
는 문장에서 서술어의 기능을 하는 용언의 어간에 결합되어 문장이
끝남을 나타내는 기능을 한다.

(13) ㄱ. 나는 밥을 <u>먹었다</u>.
　　 ㄴ. 밥을 <u>먹니?</u>
　　 ㄷ. 밥을 <u>먹어라</u>.
　　 ㄹ. 밥을 <u>먹자</u>.

앞의 예문 (13ㄱ)에 쓰인 '먹었다', (13ㄴ)에 쓰인 '먹니', (13ㄷ)의 '먹
어라', (13ㄹ)의 '먹자' 등은 동사 '먹다'의 활용형이다. 이것들에 쓰인
종결어미 '-다', '-니', '-어라', '-자' 등은 각 문장이 끝남을 나타내는
구실을 한다.

둘째, 종결어미는 서법을 나타내는 구실을 한다. 앞의 예문 (13ㄱ)의
'먹었다'에 쓰인 종결어미 '-다'는 평서법을, (13ㄴ)의 '먹니'에 쓰인 종결
어미 '-니'는 의문법을, (13ㄷ)의 '먹어라'에 쓰인 종결어미 '-어라'는 명
령법을, (13ㄹ)의 '먹자'에 쓰인 종결어미 '-자'는 청유법을 나타낸다.

셋째, 종결어미는 청자 경어법의 화계(話階)를 나타내는 구실을 한다.
'-ㅂ니다/-습니다', '-ㅂ니까/-습니까', '-(으)십시오' 등은 '하십시오체'
를 나타내는 종결어미이고, '-소/-(으)오'는 '하오체'를 나타내는 종결

어미이다. 평서법 종결어미인 '-네', '-(으)ㅁ세', 의문법 종결어미인 '-나', '-(으)ㄴ가/-는가', 명령법 종결어미인 '-게', 청유법 종결어미 '-세' 등은 '하게체'를 나타내는 기능을 한다. 평서법 종결어미인 '-다', 의문법 종결어미인 '-(으)니', '-느냐', 명령법 종결어미인 '-아라/-어라/-여라', '-(으)려무나', '-(으)럼', 청유법 종결어미인 '-자' 등은 '해라체'를 나타내는 기능을 한다. '-아/-어/-야'는 '해체'를 나타내는 종결어미이고, '-아요/-어요/-여요'5)는 '해요체'를 나타내는 구실을 한다.

종결어미는 의미에 따라 '평서법 종결어미' · '의문법 종결어미' · '명령법 종결어미' · '청유법 종결어미' 등으로 나뉜다. 이것들의 보기를 들어 보면 다음의 [표 3]과 같다.

[표 3] 종결어미의 분류

서법	화계	종결어미
평서법	하십시오체	-습니다/-ㅂ니다, -사오이다, -사옵나이다, -사옵니다, -옵니다, -답니다, -나이다, -올시다, -나이다
	하세요체	-셔요6)/-세요
	해요체	-아요/-어요/-여요, -지요
	하오체	-소/-(으)오, -(으)ㅂ디다/-습디다, -구려/-는구려/-로구려
	하게체	-네7), -(으)ㄹ세, -(으)ㅁ세, -다네
	해체	-다니까, -대, -(으)ㄹ걸, -(으)ㄹ래, -아/-어/-야, -지 ; -구먼/-는구먼/-로구먼, -네,8) -(으)ㄹ걸; -(으)ㄹ게
	해라체	-다, -단다/-란다, -(으)ㄹ라, -구나, -(으)마
의문법	하십시오체	-습니까/-ㅂ니까, -사옵나이까, -(으)옵나이까, -사옵디까, -나이까
	하세요체	-셔요/-세요
	해요체	-아요/-어요/-여요, -(으)ㄹ까요, -지요
	하오체	-소/-(으)오, -ㅂ디까/-습디까
	하게체	-나, -(ㄴ/은/는)가, -(ㄴ/은/는)고
	해체	-대9), -(으)ㄹ까, -(으)ㄹ꼬, -(으)ㄹ래 -아/-어/-야, -지, -(으)ㄴ감/-는감, -(으)람, -(으)ㄹ지

5) '-아요/-어요/-여요'는 종결어미 '-아/-어/-여'에 보조사 '요'가 결합한 말이다.

서법	화계	종결어미
	해라체	-냐, -느냐, -(으)니, -담10), -(으)련11), -뇨, -(으)랴, -(으)ㄹ쏘냐
명령법	하십시오체	-(으)십시오, -(으)ㅂ쇼 ; -(으)소서, -옵소서, -(으)ㅂ시사
	하세요체	-셔요/-세요
	해요체	-아요/-어요/-여요, -지요
	하오체	-(으)오
	하게체	-게, -게나
	해체	-아/-어/-여, -지
	해라체	-아라/-어라/-여라/-거라/-너라, -(으)라 , -(으)렴, -(으)려무나
청유법	하십시오체	-(으)십시다
	하세요체	-셔요/-세요
	해요체	-아요/-어요/-여요, -지요
	하오체	-(으)ㅂ시다, -(으)오
	하게체	-(으)세, -(으)세나
	해체	-아/-어/-여, -지, -자고12)
	해라체	-자, -자꾸나

종결어미 중에서 명령법과 청유법을 나타내는 것은 형용사와 지정
사의 어간에 결합되지 못한다. 평서법의 종결어미 중에서 '하오체'의

---

6) -셔요 : '-시어요'의 준말. 선어말어미 '-시-'에 종결어미 '-어'가 결합한 형태에
   보조사인 '요'가 연결된 형태임.
7) '-네'가 '하게체'에 쓰일 적에는 단순한 서술의 뜻을 나타낸다.
   [보기] 내가 이 밭을 갈았네.
8) '-네'가 '해체'에 쓰일 때에는 감탄의 뜻을 나타낸다.
   [보기] 경치가 매우 아름답네.
9) -대 : 어떤 사실을 주어진 것으로 치고 그 사실에 대한 의문을 나타내는 종결어미.
   [보기] 왜 이렇게 춥대?
10) -담 : '-단 말인가?'의 뜻으로 물음을 나타내는 종결어미.
    [보기] 경치가 어쩜 이렇게 아름답담?
11) -련 : 화자가 청자를 위하여 할 의사가 있는 어떤 행동에 대해서 청자가 받아들
    일 것인지를 친근하게 묻는 종결어미.
    [보기] 내가 줄을 잡아 주련?
12) 자고 : 어떤 일을 같이 하기를 권유하는 뜻을 나타내는 종결어미.
    [보기] 즐겁게 놀아 보자고.

'-구려', '해체'의 '-구먼', '-네', '-(으)ㄹ걸', '해라체'의 '-구나' 등은 감탄법 종결어미로, 평서법 '해체'의 '-(으)ㄹ게'와 '해라체'의 '-(으)마'는 약속법 종결어미로 간주하기도 한다. 그런데 이것들도 어떤 사물을 서술함을 뜻하는 것이므로 평서법 종결어미로 처리하는 것이 합당하다.

(14) ㄱ. 감탄: 경치가 매우 아름답{_-구려_, _-군_, _-네_}.
ㄴ. 감탄: 저 사람은 춤을 매우 잘 추는<u>구려</u>.
ㄷ. 후회: 맛있는 과일을 많이 먹<u>을걸</u>.
ㄹ. 추측: 내일 그가 미국에서 귀국<u>할걸</u>.
ㅁ. 약속: 내일 너의 집에 놀러 가{_-ㄹ게_, _-마_}.
ㅂ. 약속: 빚을 꼭 갚<u>으마</u>.

명령법의 종결어미 중에서 '하십시오체'의 '-(으)소서', '-(으)옵소서', '-(으)ㅂ시사' 등은 화자의 '기원(祈願)' 즉 '화자가 자기의 소원이 이루어지기를 빎'을 뜻하기 때문에 이것들을 기원법 종결어미로, 명령법 '해라체'의 '-(으)렴', '-(으)려무나' 등을 응낙법 종결어미 혹은 허락법 종결어미로 간주하기도 한다. 그런데 이러한 어미들도 상대에게 어떤 것을 요구하는 의미를 나타내는 종결어미이기 때문에 명령법 종결어미로 처리하는 것이 합당하다.

(15) 기원: 저에게 용기와 지혜를 주{_-소서_, _-옵소서_, _-ㅂ시사_}.
(16) ㄱ. 약속: 엄마, 친구와 영화 구경을 하고 집에 <u>갈게요</u>.
ㄴ. 허락: 그래, 그렇게 <u>하렴</u>.
(17) 완곡한 명령: 그렇게 공부해서는 대학에 못 들어간다. 더욱 열심히 공부<u>하렴</u>.

종결어미인 '-아/-어/-야', '-지', '-아요/-어요/-여요' '-지요', '-서요13)/-세요' 등은 문장 끝에 오는 억양에 따라 상이한 서법을 나타낸다. 이것들이 평서법을 나타낼 적에는 하강조(＼)이고, 의문법을 나타낼 경우에는 상승조(／)이며, 명령법을 나타낼 때에는 절단조(↕)이고, 청유법을 나타낼 적에는 상승하강조(／＼)이다.

    (18) ㄱ. 상승조, 의문법: 지금 너는 무엇을 하<u>지</u>?
         ㄴ. 하강조, 평서법: 지금 나는 책을 읽고 있<u>어</u>.
    (19) 상승조, 의문법: 누구를 잡<u>아</u>?
    (20) 절단조, 명령법: 밥이 식는다. 빨리 먹<u>어</u>.
    (21) 상승하강조, 청유법: 그 물건이 매우 무거우니 우리 함께 들<u>어</u>.

    종결어미인 '-야'는 지정사인 '이다'와 '아니다'의 어간에 결합되어 평서법과 의문법을 나타내는 종결어미이다.

    (22) ㄱ. 평서법: 나에게 이런 기분은 처음이<u>야</u>.
         ㄴ. 의문법: 여기가 너의 집이 아니<u>야</u>?

    종결어미 '-(으)ㅂ쇼'는 극히 일부 직업인이 사용하는 종결어미이다.14) 이것은 명령법을 나타내는 종결어미로 쓰이거나, 종결어미인 '-는데'나 '-(으)ㄹ까'에 결합되어 평서법이나 의문법을 나타낸다.

    (23) ㄱ. 명령법: 어서 <u>옵쇼</u>.
         ㄴ. 평서법: 맛이 참 <u>좋은뎁쇼</u>.
         ㄷ. 의문법: 이것을 <u>드릴깝쇼</u>?

---

13) '-셔요'는 주체 존대 선어말어미 '-시-'와 어말어미 '-어'와 보조사 '요'가 결합된 '-시어요'가 줄어서 형성된 형태이다. '-세요'는 '-셔요'의 변종으로 '-셔요' 보다 더 많이 쓰인다.
14) '-ㅂ쇼'는 예전에 사회적으로 신분이 낮은 사람이 신분이 높은 사람에게 사용한 종결어미이다.

명령법 '해라체' 종결어미인 '-아라/-어라/-여라'가 '어떤 일을 하도록 요구함'의 의미를 나타낼 경우에는 동사의 어간과만 결합하는데, '기원'의 의미를 나타낼 경우에는 동사·형용사·지정사 등의 어간과 결합한다.

(24) ㄱ. 부디 잘 살아라. [동사 '살다'의 어간 '살-' + 종결어미 '-아라']
ㄴ. 더욱 <u>아름다워라</u>. [형용사 '아름답다'의 어간 '아름다우-' + 종결어미 '-어라']
ㄷ. 최고의 미인<u>이어라</u>. [지정사 '이다'의 어간 '이-' + 종결어미 '-어라']

비종결어미(非終結語尾)는 문장의 종결을 나타내지 않는 어말어미이다. '먹고', '먹으니', '먹은' 등에서 '-고', '-으니', '-은' 등이 비종결어미에 해당한다. 비종결어미는 연결어미와 전성어미로 나뉜다.

연결어미는 서술 기능과 더불어 선행절15)과 후행절을 이어 주는 구실을 하는 어미이다. 한국어의 연결어미는 552개로 다른 어미에 비하여 그 수효가 가장 많다. 연결어미를 기능에 따라 분류하면 대등적 연결어미, 종속적 연결어미, 보조적 연결어미 등으로 나뉜다. 대등적 연결어미와 종속적 연결어미는 의미에 따라 다음의 (25)에서 보듯이 여러 가지로 세분된다.

(25) ㄱ. 대등적 연결어미
ⓐ 나열(羅列): -고, -(으)며, -면서, -거니와
ⓑ 대립(對立): -(으)나, -(으)ㄴ데/-는데, -다마는, -지마는
ⓒ 선택(選擇): -거나, -든지, -나
ㄴ. 종속적 연결어미
ⓐ 의도(意圖): -고자, -(으)려고

---

15) 변형생성문법에서는 '절(clause)'을 문장의 일종인 '내포문'으로 간주한다.

    ⓛ 목적(目的): -(으)러

    ⓒ 이유(理由)·원인(原因): -아서/-어서/-여서, -(으)니(까), -(으)므로, -(으)매, -느라고

    ⓔ 동시성(同時性): -(으)며, -(으)면서

    ⓜ 연발성(連發性): -자, -자마자

    ⓗ 시차성(時差性): -고서, -아서/-어서/-여서

    ⓢ 양보(讓步): -아도/-어도/-여도, -(으)ㄴ들, -더라도, -(으)ㄹ지라도, -(으)ㄹ망정

    ⓞ 조건(條件): -거니와, -거든, -되, -면, -아서는/-어서는/-여서는, -아야/-어야/-여야

    ⓩ 수단(手段)·방법(方法): -아서/-어서/-여서, -고서

    ⓣ 중단 전환(中斷轉換): -다가

    ⓚ 익심함(益甚-): -(으)ㄹ수록

    ⓣ 상황적(狀況的) 배경(背景) 제시(提示): -(으)ㄴ데/-는데

    ⓟ 첨가(添加): -(으)ㄹ뿐더러

    ⓗ 유사(類似)·비유(比喩): -듯이

    ㉮ 도급(到及): -도록

   ㄷ. 보조적 연결어미: -게, -고, -아/-어/-여, -아야/-어야/-여야, -지, -나, -(으)ㄴ가/-는가

 연결어미 중에는 앞의 (25ㄱ)의 대등적 연결어미, (25ㄴ)의 종속적 연결어미와 달리 어떤 용언을 보조 용언16)에 이어 주는 구실을 하는 연결어미는 (25ㄷ)의 '-게, -고, -아/-어/-여, -아야/-어야/-여야, -지, -나, -(으)ㄴ가/-는가' 등이다. 이것들은 본동사나 본형용사의 어간에 결합되어 보조 용언에 이어 주는 구실을 하므로 '보조적 연결어미'라고 한다(4.3.5 동사 참조).

 (26) ㄱ. 그는 영주에게 여행을 가게 하였다.
   ㄴ. 그는 학교에 가고 있다.

---

16) '보조 용언'이란 '보조 동사'와 '보조 형용사'를 묶어 일컫는 용어이다.

ㄷ. 그는 의자에 앉아 있다.

ㄹ. 성공하려면 열심히 공부하여야 한다.

ㅁ. 그는 떠들지 아니한다.

위의 예문 (26ㄱ)의 '가게'에 쓰인 어미 '-게', (26ㄴ)의 '가고'에 쓰인 어미 '-고', (26ㄷ)의 '앉아'에 쓰인 어미 '-아', (26ㄹ)의 '공부하여야'에 쓰인 어미 '-여야', (26ㅁ)의 '떠들지'에 쓰인 어미 '-지' 등이 보조적 연결어미이다.

보조적 연결어미 중에는 한 문장에 둘 이상의 보조 용언이 쓰일 경우 선행하는 보조 용언의 어간에 결합되어 후행하는 보조 용언에 연결하여 주는 기능을 하는 기능을 하는 경우도 있다.

(27) 태풍이 불 때 운동장에서 운동하지 아니하여야 한다.

앞의 예문 본용언 '운동하지'에 쓰인 '-지'와 보조 용언 '아니하여야'에 쓰인 '-여야'는 보조적 연결어미이다.

연결어미는 각각 일정한 의미를 나타낸다. 모든 연결어미는 문법적 제약을 받는다. 이 글에서는 연결어미 가운데 논의가 분분한 것들에 국한하여 간단히 살펴보기로 한다.

1 -거든, -(으)면

연결어미 '-거든'은 화자가 추정한 필수적인 조건을 뜻하는데, '-(으)면'은 화자가 추정한 필수적 조건이나 수의적 조건 혹은 가정된 조건을 뜻한다.

(28) ㄱ. 비가 그치거든 너의 집에 가거라.

ㄴ. 비가 그치면 너의 집에 가거라.

앞의 예문 (28ㄱ)은 비가 그치지 않으면 절대로 너의 집에 가서는 안 된다는 뜻이고, 예문 (28ㄴ)은 비가 그치지 않으면 집에 가도 되고 가지 않아도 된다는 뜻이다. 즉 (28ㄱ)은 비가 그치는 것이 집에 가는 행위의 필수적 조건이 되지만, (28ㄴ)은 비가 그치는 것이 집에 가는 행위의 필수적 조건도 되고 수의적 조건도 된다는 것이다.

'-거든'의 후행절은 명령법이나 청유법을 나타낸다. 평서법이나 의문법을 나타내는 후행절은 허용되지 않는다. 그런데 '-(으)면'의 후행절은 이와 같은 제약을 받지 않는다.

(29) ㄱ. 가을이 되<u>거든</u> 여행을 <u>떠나거라</u>.
　　 ㄴ. 가을이 되<u>거든</u> 여행을 <u>떠나자</u>.
(30) ㄱ. *봄이 오<u>거든</u> 꽃이 <u>필까</u>?
　　 ㄴ. 봄이 오<u>면</u> 꽃이 <u>필까</u>?
(31) ㄱ. *눈이 오<u>거든</u> 나는 왠지 기분이 <u>좋다</u>.
　　 ㄴ. 눈이 오<u>면</u> 나는 왠지 기분이 <u>좋다</u>.

앞의 예문 (29ㄱ)의 선행절인 "가을이 되거든" 뒤에 이어진 "여행을 떠나거라"라는 절은 명령법을 나타내고, 예문 (29ㄴ)의 선행절인 "가을이 되거든" 뒤에 이어진 "여행을 떠나자"라는 절은 청유법을 나타낸다. 선행절의 서술어에 연결어미 '-거든'이 쓰일 경우 후행절에 의문법을 나타내는 후행절이 올 수 없기 때문에 (30ㄱ)이 비문법적인 문장이 된다. 선행절의 서술어에 연결어미 '-면'이 쓰일 경우 후행절은 서법의 제약을 받지 않기 때문에 (30ㄴ)은 문법에 맞는 문장이 된다. 그리고, 선행절의 서술어에 필수적 조건을 뜻하는 연결어미 '-거든'이 쓰이면, 평서법을 나타내는 후행절이 올 수 없기 때문에 (31ㄱ)은 비문법적인 문장이 된다. 선행절의 서술어에 연결어미 '-면'이 쓰일 경우 후행절은 서법의 제약을 받지 않기 때문에 후행절이 평서법을 나타내어도 (31ㄴ)은 문법에 맞는 문장이 된다.

이와 같이 '-거든'이 '-(으)면'과 달리 후행절을 제약하는 것은 '-거든'과 후행절의 종결어미 사이에 존재하는 선택 제약(選擇制約)[17] 때문이다.

2 -고서

연결어미 '-고서'는 '화자가 생각하는 어떤 행위가 시간적으로 잇달아 이루어짐'이나 '어떤 행위가 이루어지는 수단이나 방법'을 뜻한다. 구어(口語)에서는 '-고서'보다 '서'가 생략된 '-고'가 더 많이 쓰인다.

> (32) ㄱ. 너는 이 문제를 풀고서 저 문제를 풀어야 한다.
> ㄴ. 문을 열고서 방으로 들어가거라.

'-고서'는 선어말어미인 '-았-/-었-/-였-', '-겠-' 등과 결합하여 쓰이지 못하지만, 주체 존대를 나타내는 선어말어미인 '-시-'와 결합하여 쓰인다.

> (33) ㄱ. 선생님께서는 노트를 사시고서 연필도 사셨다.
> ㄴ. *그는 과일을 모두 먹었고서 빵을 먹었다.

앞의 예문 (33ㄴ)이 비문법적인 문장이 된 것은 '-고서'가 선어말어미인 '-었-'과 결합하여 쓰이었기 때문이다.

3 -고자, -(으)려고

---

17) 선택 제약(選擇制約)이란 문장에서 어휘 항목이 공기(共起)할 때 나타나는 제약이다. 이것을 '선택 제한(選擇制限)'이라고 일컫기도 한다. 예를 들어 "여러 날 굶었더니 나는 밥이 많이 먹인다."라는 문장은 비문법적인 문장이다. 그 이유는 피동문에서는 주어 '밥이'와 호응하는 피동사인 '먹힌다'가 쓰이어야 하는데 사동사 '먹인다'가 쓰였기 때문이다.

연결어미 '-고자'는 '화자가 생각하는 주체의 의도'를 뜻하고, '-(으)려고'는 '화자가 생각하는 주체의 의도' 혹은 '주체의 어떤 행위가 이루어질 예정'을 뜻한다. 이것들도 '-고서'와 같이 선어말어미인 '-았-/-었-/-였-', '-겠-' 등과 결합하여 쓰이지 못하지만, 주체 존대를 나타내는 선어말어미 '-시-'와 결합하여 쓰이는 경우가 있다.

> (34) ㄱ. 내일 부모님께서는 여행을 {<u>가시고자</u>, <u>가시려고</u>} 준비를 하고 계세요.
> ㄴ. *내일 나는 고향에 {<u>가겠고자</u>, <u>가겠으려고</u>} 기차표를 샀다.
> ㄷ. *어제 나는 일을 모두 {<u>마치었고자</u>, <u>마치었으려고</u>} 무척 힘썼다.

다음의 예문 (35ㄱ), (35ㄴ) 등에서와 같이 '-고자'와 '-(으)려고'가 주체의 의도를 뜻할 적에는 그 주체가 유정 명사이다. 그런데 예문 (35ㄷ), (35ㄹ) 등에서와 같이 '-(으)려고'가 주체의 어떤 작용이 이루어질 예정을 뜻할 때에는 그 주체가 무정 명사이다.

> (35) ㄱ. <u>철수</u>가 영희를 속이-{<u>-고자</u>, <u>-려고</u>} 거짓말을 하였다.
> ㄴ. <u>나</u>는 그 친구를 만나-{<u>-고자</u>, <u>-려고</u>} 내일 광천에 갈까 한다.
> ㄷ. <u>비</u>가 오-{*<u>-고자</u>, <u>-려고</u>} 먹구름이 몰려온다.
> ㄹ. <u>금값</u>이 오르-{*<u>-고자</u>, <u>-려고</u>} 금이 귀하여진다.

❹ -(으)ㄴ데/-는데

연결어미 '-(으)ㄴ데/-는데'는 대등적 연결어미나 종속적 연결어미로 쓰인다.

대등적 연결어미인 '-(으)ㄴ데'는 형용사나 지정사의 어간과 결합하여 쓰이고, '-는데'는 동사의 어간과 결합하여 쓰이는 연결어미이다.[18] '-(으)ㄴ데'와 '-는데'는 의미가 똑같지 않다. '-(으)ㄴ데'는 어떤 주체의 상태가 화자의 기대에 어긋나거나 맞섬을 뜻하는데, '-는데'는 어떤 주체의 동작이 화자의 기대에 어긋나거나 맞섬을 뜻한다.

(36) ㄱ. 철수는 열심히 공부하는데, 너는 놀기만 하니?
　　ㄴ. 현우는 올해 30세인데, 아직도 철이 안 났다.
　　ㄷ. 그 여자는 착한데, 그녀의 딸은 악하다.

종속적 연결어미인 '-(으)ㄴ데/-는데'는 선행절의 내용이 후행절의 내용의 상황적 배경이 됨을 뜻한다.

(37) ㄱ. 이 음식은 내가 만든 것인데 먹어 봐.
　　ㄴ. 회의를 개최해야 하는데, 아직도 참석하지 않은 회원이 있다.
　　ㄷ. 시간이 별로 없는데, 부지런히 문제를 풀어라.

'-(으)ㄴ데'는 선어말어미인 '-았-/-었-/-였-', '-겠-' 등과 결합하여 쓰이지 못하지만, '-는데'는 '-았-/-었-/-였-', '-겠-' 등과 결합하여 쓰이는 경우가 있다. 선어말어미인 '-시-'는 '-(으)ㄴ데'나 '-는데'와 결합하여 쓰인다.

(38) ㄱ. 나는 돈만 넉넉하면 내일이라도 유학을 가겠는데, 너무 가난해서 유학을 가지 못하겠다.
　　ㄴ. 나는 어제 국어 시험에 100점을 맞았는데, 오늘 국어 시험에서는 60점을 맞았다.
　　ㄷ. 그녀는 매우 아름다웠-{*-은데, -는데}, 미스 코리아로 뽑히지 못하였다.
　　ㄹ. 옛날에 철수는 용감한 학생이었-{*-은데, -는데}, 요사이는 비겁

---

18) '-(으)ㄴ데/는데'는 종결어미로 쓰이기도 한다.
　(ㄱ) 어쩐 일인데? (ㄴ) 경치가 매우 아름다운데.
　(ㄷ) 올해는 눈이 너무 많이 오는데.

하게 행동한다.
ㅁ. 저분은 거부이신데, 늘 검소하게 생활하신다.

앞의 예문 (38ㄴ), (38ㄷ), (38ㄹ) 등에서 보듯이 선어말어미인 '-았-
/-었-/-였-'이 연결어미인 '-는데'와 결합할 수 있다. 그런데 선어말어미
인 '-았- /-었-/-였-'이 연결어미인 '-(으)ㄴ데'와 결합할 수 없는 것은,
선어말어미인 '-았-/-었-/-였-'과 연결어미인 '-(으)ㄴ데' 사이에 존재
하는 선택 제약 때문이다.

5 -느라고

연결어미 '-느라고'는 화자가 생각할 때 동시적으로 이루어지는 행
동의 원인을 뜻한다. 이것은 동사의 어간과 결합할 수 있는데, 형용사
와 지정사의 어간과는 결합하지 못한다. 또한 '선행절 + -느라고 +
후행절' 문장에서 선행절과 후행절의 주어가 동일하다. 그 이유는 동
작주가 동일하여야 두 동작의 시간대가 겹칠 수 있기 때문이다.

(39) 동혁: 너는 왜 내 말을 못 들었니?
    철수: 옆 친구와 이야기하느라고 못 들었어.
(40) 영주: 빵을 더 먹어라.
    영희: 너무 많이 먹-{*-느라고, -어서} 배가 불러.

앞의 예문 (39)에서 '철수'가 '동혁'의 말을 못 들은 원인은 '철수'가
옆 친구와 이야기하는 데 있었다는 것이다. 그런데 (40영희)에서 '-느
라고'가 쓰이면 비문법적인 문장이 되고, '-어서'가 쓰이면 문법에 맞
는 문장이 되는 것은 먹는 행위와 배가 부른 상태의 사이에는 동시성
이 없고 시차성이 있기 때문이다. 이렇듯 '-느라고'는 동시적으로 이루

어지는 행동의 원인을 뜻한다. '-느라고'는 선어말어미인 '-았-/-었-/-였-', '-겠-' 등과 결합하여 쓰이지 못하지만, 선어말어미인 '-시-'와는 결합하여 쓰인다.

(41) ㄱ. *오다가 친구와 이야기를 <u>하였느라고</u> 늦었어.
ㄴ. 어머니께서는 가족의 식사를 <u>준비하시느라고</u> 매우 바쁘시다.

앞의 예문 (41ㄱ)은 연결어미 '-느라고'에 선어말어미 '-였-'이 결합된 '하였느라고'가 쓰였기 때문에 비문법적인 문장이 되었다. (41ㄴ)은 연결어미 '-느라고'에 선어말어미 '-시-'가 결합된 '준비하시느라고'가 쓰였기 때문에 문법적인 문장이 되었다.

6 -(으)니까

연결어미 '-(으)니까'는 화자가 어떤 행위나 상태에 대하여 생각하는 주관적인 이유나 원인을 뜻한다. 이것은 동사·형용사·지정사 등의 어간과 결합이 가능하다. 그리고 '-(으)니까'는 선어말어미인 '-았-/-었-/-였-', '-겠-', '-시-' 등과 결합하여 쓰이는 경우가 있다.

(42) ㄱ. 그 당시 저 아파트 값이 너무 <u>비쌌으니까</u> 사기가 힘들었다.
ㄴ. 앞으로 나도 열심히 <u>공부하겠으니까</u> 너무 꾸짖지 마세요.

연결어미인 '-아서/-어서/-여서'19)도 이유나 원인을 나타내는 것인데,

---

19) 연결어미 '-아서/-어서/-여서'는 이유나 원인 이외에 시간적 전후 관계, 방법 등을 나타내기도 한다.
(ㄱ) 그는 집을 지어서 이사를 하였다.
(ㄴ) 국을 끓이어서 먹다.
이상의 예문 (ㄱ)의 '지어서'에 쓰인 어미 '-어서'는 시간적 전후 관계를 나타내

이것은 연결어미인 '-(으)니까'와 달리 쓰인다.

(43) ㄱ. 바람이 심하게 {부니까, *불어서} 안으로 들어오세요.
ㄴ. 시간이 {없으니까, *없어서} 빨리 갑시다.

앞의 예문 (43ㄱ)과 (43ㄴ)에서 보듯이 '-(으)니까'가 명령법이나 청유법을 나타내는 후행절에 이어지면 문법에 맞는 문장이 되지만, '-아서/-어서/-여서'가 명령법이나 청유법을 나타내는 후행절에 이어지면 비문법적인 문장이 된다. 그 이유는 '-(으)니까'는 [+동시성]의 의미 자질을 지닌 어미이지만, '-아서/-어서/-여서'는 [+시차성]의 의미 자질을 지닌 어미이기 때문이다.

7 -도록

연결어미 '-도록'[20]은 동사나 형용사의 어간에 붙어 선행절의 내용이 후행절에서 지시하는 사태의 목적이나 정도 따위가 됨을 나타내거나, 선행절의 행동이나 정도가 한계에 도달함을 나타내는 것이다. 이것은 지정사의 어간과 결합하지 못한다. 연결어미 '-도록'은 선어말어미인 '-시-'와 결합할 수 있지만, 선어말어미인 '-았-/-었-/-였-'이나 '-겠-' 등과 결합하지 못한다.

(44) ㄱ. 제가 충분히 이해할 수 있도록 다시 설명해 주세요.
ㄴ. 1년이 지나도록 그에게서 아무 소식이 없다.
ㄷ. 그는 경찰에게 체포되지 {않도록, *않았도록} 멀리 도망을 갔다.
ㄹ. 이번에는 다치지 않으시도록 조심하십시오.

는데, (ㄴ)의 '끓이어서'에 쓰인 '-어서'는 방법을 뜻한다.
20) '-도록'은 '해라체'에 '명령'의 뜻을 나타내는 종결어미로 쓰이기도 한다.
[보기] 내일 오전 10시까지 학교에 오도록.

다음의 예문 (45ㄱ), (45ㄴ), (45ㄷ) 등은 연결어미인 '-도록'을 남용한 문장이다.

> (45) ㄱ. *회의를 <u>개최하도록</u> 하겠습니다.
> ㄴ. *지금부터 본격적으로 오락을 <u>시작하도록</u> 하겠습니다.

앞의 예문 (45ㄱ)과 (45ㄴ)은 다음의 (45ㄱ)´, (45ㄴ)´과 같이 바꾸어 써야 자연스러운 문장이 된다.

> (45)´ ㄱ. 회의를 개최하겠습니다.
> ㄴ. 지금부터 본격적으로 오락을 시작하겠습니다.

8 -되

연결어미 '-되'는 선행절의 내용을 인정하면서 뒤에 단서를 붙이거나 알기 쉽게 덧붙여 자세히 설명함을 뜻한다. 이것은 동사·형용사·지정사 등의 어간과 결합할 수 있으며, 선어말어미인 '-았-/-었-/-였-', '-겠-', '-시-' 등과 결합할 수 있다.

> (46) ㄱ. 비가 <u>오되</u>, 약간 올 뿐이다.
> ㄴ. 이 떡을 저 어른께 갖다 <u>드리되</u> 두 손으로 공손히 드려라.
> ㄷ. 바깥에 나가 <u>놀되</u>, 너무 오랫동안 놀지 마라.

9 -(으)ㄹ망정

연결어미 '-(으)ㄹ망정'은 '화자가 생각할 때 주체가 비록 어찌하거나 어떠할지라도'를 뜻한다. 이것은 동사·형용사·지정사 등의 어간과 결합한다. 이것은 선어말어미인 '-았-/-었-/-였-', '-시-' 등과 결합하는데, 선어말어미인 '-겠-'과는 결합하지 못한다.

(47) ㄱ. 나는 굶어 죽을망정 신념을 굽히면서까지 비굴하게 살고 싶지 않다.

ㄴ. 그는 물질적으로 가난하게 사는 사람일망정 마음은 언제나 부유
하다.

ㄷ. 옛날에 그 사람은 가난하였을망정 남을 많이 도우면서 살았다.

ㄹ. 이민을 가실망정 저를 잊지 마세요.

ㅁ. *내일 저를 버리고 떠나겠을망정 이 산천을 기억하세요.

전성어미(轉成語尾)는 주로 서술어의 기능을 하는 용언 – 동사·형용
사·지정사 등 – 을 명사나 관형사가 하는 기능을 하도록 전성시키는
구실을 하는 어미이다.

전성어미는 그 기능에 따라 명사형 전성어미와 관형사형 전성어미
로 나뉜다.

명사형 전성어미는 용언의 어간에 결합하여 용언으로 하여금 명사
와 같은 기능을 하게 하는 어미이다. '-기', '-(으)ㅁ' 등이 명사형 전성
어미에 해당한다.

명사형 전성어미 '-기'는 '움직임의 개념화나 상태의 일반화'를 뜻
하고, 명사형 전성어미 '-(으)ㅁ'은 '상태의 개념화나 움직임의 일반화'
를 뜻한다. 다음의 예문 (48ㄱ)에 쓰인 '귀국하기'는 동사 '귀국하다'의
어간 '귀국하-'에 명사형 전성어미 '-기'가 붙은 형태로, 귀국하는 행위
의 개념화를 뜻한다. (48ㄴ)에 쓰인 '덥기'는 형용사 '덥다'의 어간 '덥
-'에 명사형 전성어미 '-기'가 붙은 형태로서, 더운 상태의 일반화를
뜻한다. (48ㄷ)에 쓰인 '이기'는 지정사 '이다'의 어간 '이-'에 명사형
전성어미 '-기'가 붙은 형태로서, 그러한 성질을 지닌 존재의 일반화를
의미한다.

(48) ㄱ. 나는 그녀가 빨리 귀국하기를 바라고 있다.

ㄴ. 덥기가 용광로 같다.

ㄷ. 나는 그 사람이 정직한 사람이기를 바란다.
ㄹ. 그는 세월이 빨리 흘러감을 한탄했다.
ㅁ. 그분께서 돌아가셨다니 슬픔이 이를 데가 없다.

앞의 예문 (48ㄹ)에 쓰인 '흘러감'은 동사 '흘러가다'의 어간 '흘러가-'에 명사형 전성어미 '-ㅁ'이 붙은 형태로서, 흘러가는 움직임의 일반화를 뜻한다. 앞의 예문 (48ㅁ)에 쓰인 '슬픔'은 형용사 '슬프다'의 어간 '슬프-'에 명사형 전성어미 '-ㅁ'이 붙은 형태로서, 슬픈 상태의 개념화를 뜻한다.

'-기', '-(으)ㅁ' 등은 명사화 파생 접미사로 쓰이는 경우가 있다.

(49) ㄱ. 나는 읽기와 듣기 중에서 읽기를 더 좋아해.
ㄴ. 큰 기쁨은 큰 슬픔과 비례한다.

앞의 예문 (49ㄱ)에서 '읽기'와 '듣기'에 쓰인 '-기'와 (49ㄴ)에서 '기쁨'과 '슬픔'에 쓰인 '-ㅁ'은 명사화 파생 접미사로서 동사 '읽다'의 어근 '읽-'과 '듣다'의 어근 '듣-'에 결합되어 파생명사가 된 것이다.

'-기'와 '-(으)ㅁ'이 명사형 전성어미로 쓰인 경우에는 그것들이 결합된 단어 앞에 부사어가 놓일 수 있는데, '-기'와 '-(으)ㅁ'이 명사화 파생 접미사로 쓰인 경우에는 그것들이 결합된 단어 앞에 관형어가 놓일 수 있다.

(50) ㄱ. 빨리 달리기가 어렵다.
ㄴ. 이토록 크게 기뻐함은 네가 어렵게 합격했기 때문이야.
(51) ㄱ. 나는 힘든 달리기보다 쉬운 걷기가 더 좋아.
ㄴ. 이런 기쁨은 처음 맛보는 것이야.

앞의 예문 (50ㄱ)에 쓰인 '빨리'와 (50ㄴ)에 쓰인 '크게'는 부사어이 므로 (50ㄱ)의 '달리기'와 (50ㄴ)의 '기뻐함'에 쓰인 '-기'와 '-ㅁ'은 명 사형 전성어미이다. '달리기'와 '기뻐함'은 명사형으로 쓰였을 뿐 '달 리기'와 '기뻐함'은 동사이다. 그런데 (51ㄱ)에 쓰인 '힘든, 쉬운'과 (51 ㄴ)에 쓰인 '이런'은 관형어이므로 (51ㄱ)의 '달리기, 걷기'와 (51ㄴ)의 '기쁨'에 쓰인 '-기'와 '-ㅁ'은 명사화 파생 접미사이다. (51ㄱ)의 '달리 기, 걷기'와 (51ㄴ)의 '기쁨'은 파생 명사이다.

관형사형 전성어미는 용언의 어간에 결합하여 용언으로 하여금 관형 사와 같은 기능을 하게 하는 어미이다. '-(으)ㄴ', '-는', '-(으)ㄹ', '-던' 등이 관형사형 전성어미에 속한다.

관형사형 전성어미인 '-(으)ㄴ'이 동사의 어간에 결합할 경우에는 어 떤 행위가 종료되었음을 뜻하고, 과거 시제를 나타낸다. 그런데 '-(으) ㄴ'이 형용사와 지정사의 어간에 결합할 경우에는 어떤 상태가 지속 되거나 성질이 유지됨을 뜻한다.

다음의 예문 (52ㄱ)에 쓰인 동사 '먹은'은 '먹는 동작의 종료'를 뜻하 고, 예문 (52ㄴ)에 쓰인 동사 '떠난'은 '떠나는 동작의 종료'를 뜻한다. 예문 (52ㄷ)에 쓰인 형용사 '착한'은 '착한 성질의 유지'를 뜻하며, 예문 (52ㄹ)에 쓰인 형용사 '적막한'은 '적막한 상태의 지속'을 의미한다.

(52) ㄱ. 이 사과는 내가 <u>먹은</u> 것이다.
ㄴ. 나는 이미 <u>떠난</u> 사람을 기다리지 않는다.
ㄷ. 나는 <u>착한</u> 사람을 좋아한다.
ㄹ. 나는 <u>적막한</u> 곳을 싫어한다.

관형사형 전성어미인 '-는'은 동사의 어간에 결합되어 어떤 움직임 이 현재 진행 중임을 뜻하거나, 형용사 '있다'와 '없다'의 어간에 결합되어 그 상태가 지속되고 있음을 뜻하고, 현재 시제를 나타낸다. 관형사형 전성어미인 '-는'은 '있다'와 '없다'를 제외한 형용사와 지정사의 어간에 결합되지 못한다.

다음의 예문 (53)에 쓰인 동사 '먹는'은 '먹는 행위가 현재 진행 중임'을 뜻한다.

(53) 지금 내가 <u>먹는</u> 사과는 가장 비싼 것이다.

관형사형 전성어미인 '-(으)ㄹ'은 앞으로 일어날 일, 가능성, 추측, 예정 등을 뜻하고, 미래 시제를 나타낸다. 관형사형 전성어미 '-던'은 과거의 어떤 움직임이나 상태를 회상하고, 과거에 중단된 행위나 상태 등을 뜻하며, 과거 시제를 나타낸다.

다음의 예문 (54ㄱ)에서 '먹을'에 쓰인 관형사형 전성어미 '-을'은 '예정'을 뜻하고, 예문 (54ㄴ)에서 '먹던'에 쓰인 관형사형 전성어미 '-던'은 '과거 회상, 과거에 중단된 행위'를 의미한다. 예문 (54ㄷ)에서 '곱던'에 쓰인 관형사형 전성어미 '-던'은 '과거 회상, 과거에 중단된 상태'를 뜻한다.

(54) ㄱ. 이 밥은 내가 내일 <u>먹을</u> 밥이다.
　　　ㄴ. 이 과일은 내가 <u>먹던</u> 것이다.
　　　ㄷ. 옛날에 <u>곱던</u> 얼굴이 이제는 많이 추해졌다.

제6장
문장

통사론은 문장의 구성 원리에 대해서 연구하는, 문법론의 한 분야이다. 통사론의 연구 대상 가운데 가장 큰 언어 단위가 문장(文章)이다. 이 장에서는 문장의 정의(定義), 문장 성분(文章成分), 문장의 종류(種類), 문장의 구성(構成) 등을 살펴보려고 한다.

6.1 문장의 정의

다른 언어 단위와 마찬가지로 문장에 대한 정의도 매우 다양하다. 전통문법학자들은, 문장이란 어떤 생각이나 느낌을 줄거리를 세워 글자로써 적어 나타낸 것이라고 한다. 이것은 글에 대한 정의와 같으므로 문장의 정의로는 부적절하다.

구조문법학자들은 문장을 몇 개의 구성 요소(構成要素)로 짜인 하나의 구성체(構成體)라고 정의한다. "아!", "철수야!", "불이야!" 등과 같은 하나의 구성 요소로 구성되는 문장도 있으므로, 구조문법학자의 문장에 대한 정의도 문제가 있다.

변형생성문법학자들은, 문장이란 명사구(NP)와 동사구(VP)로 구성되는 것이라고 한다. 이것도 실제 문장 가운데는 하나의 단어로 구성되는 것이 있기 때문에 문장의 정의로는 적절하지 않다.

> (1) ㄱ. 철수는 대학생이다.
> ㄴ. 장미꽃은 아름답다.
> ㄷ. 아!
> ㄹ. 여보!

앞의 예문 (1ㄱ)～(1ㄹ)을 통하여 볼 때 문어(文語)에서 문장이란 하나의 사상과 감정을 표현하고, '마침표(.)'나 '물음표(?)' 또는 '느낌표(!)'로 마무리 짓는 언어 단위임을 알 수 있다. 즉 문장이란 완결된 사상이나 감정을 표현하는 최소의 언어 단위이다. 위의 예문 (1ㄱ)이나 (1ㄴ)과 같이 문장은 주어와 서술어를 갖추는 것이 원칙이지만, (1ㄷ), (1ㄹ)과 같이 주어와 서술어가 없이 한 단어로 이루어진 문장이 있다.

6.2 문장 성분

문장 성분(文章成分)이란 문장을 구성하는 요소이다. 한국어에서는 '본용언 + 보조 용언'으로 구성된 것을 제외하고 하나의 어절(語節)이 하나의 문장 성분이 된다.

> (2) ㄱ. 철수가 밥을 먹는다.
> ㄴ. 저 꽃이 매우 아름답다.

앞의 예문 (2ㄱ)은 '철수가', '밥을', '먹는다' 등 세 개의 문장 성분으로 이루어져 있으며, (2ㄴ)은 '저', '꽃이', '매우', '아름답다' 등 네 개의 문장 성분으로 이루어져 있다. 이렇듯 문장 성분은 문장을 구성하는 언어 단위이다.

문장 성분에는 주성분(主成分)·부속 성분(附屬成分)·접속 성분(接續成分)·독립 성분(獨立成分) 등이 있다.

6.2.1 주성분

주성분(主成分)이란 문장이 성립하는 데 필수적으로 기능을 하는 성분이다. 이것을 근간 성분(根幹成分)이라고 일컫기도 한다. 주어(主語)·서술어(敍述語)·목적어(目的語)·보어(補語) 등이 주성분에 해당한다.

주어는 문장의 주체가 되는 성분이다. 이것을 '임자말'이라고 일컫기도 한다. "누구가(무엇이) 어찌한다.", "무엇이(누구가) 어떠하다." 등과 같은 문장에서 '누구가' 혹은 '무엇이'에 해당하는 말이 주어에 해당한다. 주어는 체언이나 체언의 상당 어구에 주격 조사 '이/가', '께서', '께옵서' 등이 연결되어 성립한다. '께옵서'는 주로 문어에 쓰인다.

   (3) ㄱ. <u>철수가</u> 수학 문제를 푼다.
      ㄴ. <u>하늘이</u> 매우 푸르다.
      ㄷ. <u>선생님께서</u> 저기에 오신다.
      ㄹ. <u>할머님께옵서</u> 강녕하옵나이까?
      ㅁ. <u>그가 귀국하기가</u> 쉽지 않다.

앞의 예문 (3ㄱ)에서는 '철수가', (3ㄴ)에서는 '하늘이', (3ㄷ)에서는 '선생님께서', (3ㄹ)에서는 '할머님께옵서', (3ㅁ)에서는 '그가 귀국하기가' 등이 각각 주어에 해당한다.

화맥(話脈)이나 문맥(文脈)을 통하여 청자나 독자가 알 수 있는 주어는 대개 생략된다. 두 개 이상의 주어가 연이어 오면 난해한 문장이 되는 경우가 많다.

    (4) ㄱ. 철수야, 꽃이 가장 아름답지 않니?
        ㄴ. 응, (꽃이) 가장 아름다워.
    (5) ㄱ. 어제 <u>내가</u> 만난 <u>그 사람이</u> 사귄 <u>친구가</u> 데리고 온 <u>소녀가</u> 산 <u>책은</u> <u>읽기가</u> 매우 어렵다.
        ㄴ. <u>내가</u> <u>아버지께서</u> 즐겨 읽으시는 <u>책이</u> 어려운 <u>한자가</u> 아닌 쉬운 일상어로 쓰인 <u>것이</u> 좋았다고 선생님께 말씀드렸다.

위의 예문 (4ㄴ)에서는 화자와 청자가 아는 주어이기 때문에 '꽃이'라는 주어가 생략된 것이다. (5ㄱ)과 (5ㄴ)은 두 개 이상의 주어가 쓰이었기 때문에 이해하기가 어려운 문장이 되었다. (5ㄱ)에서는 '내가', '사람이', '친구가', '소녀가', '책은', '읽기가' 등의 주어가 쓰이었다. (5ㄴ)에서는 '내가', '아버지께서', '책이', '한자가', '것이' 등의 주어가 쓰이었다.

한국어에는 한 문장에 주어가 연이어 쓰이는 것이 있다. 이러한 문장을 **이중주어문**(二重主語文)이나 **주격 중출문**(主格重出文)이라고 일컫는다.

    (6) ㄱ. <u>토끼가</u> <u>앞발이</u> 짧다.
        ㄴ. <u>아버지는</u> <u>키가</u> 크시다.

이중주어문은 하나의 서술어에 대응되는 주어가 두 개가 있는 문장이다. 그런데 앞의 예문 (6ㄱ)에 쓰인 주어 '토끼가'와 '앞발이', (6ㄴ)에 쓰인 주어 '아버지는'과 '키가'는 동일한 서술어와 호응 관계를 맺지 않는다. '토끼'에 연결된 조사 '가'는 주격 조사가 아니라 관형격 조사 '의' 대신에 쓰이어 '강조'의 기능을 하는 보조사이다. (6ㄴ)의 '아버지'에 연결된 '는'은 관형격 조사 '의' 대신에 쓰이어 '강조'의 기능을 하는 보조사이다. 만일에 '토끼'에 연결된 조사 '가'를 주격 조사로 판단하여 '토끼가'를 주어로 처리할 경우에도 주어인 '앞발이'는 '짧다'와 호응하고 '토끼가'는 '앞발이 짧다'라는 서술절과 호응하는 것으로 기술하여야 한다. 변형생성문법론에서는 '서술절'과 같은 내포문을 하위문이라고 일컫는다. 이상의 예문 (6ㄱ)에 쓰인 '토끼가'와 (6ㄴ)에 쓰인 '아버지는'은 상위문(上位文, higher sentence)[1]의 주어이고, (6ㄱ)에 쓰인 '앞발이'와 (6ㄴ)에 쓰인 '키가'는 하위문(下位文, lower sentence)[2]의 주어이다. 예문 (6ㄴ)에서 주체를 존대함을 나타내는 선어말어미인 '-시-'가 무정물 주어인 '키가'와 호응하는 서술어인 '크다'에 결합된 것은 화자가 존경하는 '아버지'의 '키'이기 때문에 존경의 태도를 표현하기 위하여서이다. 따라서 이와 같이 앞의 체언과 뒤의 체언의 관계가 소유주와 소유물, 전체와 부분의 관계를 나타내는 문장을 '이중주어문'이나 '주격 중출문'이라고 일컫는 것은 합당하지 않다.

서술어(敍述語)는 주체의 행위·상태·성질 등에 관하여 서술하는 문장 성분이다. 문장에서 '어찌한다' 혹은 '어떠하다' 혹은 '무엇이다'에 해당하는 성분이다. 이것을 '풀이말' 혹은 '술어'라고 일컫기도 한다.

(7) ㄱ. 선주가 학교에 <u>간다</u>.
　　ㄴ. 영주가 가장 <u>착하다</u>.

---

1) '상위문(上位文)'이란 이른바 '안음 문장'이다. 예를 들어 "나는 <u>향기가 나는</u> 꽃을 좋아한다."라는 문장에서 '향기가 나는'이라는 '안긴 문장'을 제외한 "나는 꽃을 좋아한다."가 '상위문'에 해당한다.

2) '하위문(下位文)'이란 이른바 '안긴 문장'이다. 성분절이 하위문에 속한다. 예를 들어 "나는 마음씨가 착한 사람을 좋아한다."라는 문장에서 "마음씨가 착한"이 하위문에 속한다.

ㄷ. 그는 <u>대학생이다</u>.

ㄹ. 나는 그를 비서로 <u>삼았다</u>.

앞의 예문 (7ㄱ)에서는 동사인 '간다'가 서술어이고, (7ㄴ)에서는 형용사인 '착하다'가 서술어이며, (7ㄷ)에서는 '대학생이다'가 서술어이고, (7ㄹ)에서는 동사인 '삼았다'가 서술어이다.

서술어 가운데는 ① 주어만을 필요로 하는 것이 있고, ② 주어와 목적어 혹은 주어와 보어를 필요로 하는 것이 있으며, ③ 주어·목적어·보어 등을 필요로 하는 것이 있다. ①과 같은 서술어를 '한 자리 서술어'라 하고, ②와 같은 서술어를 '두 자리 서술어'라고 하며, ③과 같은 서술어를 '세 자리 서술어'라고 일컫는다.[3]

(8) ㄱ. 비가 <u>내린다</u>.

　　ㄴ. 아기가 방긋방긋 <u>웃는다</u>.

　　ㄷ. 꽃이 매우 <u>아름답다</u>.

　　ㄹ. 기후가 대단히 <u>좋다</u>.

(9) ㄱ. 나는 평화를 <u>사랑한다</u>.

　　ㄴ. 철수가 나무를 <u>심는다</u>.

　　ㄷ. 구름이 눈으로 <u>변한다</u>.

　　ㄹ. 너는 어머니와 <u>같다</u>.

　　ㅁ. 그녀는 미혼녀가 <u>아니다</u>.

(10) ㄱ. 철수가 나에게 선물을 <u>주었다</u>.

　　　ㄴ. 나는 철수를 제자로 <u>삼았다</u>.

앞의 예문 (8ㄱ)~(8ㄹ)의 서술어인 '내린다', '웃는다', '아름답다', '좋다' 등은 '한 자리 서술어'[4]이고, (9ㄱ)~(9ㅁ)의 서술어인 '사랑한

---

3) 서술어의 기능을 하는 용언의 어간이 취할 수 있는 논항의 수를 항가(項價, valence)라고 한다. 이것은 용언 어간의 의미가 결정한다.

다', '심는다', '변한다', '같다', '아니다' 등은 '두 자리 서술어'이며, (10ㄱ)과 (10ㄴ)의 서술어인 '주었다', '삼았다' 등은 '세 자리 서술어'이다. 이렇듯 서술어에 따라 필요로 하는 논항의 수효가 다른 것은 서술어가 되는 동사 · 형용사 · 지정사 등의 어휘적 특성에 기인한다.

서술어는 주어와 같이 필수적 문장 성분이기 때문에 생략될 수 없는 것이 원칙이다. 그런데 화맥이나 문맥을 통해서 청자나 독자가 알 수 있거나, 한 문장에 동일한 서술어가 반복되어 쓰일 경우에 그러한 서술어는 생략할 수 있다.

(11) ㄱ. 누가 갔니?
ㄴ. 철수가 (갔다).
(12) ㄱ. 나는 친구 집에서 밥을 <u>먹고</u>, 사과를 <u>먹고</u>, 과자를 <u>먹었다</u>.
ㄴ. 나는 친구 집에서 밥 (먹고), 사과 (먹고), 과자를 먹었다.

위의 예문 (11ㄴ)에서 서술어인 '갔다'가 생략된 것은 청자가 아는 서술어이기 때문이고, (12ㄴ)에서 서술어인 '먹고'를 생략한 것은 동일한 서술어인 '먹다'를 반복하여 쓰면 세련되지 않은 문장이 되기 때문이다.

목적어(目的語)는 서술어로 표현되는 동작이나 작용의 대상을 나타내는 말이다. 이것은 문장에서 '무엇을' 혹은 '누구를'에 해당하는 말이다. 목적어를 '객어(客語) 혹은 '부림말'이라고 일컫기도 한다. 이것은 체언이나 체언의 상당 어구에 목적격 조사 '을', '를', 'ㄹ' 등이 연결되어 이루어진다.

---

4) '한 자리 서술어'를 '1항가 서술어', '두 자리 서술어'를 '2항가 서술어', '세 자리 서술어'를 '3항가 서술어'라고 일컫기도 한다.

(13) ㄱ. 나는 <u>책</u>을 읽었다.

ㄴ. 그는 <u>철수가 빨리 귀국하기</u>를 바란다.

ㄷ. 나는 <u>널</u> 가장 사랑해.

앞의 예문 (13ㄱ)에서는 '책을'이 목적어이고, (13ㄴ)에서는 '철수가 빨리 귀국하기'라는 절이 목적어로 기능을 하고 있다. (13ㄷ)에서는 '널'이 목적어이다.

목적어도 필수적 문장 성분이므로 생략되지 않는 것이 원칙이지만, 문맥이나 화맥(話脈)을 통하여 독자나 청자가 충분히 알 수 있을 경우에는 생략되기도 한다.

(14) ㄱ. 누가 빵을 먹었니?

ㄴ. 내가 (빵을 먹었어).

앞의 예문 (14ㄴ)에서는 화자가 목적어 '빵을'과 서술어 '먹었어'를 청자가 알 수 있을 것이라고 판단하여 그것들을 생략하여 발화한 것이다.

다음의 예문 (15ㄱ), (15ㄴ)과 같이 한 문장에 연이어 목적어가 쓰인 것을 '목적어의 겹침' 혹은 '대격 조사의 중출'이나 '목적격 중출'로 처리하는 이들이 있다. 이와 같은 견해는 문제가 있다. 조사 '을/를'은 격 조사로만 쓰이지 않고 선행어를 강조하여 지시함을 뜻하는 보조사로 쓰이는 경우도 있다.

(15) ㄱ. 그가 활을 쏘아 <u>과녁</u>을 <u>한가운데</u>를 맞혔다.

ㄴ. 창호는 <u>나</u>를 <u>허리</u>를 잡았다.

(16) ㄱ. 나는 <u>밥</u>을 <u>먹지</u>를 못해.

ㄴ. 나는 <u>노래</u>를 <u>부르지</u>를 못해.

앞의 예문 (15ㄱ)의 '과녁을'은 원래 '과녁의'로서 바로 다음에 오는 명사 '한가운데'를 수식하는 관형어인데, '과녁'이란 지시물을 강조하기 위해서 관형격 조사인 '의' 대신에 보조사인 '을'을 연결하여 표현한 것이다. 위의 예문 (15ㄴ)에 쓰인 '나를'도 관형어인데, 대명사 '나'를 강조하기 위하여 관형격 조사인 '의' 대신에 보조사인 '를'을 연결하여 표현한 것이다. 위의 예문 (16ㄱ)과 (16ㄴ)에서 본용언 '먹지'와 '부르지'에 연결되어 있는 '를'은 (15ㄱ)의 '과녁'과 (15ㄴ)의 '나'에 연결되어 있는 '을/를'과 같은 기능을 하는 보조사이다. 따라서 (15ㄱ)의 '과녁을 한가운데를'과 (15ㄴ)의 '나를 허리를'을 '목적어의 겹침' 혹은 '대격 조사의 중출' 혹은 '목적격 중출'이라고 기술하는 것은 합당하지 않다.

보어(補語)란 서술성이 불완전한 용언인 '되다', '아니다', '삼다', 주다' 등을 도와주는 기능을 하는 문장 성분으로서, '기움말'이라고 일컫기도 한다.

보어는 체언 또는 체언과 같은 기능을 하는 구(句)나 절(節)에 보격 조사가 연결되어 이루어진다(4.3.4 참조). 불완전 용언이 서술어로 기능을 하는 문장에서 보어를 필요로 하는데, 이것을 생략하면 의미가 통하지 않는 문장이 된다.

(17) ㄱ. 철수가 성인이 되었다.
　　 ㄴ. *철수가 (　　) 되었다.
(18) ㄱ. 나는 의사가 아니다.
　　 ㄴ. *나는 (　　) 아니다.
(19) ㄱ. 그는 현주를 <u>수양딸로</u> 삼았다.
　　 ㄴ. *그는 현주를 (　　) 삼았다.

위의 예문 (17ㄴ), (18ㄴ), (19ㄴ) 등이 비문법적인 문장이 된 것은 '성인이', '의사가', '수양딸로' 등의 보어가 생략되었기 때문이다. 이렇듯 보어도 주어·서술어·목적어 등과 같이 문장이 성립하는 데 필수적으로 기능을 하는 성분이다.

6.2.2 부속 성분

부속 성분(附屬成分)이란 주어·서술어·목적어·보어 등과 같은 주성분(主成分)에 딸린 성분이다. 이것을 종속 성분(從屬成分)이라고 일컫기도 한다. 관형어와 부사어가 부속 성분에 속한다. 부속 성분은 없어도 거의 모든 경우에 문장이 성립한다.

관형어(冠形語)는 체언으로 된 주어나 목적어 앞에 놓여 그것을 수식하는 성분이다. 즉 이것은 문장에서 '어떤' 혹은 '무슨'에 해당하는 말이다. 관형어를 '매김말' 혹은 '규정어(規定語)'라고 일컫기도 한다.

관형사 혹은 관형격 조사인 '의'가 결합한 체언 또는 관형사형 전성어미 '-(으)ㄴ', '-는', '-(으)ㄹ', '-던' 등으로 끝난 용언이나 절(節) 등이 관형어가 된다.

> (20) ㄱ. 나는 <u>저</u> 나무를 가장 좋아한다.
> ㄴ. 나는 <u>너의</u> 마음을 사랑한다.
> ㄷ. 철수는 <u>마음이 어진</u> 사람을 존경한다.
> ㄹ. 그는 <u>내가 존경하던</u> 사람이다.

앞의 예문 (20ㄱ)에서는 관형사 '저'가 관형어이고, (20ㄴ)에서는 대명사 '너'에 관형격 조사 '의'가 결합된 '너의'가 관형어이다. (20ㄷ)에서는 관형사형 전성어미 '-ㄴ'으로 끝난 '마음이 어진'이라는 절이 관형어로 기능을 한다. 그리고 (20ㄹ)에서는 관형사형 전성어미 '-던'으

로 끝난 절인 '내가 존경하던'이 관형어에 해당한다. 이상의 예문 (20
ㄷ)의 '마음이 어진'과 (20ㄹ)의 '내가 존경하던' 등과 같이 관형어 기
능을 하는 절을 관형절(冠形節) 혹은 관형어절(冠形語節)이라고 일컫는다
(6.3.1 참고).

관형어가 없어도 문장이 성립할 수 있기 때문에 관형어는 주로 수
의적 문장 성분으로 기능을 하는 것이다. 그런데 관형어는 필수적 문
장 성분으로 쓰이기도 있다.

(21) ㄱ. <u>이</u> 물건은 <u>나의</u> 것이다.
ㄴ. 저것은 <u>철호의</u> 것입니다.

위의 예문 (21ㄱ)에 쓰인 '이', '나의'와 (21ㄴ)에 쓰인 '철호의' 등은
관형어인데, 이것들을 생략하면 비문법적인 문장이 된다. 예문 (21ㄱ)
에서 화자가 여러 물건 가운데 '이 물건'만을 한정하여 지시할 경우에
는 관형어인 '이'가 필수적 문장 성분으로 기능을 한다. 그리고 (21ㄴ)
에 쓰인 의존 명사 '것'과 같이 의존 명사 앞에 있는 관형어도 필수적
문장 성분으로 기능을 한다. 이와 같이 관형어는 필수적 문장 성분으
로 쓰이는 경우도 있다.

부사어(副詞語)는 주로 서술어를 수식하는 성분이다. 이것은 문장에서
'어떻게'에 해당하는 말이다. 부사어를 '어찌말'이라고 일컫기도 한다.
부사어는 관형어와 마찬가지로 생략하여도 문장이 성립하므로 주로
수의적(隨意的) 문장 성분으로 기능을 한다. 부사 혹은 부사격 조사가
연결된 체언이 부사어가 된다.

(22) ㄱ. 영주는 노래를 잘 부른다.
ㄴ. 철수는 연필을 <u>칼로</u> 깎는다.

앞의 예문 (22ㄱ)에서는 부사 '잘'이, (22ㄴ)에서는 명사 '칼'에 부사격 조사 '로'가 연결된 '칼로'가 각각 부사어로 기능을 한다.

부사어는 주로 용언을 수식하는 것인데, 때로는 부사·관형사·명사 등이나 문장을 수식하기도 한다.

> (23) ㄱ. 영희는 피아노를 <u>아주</u> 잘 친다.
> ㄴ. 숙희는 <u>아주</u> 새 옷을 입고 있다.
> ㄷ. 이 집에서 <u>아주</u> 부자가 살았었다.
> ㄹ. <u>다행히</u> 그는 다치지 않았다.

앞의 예문 (23ㄱ)에서는 부사어인 '아주'가 부사인 '잘'을, (23ㄴ)에서는 부사어인 '아주'가 관형사인 '새'를, (23ㄷ)에서는 부사어인 '아주'가 명사인 '부자'를 수식한다. 예문 (23ㄹ)에서는 부사어인 '다행히'가 "그는 다치지 않았다."라는 문장을 수식한다. 부사어의 수식을 받는 명사는 '거지', '부자(富者)', '강자(强者)', '약자(弱者)', '미인(美人)', '미남(美男)', '추남(醜男)', '추녀(醜女)', '불만(不滿)', '선인(善人)', '악인(惡人)' 등과 같은 정도성 명사이다.

6.2.3 접속 성분

접속 성분(接續成分)이란 말과 말을 이어 주는 기능을 하는 성분이다. 접속어가 접속 성분에 해당한다. 접속어는 어구와 어구, 문장과 문장을 이어 주는 구실을 하는 성분이다. 접속사가 주로 접속어로 기능을 한다.

> (24) ㄱ. 인생은 짧고 예술은 길다. <u>그래서</u> 나는 시인이 되려고 한다.
> ㄴ. 나는 너를 사랑한다. <u>그러나</u> 너는 나를 사랑하지 않는다.
> ㄷ. 대한민국의 영토는 한반도 <u>및</u> 부속 도서로 이루어진다.

문장 접속사가 접속어인 경우에는 그것을 생략하여도 되지만, 단어 접속사가 접속어인 경우에는 그것을 생략하여서는 안 된다. 앞의 예문 (24ㄱ)과 (24ㄴ)에서 접속어인 '그래서'와 '그러나'를 생략하여도 (24ㄱ)과 (24ㄴ)은 자연스러운 담화가 된다. 그런데 (24ㄷ)에서 접속어인 '및'을 생략하면 의미가 다른 문장이 된다. 이처럼 접속어 기능을 하는 문장 접속사를 생략하더라도 문법적인 문장이 되지만, 단어 접속사를 생략하면 비문법적인 문장이 된다.

접속어는 텍스트의 결속 구조의 요소이다. 접속어는 앞뒤의 어구를 이어 주거나, 앞 문장의 내용을 지시하면서 앞 문장과 뒤 문장을 이어 주는 구실을 하기 때문에 수용자가 표현자의 메시지를 이해하는 데 도움을 주는 기능을 한다. 접속어를 오용하면 응집성이 결여된 텍스트가 되어 메시지를 효과적으로 전달하지 못한다.

6.2.4 독립 성분

독립 성분(獨立成分)이란 다른 어떤 문장의 성분과도 직접적인 관계를 맺지 않는 성분이다. 독립어가 독립 성분에 해당한다. 독립어는 다른 성분과 직접적인 관련이 없는, 독립된 성분이다. 이것을 '홀로말'이라고 일컫기도 한다. 독립어는 독립격 조사5)가 연결된 체언 혹은 감탄사가 된다.

(25) ㄱ. <u>아이구</u>, 큰일났구나!
ㄴ. <u>동혁아</u>, 이리 와.
ㄷ. <u>신이시여</u>, 불쌍한 저희를 돌보아 주소서.

---

5) '독립격 조사'를 '호격 조사'라고 일컫기도 한다.

앞의 예문 (25ㄱ)에서는 감탄사인 '아이구'가 독립어로 쓰였으며, (25ㄴ)과 (25ㄷ)에서는 명사인 '동혁'과 '신'에 독립격 조사인 '아', '이 시여' 등이 각각 결합하여 독립어로 기능을 하고 있다.

일반적으로 무정 명사 혹은 존대의 뜻을 나타내는 유정 명사에는 독립격 조사가 연결되지 않고 그것들이 독립어로 기능을 한다.

(26) ㄱ. <u>희망</u>, 얼마나 벅찬 느낌을 주는 단어인가!
　　　ㄴ. <u>선생님</u>, 이리 오십시오.

앞의 예문 (26ㄱ)에 쓰인 '희망'은 무정 명사이고, (26ㄴ)에 쓰인 '선 생님'은 '선생'의 높임말이다. 이와 같이 일반적으로 무정 명사나 높임 말에는 독립격 조사가 연결되지 않고 그것들이 독립어로 기능을 한다.

6.3 문장의 종류

문장은 분류 기준에 따라 여러 가지로 나뉜다. 이 글에서는 문장의 구조와 의미에 따라 문장을 분류하여 살펴보기로 한다.

6.3.1 구조에 따른 문장의 갈래

문장은 그 구조에 따라 단문(單文)과 복문(複文)으로 나뉜다.

단문(單文)이란 주어와 서술어가 한 번만 관계를 맺도록 구성되어 있 는 문장이다. 이것을 '홑문장' 또는 '홑월'이라고 일컫기도 한다.

복문(複文)은 둘 이상의 단문(單文)이 결합하여 이루어진 문장이다. 즉 이것은 주어와 서술어의 관계를 두 번 이상 맺도록 구성한 문장이다. 이것을 '겹문장' 혹은 '겹월'이라고 일컫기도 한다.

(27) ㄱ. <u>선주가</u> 도서관에 <u>간다.</u>

ㄴ. <u>나는</u> 나무를 <u>좋아한다.</u>

앞의 예문 (27ㄱ)은 주어인 '선주가'와 서술어인 '간다'가 '주어'와 '서술어' 관계를 한 번 맺고 있으므로 단문(單文)에 해당한다. 예문 (27 ㄴ)도 주어인 '나는'과 서술어인 '좋아한다'가 '주어'와 '서술어' 관계를 한 번 맺고 있으므로 단문에 속한다.

복문은 성분절(成分節)[6]을 지닌 성분 복문[7]과 둘 이상의 절이 대등한 관계나 종속적인 관계로 이어진 접속 복문[8]으로 나뉜다.

다음의 예문 (28ㄱ)은 성분 복문이고, (28ㄴ)은 "인생은 짧고"와 "예술은 길다"라는 두 절이 대등한 관계로 이루어진 접속 복문이며, (28 ㄷ)은 '봄이 오면'이라는 종속절이 "개나리가 피고"와 "진달래꽃이 핀다"라는 주절에 종속적인 관계로 이어진 접속 복문이다.

(28) ㄱ. 나는 <u>마음씨가 착한</u> 사람을 존경한다.

ㄴ. <u>인생은 짧고, 예술은 길다.</u>

ㄷ. <u>봄이 오면, 개나리가 피고, 진달래꽃이 핀다.</u>

성분절(成分節)이란 일정한 문장 성분과 같은 기능을 하는 절이다. 성분절에는 주어절(主語節), 서술어절(敍述語節), 목적어절(目的語節), 관형어절(冠形語節), 부사어절(副詞語節) 등이 있다.

주어절(主語節)이란 절에서 서술어 기능을 하는 용언의 어간에 명사형 전성어미인 '-(으)ㅁ', '-기' 등이 결합한 형태가 주어의 기능을 하는 것

---

6) 변형생성문법에서는 '성분절'을 '내포문'이라고 일컫는다.

7) 학교 문법에서는 '성분절'을 '안긴 문장'이라 하고, '성분 복문'을 '안은 문장'이라 고 한다.

8) 학교 문법에서 '접속 복문'을 '이어진 문장'이라고 일컫는다.

이다.

    (29) ㄱ. <u>초등학생이 그 문제를 풀기가</u> 어렵다.
        ㄴ. <u>음성이 고움</u>은 마음씨가 착함을 반영하는 것이다.

  서술어절(敍述語節)이란 서술어 구실을 하는 절이다. 이것을 '서술절(敍述節)'이라고 일컫기도 한다.

    (30) ㄱ. 저 아주머니는 <u>인정이 많으시다.</u>
        ㄴ. 나는 <u>화가 났다.</u>

  목적어절(目的語節)이란 절에서 서술어 기능을 하는 용언의 어간에 명사형 전성어미인 '-(으)ㅁ', '-기' 등이 결합한 형태가 목적어의 구실을 하는 것이다. 목적어절을 '목적절(目的節)'이라고 일컫기도 한다.

    (31) ㄱ. 나는 <u>은영이가 빨리 귀국하기</u>를 바랐다.
        ㄴ. 나는 <u>조국이 소중함</u>을 절감했다.

  관형어절(冠形語節)이란 절에서 서술어 기능을 하는 용언의 어간에 관형사형 전성어미인 '-(으)ㄴ', '-는', '-(으)ㄹ', '-던' 등이 결합한 형태가 관형어의 기능을 하는 것이다. 이것을 '관형절(冠形節)'이라고도 일컫는다.

    (32) ㄱ. 저 사람은 <u>내가 사랑한</u> 사람이다.
        ㄴ. 그는 <u>내가 읽은</u> 책을 읽는다.
        ㄷ. 이 사람은 <u>내가 가장 사랑하는</u> 사람이다.
        ㄹ. 이 과일은 <u>내가 먹을</u> 과일이다.
        ㅁ. 이 길은 <u>내가 거닐던</u> 길이다.

부사어절(副詞語節)이란 부사어의 기능을 하는 절이다. 이것을 '부사절(副詞節)'이라고 일컫기도 한다.

(33) ㄱ. 그는 나무가 잘 <u>자라도록</u> 나무에 퇴비를 많이 주었다.
　　　ㄴ. 나는 그가 더욱 열심히 <u>공부함으로써</u> 성공하기를 바란다.

이른바 종속절(從屬節)은 부사어절에 속한다.

(34) ㄱ. <u>구름이 많이 끼면</u>, 비가 온다.
　　　ㄴ. <u>고향에 가거든</u>, 너는 그 어르신을 꼭 뵙고 오너라.

위의 예문 (34ㄱ)에서 종속절인 "구름이 많이 끼면"은 주절인 "비가 온다"를 수식하고, (34ㄴ)에서 종속절인 "고향에 가거든"은 주절인 "너는 어르신을 꼭 뵙고 오너라"를 수식한다.

인용절(引用節)이란 다른 사람의 말을 절의 형식으로 인용하여 표현한 것이다.

(35) ㄱ. 간접 인용절: 그는 <u>인생은 유한하다</u>고 말하였다.
　　　ㄴ. 직접 인용절: 숙희가 나에게 "<u>나는 너를 정말 사랑해.</u>"라고 고백하였다.

앞의 예문 (35ㄱ)에서 강조한 "인생은 유한하다."를 간접 인용절이라 하고, (35ㄴ)에서 강조한 "나는 너를 정말 사랑해."를 직접 인용절이라고 한다. 간접 인용절 뒤에는 인용격 조사 '고'가 연결되고, 직접 인용절 뒤에는 인용격 조사 '라고'가 연결된다. 앞의 예문 (35ㄱ)과 (35ㄴ)의 인용절들도 그 뒤에 인용격 조사인 '고', '라고' 등이 연결되어 서술어인 '말하였다', '고백하였다'를 각각 수식하기 때문에 부사어절에 속한다.

자기 이름을 소개할 적에 다음의 예문 (36ㄱ)과 같이 표현하는 것은 자연스러운 느낌을 주는데, (36ㄴ)과 같이 직접 인용 형식으로 표현하는 것은 어색한 느낌을 준다. 그런데 남의 이름은 (36ㄷ)과 같이 직접 인용 형식으로 표현하는 것은 자연스럽다.

> (36) ㄱ. 저는 홍길동입니다.
> ㄴ. [?]<u>저는 홍길동이라고</u> 합니다.
> ㄷ. <u>저 학생의 이름은 김철수라고</u> 합니다.

둘 이상의 절(節)이 대등한 관계로 이어진 접속 복문은 선행절과 후행절이 '나열', '대조', '선택' 등의 의미 관계를 나타낸다. 이 복문의 선행절에서 서술어 기능을 하는 용언의 어간에는 '나열', '대조', '선택' 등의 의미를 지닌 연결어미가 결합된다[p.203 (23)ㄱ.대등적 연결어미 참조]. 그 보기를 들어 보면 다음의 (37)과 같다.

> (37) ㄱ. 이것은 볼펜이고, 저것은 만년필이다.
> ㄴ. 권력은 짧<u>으나</u>, 명예는 길다.
> ㄷ. 무슨 일을 하<u>거나</u> 열심히 하여라.

앞의 예문 (37ㄱ)의 '이고'에 쓰인 연결어미 '-고'는 '두 가지 이상의 사실을 대등하게 벌여 놓음'을 나타내는 것이다.

(37ㄴ)의 '짧으나'에 쓰인 연결어미 '-으나'는 '선행절의 내용이 후행절의 내용과 대조가 됨'을 나타내는 것이다.

(37ㄷ)의 '하거나'에 쓰인 연결어미 '-거나'는 '동작이나 상태, 대상들 중에서 어느 것이든 선택될 수 있음'을 나타내는 것이다.

둘 이상의 절이 종속적인 관계로 이어진 접속 복문[9]의 선행절에서

---

9) 한국어에서 종속적 연결어미에 의하여 종속적으로 이어진 문장을 부사절로 간주

서술어 기능을 하는 용언의 어간에는 '의도', '목적', '원인', '양보', '조건', '중단', '수단', '도급' 등의 의미를 지닌 종속적 연결어미가 결합된다[p.203 (23)ㄴ.종속적 연결어미 참조].

(38) ㄱ. 나는 내 꿈을 <u>실현하고자</u> 열심히 노력한다.
ㄴ. 날이 <u>갈수록</u> 그 사람이 보고 싶다.
ㄷ. 열심히 <u>공부하면</u> 반드시 성공한다.

앞의 예문 (38ㄱ)의 '실현하고자'에 쓰인 연결어미 '-고자'는 '어떤 행동을 할 의도'를 나타내는 것이다. (38ㄴ)의 '갈수록'에 쓰인 연결어미 '-ㄹ수록'은 '선행절의 사태의 어떤 정도가 더하여 가는 것이, 후행절의 사태의 어떤 정도가 더하거나 덜하게 되는 조건이 됨'을 나타내는 것이다. 앞의 예문 (38ㄷ)의 '공부하면'에 쓰인 연결어미 '-면'은 '분명한 사실이나 사태에 대한 조건'을 나타내는 것이다.

6.3.2 의미에 따른 문장의 갈래

문장은 의미에 따라 **평서문**(平敍文)·**의문문**(疑問文)·**명령문**(命令文)·**청유문**(請誘文) 등으로 나뉜다.

평서문이란 화자가 청자에게 어떤 사실·현상·사건 등에 대해서 평범하게 서술함을 나타내는 문장이다. 이것은 평서법 종결어미인 '-다', '-지', '-네', '-(으)오/-소', '-아/-어/-여10)', '-(으)ㅁ세', '-구나/-

---

하여 이와 같은 문장을 '성분 복문', '안은 문장'으로 간주하는 이도 있다. 그와 같이 처리하는 근거는 다음 [보기]와 같이 선행절이 후행절 속으로 이동할 수 있기 때문이다.

[보기] <u>겨울이 가면</u> 봄이 온다. →봄이 <u>겨울이 가면</u> 온다.

10) 종결어미 '-여'는 '하다'나 '하다'가 붙는 용언의 어간에 붙어 어떤 사실에 대해

는구나' 등으로 끝난 문장이다. 이것을 '베풂월' 또는 '알림문'이라고 일컫기도 한다.

> (39) ㄱ. 저 꽃이 가장 아름답다.
>   ㄴ. 철수는 책을 읽는다.
>   ㄷ. 나는 기분이 매우 좋네.
>   ㄹ. 나는 잘 지내오
>   ㅁ. 그는 그림을 감상하고 있어.

이른바 감탄문(感歎文)과 약속문(約束文)도 평서문에 속한다.

감탄문(感歎文)이란 화자의 여러 가지 느낌을 나타내는 문장이다. 이 것을 '느낌문' 혹은 '느낌월'이라고 일컫기도 한다. 이것은 '감탄'의 의 미를 나타내는 종결어미인 '-구나/-는구나[11]/-로구나', '-구려/-는구려/-로구려', '-구먼/-는구먼/-로구먼', '-아라/-어라/-여라' 등으로 끝난 문 장이다. 감탄문의 맨 끝에는 대개 느낌표(!)를 찍는다. 종결어미인 '-구나'와 '-구먼'은 서술어로 쓰인 형용사의 어간에 직접 결합될 수 있는데, 동사의 어간에 결합될 경우에는 그 앞에 선어말어미인 '-는-'이 와야 한다.[12]

> (40) ㄱ. 장미꽃이 매우 <u>아름답구나</u>!
>   ㄴ. 끝내 철수가 {*<u>떠나구나</u>, <u>떠나는구나</u>}!

앞의 예문 (40ㄱ)의 서술어 '아름답구나'가 형용사이기 때문에 그 어

서 서술함을 나타내는 종결어미. 종결어미 '-여'는 의문법, 명령법, 청유법 등을 나타낼 때에도 쓰인다.
11) '-구나'의 준말은 '-군'이고, '-는구나'의 준말은 '-는군'이다.
12) 동사의 어간에 결합되는 '-아라/-어라/-여라'는 명령법 종결어미이다.

간인 '아름답-'에 종결어미 '-구나'가 직접 연결된 것이다. 그런데 (40ㄴ)의 서술어 '떠나는구나'는 동사이기 때문에 그 어간에 종결어미 '-구나'가 결합되면 비문법적인 문장이 되고, '-는구나'가 결합되어야 (40ㄴ)이 문법에 맞는 문장이 된다.

'-아라/-어라/-여라'형 감탄문의 서술어는 형용사만이 될 수 있고, 그 느낌의 주체는 화자가 되어야 한다. 그렇지 않으면 비문법적인 문장이 된다.

> (41) ㄱ. 아이구, 뜨거워라!
> ㄴ. 어이구, 무서워라!
> ㄷ. 그대는 정말 용감하여라.

약속문(約束文)이란 화자가 청자에게 어떤 일을 할 것을 약속함을 나타내는 문장이다. 이것은 약속의 의미를 나타내는 종결어미인 '-(으)마', '-(으)ㄹ게' 등으로 끝난다. 약속문은 윗사람인 화자가 아랫사람인 청자에게 무언가를 약속할 경우에만 쓰인다.

> (42) 갑 : 내일 저의 집에 꼭 오세요.
> 을 : 그래, 꼭 가마.
> (43) 갑 : 진지를 천천히 잡수세요.
> 을 : 응, 천천히 먹을게.

앞의 예문 (42)에서 '을'의 말인 "그래, 꼭 가마."와 (43)에서 '을'의 "응, 천천히 먹을게."는 각각 '갑'에게 갈 것을 약속함을 나타낸 문장이다. 이와 같이 화자가 청자에게 어떤 일을 할 것을 약속함을 나타내는 문장을 '약속문'이라고 일컫는다.

의문문은 화자가 청자에게 어떤 사실에 대해서 물음을 나타내는 문장이다. 이것은 의문법 종결어미인 '-느냐', '-니', '-냐', '-나', '-ㅂ니까/-습니까', '-(으)오/-소', '-어/-아/-여', '-지' 등으로 끝난 문장이다. 이것을 '물음문' 혹은 '물음월'이라고 일컫기도 한다.

청자가 '예/네'나 '아니요'로 대답하기를 요구하는 의문문을 '**판정 의문문(判定疑問文)**'[13]이라고 하며, 의문사인 '누구', '무엇', '어디', '왜', '얼마' 등을 사용하여 구체적인 정보의 설명을 요구하는 의문문을 '**설명 의문문(說明疑問文)**'이라고 한다. 형태는 의문문인데 의미상으로는 의문문이 아닌 의문문을 '**수사 의문문(修辭疑問文)**'이라고 한다. 즉 수사 의문문은 형태는 의문문인데 의미상으로는 '반어(反語)', '감탄(感歎)', '명령(命令)' 등의 의미를 나타내는 의문문이다.

> (43) ㄱ. 이 책을 빌려 줄까?
> ㄴ. 너는 <u>누구</u>를 가장 존경하니?
> ㄷ. 이 소녀는 <u>얼마나</u> 아름다운가?

앞의 예문 (43ㄱ)은 판정 의문문(判定疑問文)이고, (43ㄴ)은 설명 의문문(說明疑問文)이다. (43ㄷ)은 "이 소녀가 매우 아름답다."라는 강한 긍정의 의미를 나타낼 경우에는 수사 의문문에 속하지만, 이 소녀가 어느 정도 아름다운지에 대한 정보를 알기 위하여 물은 경우에는 설명 의문문에 해당한다.

감정 표현·맞장구·반복·확인·요청·화제의 도입이나 전환 등을 나타내는 기능을 하는 의문문을 '**메아리 의문문(echo question)**'이라고 한다. 이것의 전형적인 형태는 종결어미 '-다', '-냐', '-(으)라', '-자' 등에 인용격 조사인 '고'가 결합한 것이다. 청자를 높일 경우에는 인용격 조사인 '고'에 보조사 '요'를 덧붙이어 나타낸다.

---

13) '판정 의문문'을 '가부 의문문(可否疑問文)'이라고 일컫기도 한다.

(44) 갑 : 동혁이 일등을 했어요.
    을 : (ㄱ) 동혁이 일등을 했다고?
        (ㄴ) 동혁이 일등을 했다고요?

명령문(命令文)이란 화자가 청자에게 어떤 행동을 할 것을 요구함을 나타내는 문장이다. 이것은 명령법 종결어미인 '-아라/-어라/-여라', '-아/-어/-여', '-게', '-(으)오', '-ㅂ시오14)', '-십시오' 등으로 끝난 문장이다. 이것은 말하는 이가 청자에게 자기의 의도대로 행동하여 줄 것을 요구하는 문장이다. 명령문을 '시킴월' 혹은 '시킴문'이라고 일컫기도 한다. 명령법 종결어미는 청자 경어법15)의 화계(話階)에 따라 달리 쓰인다 (제13장 참조).
명령문에는 직접 명령문과 간접 명령문이 있다.

(45) ㄱ. 글을 바르게 <u>읽어라</u>.
    ㄴ. 글을 바르게 <u>읽으라</u>.
(46) ㄱ. 글을 정확히 <u>써라</u>.
    ㄴ. 글을 정확히 <u>쓰라</u>.
(47) ㄱ. 열심히 <u>공부하여라</u>.
    ㄴ. 열심히 <u>공부하라</u>.

앞의 예문 (45ㄱ), (46ㄱ), (47ㄱ) 등과 같이 서술어로 쓰인 용언의 어간에 명령법 종결어미인 '-아라/-어라-/여라'를 붙여 표현한 문장을 '직접 명령문'이라고 한다. 예문 (45ㄴ), (46ㄴ), (47ㄴ) 등과 같이 서술어로 쓰인 용언의 어간에 명령법 종결어미인 '-(으)라'를 결합하여 표현한 문장을 '간접 명령문'이라고 한다. 간접 명령문은 강한 시정(是正)의 의미를 나타내지 않고 단순한 지시(指示)의 의미를 나타낸다고 하여

---

14) '-ㅂ시오'는 'ㅂ쇼'의 본딧말이다.
15) '청자 경어법(聽者敬語法)'을 '청자 대우법' 또는 '상대 높임법'이라고 일컫기도 한다.

'중화 명령문(中和命令文)'이라고 일컫기도 한다.

주체 존대 선어말어미인 '-시-'는 간접 명령문의 서술어로 쓰이는 용언의 어간에 결합될 수 있는데, '-시-'가 직접 명령문의 서술어로 쓰이는 용언의 어간에 결합하면 어색한 문장이 된다.

(48) ㄱ. 학생들이여, 책을 많이 <u>읽으시라</u>.
ㄴ. [?]학생들이여, 책을 많이 <u>읽으시어라</u>.

앞의 예문 (48ㄱ)과 같이 간접 명령문의 서술어에 주체 존대 선어말어미인 '-시-'가 결합되면 문법에 맞는 문장이 되는데, 예문 (48ㄴ)과 같이 직접 명령문의 서술어에 주체 존대 선어말어미인 '-시-'가 결합되면 부자연스러운 문장이 된다.

이른바 응낙문(應諾文)은 명령문의 일종이다. 응낙문은 청자의 요구를 허락함을 나타내는 문장이다.[16] 이것은 '응하여 승낙함'의 의미를 나타내는 종결어미인 '-(으)려무나',[17] '-(으)렴' 등으로 끝맺은 문장이다. 이것들은 윗사람이 아랫사람의 요구를 들어 줌을 나타낸다. 구어(口語)에서는 '-(으)려무나'의 준말인 '-(으)려마'가 주로 쓰인다.

(49) 딸 : 엄마, 이 떡을 먹어도 돼요?
어머니 : 그래, 많이 <u>먹으렴</u>.

청유문(請誘文)이란 화자가 청자에게 어떤 행동을 함께할 것을 권함을 나타내는 문장이다. 이것은 청유법 종결어미인 '-자', '-(으)세', '-(으)

---

16) 학교 문법에서 '접속 복문'을 '이어진 문장'이라고 일컫는다. '응낙문'을 '허락문'이라고 일컫기도 한다.
17) '-려무나'는 '-렴'보다 좀더 친근한 느낌을 주는 어미이다.

세나', '-(으)ㅂ시다', '-십시다', '-아/-어/-여' 등으로 끝난 문장이다. 이것은 말하는 이가 청자를 꾀어서 자기와 함께 무슨 행위를 함께 하기를 요청하거나, 화자 자신이 상대방에게 어떤 행동을 할 수 있도록 허락하여 주기를 요청하는 문장이다. 청유문을 '추김문' 혹은 '꾐월'이라고 일컫기도 한다.

(50) ㄱ. 철수야, 학교에 <u>가자</u>.
ㄴ. 철수야, 나도 한 번 공을 던져 <u>보자</u>.

앞의 예문 (50ㄱ)은 화자가 청자인 '철수'에게 학교에 함께 갈 것을 요청한 것인데, (50ㄴ)은 청자인 '철수'에게 화자가 혼자서 공을 던져 보고 싶은 의사를 제안한 것이다. 이렇듯 청유문에는 화자가 청자를 꾀어서 자기와 함께 같이 행동할 것을 요청하는 것이 있고, 화자가 혼자서 어떤 행동을 할 수 있도록 청자가 허락하여 줄 것을 요청하는 것이 있다. 위의 예문 (50ㄱ)과 같이 화자가 청자를 꾀어서 자기와 함께 행동할 것을 요청함을 나타내는 문장을 '권유문(勸誘文)'이라 하며, (50ㄴ)과 같이 화자가 청자에게 어떤 것을 제안함을 나타내는 문장을 '제안문(提案文)'이라고 한다.

청유문의 서술어는 동사만이 될 수 있다. 청유문의 서술어로 기능을 하는 동사에는 시간 표현 선어말어미인 '-았-/-었-/-였-', '-겠-', '-더-' 등이 결합되지 못한다.

(51) ㄱ. 선주야, 학교에 <u>가자</u>.
ㄴ. *선주야, <u>용감하자</u>.
ㄷ. *밥을 먹-{-었-,-겠-}자.

앞의 예문 (51ㄴ)이 비문법적인 문장이 된 것은 형용사인 '용감하다'의 어간인 '용감하-'에 청유법 종결어미인 '-자'가 결합되어 서술어로 쓰였기 때문이다. (51ㄷ)이 비문법적인 문장이 된 것은 서술어로 기능을 하는 '먹자'에 선어말어미인 '-었-' 혹은 '-겠-'이 결합되었기 때문이다.

제7장
문장의 확장이란 무엇인가

우리가 사용하는 문장 중에는 기본문(基本文)에서 파생된 확장문(擴張文)이 매우 많은 비중을 차지한다. 이 장에서는 한국어의 기본문과 문장의 확장(擴張)에 대해서 살펴보려고 한다.

7.1 기본 문형

어떤 언어의 기본 문형(基本文型)이란 문장을 확장하는 데 기본이 되는 문형이다. 이것은 그 이상 축소가 불가능한 문형이다.

우리가 사용하는 무한한 문장은 어떤 기본 문장에서 파생된 확장문(擴張文)이다. 기본문(基本文)은 더욱 큰 구조로 확장이 가능한 모체문(母體文)이며, 그 이상 축소할 수 없는 문장이다. 문형(文型)에는 모어(母語) 화자(話者)가 즐겨 자주 사용하는 상용 문형(常用文型)과 잘 사용하지 않는 희소 문형(稀少文型)이 있다.

기본적 통사 구조는 상용 문형의 최축소형(最縮小型)이다. 이 기본 문형에서 여러 구조로 확장됨에 따라 무수한 장문(長文)이 생성된다.

기본문은 필수 공존의 문장 성분만으로 구성되어 있다. 한국어의 기본 문형은 다음의 (1)과 같다.

(1) 제1형: 주어 + 서술어
제2형: 주어 + 목적어 + 서술어
제3형: 주어 + 보어 + 서술어
제4형: 주어 + 목적어 + 보어+서술어

각 기본 문형에 해당하는 문장의 보기를 들어 보면 다음의 (2)~(5)와 같다.

(2) 제1형: 주어 + 서술어
ㄱ. 해가 뜬다.
ㄴ. 경치가 아름답다.
(3) 제2형: 주어 + 목적어 + 서술어
ㄱ. 영희가 책을 읽는다.
ㄴ. 나는 너를 사랑한다.
(4) 제3형: 주어 + 보어 + 서술어
ㄱ. 철우가 반장이 되었다.
ㄴ. 나는 대학생이 아니다.
(5) 제4형: 주어 + 목적어 + 보어 + 서술어
ㄱ. 그는 현수를 비서로 삼았다.
ㄴ. 나는 선물을 현주에게 주었다.

앞의 예문 (5ㄱ)에 쓰인 '비서로'와 (5ㄴ)에 쓰인 '현주에게'는 보어인데 이것들을 삭제하면 예문 (5ㄱ)과 (5ㄴ)은 비문법적인 문장이 된다.

7.2 문장의 확장

문장의 확장(擴張)이란 단문(單文)을 복문(複文)으로 바꾸는 것이다. 이 방식에는 내포(內包)와 접속(接續)이 있다.

7.2.1 내포

내포(內包)는 한 절(節)이 어떤 문장의 한 성분으로 포함되는 현상을 뜻한다. 문장의 한 성분으로 기능을 하는 절을 성분절(成分節)[1]이라고 한다 (6.3.1 참조). 성분절이 쓰이어 문장이 확장된 예문을 들어 보면 다음의 (6)과 같다.

> (6) ㄱ. <u>내가 그를 좋아하기</u>는 무척 힘든 일이다.
> ㄴ. 이 책은 <u>읽기가 쉽다</u>.
> ㄷ. 나는 <u>그가 빨리 가기</u>를 원했다.
> ㄹ. 우리는 <u>향기가 좋은</u> 꽃을 사랑한다.
> ㅁ. 우리 집은 <u>온 가족이 절약함</u>으로써 부자 집이 되었다.

앞의 예문 (6ㄱ)은 "(나에게는 무엇이) 무척 힘든 일이다."라는 문장에 "내가 그를 좋아하기"라는 주어절이 내포되어 문장이 확장된 것이다. (6ㄴ)은 "이 책은 쉽다."라는 문장에 "읽기가 쉽다."라는 서술어절이 내포되어 문장이 확장된 것이다. (6ㄷ)은 "나는 원했다."라는 문장에 "그가 빨리 가기"라는 목적어절이 안기어 문장이 확장된 것이다. (6ㄹ)은 "나는 꽃을 좋아한다."라는 문장에 '꽃'을 수식하는 '향기가 좋은'이라는 관형어절이 내포되어 문장이 확장된 것이다. (6ㅁ)은 "우리

---

1) 변형생성문법론에서는 '성분절'을 '내포문(embedded sentence)'이라고 한다.

집은 부자 집이 되었다."라는 문장에 '온 가족이 절약함'이라는 부사어절이 안기어 문장이 확장된 것이다.

7.2.2 접속

접속(接續)은 두 개 또는 그 이상의 절(節)이 대등적으로 혹은 종속적으로 연결되어 더욱 큰 문장이 되는 것이다. 접속은 연결되는 절(節) 간의 접속 관계에 따라 대등 접속과 종속 접속으로 나뉜다.

■ 대등 접속

대등 접속(對等接續)은 둘 또는 그 이상의 절이 서로 대등한 통사적 지위를 가지고 접속되는 것이다. 이것을 등위 접속(等位接續)이라고 일컫기도 한다. 대등 접속은 의미상으로도 선행절과 후행절이 서로 의존 관계를 가지지 않고 대등하게 각 명제의 내용을 나타낸다.

대등 접속은 선행절과 후행절의 의미 관계에 따라 병렬 관계 접속(並列關係接續), 대립 관계 접속(對立關係接續), 선택 관계 접속(選擇關係接續) 등으로 나뉜다.

병렬 관계 접속(並列關係接續)이란 선행절과 후행절이 의미론적 제약 관계를 갖지 않고 독립적으로 접속되는 것이다. 즉 이것은 병렬 관계를 나타내는 대등적 연결어미인 '-고', '-(으)며' 등으로 선행절과 후행절이 접속되는 것을 뜻한다.

> (7) ㄱ. 인생은 짧고, 예술은 길다.
> ㄴ. 배는 푸른 바다를 항해하며, 갈매기는 푸른 하늘을 난다.

대립 관계 접속(對立關係接續)은 선행절과 후행절의 내용이 서로 대립되고, 대등적 연결어미인 '-(으)나', '-지만', '-(으)ㄴ데/-는데' 등으로 접속되는 것이다.

(8) ㄱ. 인생은 짧-{-으나, -지만, -은데}, 예술은 길다.
ㄴ. 철수는 크-{-나, -지만, -ㄴ데}, 영주는 작다.

선택 관계 접속(選擇關係接續)은 선행절과 후행절에 각각 독립된 명제를 세우고, 그 중 하나를 사실 명제(事實命題)로 선택하는 관계로 접속되는 것이다. 선택 관계를 나타내는 연결어미로는 '-거나', '-든지' 등이 있다.

(9) ㄱ. 내일 나는 등산을 가거나 낚시를 갈 것이다.
ㄴ. 주말에 나는 독서를 하든지 운동을 하든지 할 것이다.

② 종속 접속

종속 접속(從屬接續)이란 선행절이 후행절에 종속적인 관계로 접속되는 것이다. 즉 이것은 선행절과 후행절이 통사(統辭)와 의미에 있어서 비대등(非對等) 관계로 접속되는 것이다.

종속 접속은 선행절과 후행절의 의미 관계에 따라 인과 관계 접속(因果關係接續), 조건 관계 접속(條件關係接續), 의도 관계 접속(意圖關係接續), 목적 관계 접속(目的關係接續), 양보 관계 접속(讓步關係接續), 순차 관계 접속(順次關係接續), 상황적 배경 제시 관계 접속(狀況的背景提示關係接續), 중단·전환 관계 접속(中斷·轉換關係接續), 도급 관계 접속(到及關係接續), 익심 관계 접속(益甚關係接續), 유사·비유 관계 접속(類似·比喩關係接續) 등으로 나뉜다.

'인과 관계 접속'은 선행절과 후행절이 '원인-결과'나 '이유-결과'의 관계를 맺고 접속하는 것이다. 인과 관계를 나타내는 연결어미는

'-느라고', '-(으)니', '-(으)니까', '-(으)므로', '-아서/-어서/-여서' 등
이다.

    (10) ㄱ. 그는 옆 친구와 잡담을 <u>하느라고</u> 선생님의 말씀을 못 들었다.
        ㄴ. 네가 철수를 <u>미워하</u>{-니, -니까} 그도 너를 미워한다.
        ㄷ. 인생은 <u>유한하므로</u>, 우리는 성실히 살아야 한다.
        ㄹ. 철수는 밥을 너무 많이 <u>먹어서</u> 배탈이 났다.

    '조건 관계 접속'은 선행절과 후행절이 '조건 – 결과'의 관계를 맺고
접속하는 것이다. 조건 관계를 나타내는 연결어미는 '-(으)면', '-거
든', '-아야/-어야/-여야' 등이다. 연결어미인 '-(으)면'은 후행절의 내
용에 대한 가정된 조건 혹은 수의적 조건이나 필수적 조건을 뜻하고,
'-거든'은 화자가 추정한 필수적인 조건을 나타내며, '-아야/-어야/-
여야'는 후행절의 내용에 대한 필수적 조건을 뜻한다.

    (11) ㄱ. 겨울이 <u>오면</u> 눈이 온다.
        ㄴ. 너는 고향에 <u>가거든</u> 동네 어른들을 꼭 찾아뵈어라.
        ㄷ. 날씨가 <u>따뜻하여야</u> 눈이 녹는다.

    '의도 관계 접속'은 선행절에서 주체의 의도를 제시하고, 그 의도에
따른 행위 수행을 후행절로 나타내는 관계를 맺고 접속하는 것이다.
이것은 의도 관계를 나타내는 연결어미인 '-고자', '-(으)려고' 등으로
접속되는 것이다. 다음의 예문 (12ㄹ), (12ㅁ)과 같이 명령법이나 청유
법을 나타내는 후행절이 접속되면 비문법적인 문장이 된다.

    (12) ㄱ. 철수는 책을 <u>읽으려고</u> 도서관으로 갔다.
        ㄴ. 철수는 견문을 <u>넓히고자</u> 유럽으로 여행을 갔다.

ㄷ. 영주는 노트를 <u>사려고</u> 문방구에 갔다.
ㄹ. *철수는 새 옷을 <u>사-{-고자, -려고}</u> 백화점에 가거라.
ㅁ. *철수는 새 옷을 <u>사{-고자, -려고}</u> 백화점에 가자.

'목적 관계 접속'은 선행절에서 주체의 목적을 제시하고, 그 목적 달성을 위한 행위를 후행절로 나타내는 관계로 접속하는 것이다. 이것은 목적 관계를 나타내는 연결어미인 '-(으)러'로 접속되는 것이다.

(13) ㄱ. 현수는 영주를 <u>만나러</u> 도서관으로 갔다.
ㄴ. 우리는 선물을 <u>사러</u> 시장에 갔다.

'양보 관계 접속'은 선행절이 후행절에 대해서 양보의 의미를 나타내는 관계로 접속하는 것이다. 양보 관계를 나타내는 연결어미로는 '-더라도', '-(으)ㄹ지라도', '-아도/-어도/-여도' 등이 있다.

(14) ㄱ. 네가 내 곁을 <u>떠나더라도</u> 나는 슬퍼하지 않을 것이다.
ㄴ. 비가 <u>올지라도</u> 나는 갈 것이다.
ㄷ. 네가 이 과일을 다 <u>먹어도</u> 아무도 너를 욕하지 않을 것이다.

'순차 관계 접속'은 선행절과 후행절이 동작·작용·상태 등의 선·후를 나타내는 관계로 접속하는 것이다. 순차 관계를 나타내는 연결어미로는 '-고(서)', '-아(서)/-어(서)/-여(서)', '-자', '-자마자' 등이 있다. 선행절과 후행절의 시간 차이가 가장 많이 나는 것은 '-아(서)/-어(서)/-여(서)' 접속문이고, 그 다음으로는 '-자' 접속문이며, 그 다음으로는 '-자마자' 접속문이다.

(15) ㄱ. 소나기가 <u>그치고서</u> 우리는 버스를 타러 갔다.
    ㄴ. 나는 여러 가지 나무를 <u>심어서</u> 아름다운 정원을 만들었다.
    ㄷ. 내가 기차를 <u>타자</u> 출발하였다.
    ㄹ. 내가 기차를 <u>타자마자</u> 출발하였다.

'상황적 배경 제시 관계 접속'은 선행절에서 후행절의 사건이 일어나는 상황적 배경을 제시하는 관계로 접속하는 것이다. 상황적 배경 제시 관계를 나타내는 연결어미로는 '-는데/-(으)ㄴ데'가 있다. '-는데'는 동사의 어간에 결합되고, '-(으)ㄴ데'는 형용사와 지정사의 어간에 결합된다.

(16) ㄱ. 어제 종로 2가를 <u>걸어가는데</u> 장대비가 쏟아지더라.
    ㄴ. 오늘 날씨가 <u>좋은데</u> 등산을 함께 가자.
    ㄷ. 내일이 어머니의 <u>생신인데</u> 무슨 선물을 드릴까?

'중단·전환 관계 접속'은 선행절의 동작이든지 작용이 중단되고 다른 동작이나 작용으로 바뀌든지, 선행절의 상태가 후행절에서 다른 상태로 바뀌는 관계로 접속되는 것이다. 이것은 선행절과 후행절이 연결어미인 '-다가'로 접속된다.

(17) ㄱ. 비가 <u>오다가</u> 눈이 온다.
    ㄴ. 나는 시장에 <u>가다가</u> 철수를 만났다.
    ㄷ. 철수는 노름을 <u>좋아하다가</u> 가산을 탕진하였다.

'도급 관계 접속'은 후행절의 동작·작용·상태 등의 미침을 선행절로 나타내는 관계로 접속되는 것이다. 이것은 선행절과 후행절이 종속적 연결어미인 '-도록'으로 이어지는 것이다. 이 연결어미는 다음의 예문 (18ㄷ), (18ㄹ), (18ㅁ) 등과 같이 시제나 상(相)을 나타내는 선어말어미인 '-았-/-었-/-였-', '-겠-', '-는-' 등과 결합하지 못한다.

(18) ㄱ. 밤이 다 <u>가도록</u> 현주는 어머니와 이야기를 나누었다.
ㄴ. 모든 독자가 이해하기 <u>쉽도록</u> 그는 글을 쓴다.
ㄷ. *밤이 다 <u>갔도록</u> 철수는 어머니와 이야기를 나누었다.
ㄹ. *내일 오전 9시까지 이곳에 <u>도착하겠도록</u> 여러분은 모두 유념하
길 바랍니다.
ㅁ. *선주가 <u>성공하는도록</u> 그의 어머니는 늘 빌었다.

'익심 관계 접속(益甚關係接續)'은 선행절의 명제와 후행절의 명제가
익심(益甚) 관계로 접속되는 것이다. 이것은 연결어미인 '-(으)ㄹ수록'으
로 선행절과 후행절이 접속되는 것이다.

(19) ㄱ. 나는 밥을 <u>먹을수록</u> 더욱 먹고 싶다.
ㄴ. 강이 <u>깊을수록</u> 강물이 천천히 흐른다.
ㄷ. 마음씨가 착한 <u>사람일수록</u> 말이 많다.

'유사·비유 관계 접속'은 후행절의 내용이 선행절의 내용과 유사
함을 나타내거나, 선행절로써 후행절의 내용을 비유함을 나타내는 관
계로 접속되는 것이다. 이것은 선행절과 후행절이 연결어미인 '-듯이'
로 접속되는 것이다.

(20) ㄱ. 사람마다 외모가 <u>다르듯이</u> 생각도 다르다.
ㄴ. 총알이 <u>날아가듯이</u> 세월이 빨리 흘러간다.

이상에서 살펴본 바와 같이 문장은 내포나 접속의 방식으로 다양한
형태로 확장된다.

제8장

격

격(格)은 매우 중요한 문법 범주(文法範疇)이다. 한국어에는 체언이나
체언 상당 어구에 조사가 연결되어 격이 실현된다. 이 장에서는 격의
정의(定義)와 분류(分類)에 대해서 살펴보기로 한다.

8.1 격의 정의

격(格)이란 명사가 문장 내에서 다른 단어들과 맺는 관계를 나타내는
문법 범주(文法範疇)[1]이다. 격은 체언 – 명사·대명사·수사 등 – 이나 체
언 상당 어구가 문장에서 다른 단어와 맺는 통사적·의미적 관계를
나타내는 것이다. 한국어에서는 격이 조사(助詞)에 의해 실현되는데, 다
른 언어에서는 격이 굴절 접사·전치사·어순 등에 의해 실현된다.

---

1) 문법 범주란 주로 활용, 굴절, 격 조사의 첨가 등에 의하여 실현되는 문법 현상을
   뜻한다. 이것은 문법적으로 구분되는 언어 현상을 그 특성에 따라 묶은 것이다.
   한국어의 대표적인 문법 범주는 격·시제·상(相, aspect)·서법·태(態, voice)·비
   교법·부정법·경어법 등이다.

(1) ㄱ. <u>철수가</u> <u>영주에게</u> <u>꽃을</u> 주었다.
　　　ㄴ. <u>영주에게</u> <u>철수가</u> <u>꽃을</u> 주었다.
　　　ㄷ. <u>꽃을</u> <u>영주에게</u> <u>철수가</u> 주었다.
　　　ㄹ. 주었다 <u>꽃을</u> <u>영주에게</u> <u>철수가</u>.

　앞의 예문 (1ㄱ),, (1ㄷ), (1ㄹ) 등에서 '철수'는 주격 조사(主格助詞)인 '가'에 의해서 주어의 기능을 하고, '영주'는 부사격 조사(副詞格助詞)인 '에게'에 의해서 부사어로 기능을 하며, '꽃'은 목적격 조사(目的格助詞) 인 '을'에 의해서 목적어로 기능을 하고 있다. 이것들은 (1ㄱ) ~(1ㄹ) 에서 보는 바와 같이 문장 내에서 어디에 놓이든 격(格)이 바뀌지 않는 다. 이와 같이 한국어의 격은 조사(助詞)로 실현된다.

8.2 격의 분류

　격(格)은 그 기능이나 의미에 따라 분류된다. 기능에 따라 격을 나누 면 주격(主格)·보격(補格)·목적격(目的格)·관형격(冠形格)·부사격(副詞格)· 독립격(獨立格) 등으로 나뉜다.
　주격(主格)은 체언이나 체언 상당 어구가 주어임을 나타내는 격이다. 격 조사인 '이/가', '께서', '께옵서' 등이 주격을 표시하는 데 쓰인다.

　(2) ㄱ. <u>나무가</u> 매우 푸르다.
　　　ㄴ. <u>다섯이</u> 넷보다 큰 숫자이다.
　　　ㄷ. <u>선생님께서</u> 저기에 오신다.
　　　ㄹ. <u>할머님께옵서</u> 보내 주신 하숙비를 잘 받았사옵니다.
　　　ㅁ. <u>우리가</u> 빨리 집으로 감이 현주를 도와주는 것이다.

　앞의 예문 (2ㄱ)에서는 명사 '나무'에, (2ㄴ)에서는 수사 '다섯'에, (2

ㄷ)에서는 명사 '선생님'에, (2ㄹ)에서는 명사 '할머님'에, (2ㅁ)에서는 명사절인 "우리가 빨리 집으로 돌아감'에 각각 주격 조사인 '이/가', '께서', '께옵서' 등이 각각 연결되어 주어로 기능을 하게 한다.

보격(補格)은 체언이나 체언 상당 어구가 보어(補語)임을 나타내는 격이다. 격 조사인 '이/가', '에게', '-(으)로' 등이 보격을 표시하는 데 쓰인다.

    (3) ㄱ. 그는 <u>회장이</u> 되었다.
        ㄴ. 영주가 <u>의사가</u> 되었다.
        ㄷ. 그는 <u>사장이</u> 아니다.
        ㄹ. 나는 <u>현주에게</u> 선물을 보냈다.
        ㅁ. 나는 동혁을 <u>비서로</u> 삼았다.

앞의 예문 (3ㄱ)에서는 '회장'에 보격 조사 '이', (3ㄴ)에서는 '의사'에 보격 조사 '가', (3ㄷ)에서는 '사장'에 보격 조사 '이', (3ㄹ)에서는 '현주'에 보격 조사 '에게', (3ㅁ)에서는 '비서'에 보격 조사 '로'가 각각 연결되어 보어임을 나타내고 있다.

목적격(目的格)은 체언이나 체언 상당 어구가 목적어임을 나타내는 격이다. 이것을 대격(對格)이라고 일컫기도 한다. 격 조사 '을', '를', 'ㄹ' 등이 목적격을 표시하는 데 쓰인다. 목적격 조사인 '을'은 자음으로 끝난 선행어에 연결되고, 목적격 조사 '를'과 'ㄹ'은 모음으로 끝난 선행어에 연결된다. 목적 조사 'ㄹ'은 주로 구어에서 쓰인다.

    (4) ㄱ. 나는 저 문방구에서 <u>연필을</u> 샀다.
        ㄴ. 철수는 <u>너{를, ㄹ}</u> 사랑한다.
        ㄷ. 열에서 <u>다섯을</u> 빼라.

앞의 예문 (4ㄱ)에 쓰인 명사 '연필', (4ㄴ)에 쓰인 대명사 '너', (4ㄷ)

에 쓰인 수사 '다섯' 등에 목적격 조사인 '을', '를', 'ㄹ' 등이 각각 연결되어 목적어의 기능을 하게 한다.

관형격(冠形格)은 어떤 체언이나 체언 상당 어구가 관형어임을 나타내는 격이다. 격 조사인 '의'가 관형격을 표시하는 데 쓰인다.

　　(5) ㄱ. <u>인간의</u> 얼굴은 심리 상태를 나타낸다.
　　　　ㄴ. 나는 <u>너의</u> 마음을 사랑한다.
　　　　ㄷ. <u>다섯의</u> 배는 열이다.

앞의 예문 (5ㄱ)에 쓰인 '인간', (5ㄴ)에 쓰인 '너', (5ㄷ)에 쓰인 '다섯' 등에 관형격 조사 '의'가 연결되어 관형어임을 표시하고 있다.

부사격(副詞格)은 체언이나 체언 상당 어구가 부사어임을 나타내는 격이다. 격 조사인 '에', '에서', '(으)로', '(으)로서', '(으)로써', '(으)로부터', '과/와', '하고' 등이 부사격을 나타내는 데 쓰인다.

　　(6) ㄱ. 영수가 <u>학교에</u> 간다.
　　　　ㄴ. 선주가 <u>방에서</u> 공부한다.
　　　　ㄷ. 그는 공부를 하기 위해 <u>도서관으로</u> 갔다.
　　　　ㄹ. 너는 갈등의 <u>조정자로서</u> 최선을 다하여야 한다.
　　　　ㅁ. 그는 성실히 <u>노력함으로써</u> 성공하였다.
　　　　ㅂ. 나는 <u>보라와</u> 함께 탁구를 쳤다.
　　　　ㅅ. 동혁아, <u>나하고</u> 여행을 가자.

앞의 예문 (6ㄱ)의 '학교', (6ㄴ)의 '방', (6ㄷ)의 '도서관', (6ㄹ)의 '조정자', (6ㅁ)의 '노력함', (6ㅂ)의 '보라', (6ㅅ)의 '나' 등에 부사격 조사인 '에', '에서', '<u>으로</u>', '로서', '<u>으로써</u>', '와', '하고' 등이 각각 연결되어 부사어임을 나타내고 있다.

독립격(獨立格)은 어떤 체언이나 체언 상당 어구가 독립어임을 나타내는 격이다. 이것을 '호격(呼格)'이라고 일컫기도 한다. '아/야', '여/이여', '이시여' 등의 격 조사가 독립격을 나타내는 데 쓰인다.

(7) ㄱ. <u>동혁아</u>, 빨리 오너라.
ㄴ. <u>영희야</u>, 저기를 보아라.
ㄷ. <u>그대여</u>, 착하고 의롭게 사시오.
ㄹ. <u>조국이여</u>, 영원히 번영하라.
ㅁ. <u>하느님이시여</u>, 가엾은 인간들을 돌보아 주소서.

앞의 예문 (7)에서는 독립격 조사인 '아', '야', '여', '이여', '이시여' 등이 명사인 '동혁', '영희', '조국', '하느님' 등과 인칭 대명사인 '그대'에 연결되어 이것들이 독립격임을 나타내고 있다.

의미격(意味格)은 행위자격(行爲者格), 대상격(對象格), 구격(具格), 결과격(結果格), 원천격(源泉格), 목표격(目標格), 경험자격(經驗者格), 처격(處格), 공동격(共同格) 등으로 세분된다.

행위자격(行爲者格)은 사건을 일으킨 주체임을 나타내는 격이다. 이것을 '행동주격(行動主格)' 혹은 '위격(爲格)'이라고 일컫기도 한다. 격 조사 '이/가', '께서', '께옵서' 등이 행위자격을 나타내는 데 쓰인다.

(8) ㄱ. <u>철수가</u> 운동장에서 재미있게 놀고 있다.
ㄴ. <u>동혁이</u> 물에 빠진 사람을 구하였다.

앞의 예문 (8ㄱ)에서는 '철수'에 연결된 조사 '가'가 행위자격을 나타내고, (8ㄴ)에서는 '동혁'에 연결된 조사 '이'가 행위자격을 나타낸다.

대상격(對象格)은 움직이거나 변화하는 실체 또는 그 위치나 존재가 고려되고 있는 실체를 나타내는 격이다. 즉 동작이 미치는 대상을 나타내는 격이다. 격 조사 '를', '을', 'ㄹ' 등이 대상격을 나타내는 데 쓰인다.

> (9) ㄱ. 투수가 포수에게 <u>공을</u> 던진다.
>   ㄴ. 영주가 <u>사과를</u> 먹고 있다.

앞의 예문 (9ㄱ)의 '공'에 연결된 조사 '을'이, (9ㄴ)의 '사과'에 연결된 조사 '를'이 대상격을 나타낸다.

구격(具格)은 어떤 일의 자극 또는 직접적인 물리적 원인을 나타내는 격이다. 이것은 동사가 뜻하는 행동이나 형용사가 가리키는 상태와 우연히 관련되고 있는, 무정적인 것의 힘이나 사물을 나타내는 격이다. 격 조사 '(으)로', '에' 등이 구격을 나타낸다.

> (10) ㄱ. 그는 <u>나무로</u> 책상을 만들었다.
>   ㄴ. 수홍은 <u>흙으로</u> 담을 쌓았다.
>   ㄷ. 나무가 <u>바람에</u> 쓰러졌다.

앞의 예문 (10ㄱ)에서는 '나무'에 연결된 조사 '로'가, (10ㄴ)에서는 '흙'에 연결된 조사 '으로'가, (10ㄷ)에서는 '바람'에 연결된 조사 '에'가 구격을 나타낸다.

결과격(結果格)은 행위의 결과로서 존재하게 되는 실체를 나타내는 것이다. 즉 이것은 동사가 뜻하는 행동의 결과로 생기는 사물이나 존재를 나타내는 격이다. 격 조사 '(으)로'가 결과격을 나타낸다.

> (11) ㄱ. 그는 인격을 부단히 수양하여 거룩한 <u>사람으로</u> 살았다.
>   ㄴ. 철수는 열심히 연구하여 매우 훌륭한 <u>과학자로</u> 명성을 떨치고 있다.

앞의 예문 (11ㄱ)의 '사람'에 연결된 조사 '으로'가, (11ㄴ)의 '과학자'에 연결된 조사 '로'가 결과격을 나타낸다.

원천격(源泉格)은 어떤 것이 이동할 때 기점(起點)이 되는 장소임을 나타내는 격이다. 이것을 유래격(由來格) 혹은 시원격(始原格) 혹은 기원격(起源格) 혹은 원격(源格)이라고 일컫기도 한다. 격 조사 '(으)로부터', '에서' 등이 원천격을 나타낸다.

> (12) ㄱ. 철수가 <u>미국에서</u> 왔다.
> ㄴ. 하얀 눈이 <u>하늘로부터</u> 펑펑 내린다.

앞의 예문 (12ㄱ)에서는 '미국'에 연결된 조사 '에서'가, (12ㄴ)에서는 '하늘'에 연결된 조사 '로부터'가 원천격을 나타낸다. 그런데 원천격은 가산적 범위 내의 시발점을 뜻하기도 한다.

> (13) ㄱ. 그는 <u>어린 시절부터</u> 착하고 근면하게 살아 왔다.
> ㄴ. 그는 <u>10일 전부터</u> 단식을 하고 있다.

앞의 예문 (13ㄱ)의 '어린 시절'과 (13ㄴ)의 '10일 전'에 연결된 조사 '부터'가 원천격으로 쓰이었다. 이것들은 어떤 장소의 출발점이 아니라 가산적 범위 내의 시발점이다.

목표격(目標格)은 어떤 사람이나 사물이 이동할 때의 도착점이 됨을 나타내는 격이다. 이것을 '도달격(到達格)' 혹은 '달격(達格)'이라고 일컫기도 한다. 격 조사 '에'가 목표격을 나타낸다.

> (14) ㄱ. 철수는 온갖 어려움을 이기고 <u>에베레스트산 정상에</u> 올랐다.
> ㄴ. 그는 쉬지 않고 달려서 일등으로 <u>결승점에</u> 닿았다.

앞의 예문 (14ㄱ)의 '에베레스트산 정상'과 (14ㄴ)의 '결승점'에 연결된 조사 '에'가 목표격을 나타낸다.

경험자격(經驗者格)은 어떤 행위의 영향을 받거나 경험하는 실체를 나타내는 격이다. 이것은 동사가 뜻하는 행위나 형용사가 가리키는 상태의 영향을 받는 생물을 나타내는 것이다. 격 조사 '에게', '께' 등이 경험자격을 나타낸다.

(15) ㄱ. 철수가 <u>영주에게</u> 꽃을 주었다.
　　 ㄴ. 철수가 <u>선생님께</u> 과일을 드렸다.

앞의 예문 (15ㄱ)에서는 '영주'에 연결된 조사 '에게'가, (15ㄴ)에서는 '선생님'에 연결된 조사 '께'가 경험자격을 나타낸다.

처격(處格)은 동사나 형용사가 가리키는 행동이나 상태의 장소 또는 공간 방향을 나타내는 격이다. 이것을 '장소격'이라고 일컫기도 한다. 격 조사 '에', '에서' 등이 처격을 나타낸다.

(16) ㄱ. 철수는 <u>교실에서</u> 공부한다.
　　 ㄴ. <u>연못에</u> 피어 있는 연꽃이 매우 아름답다.

앞의 예문 (16ㄱ)의 '교실'에 연결된 조사 '에서'와 (16ㄴ)의 '연못'에 연결된 조사 '에'가 처격을 나타낸다.

공동격(共同格)은 행위를 나타내는 동사나 상태를 나타내는 형용사에 대해서 참여나 대칭 관계(對稱關係)를 뜻하는 격이다. 이것을 '공격(共格)' 또는 '수반격(隨伴格)'이라고 일컫기도 한다. 격 조사 '와', '과', '랑', '이랑', '하고' 등이 공동격을 나타낸다.

(17) ㄱ. 현주는 <u>영준과</u> 함께 놀이터에서 놀고 있다.

ㄴ. 현수는 <u>준수와</u> 함께 불우한 친구를 돕는다.

앞의 예문 (17ㄱ)에서는 '영준'에 연결된 조사 '과'가, (17ㄴ)에서 '준수'에 연결된 조사 '와'가 공동격을 나타낸다.

제9장

시제

시제(時制, tense)는 자연의 시간과 일치하지 않으며1), 언어에 따라 달리 실현된다. 이 장에서는 시제의 정의(定義)와 한국어 시제의 분류에 대해서 살펴보고자 한다.

9.1 시제의 정의

시제(時制)란 어떤 사건·행위·상태 등의 시간적 위치를 언어로써 나타내는 문법 범주이다. 즉 이것은 어떤 기준시(基準時)를 중심으로 사건·행위·상태 등의 앞뒤 시간적 위치를 언어로써 표현하는 문법 범주이다. '시제'를 '때매김'이라고 일컫기도 한다.

---

1) 시제(tense)와 시간(time)은 다른 것이다. 시제는 문법 용어(grammatical term)인데, 시간은 개념적 용어(conceptual term)이다. tense는 time을 의미하는 라틴어 'tempus'에서 유래된 것이다. 사건이 발생하는 시간과 이것을 지시하는 시제의 선택 사이에 언제나 대응 관계가 있는 것은 아니다.

(1) ㄱ. <u>지금</u> 철수는 밥을 먹고 있다.

　　ㄴ. <u>아까</u> 철수는 밥을 먹었다.

　　ㄷ. <u>내일</u> 철수는 밥을 먹을 것이다.

앞의 예문 (1ㄱ)은 화자(話者)가 말할 때 철수의 밥을 먹는 행위가 이루어지고 있음을 표현한 문장이고, (1ㄴ)은 화자가 말하기 이전에 철수의 밥을 먹는 행위가 이루어졌음을 나타낸 문장이며, (1ㄷ)은 철수의 밥을 먹는 행위가 화자의 발화 이후에 이루어질 것임을 표현한 문장이다. 이와 같이 어떤 것을 기준점으로 하여 행위나 상태의 시간적 위치를 언어로써 나타내는 문법 범주를 시제라고 한다.

한국어의 시제는 용언의 어미와 시간 부사어로 표현된다. 이러한 것들 중에는 상(相, aspect), 서법(敍法), 양태(樣態) 등을 표현하는 데 쓰이는 것도 있다. 따라서 시제의 본질을 분명히 파악하려면 그러한 형태소의 의미와 기능을 명확히 알아야 한다.

9.2 시제의 분류

한국어의 시제는 과거 시제(過去時制), 현재 시제(現在時制), 미래 시제(未來時制) 등 세 시제로 나뉜다.

과거 시제는 사건시(事件時)[2]가 발화시(發話時)[3]보다 앞서 있는 것을 나타내는 시제이다. 즉 과거 시제는 발화시보다 먼저 일어난 사건이나, 행위, 발화시 이전의 어떤 것의 상태 등을 언어로 표현하는 것이다.

과거 시제는 시간 부사어인 '아까', '어제', '그저께', '작년', '조금

---

[2] 사건시(事件時)란 사건이 일어난 시점을 뜻한다.

[3] 발화시(發話時)란 말하는 시점을 뜻한다.

전’ 등과 선어말어미인 ‘-았-/-었-/-였-’, ‘-더-’ 등과 관형사형 전성
어미인 ‘-(으)ㄴ’, ‘-던’ 등으로 표현된다.

(2) ㄱ. {아까, 어제, 조금 전에, *내일} 나는 그 사과를 먹었다.
ㄴ. {아까, 어제, *현재, *내일} 나는 숙제를 하였다.
ㄷ. {아까, 어제, 10분 전에, *내일} 철수가 영주와 함께 극장에 들어가더라.

앞의 예문 (2ㄱ), (2ㄴ), (2ㄷ) 등에서 보듯이 과거 시제를 표현하는
문장에는 과거 시제 관련 부사어인 ‘아까’, ‘어제’, ‘조금 전에’, ‘2시간
전에’, ‘10분 전에’ 등과 용언의 어간에 선어말어미인 ‘-었-/-았-/-였
-’, ‘-더-’ 등이 결합한 형태가 함께 쓰인다. 현재 시제 관련 부사어인
‘현재’나 미래 관련 시간 부사어인 ‘내일’ 등이 과거 시제 표현 문장에
쓰이면 비문법적인 문장이 된다.

절(節)이 일정한 문장에 내포될 경우 그 절에도 시제가 일정한 형태
로 구분되어 표현된다.

(3) ㄱ. 아까 내가 먹은 사과는 매우 맛있었다.
ㄴ. 어제 우리가 본 영화는 매우 감동적인 것이었다.
ㄷ. 그 길은 옛날에 내가 거닐던 길이다.
ㄹ. 그 길은 옛날에 내가 거닐었던 길이다.
ㅁ. 내가 그를 처음 만나던 날도 함박눈이 내렸다.

‘-(으)ㄴ’, ‘-던’, 「‘-았-/-었-/-였-’+‘-던=‘-았던/-었던/-였던’」 등
이 뜻하는 바는 다르다. 동사의 어간에 결합되는 ‘-(으)ㄴ’에는 [완료]
의 의미 자질이 내포되어 있으나, ‘-던’에는 [완료]의 의미 자질이 내
포되어 있지 않고 [과거 회상]과 [중단]의 의미가 내포되어 있다. 그리
고 ‘-았던/-었던/-였던’은 [중단]이나 ‘-던’보다 앞선 때를 뜻한다.

현재 시제는 발화시와 사건시가 일치함을 나타내는 시제이다. 이것은 현재 관련 시간 부사어인 '현재', '지금' 등과 현재 시제 선어말어미인 '-ㄴ-/-는-'4), 관형사형 전성어미인 '-(으)ㄴ/-는' 등으로 표현된다. 형용사가 서술어인 문장에는 일반적으로 현재 관련 시간 부사어가 쓰이지 않는다. 관형사형 전성어미인 '-(으)ㄴ'은 형용사인 '있다'와 '없다'를 제외한 형용사와 지정사의 어간에 결합되어 현재 시제를 나타내고, 관형사형 전성어미인 '-는'은 동사의 어간이나 형용사인 '있다'와 '없다'의 어간에 결합되어 현재 시제를 나타낸다. 그런데 관형사형 전성어미인 '-(으)ㄴ'이 동사의 어간에 결합되면 과거 시제를 나타낸다.

(4) ㄱ. <u>지금</u> 철수가 밥을 <u>먹는다</u>.
ㄴ. 꽃이 매우 아름답-{<u>-다</u>, [*]-는다}.
ㄷ. <u>얼굴이 예쁜</u> 아이가 내 동생이다.
ㄹ. [*]<u>어제</u> 영주가 책을 <u>읽는다</u>.
ㅁ. [*]<u>현재</u> 우리는 온갖 과일을 {<u>먹었다</u>, <u>먹겠다</u>}.

앞의 예문 (4ㄱ)은 현재 시제가 실현된 문장이다. 이 문장에서는 동사인 '먹다'의 어간 '먹-'에 현재 시제를 나타내는 선어말어미인 '-는-'과 종결어미인 '-다'가 결합되어 서술어 기능을 하고, 현재 시제 관련 부사어인 '지금'이 쓰이었다. (4ㄴ)과 같이 '있다'와 '없다'를 제외한 형용사나 지정사가 서술어 기능을 하는 문장이 현재 시제를 나타낼 경우에는 그 형용사의 어간에 현재 시제 선어말어미인 '-ㄴ-/-는-'이 종결어미에 결합되면 비문법적인 문장이 된다.

---

4) 현재 시제 선어말어미인 '-ㄴ-/-는-'은 동사의 어간에 결합되는데, 형용사와 지정사의 어간에는 결합되지 못한다.

앞의 예문 (4ㄷ)의 '예쁜'은 형용사인 '예쁘다'의 어간에 현재 시제를 나타내는 관형사형 전성어미 '-ㄴ'이 결합된 것이다.

앞의 예문 (4ㄹ)과 (4ㅁ)에서 보는 바와 같이 현재 시제를 표현하는 문장에 '어제'란 시간 부사어를 사용하거나, 서술어 기능을 하는 용언의 어간에 과거 시제를 나타내는 선어말어미 '-었-/-았-/-였-'이나 미래 시제를 표현하는 선어말어미 '-겠-'을 결합하여 사용하면 비문법적인 문장이 된다.

미래 시제는 사건시가 발화시의 뒤에 옴을 나타내는 시제이다. 이것은 미래 시제 관련 시간 부사어인 '내일', '모레', '내년', '2년 후에' 등과 선어말어미인 '-겠-', '-(으)리-' 등과 관형사형 전성어미인 '-(으)ㄹ', 우설적(迂說的) 표현인 '-(으)ㄹ 것이다' 등으로 실현된다. 선어말어미인 '-(으)리-'는 구어(口語)에서보다 문어(文語)에서 더 많이 쓰인다. '-(으)ㄹ 것이다'는 구어에서 '-(으)ㄹ 게다'로 줄여 쓰인다.

(5) ㄱ. 내일 나는 이 과일을 먹-{-겠다, -으리라}.
　　ㄴ. 이것은 내일 먹을 과일이다.
　　ㄷ. 이틀 후에 우리는 이 과일을 먹을 것이다.
　　ㄹ. 2년 뒤에 준영이 귀국할 게다.
　　ㅁ. 모레 우리는 이 길을 닦을 것이다.

그런데 선어말어미인 '-겠-', '-(으)리-' 등과 관형사형 전성어미인 '-(으)ㄹ', 우설적 표현인 '-(으)ㄹ 것이다' 등이 미래 시제를 나타내지 않고 현재 시제를 나타내는 경우가 있다.

(6) ㄱ. 오전 열시에 서울역을 출발한 장항행 열차는 지금 홍성을 지나고 {있겠다, 있으리라, 있을 것이다}.
　　ㄴ. 지금 하와이는 매우 {덥겠다, 더우리라}.

ㄷ. 할머니께서는 어리셨을 적에 매우 <u>예쁘셨겠습니다</u>.
ㄹ. <u>지금</u> 광천을 지나고 <u>있을</u> 그 기차를 우리는 탔어야 했다.

앞의 예문 (6ㄱ)의 '있겠다', (6ㄴ)의 '덥겠다', (6ㄷ)의 '예쁘셨겠습니다' 등에 쓰인 선어말어미인 '-겠-', (6ㄱ)의 '있으리라'와 (6ㄴ)의 '더우리라' 등에 쓰인 선어말어미인 '-(으)리-', (6ㄹ)의 '있을'에 쓰인 관형사형 전성어미 '-을' 등은 미래 시제를 나타내지 않고 서법(敍法) 중에서 추측법을 나타내는 기능을 한다.

제 10장

상

시제와 상(相, aspect)은 상이한 문법 범주이다. 이 장에서는 상(相)의 정의(定義)와 종류에 대해서 살펴보고자 한다.

10.1 상의 정의

상(相)이란 어떤 동작이나 상태의 시간선상의 분포를 언어로 나타내는 문법 범주이다. 즉 상(相)은 시간적 흐름 위에 사태가 펼쳐져 있는 모양이나 길이를 뜻하는 시간 양태이다.[1] 어떤 사건·행위·상태 등을 선(線) 위에 나타낼 때 하나의 점으로 표시되는 것이 시제이고, 일정

---

[1] 원래 러시아어 문법 범주의 하나인 'vid'를 영국과 프랑스에서는 'aspect'로 독일에서는 'Aktionsart'로 번역 차용하여 자기 나라말의 문법적 현상을 설명하게 되었다. 이것은 본래 러시아어나 그 밖의 슬라브어에서 동사의 굴절에 의한 '완료'와 '미완료'를 구별하기 위하여 사용한 것이다(Lyons, 1968 : 313). Hockett(1958 : 237)에서는 "상은 시간선상의 어떤 사태의 위치를 나타내는 것이 아니라 그것의 시간적인 분포나 양태를 뜻하는 것이다."라고 한다.

한 길이나 폭으로 표시되는 것이 상(相)이다.

시제와 상(相)은 별개의 문법 범주인데, 한국어에서는 둘 다 용언의 활용형에 의해서 실현되는 공통점을 지니고 있기 때문에 시제와 상(相)을 한데 묶어서 시상(時相)이라는 범주로 처리하기도 한다. 그리하여 일반인들이 시제와 상(相)을 혼동하는 경우가 많다. 한국어의 시제와 상(相)을 정확히 식별할 수 있으려면 시제와 상의 본질을 분명히 인식하여 한다. 특히 시제와 상(相)을 표현하는 데 쓰이는 문법 형태소의 의미와 기능을 명확하게 파악하여야 한다.

10.2 상의 종류

상(相)에는 진행상(進行相)과 완료상(完了相)이 있다.

진행상(進行相)은 동작의 진행을 나타내는 상(相)이다. 이것은 '-고 있다', '-고 계시다', '-는 중이다', '-는 중에 있다', '-는 중에 계시다', '-아/-어/-여 가다', '-아/-어/-여 오다' 등과 같은 연어(連語)나 관형사형 전성어미인 '-는', 시간 부사어인 '현재', '지금' 등으로 실현된다.

> (1) ㄱ. <u>지금</u> 철수는 청소를 <u>하고 있다</u>.
> ㄴ. <u>지금</u> 아버지께서는 독서를 <u>하고 계시다</u>.
> ㄷ. <u>현재</u> 철수는 청소를 <u>하는 중이다</u>.
> ㄹ. <u>현재</u> 철수는 청소를 <u>하는 중에 있다</u>.
> ㅁ. <u>지금</u> 회장님께서는 독서를 <u>하시는 중에 계시다</u>.
> ㅂ. 그는 어려운 수학 문제를 잘 <u>풀어 간다</u>.
> ㅅ. 아침이 차차 <u>밝아 온다</u>.

연어인 '-고 있다', '-고 계시다', '-는 중에 있다', '-는 중에 계시다' 등과 관형사형 전성어미인 '-는'은 형용사에 결합되지 못한다. 그리고

"-는 중{이다, 에 있다, 에 있으시다, 에 계시다}"이라는 연어는 형용사나 '알다', '모르다', '인식하다' 등의 지각 동사의 어간에 결합되지 못한다. 이런 유의 품사에는 [지속성]이 있기 때문이다.

    (2) ㄱ. *한강의 물은 <u>맑고 있다</u>.
        ㄴ. *어머니께서는 <u>아름답고 계시다</u>.
        ㄷ. *그 여자는 <u>착하는 중이다</u>.
        ㄹ. *그 여자는 <u>착하는 중에 있다</u>.
        ㅁ. *어머니께서는 <u>아름답는 중에 있으시다</u>.
        ㅂ. *나는 그 사태에 대해서 <u>인식하는 중이다</u>.
        ㅅ. *나는 그 사람에 대해서 <u>아는 중에 있다</u>.

진행상은 연결어미 '-(으)며', '-(으)면서' 등으로 표현되기도 한다.

    (3) ㄱ. 동혁은 <u>걸으며</u> 책을 읽는다.
        ㄴ. 준수는 <u>걸으면서</u> 음악을 듣는다.

완료상(完了相)은 동작의 완료를 나타내는 상(相)이다. 이것은 선어말어미인 '-았-/-었-/-였-'이나 관형사형 전성어미인 '-(으)ㄴ'이나 연어(連語)인 '-아/-어/-여 있다', '-아/-어/-여 계시다', '-고 나다', 시간 부사어인 '아까부터', '10분 전부터', '어제', '며칠 전에', '엊그제', '조금 전에', '어제까지' 등과 함께 실현된다.

    (4) ㄱ. <u>어제</u> 그는 그 작품집을 모두 다 <u>읽었다</u>.
        ㄴ. <u>10분 전부터</u> 그분께서 방에 <u>앉아 계신다</u>.
        ㄷ. <u>아까부터</u> 그 아이는 잔디에 <u>앉아 있다</u>.
        ㄹ. 너는 대학을 <u>졸업하고 나서</u> 무슨 일을 하겠니?
        ㅁ. 나는 <u>어제 먹은</u> 음식의 맛을 영원히 잊지 못할 것이다.

앞의 예문 (4ㄱ)은 시간 부시어 '어제'와 선어말어미인 '-었-'에 의해서 완료상이 표현되었다. (4ㄴ)과 (4ㄷ)은 시간 부사어인 '10분 전부터', '아까부터'와 연어인 '-아 계신다', '-아 있다' 등에 의해서 완료상이 표현된 것이고, (4ㄹ)은 연어인 '-고 나서'에 의해서 완료상이 표현된 것이다. 그리고 (4ㅁ)의 '어제 먹은'에서는 시간 부사어와 관형사형 전성어미인 '-은'에 의하여 완료상이 표현되었다.

이상에서 살펴본 바를 통해서 한국어의 시제가 시제를 나타내는 시간 부사어와 함께 실현되듯이 상(相)도 일반적으로 상(相)을 나타내는 시간 부사어와 함께 실현됨을 알 수 있다.

제11장
서법과 양태

청자나 사건에 대한 화자의 태도에 따라 서법(敍法, mood)과 양태(樣態, modality)가 달리 표현된다. 서법에는 시간성과 양태성이 부수되어 있다. 이 장에서는 서법과 양태의 정의(定義)와 종류(種類)에 대해서 살펴보기로 한다.

11.1 서법

11.1.1 서법의 정의

서법(敍法)이란 사건이나 청자에 대한 화자의 태도를 용언의 활용 형태로 표현하는 문법 범주이다. 이것은 선어말어미나 종결어미로 표현된다.

  (1) ㄱ. 철수야, 많이 <u>먹어라</u>.
     ㄴ. 비가 오니, 화초가 잘 <u>자라겠다</u>.

앞의 예문 (1ㄱ)은 화자가 청자인 '철수'에게 무엇인지 많이 먹을 것을 요구함을 표현한 문장이고, (1ㄴ)은 비가 와서 화초가 앞으로 잘 자랄 것이라고 화자가 추측함을 표현한 문장이다. (1ㄱ)에서는 명령법 종결어미인 '-어라'가 쓰이어 명령법임을 표시하고, (1ㄴ)에서는 선어말어미인 '-겠-'이 쓰이어 추측법임을 나타내고 있다. 이와 같이 사건이나 청자에 대한 화자의 태도를 표현하는 문법 범주를 서법이라고 한다.

11.1.2 서법의 종류

서법(敍法)은 선어말어미나 우설적 방식으로 실현되는 서법과 종결어미로 실현되는 서법으로 나뉜다.

1 선어말어미나 우설적 방식으로 실현되는 서법

선어말어미나 우설적 방식으로 표현되는 서법에는 직설법(直說法)·추측법(推測法)·의지법(意志法)·가능법(可能法)·회상법(回想法)·확인법(確認法) 등이 있다.

직설법(直說法)은 발화시(發話時)를 기준으로 어떤 사실을 직접적으로 서술하는 것이다. 동사가 서술어 기능을 하는 문장이 직설법을 나타낼 경우에는 선어말어미인 '-ㄴ-/-는-'이 쓰인다. 그런데 형용사나 지정사가 서술어 기능을 하는 문장이 직설법을 나타낼 경우에는 선어말어미인 '-ф-'가 쓰인다.

(2) ㄱ. 선주가 책을 <u>읽는다</u>.
ㄴ. 그는 마음이 매우 <u>착하다</u>.
ㄷ. 인간은 생각하는 존재<u>이다</u>.

형용사나 지정사는 직설법을 표시하는 선어말어미가 없는 것으로 처리하게 되면 다른 서법과 대응 관계가 성립되지 않아서 체계성이 결여된 기술이 되고 만다. 따라서 형용사나 지정사가 서술어 구실을 할 경우 표층 구조에는 드러나지 않지만 심층 구조에 존재하는 '-ɸ-' 형태를 직설법을 나타내는 선어말어미로 설정하여 기술하는 것이 합당하다.

추측법(推測法)은 어떤 사건이나 청자의 행위와 성질에 대한 화자의 추측을 나타내는 서법이다. 이것을 '미결법(未決法)'이라고 일컫기도 한다. 추측법은 선어말어미인 '-겠-', '-(으)리-' 등이나 우설적 방식인 '-(으)ㄹ 것이다' 등으로 표현된다.

> (3) ㄱ. 동혁은 지금쯤 광천에 <u>도착하였겠다.</u>
> ㄴ. 아버지께서 또 화를 <u>내시겠구나.</u>
> ㄷ. 내일 눈이 <u>올 것이다.</u>

앞의 예문 (3ㄱ)에서 '도착하였겠다'와 (3ㄴ)에서 '내시겠구나'에 쓰인 선어말어미인 '-겠-'은 '추측'을 뜻한다. 그리고 (3ㄷ)에서 '올 것이다'에 쓰인 우설적 표현인 '-ㄹ 것이다'도 '추측'을 뜻한다. 이와 같이 '추측'을 나타내는 서법을 추측법이라고 한다.

선어말어미인 '-겠-'과 '-(으)리-'가 형용사나 지정사에 결합된 경우에는 '의지'나 '가능성'의 의미를 나타내지 못하고 '추측'의 의미만을 나타낸다.

> (4) ㄱ. 요사이 설악산의 경치는 매우 <u>아름답겠다.</u>
> ㄴ. 그렇게 말을 잘 한다니 그는 탁월한 <u>웅변가이겠구나.</u>

앞의 예문 (4ㄱ)에서 '아름답겠다'와 (4ㄴ)에서 '웅변가이겠구나'에 쓰인 '-겠-'은 '추측'의 의미만을 나타낸다.

추측법을 나타내는 선어말어미인 '-겠-'이 회상법 선어말어미인 '-더
-'와 결합하여 쓰일 때에는 '결과의 추측'의 의미를 나타낸다.

    (5) ㄱ. 그가 돈이 없다고 말하니 나는 그에게 도와 달라고 더 이상 <u>말하지</u>
           <u>못하겠더라.</u>
       ㄴ. 그들은 서로 사랑하기 때문에 <u>결혼하겠더라.</u>

앞의 예문 (5ㄱ)에서 '말하지 못하겠더라'와 (5ㄴ)에서 '결혼하겠더
라'에 쓰인 '-겠-'은 '결과의 추측'을 뜻한다.

가능법(可能法)은 어떤 사건이나 청자의 행위에 대해서 화자가 짐작하
는 가능성을 나타내는 서법이다. 가능법에는 화자의 추측이 내포되어
있기 때문에 이것을 추측법으로 간주하기도 한다. 이것은 선어말어미
인 '-겠-', 관형사형 전성어미인 '-(으)ㄹ', 우설적 방식인 '-(으)ㄹ 수
있다' 등으로 표현된다.

    (6) ㄱ. 그는 그동안 열심히 훈련을 하였기 때문에, 이번 경기에서 우승을
           <u>하겠다.</u>
       ㄴ. 너만은 이 문제를 <u>풀 수 있다.</u>

의지법(意志法)이란 어떤 사건이나 청자에 대한 화자의 의지를 나타내
는 서법이다. 이것은 종결어미인 '-(으)ㄹ게'나 '-(으)ㄹ래', 선어말어미인
'-겠-'이나 '-(으)리-', 우설적 방식인 '-(으)ㄹ 것이다' 등으로 표현된다.

    (7) ㄱ. 이번 경기에서 꼭 <u>우승할게.</u>
       ㄴ. 내일 저는 학교에 반드시 <u>가겠어요.</u>
       ㄷ. 나는 그대를 영원히 잊지 <u>못하리라.</u>
       ㄹ. 나는 너와 무슨 일이 있더라도 꼭 <u>결혼할 것이다.</u>

앞의 예문 (7ㄱ)에서 '우승할게'에 쓰인 종결어미 '-ㄹ게', (7ㄴ)에서 '가겠어요'에 쓰인 선어말어미인 '-겠-'과 (7ㄷ)에서 '못하리라'에 쓰인 선어말어미인 '-리-'는 '의지'를 뜻하고, (7ㄹ)에서 '결혼할 것이다'에 쓰인 우설적 표현인 '-ㄹ 것이다'도 '의지'를 뜻한다. 그런데 선어말어미인 '-겠-'과 '-리-'가 우설적 표현인 '-ㄹ 것이다'보다 화자의 더욱 강한 의지를 나타낸다.

회상법(回想法)은 과거 사실에 대한 회상을 나타내는 서법이다. 회상법은 선어말어미인 '-더-', 관형사형 전성어미인 '-던' 등으로 표현된다. 직설법과 회상법은 어떤 사태에 대한 화자의 객관적인 태도를 공통적으로 나타내기 때문에 이 둘을 묶어서 '서실법(敍實法)'이라고 일컫기도 한다.

(8) ㄱ. 아까 영주가 학교에 <u>가더라</u>.
　　ㄴ. 아파트 15층에서 아래를 내려다보니 다리가 부들부들 <u>떨리더라</u>.

선어말어미인 '-더-'는 심리 형용사인 '기쁘다', '답답하다', '밉다', '분하다', '상쾌하다', '슬프다', '싫다', '우울하다', '울적하다', '좋다', '홀가분하다' 등의 어간에 결합되어 서술어로 기능을 할 경우에는 일인칭 주어와만 공기 관계를 맺고, 이인칭 주어나 삼인칭 주어와는 공기 관계를 맺지 못한다.

(9) ㄱ. {<u>나는</u>, *너는, *그는} 착한 사람이 <u>좋더라</u>.
　　ㄴ. 빚을 갚고 나니 {<u>나는</u>, *너는, *그는} <u>홀가분하더라</u>.

앞의 예문 (9ㄱ)의 서술어 '좋더라'와 (9ㄴ)의 서술어 '홀가분하더라' 등이 일인칭 주어와 공기 관계를 맺을 경우에만 문법에 맞는 문장이 되고, 이인칭 주어나 삼인칭 주어와 공기 관계를 맺을 경우에는 비문법적인 문장이 된다. 그 이유는 심리 형용사의 어간에 회상법을 나타내는 선어말어미가 결합한 형태는 화자 자신의 심리적 상태를 뜻하기 때문이다.

선어말어미인 '-더-'의 변이 형태인 '-디-'가 경어법 표지인 '-ㅂ-'이나 '-습-'과 결합하여 형성된 종결어미 '-ㅂ디다/-습디다'는 '하오체'에서 화자가 경험한 사실을 청자에게 전달하여 알림을 나타낸다.

(10) ㄱ. 철수가 영희와 함께 극장에 <u>들어갑디다</u>.
ㄴ. 그녀는 매우 <u>다정합디다</u>.
ㄷ. 그곳의 경치는 매우 <u>아름답습디다</u>.

확인법(確認法)은 어떤 사실에 대한 확인을 나타내는 서법이다. 즉 이것은 어떤 사실이나 행위에 대해서 다져 말함을 뜻하는 서법이다. 이것은 선어말어미인 '-것-', '-렷-'[1] 등으로 표현된다. 확인법은 분포에 제약을 받는다. 이것은 '해라체'의 평서법에서만 나타난다. 이 서법은 오늘날 청소년층에서는 잘 쓰이지 않는다.

(11) ㄱ. 네가 진정 나를 <u>푸대접했것다</u>.
ㄴ. *네가 진정 나를 <u>푸대접했것니</u>?
ㄷ. 정녕 거짓이 <u>아니렷다</u>.

앞의 예문 (11ㄴ)이 비문법적 문장인 이유는 선어말어미인 '-것-'이 평서법에만 쓰이는데 의문법에 쓰이었기 때문이다.

선어말어미인 '-것-'과 '-렷-'에는 '으르고 다잡음'의 의미가 내포되

---

1) 선어말어미인 '-렷-'은 다짐 외에 강한 요구를 나타내는 선어말어미로 쓰이기도 한다. [보기] 어서 네가 지은 죄를 <u>이실직고하렷다</u>.

어 있으므로 사용에 신중을 기하여야 한다.

▣ 종결어미로 실현되는 서법

종결어미로 실현되는 서법을 문체법(文體法)이라고 일컫기도 한다. 이 것에는 평서법(平敍法)·의문법(疑問法)·명령법(命令法)·청유법(請誘法) 등이 있다.

평서법(平敍法)은 평범하게 진술함을 뜻하는 서법이다. 이것은 평서법 종결어미인 '-다', '-지', '-네', '-아/-어/-여', '-소/-(으)오' 등으로 실현된다. 종결어미인 '-다'는 선어말어미인 '-더-', '-리-' 등의 뒤에서는 '-라'로 교체되기도 한다.

(12) ㄱ. 인생은 <u>짧다</u>.
ㄴ. 늘 열심히 노력하는 사람은 반드시 <u>성공한다</u>.
ㄷ. 내일 나는 여행을 <u>떠나겠네</u>.
ㄹ. 철수가 영희와 함께 극장에 <u>들어가더라</u>.
ㅁ. 나는 조용히 <u>살리라</u>.

감탄의 의미를 나타내는 종결어미인 '-구나/-는구나', '-구먼/-는구먼',[2] '-구려', '-도다' 등도 평서법을 나타낸다. '-구나'는 '해라체'에 쓰이고, '-구먼'은 '해체'에 쓰이며, '-구려'는 '하오체'에 쓰인다. '-도다'는 '해라체'에 쓰인다. '-도다'는 예스러운 표현, 시나 성결 구절과 같은 문어(文語) 등에 주로 쓰인다.

'-구나'는 형용사의 어간에 통합되는 종결어미이고, '-구나'에 선어말어미인 '-는-'이 결합된 '-는구나'는 동사의 어간에 통합되는 어미이다.

---

2) '-구먼'의 준말로 '-군'이 쓰이기도 한다.

(13) ㄱ. 경치가 매우 <u>아름답</u>-{-구나, -구먼, -구려}.

ㄴ. 세월은 빨리 <u>흘러가</u>-{-는구나, -는구먼, -는구려}.

ㄷ. 그대는 대단히 <u>현명하도다</u>.

ㄹ. 여호와께서 사람들을 불쌍히 <u>여기시도다</u>.

ㅁ. 자네는 매우 <u>용감하네그려</u>.

앞의 예문 (13 ㅁ)과 같이 감탄 보조사인 '그려'를 사용하여 감탄법을 나타내는 경우도 있다. 감탄법은 평서법에 포함된다.

약속의 의미를 지닌 종결어미인 '-(으)마'도 평서법을 나타낸다. '-(으)마'는 '해라체'에 쓰이는 종결어미이기 때문에 화자가 청자의 윗사람인 경우에만 사용할 수 있다.

(14) 딸 : 엄마, 일찍 돌아오세요.

어머니 : 그래, 일찍 <u>돌아오마</u>.

의문법(疑問法)은 말하는 이가 듣는 이에게 물음을 나타내는 서법이다. 이것은 의문법 종결어미인 '-냐', '-느냐', '-니', '-나', '-지', '-아/-어/-여', '-소/-(으)오', '-ㅂ니까/-습니까' 등으로 표현된다.

(15) ㄱ. 학교에 <u>가니</u>?

ㄴ. 학교에 <u>가느냐</u>?

ㄷ. 꽃이 <u>아름답냐</u>?

ㄹ. 학교에 <u>가나</u>?

ㅁ. 무엇을 <u>먹어</u>?

ㅂ. 어디를 <u>가오</u>?

ㅅ. 얼마나 보고 <u>싶소</u>?

명령법(命令法)은 말하는 이가 듣는 이에게 자기의 의도대로 행동하여 줄 것을 요구함을 나타내는 서법이다. 이것은 명령법 종결어미인 '-아라/-어라/-여라', '-아/-어/-여', '-(으)오', '-(으)렴', '-(으)려무나', '-(으)소서' 등으로 실현된다.

(16) 밥을 많이 먹-{-어라, -지, -어, -으오}.
(17) 갑 : 엄마, 밥을 많이 먹을래.
    을 : 그래, 밥을 많이 먹-{-으렴, -으려무나}.

앞의 예문 (17)과 같이 서술어 기능을 하는 동사의 어간에 종결어미 '-(으)려무나', '-(으)렴' 등이 결합되어 응낙의 의미를 나타내는 서법을 '응낙법' 혹은 '허락법'으로 간주하기도 한다. 그런데 이것들은 다음의 예문 (18)과 같이 완곡한 명령의 의미를 나타내는 경우도 있다.

(18) 성공하려면 책을 많이 읽으려무나.

'-(으)려무나', '-(으)렴' 등은 '해라체'에 쓰이는 종결어미이다. 그리하여 화자가 청자의 윗사람인 경우에 이것들을 사용할 수 있는데, 화자가 청자의 아랫사람인 경우에는 이것들을 사용할 수 없다.

다음의 예문 (19ㄱ)과 같이 서술어 기능을 하는 동사의 어간에 기원의 의미를 지닌 종결어미 '-소서'3)가 결합되어 나타내는 서법을 기원법(祈願法)이라고 일컫기도 한다. 기원법은 넓은 의미의 명령법에 속한다. '-소서'는 형용사나 지정사의 어간에 결합되지 못한다.

(19) ㄱ. 부디 합격하소서.
    ㄴ. *제발 용감하소서.
    ㄷ. *훌륭한 지도자이소서.

---

3) '-소서'는 '하십시오체'에 쓰이어 청자를 극존대함을 나타내는 종결어미이다.

앞의 예문 (19ㄱ)은 동사인 '합격하다'의 어간 '합격하–'에 종결어미 '–소서'가 결합되어 문법에 맞는 문장이 되었다. 그런데 (19ㄴ)은 형용사인 '용감하다'의 어간 '용감하–'에 종결어미 '–소서'가 결합되어 문법에 맞지 않는 문장이 되었다. (19ㄷ)도 지정사 '이다'의 어간 '이–'에 종결어미 '–소서'가 결합되어 문법에 맞지 않는 문장이 되었다.

청유법(請誘法)은 말하는 이가 듣는 이에게 함께 행동할 것을 요구하거나 제안함을 뜻하는 서법이다. 전자를 '권유법'이라고 일컫고, 후자를 '제안법'이라고 일컫기도 한다. 청유법은 청유법 종결어미인 '–자', '–(으)세', '–아/–어/–여', '–지', '–(으)ㅂ시다', '–(으)십시다' 등으로 표현된다.

(20) 이 줄을 함께 잡–{–자, –으세, –아, –지, –읍시다, –으십시다}.

종결어미인 '–아/–어/–여', '–지' 등은 평서법·의문법·명령법·청유법 등의 서법 어미로 쓰이는데, 이것들은 문말 음조(文末音調, terminal contour)에 의해 구별된다. 평서법에는 문말에 하강조(\\), 의문법에는 상승조(↗), 명령법에는 절단조(↕), 청유법에는 상승하강조(↗\\)가 오는 것이 일반적인 현상이다.

11.2 양태

11.2.1 양태의 정의

양태(樣態)란 어떤 명제(命題)에 대한 화자의 심리적 태도를 나타내는 문법 범주이다. 명제란 어떤 문제에 대한 논리적 판단 내용과 주장을 언어나 기호로 표시한 것이다.

(21) ㄱ. 허용: 열심히 일했으니 쉬<u>어도 좋아</u>.
　　 ㄴ. 의무: 사람은 정직하게 살<u>아야 한다</u>.
　　 ㄷ. 금지: 여기에 주차하<u>여서는 안 된다</u>.

앞의 예문 (21ㄱ)에 쓰인 '-어도 좋다'는 '어떤 행위를 허용함'을 나타낸다. (21ㄴ)에 쓰인 '-아야 한다'는 '당연히 하여야 할 일' 즉 '의무'를 나타낸다. (21ㄷ)에 쓰인 '-여서는 안 된다'는 '어떤 행위를 하여서는 안 됨' 즉 '금지'를 나타낸다. 이와 같이 어떤 명제에 대한 화자의 심리적 태도를 나타내는 문법 범주를 양태라고 한다.

11.2.2 양태의 종류

양태(樣態)는 실현 형태와 의미에 따라 여러 가지로 나뉜다.

1 실현 형태에 따른 양태

양태는 실현 형태에 따라 어미(語尾)로 실현되는 양태, 보조사(補助詞)로 실현되는 양태, 양태 부사(樣態副詞)로 실현되는 양태, 연어(連語)로 실현되는 양태 등으로 세분된다.

어미(語尾)로 실현되는 양태는 선어말어미나 어말어미로 실현되는 양태이다.

선어말어미로 실현되는 양태는 선어말어미인 '-더-'와 '-겠-'으로 표현되는 것이다. 선어말어미인 '-더-'는 화자의 직접적인 지각(知覺)이나 직접 경험으로 정보를 획득하였다는 양태를 나타낸다.

(22) ㄱ. 어제 현주가 준수와 함께 극장에 <u>들어가더라</u>.
　　 ㄴ. 그곳은 경치가 매우 <u>아름답더라</u>.

선어말어미인 '-겠-'은 추측, 의지, 가능(可能) 등의 양태를 나타낸다.

(23) ㄱ. 추측: 내일은 눈이 많이 <u>내리겠다</u>.
ㄴ. 의지: 나는 반드시 <u>우승하겠어</u>.
ㄷ. 가능: 이 야구장에는 관객이 3만 명은 <u>들어가겠어</u>.

어말어미인 '-(으)ㄹ걸'4)은 추측의 양태를 나타낸다.

(24) ㄱ. 내일 현미가 <u>올걸</u>.
ㄴ. 오후에 비가 <u>내릴걸</u>.

어말어미인 '-구나/-는구나/-로구나', '-구려/-는구려/-로구려', '-구먼/-는구먼/-로구먼', '-네' 등은 화자가 새로 깨달아 알게 된 사실을 표현하는 것이다.

(25) ㄱ. 너는 정말 <u>착하구나</u>.
ㄴ. 저 투수는 공을 잘 <u>던지는구나</u>.
ㄷ. 그대는 참으로 열심히 <u>연습하시는구려</u>.
ㄹ. 그는 잘도 <u>뛰는군</u>.
ㅁ. 경치가 가장 아름다운 곳이 바로 <u>여기이로구나</u>.
ㅂ. 그동안 선행을 베풀어 온 사람이 바로 <u>당신이시구려</u>.
ㅅ. 저기가 우리가 찾던 곳이 <u>로군</u>.
ㅇ. 이 천의 빛깔이 매우 <u>곱구먼</u>.
ㅈ. 여기는 매우 <u>춥군</u>.
ㅊ. 이곳의 경치는 매우 <u>아름답네</u>.

어말어미인 '-(으)ㄹ게', '-(으)ㄹ래'5) 등은 의지(意志)의 양태를 나타낸

---

4) 어말 어미 '-(으)ㄹ걸'은 지난 일을 후회하는 뜻으로 혼자 말할 때 쓰이기도 한다.
[보기] 더욱 열심히 <u>공부할걸</u>.
5) '-(으)ㄹ래'는 '해'할 상대에게 앞으로 할 일에 대한 자신의 의사를 나타내거나 상

다. 어말어미인 '-(으)ㄹ게'는 다음의 예문 (26ㄷ)과 같이 약속(約束)의 양태를 나타내는 경우도 있다.

(26) ㄱ. 의지: 반드시 건강을 <u>회복할게</u>.
     ㄴ. 의지: 나는 훌륭한 교육자가 <u>될래</u>.
     ㄷ. 약속: 내일 너의 집에 놀러 <u>갈게</u>.

보조사로 양태적 의미를 나타내기도 한다. 보조사 '은/는'은 대조나 강조의 양태적 의미를 나타낸다.

(27) ㄱ. 대조: <u>수학은</u> 어려운데 <u>영어는</u> 쉽다.
     ㄴ. 강조: 고기를 <u>먹지는</u> 못해.

보조사 '조차'는 '화자가 예상하지 못한 일이 또 일어남'을 나타낸다.

(28) <u>너조차</u> 그런 말을 하니?

보조사 '마저'는 화자에게 불리한 일을 의미할 경우에 쓰인다.

(29) <u>너마저</u> 다른 곳으로 이사를 가면 나는 매우 외로울 거야.

양태 부사에 따라 다양한 양태적 의미를 표현하기도 한다.

대방의 의사를 묻는 종결 어미이다.
[보기] ㄱ. 이 물건을 <u>살래</u>.
       ㄴ. 그만 <u>놀래</u>?

[표 4] 양태 부사의 양태적 의미

양태 부사	양태적 의미
아마, 아마도	개연성(蓋然性), 추측
꼭, 반드시, 기어이(期於-), 기어코(期於-), 기필코(期必-)	필연성(必然性)
과연, 마땅히, 모름지기, 물론, 으레	당연함
비록, 아무리	양보(讓步)
가령(假令), 만약(萬若), 만일(萬一)	가정(假定)
부디, 아무쪼록, 제발	기원(祈願)

양태 부사가 쓰여 다양한 의미를 나타내는 예문을 들어 보면 다음의 (30)과 같다.

(30) ㄱ. 추측: <u>아마</u> 영희가 지금쯤 서울역에 <u>도착했을 거야.</u>
ㄴ. 필연성: 우리 팀이 이번엔 <u>반드시</u> <u>우승할 거야.</u>
ㄷ. 당연함: 사람은 <u>모름지기</u> 부모에게 효도를 <u>하여야 한다.</u>
ㄹ. 양보: <u>비록 가난하여도</u> 마음은 부자이다.
ㅁ. 가정: <u>만일</u> 내일 비가 <u>오면,</u> 여행을 가지 말자.
ㅂ. 기원: <u>부디 행복하소서.</u>

② 의미에 따른 양태

양태는 그 의미에 따라 의도(意圖), 의지(意志), 의무(義務), 허용(許容), 금지(禁止), 능력(能力), 희망(希望), 추측, 미루어 가정함, 제안(提案), 당연함, 새로 인식함 등의 양태로 세분된다.

'의도(意圖)의 양태'는 '무엇을 하고자 하는 생각이나 계획'을 뜻하는 것이다. 이것은 연어(連語)인 '-고자 하다', '-려고 하다', '-(으)ㄹ까 보다' 등으로 실현된다.

(31) ㄱ. 나는 극장에 <u>가고자 한다.</u>
ㄴ. 오후에 나는 숙제를 <u>하려고 한다.</u>
ㄷ. 나는 여행을 <u>갈까 한다.</u>

'의지(意志)의 양태'는 '어떤 일을 이루고자 하는 마음'을 뜻하는 것이다. 이것은 선어말어미인 '-겠-', 어말어미인 '-(으)ㄹ게', '-(으)ㄹ래', 연어인 '-(으)ㄹ 것이다' 등으로 실현된다.

(32) ㄱ. 나는 우리 반에서 꼭 1등을 <u>하겠어</u>.
ㄴ. 이번 시합에서 반드시 <u>이길게</u>.
ㄷ. 나는 유학을 <u>갈래</u>.
ㄹ. 열심히 노력하여 반드시 <u>우승할 것이다</u>.
(33) ㄱ. 우리는 이번 시합에서 반드시 <u>우승하여야 한다</u>.
ㄴ. 사람은 성실하게 <u>살아야 된다</u>.

'허용(許容)의 양태'는 허락하여 너그럽게 받아들임을 뜻하는 양태이다. 이것은 어말어미인 '-(으)렴', '-(으)려무나', 연어인 '{-아도/-어도/-여도} 되다', '{-아도/-어도/-여도} 좋다' 등으로 실현된다.

(34) ㄱ. 여행을 가고 싶으면 언제든지 여행을 <u>가렴</u>.
ㄴ. 마음껏 떡을 <u>먹으려무나</u>.
ㄷ. 이 줄을 <u>잡아도 된다</u>.
ㄹ. 잔디를 <u>밟아도 좋다</u>.

'금지(禁止)의 양태'는 어떤 행위를 하지 못하도록 함을 뜻하는 양태이다. 이것은 연어인 '-(으)면 안 되다', '{-아서는/-어서는/-여서는} 안 되다', '-(으)ㄹ 수 없다' 등으로 실현된다.

(35) ㄱ. 너무 더워서 대낮에 밭일을 <u>하면 안 돼</u>.
ㄴ. 체하였는데 음식을 많이 <u>먹어서는 안 된다</u>.
ㄷ. 너는 미성년자이어서 이 영화를 <u>볼 수 없다</u>.

'능력(能力)의 양태'6)는 명제 내용에서 주체가 어떤 일을 할 수 있는 힘이 있음을 나타내는 양태이다. 이것은 연어(連語)인 '-(으)ㄹ 수 있다', '-(으)ㄹ 줄 알다' 등으로 실현된다.

(36) ㄱ. 나는 농구를 <u>잘할 수 있다</u>.
ㄴ. 나는 영어로 의사소통을 <u>할 줄 알아</u>.

'희망(希望)의 양태'는 명제 내용에서 주체가 어떤 것을 이루거나 얻고자 바람을 나타내는 양태이다. 이것은 연어인 '-기 바라다', '-(으)면 좋겠다', '-고 싶다', '-고 싶어 하다', '{-았으면/-었으면/-였으면} 싶다', '{-았으면/-었으면/-였으면} 하다' 등으로 실현된다.

(37) ㄱ. 저희 결혼식에 참석해 <u>주시기 바랍니다</u>.
ㄴ. 네가 취직이 <u>되었으면 좋겠다</u>.
ㄷ. 나는 여행을 <u>하고 싶다</u>.
ㄹ. 현주도 여행을 <u>가고 싶어 해</u>.
ㅁ. 현주야, 네가 더욱 열심히 <u>연습했으면 {싶다, 한다}</u>.

'추측(推測)의 양태'는 명제(命題)의 실현 가능성에 대해서 화자가 미루어 생각함을 나타내는 양태이다. 이것은 어말어미인 '-(으)ㄹ걸', 선어말어미인 '-겠-', 연어인 '-(으)ㄹ 것이다', '{-(으)ㄴ/-는/-(으)ㄹ} 것 같다', '{-(으)ㄴ/-는/-(으)ㄹ} 듯하다', '{-(으)ㄴ/-는/-(으)ㄹ} 듯싶다', '{-(으)ㄴ/-는/-(으)ㄹ} 모양이다', '{-(으)ㄴ가/-는가/-나} 보다', '-나 싶다', '-(으)ㄹ 전망이다', '-(으)ㄹ 것으로 전망된다', '-(으)ㄹ 것으로 전망한다', '-(으)ㄹ 것으로 보인다', '-(으)ㄹ지 모른다' 등으로 실현된다.

---

6) '능력의 양태'를 '가능(可能)의 양태'라고 일컫기도 한다.

(38) ㄱ. 아마 우리 팀이 <u>이겼을걸</u>.

ㄴ. 지금쯤 그는 점심을 <u>먹었겠다</u>.

ㄷ. 내일 비가 <u>올 것이다</u>.

ㄹ. 바람이 <u>부는 것 같다</u>.

ㅁ. 눈이 많이 올 <u>듯하다</u>.

ㅂ. 그의 사업이 <u>번창할 듯싶다</u>.

ㅅ. 준수와 영주가 <u>결혼할 모양이다</u>.

ㅇ. 사슴은 매우 고귀한 <u>족속이었나 보다</u>.

ㅈ. 현수가 조금 전에 자기 집으로 <u>갔나 {보다, 싶다}</u>.

ㅊ. 앞으로 우리나라의 문화가 더욱 빛날 <u>전망이다</u>.

ㅋ. 앞으로 우리의 삶이 더욱 윤택해<u>질 것으로 {전망된다, 보인다, 전망한다}</u>.

ㅌ. 내년에 그들이 <u>결혼할지 모른다</u>.

'미루어 가정함의 양태'는 화자가 어떤 사실을 실제와는 상관없이 임시로 미루어 정함을 나타내는 양태이다. 이것은 연어인 '{-(으)ㄴ/-는/-(으)ㄹ} 셈 치다'로 실현된다.

(39) ㄱ. 이번 시합은 <u>진 셈 치자</u>.

ㄴ. 죽은 사람 <u>살리는 셈 쳤어</u>.

ㄷ. 나는 그 사람에게 돈을 <u>떼일 셈 치고</u> 거금을 빌려 주었어.

'제안(提案)의 양태'는 안건이나 의견으로 내놓음을 나타내는 양태이다. 이것은 어말어미인 '-(으)ㄹ까', 연어인 '-는 게 좋겠다', '-아/-어/-여 보자' 등으로 실현된다.

(40) ㄱ. 올가을에 <u>결혼할까</u>?

ㄴ. 어둡기 전에 집으로 <u>돌아가는 게 좋겠다</u>.

ㄷ. 내가 먼저 이 빵을 <u>먹어 보자</u>.

'당연함의 양태'[7]는 화자가 어떤 일이 당연히 그러하게 되어 있다고 판단함을 나타내는 양태이다. 이것은 연어인 '{-게/-기} 마련이다', '{-(으)니/-는} 법이다' 등으로 실현된다.

(41) ㄱ. 모든 일은 반드시 바른 데로 {돌아가게, 돌아가기} 마련이다.
ㄴ. 악하게 살면 반드시 재앙이 <u>있는 법이다</u>.
ㄷ. 찾아보기 어려운 것은 그만큼 <u>귀중한 법이다</u>.

'새로 인식함의 양태'는 화자가 새로 깨달아 알게 사실을 나타내는 양태이다. 이것은 어말어미인 '-구나/-는구나/-로구나', '-구려/-는구려/-로구려', '-구먼/-는구먼/-로구먼', '-네', '-도다' 등으로 실현된다.

(42) ㄱ. 너는 정말로 <u>착하구나</u>.
ㄴ. 현아는 춤을 잘 <u>추는구나</u>.
ㄷ. 그대는 노래를 잘 <u>부르는구려</u>.
ㄹ. 현수는 잘 <u>뛰는군</u>.
ㅁ. 이 꽃은 매우 <u>향기롭군</u>.
ㅂ. 너는 매우 의로운 <u>사람이로구나</u>.
ㅅ. 당신은 매우 어진 <u>사람이로구려</u>.
ㅇ. 영주는 <u>모범생이로구먼</u>.
ㅈ. 이 음식은 매우 <u>맛있네</u>.

---

7) '당연함의 양태'를 '당위(當爲)의 양태'라고 일컫기도 한다.

제12장
피동과 사동

어떤 행위자(行爲者)와 행위와의 관계를 언어로 나타내는 문법 범주를 태(態, voice)라고 한다. 태는 그 관계에 따라 능동태(能動態)와 피동태(被動態), 주동태(主動態)와 사동태(使動態)로 나뉜다.[1] 이 장에서는 피동과 사동의 정의(定義), 실현 양상, 특성 등에 대해서 살펴보기로 한다.

12.1 피동

12.1.1 피동의 정의

피동(被動)이란 어떤 주체가 동작이나 상태의 변화를 입음을 표현하는 태(態)의 일종이다. 즉 이것은 주체의 동작이나 상태의 변화가 다른 행위자에 의해서 이루어짐을 나타내는 문법 범주이다. 피동을 '수동(受

---

1) 이 글에서는 편의상 '능동태(能動態)'를 '능동(能動)', '피동태(被動態)'를 '피동(被動)', '주동태(主動態)'를 '주동(主動)', '사동태(使動態)'를 '사동(使動)' 등으로 일컫기로 한다.

動’ 혹은 ‘입음’이라고 일컫기도 한다.

> (1) ㄱ. 노루가 포수에게 잡혔다.
>   ㄴ. 아기가 어머니에게 안긴다.

앞의 예문 (1ㄱ)은 주체인 ‘노루’가 포수에게 잡음을 입음을 뜻하고, (1ㄴ)은 주체인 ‘아기’가 어머니에게 안음을 입음을 뜻한다. 이와 같이 피동은 주체의 동작이나 상태의 변화가 다른 행위자에 의해서 이루어짐을 나타내는 태(態)의 일종이다.

피동화(被動化)의 핵심은 능동 주어의 자리 이탈과 능동사의 피동사화이다. 앞의 예문 (1ㄱ)을 능동문으로 바꾸면 “포수가 노루를 잡았다.”가 된다. 이 능동문과 피동문인 (1ㄱ)을 대비하여 보면, 능동 주어인 ‘포수’가 주어 자리를 이탈하여 부사어가 되고, 능동사인 ‘잡았다’의 어근인 ‘잡-’에 피동 접미사인 ‘-히-’가 결합되어 피동사로 바뀌었음을 알 수 있다.

Jespersen(1924 : 167~168)에서는 피동이 다음의 ① ~ ⑤ 중 하나로 말미암아 선택된다고 한다.

> ① 능동 주어가 알려져 있지 않거나, 능동 주어를 쉽게 밝힐 수 없는 경우
> ② 능동 주어를 언급하지 않는 특별한 이유(재치나 미묘한 감정의 표현)가 있는 경우
> ③ 능동 주어를 문맥을 통해 분명히 알 수 있는 경우
> ④ 능동 주어보다 피동 주어에 더 많은 관심이 집중되는 경우
> ⑤ 두 문장의 연결을 용이하게 하려고 할 경우

또한 Alessandra & Hunsaker(1993)에서는 피동문을 사용하는 경우로 다음과 같이 세 가지를 들고 있다.

① 나쁜 소식을 부드럽게 전하고자 하는 경우
② 어떤 일에 대해서 책임을 피하고자 하는 경우
③ 문장 속의 주인공을 알지 못하는 경우

피동문은 능동적인 느낌을 주지 않고 모호한 느낌을 준다. 이것은 무엇인가를 뒤로 감추는 방패 구실을 한다. 피동 표현은 행위 주체가 모호해진다. 이것은 그 말의 내용에 대한 책임의 소재가 불분명해지는 것을 뜻한다. 그러므로 수용자는 누구의 판단이 아니라 확실한 사실을 전달받은 것과 같은 착각에 빠지게 된다. 피동 표현은 수용자로 하여 금 다른 생각을 할 여유를 주지 않는다.

한국어는 능동태 중심의 언어이어서 1945년 8월 15일 광복 이전까 지는 피동문이 많이 쓰이지 않았다. 그런데 8·15 광복 이후 영어의 영향을 지대하게 받아 한국어에 피동문이 남용되고 있는 실정이다.

12.1.2 피동문의 구조

피동문은 피동주(被動主)나 목적 대상이 주어의 자리에 오고, 행동주 가 부사격 조사인 '에게', '한테', '에' 등과 결합하여 부사어가 되며, 능동사의 어근에 피동 접미사 '-이-', '-히-', '-리-', '-기-' 등이 결 합하여 피동사화하거나, 본용언에 피동 보조 동사인 '(-아/-어/-여) 지 다'나 '(-게) 되다'가 연결되어 형성된다. 따라서 피동문의 구조는 세 가지 유형으로 구분된다.

제일 유형 : [피동주+주격 조사 '이/가'] + [행동주+부사격 조사 '에게'
혹은 '한테' 혹은 '에']/[행동주+부사격 조사 '에'+의해서] +
피동사

제이 유형 : [피동주+주격 조사 '이/가'] + [행동주+부사격 조사 '에게'
혹은 '한테' 혹은 '에']/[행동주+부사격 조사 '에'+의해서] +
[능동사의 어간+보조적 연결어미 '-아/-어/-여'+보조 동사
'지다']
제삼 유형 : [피동주+주격 조사 '이/가'] + [능동사의 어간+보조적 연결
어미 '-게'+보조 동사 '되다']

피동문의 세 유형 가운데 전통적인 것은 제일 유형이다. 제일 유형
의 피동문을 '파생적 피동문(派生的被動文)'이라고 일컬으며, 제이 유형과
제삼 유형의 피동문을 '통사적 피동문(統辭的被動文)'이라고 한다. 피동문
의 예문을 유형별로 나누어 들어 보면 다음의 (2), (3), (4)와 같다.

(2) ㄱ. 어린이가 개한테 물리었다.
    ㄴ. 도둑놈이 경찰관에게 잡히었다.
    ㄷ. 이 물건은 학생들에게 잘 쓰인다.
    ㄹ. 현주가 어머니에게 안겼다.
    ㅁ. 사람이 바람에 날렸다.
(3) ㄱ. 어려운 문제가 그녀에 의해서 풀어 졌다.[2]
    ㄴ. 그 소식은 영희에 의해서 알려 졌다.
    ㄷ. 새로운 사실이 그 수사관에 의해서 밝혀 졌다.
(4) ㄱ. 모든 인간은 반드시 죽게 된다.
    ㄴ. 너도 학교에 다니게 된다.
    ㄷ. 나는 그 친구를 우연히 만나게 되었다.
    ㄹ. 동혁은 회사에서 표창장을 받게 되었다.

앞의 예문 (2)는 제일 유형에 해당하고, (3)은 제이 유형에 속하며, (4)
는 제삼 유형에 해당하는 피동문이다.

---

2) 보조적 연결어미인 '-아/-어/-여'와 보조 동사인 '지다'를 일반적으로 붙여 쓰는데
이 글에서는 이해를 돕기 위해서 띄어쓰기로 한다.

능동문의 주어가 유정 명사이면 피동문에서 그것에 부사격 조사인 '에게'나 '한테'가 연결되어 부사어가 되는데, 능동문의 주어가 무정 명사이면 그것에 부사격 조사인 '에'가 연결된다. 앞의 예문 (2ㄱ)~(2ㄹ)은 전자의 보기에 해당하고, (2ㅁ)은 후자의 보기에 해당한다. 예문 (2)~(4)를 통하여 볼 때 제일 유형과 제이 유형의 피동문에는 행동주가 문장에 표현되지만, 제삼 유형의 피동문에는 대개 행동주가 표시되지 않는다.

다음의 예문 (5)와 같이 표현된 문장을 '중첩 피동문(重疊被動文)'이라고 한다. 피동의 의미를 강조하기 위해서 이러한 문장을 사용할 수 있는데, 그렇지 않을 경우에는 이러한 중첩 피동문을 사용하지 않아야 한다.

(5) ㄱ. 이 글은 나에 의해 <u>쓰여 졌다</u>.
 ㄴ. 홍수로 철도가 <u>끊겨 졌다</u>.

앞의 예문 (5ㄱ)에 사용된 '쓰여 졌다'는 피동사 '쓰이다'의 활용형인 '쓰이어'의 준말인 '쓰여'에 피동 보조 동사인 '지다'의 활용형인 '지었다'의 준말인 '졌다'가 연결된 형태이다. 예문 (5ㄴ)에 쓰인 '끊겨 졌다'는 피동사인 '끊기다'의 활용형인 '끊기어'의 준말인 '끊겨'에 피동 조동사인 '지다'의 활용형인 '지었다'의 준말인 '졌다'가 연결된 형태이다. 이와 같이 아무런 의도도 없이 피동사에 피동 조동사를 연결하여 표현하는 것은 언어의 경제 원칙에 어긋나는 것이다.

12.1.3 피동사와 자동사

피동사(被動詞)는 주체의 동작이나 상태 변화가 다른 행위자에 의해서 이루어짐을 나타내는 동사로서 능동사와 대립되는 것이다. 피동사는 본래부터 피동사인 것은 없고, 능동 타동사의 어근에 피동 접미사인 '-이-', '-히-', '-리-', '-기-' 등이 결합되어 형성되거나, 서술적인 의미를 가진 명사인 '관련(關聯)', '마비(痲痺)', '반사(反射)', '반영(反映)', '정체(停滯)', '해결(解決)' 등에 피동 접미사인 '되-'가 결합되어 형성된다.

자동사(自動詞)는 움직임이 주체에만 미치는 동사이다. 그리고 자동사에는 본래부터 자동사인 것과 타동사에 피동 접미사가 결합되어 자동사로 전성된 것들이 있다. 타동사에서 전성된 자동사는 모두 피동사에 속한다.

> (6) ㄱ. 오늘 나는 밥을 많이 <u>먹는다</u>.
>   ㄴ. 오늘따라 밥이 많이 <u>먹힌다</u>.

앞의 예문 (6ㄱ)에 쓰인 '먹는다'는 타동사인데, (6ㄴ)에 쓰인 '먹힌다'는 능동 타동사인 '먹다'의 어근인 '먹-'에 피동 접미사인 '-히-'가 결합하여 피동 자동사로 전성된 것이다. 피동 자동사는 타동사의 어근에 피동 접미사가 결합되어 형성되는 것이 일반적인 현상이다.

12.1.4 목적어를 취할 수 없는 피동문

피동사는 자동사이므로 목적어와 공기 관계를 맺을 수 없는 것인데, 일부 피동문은 목적어를 취하고 있는 것처럼 보이는 것이 있다. 이와 같은 문장은 이중 목적어로 구성된 능동문을 그 짝으로 한다고 간주하는 견해가 있다.

(7) ㄱ. 철수가 <u>영주를</u> <u>손목을</u> 잡았다.

　　ㄴ. 영주가 철수한테 <u>손목을</u> 잡혔다.

　　ㄷ. 영주가 철수한테 <u>손목이</u> 잡혔다.

　　ㄹ. 영주의 <u>손목이</u> 철수한테 잡혔다.

앞의 예문 (7ㄱ)은 능동문이고, (7ㄴ)·(7ㄷ)·(7ㄹ) 등은 (7ㄱ)과 짝을 이루는 피동문이다.

어떤 이는 (7ㄴ)의 '손목을'을 목적어로 간주하고, 동사 '잡혔다'를 타동사로 처리해서, (7ㄴ)을 목적어를 지닌 피동문으로 보고 있다. 또한 어떤 이는 피주주 하나를 부각시키고, 나머지는 그대로 목적어 형식으로 두어 문장의 균형을 유지한 것이라고 하여, 전자와 같이 (7ㄴ)을 목적어를 지니고 있는 피동문으로 간주하고 있다. 이와 같은 기술은 문제가 있다. (7ㄱ)은 다음 예문 (8)의 변형으로 생성된 것이다.

(8) 철수가 영주의 손목을 잡았다.

앞에서 든 예문 (7ㄱ)의 화자는 여러 인물 중에서 바로 '영주'라는 인물을 강조하기 위해서 관형격 조사 '의' 대신에 보조사인 '를'을 선택하여 사용한 것이다. (7ㄱ)의 '영주'에 연결된 '를'은 목적격 조사로 간주해서는 안 되고, 선행어인 '영주'를 강조하고 지정하는 기능을 하는 보조사로 처리하는 것이 합당하다. 능동문 (7ㄱ)은 화자가 어떤 의도로 표현하느냐에 따라 피동문 (7ㄴ), (7ㄷ), (7ㄹ) 중에서 하나로 실현되는 것이다. 따라서 예문 (7ㄴ)의 '손목을'은 (7ㄷ)과 (7ㄹ)의 '손목이'와 같은 기능을 하는 문장 성분에 지나지 않으므로 목적어가 아니라 주어에 해당한다. 따라서 한국어의 피동문들 가운데는 목적어를 취하는 것이 없고, 피동사는 모두 자동사로 처리하는 것이 합당하다.

12.2 사동

12.2.1 사동의 정의

사동(使動)이란 사동 상황을 표현하는 문법 범주로, 사동주(使動主)의 사동 행위와 피사동주(被使動主)의 피사동 행위 간의 인과 관계에 대한 언어적 표현 양식이다.3) 사동 상황은 사동주가 피사동주로 하여금 어떤 행위를 하게 하는 것을 뜻한다. 이것은 사동주, 피사동주, 사동 사건, 피사동 사건 등으로 이루어진다.

> (9) ㄱ. 철수가 <u>아기</u>에게 밥을 <u>먹인다</u>.
> ㄴ. 철수가 <u>아기</u>에게 밥을 <u>먹게 한다</u>.

앞의 예문 (9ㄱ)과 (9ㄴ)은 "철수가 아기로 하여금 밥을 먹도록 시킨다."라는 공통된 의미를 나타내는 것이다. 이 두 문장에서 '철수'가 사동주이고, '아기'가 피사동주이다. 예문 (9ㄱ)과 (9ㄴ)에서 '철수'가 '아기'에게 밥을 먹도록 시키는 것을 '사동 사건'이라고 일컫고, '아기'가 '철수'의 부림에 따라 먹는 것을 '피사동 사건'이라고 한다. 이와 같이 사동주가 피사동주로 하여금 어떤 일을 시킴을 뜻하는 언어 형식을 사동태(使動態)라고 한다. 일반적으로 '사동태'를 줄여서 '사동(使動)' 혹은 '사역(使役)'이라고 한다.

---

3) Comrie(1976)와 Lyons(1977)에서는 사동을 사동 사건과 피사동 사건 사이의 인과 관계(因果關係)로 파악하고 있다.

사동문의 구조

사동문(使動文)은 사동주·사동 사건·피사동주·피사동 사건 등을 갖추고 있다. 사동문이 성립하려면 서술 동사는 [+사역성]의 의미 자질(意味資質, semantic feature)[4]을 지니어야 하고, 사동주와 피사동주는 다음 [표 5]와 같은 의미 자질을 지니어야 한다.

[표 5] 사동주와 피사동주의 의미 자질

의미 자질 행위자	유정성	사역성	수행성	자립성	의도성
사 동 주	[+]	[+]	[+]	[+]	[+]
피사동주	[+]	[-]	[+]	[±]	[±]

다음의 예문 (10ㄱ), (10ㄴ) 등은 사동문이 아니다. 그 이유는 이 문장에서 서술어 구실을 하는 '높이었다'와 '밝히었다'는 각각 형용사인 '높다'와 '밝다'에서 파생된 타동사이지 사동사가 아니고, '담'과 '어둠'은 [-유정성], [-수행성]의 의미 자질을 지닌 것이기 때문이다.

(10) ㄱ. 어제 나는 담을 높이었다.
ㄴ. 우리는 등불로 어둠을 밝히었다.

사동문(使動文) 중에는 사동문의 서술어로 기능을 하는 동사의 어근에 사동 접미사 '-이-', '-히-', '-리-', '-기-', '-우-', '-이우-'[5] '-구-', '-추-' 등이 결합하여 이루어지거나, 서술적 의미를 가진 명사인 '결

---

4) 의미 자질(意味資質)이란 단어의 의미를 이루고 있는 구성 요소를 뜻한다.
5) 사동 접미사 '-이우-'가 용언의 어근에 결합되어 사동사가 된 것으로는 '깨우다', '세우다', '재우다', '채우다' 등이 있다.

혼', '승진', '정지', '퇴학', '화해' 등에 사동 접미사인 '-시키-'가 결합되어 형성된 것이 있다. 이와 같은 사동을 '단형 사동(短形使動)'이라고 한다. 단형 사동을 '어휘적 사동(語彙的使動)' 혹은 '접미사적 사동(接尾辭的使動)' 혹은 '파생적 사동(派生的使動)'이라고 일컫기도 한다.

사동문 중에는 동사의 어간에 어미 '-게'나 '-도록'이 붙은 활용 형태에 보조 동사인 '하다'나 '만들다'가 연결되든지, 요구 동사인 '명령하다', '지시하다', '시키다' 등이 연결되어 형성된 것이 있다. 이와 같은 사동을 장형 사동(長形使動)이라고 한다. 장형 사동을 '통사적 사동(統辭的使動)' 혹은 '우설적 사동(迂說的使動)'이라고 일컫기도 한다.

다음의 예문 (11ㄱ), (11ㄴ), (11ㄷ) 등이 단형 사동에 해당하고, (12ㄱ), (12ㄴ), (12ㄷ)등이 장형 사동에 해당한다.

> (11) ㄱ. 나는 영주에게 그 소식을 <u>알렸다</u>.
> ㄴ. 영주가 나를 <u>속였다</u>.
> ㄷ. 회장이 김 과장을 <u>승진시켰다</u>.
> (12) ㄱ. 나는 영주에게 그 소식을 <u>알게 하였다</u>.
> ㄴ. 영주가 나를 <u>속게 만들었다</u>.
> ㄷ. 회장이 김 과장을 <u>승진하게 하였다</u>.

12.2.3 단형 사동과 장형 사동의 차이

단형 사동(短形使動)과 장형 사동(長形使動)은 의미와 통사에 있어서 차이점이 있다.

(ⅰ) 의미의 차이

단형 사동과 장형 사동의 의미는 다음과 같이 다르다.

첫째, 단형 사동에서는 사동주의 직접적인 행동이나 간접적인 행동을 나타내는데, 장형 사동에서는 사동주의 간접적인 행동만을 나타낸다.

(13) ㄱ. <u>영주가</u> <u>아기</u>에게 밥을 <u>먹이었다.</u>
　　 ㄴ. <u>영주가</u> <u>아기</u>에게 밥을 <u>먹게 하였다.</u>

단형 사동문인 (13ㄱ)은 "사동주인 '영주'가 아기에게 직접 밥을 먹도록 하였다."로 해석되거나, "사동주인 '영주'가 간접적으로 피사동주인 '아기'로 하여금 밥을 먹게 하였다."로 해석이 된다. 그런데 장형 사동문인 (13ㄴ)은 "사동주인 '영주'가 피사동주인 '아기'에게 간접적으로 밥을 먹도록 하였다."만으로 해석이 된다.

둘째, 사동주의 직접적인 행동을 나타내는 단형 사동의 경우에 있어서는 사동 사건과 피사동 사건이 모두 동시성(同時性)을 띠게 된다. 그런데 장형 사동은 사동 사건과 피사동 사건 사이에 시간적인 차이가 있음을 나타낼 수 있다.

(14) ㄱ. *어제 철수가 오늘 영주를 <u>울리었다.</u>
　　 ㄴ. 어제 철수가 오늘 영주를 <u>울게 하였다.</u>

앞의 단형 사동문의 형식을 갖춘 (14ㄱ)은 사동주인 '철수'가 영주로 하여금 울게 한 때와 피사동주인 '영주'가 운 때가 같지 않기 때문에 비문법적인 문장이 된 것이다. 그런데 (14ㄴ)은 장형 사동문이므로 사동주인 철수가 영주로 하여금 울도록 만든 때와 피사동주인 '영주'가 운 때가 다르더라도 문법에 맞는 문장이 된 것이다.

(ii) 통사적인 차이

단형 사동과 장형 사동의 통사적인 차이점은 다음과 같다.

첫째, 단형 사동에서는 피사동주에 조사인 '을/를'과 '에게'가 연결되는데, 장형 사동의 피사동주에는 조사인 '을/를'과 '에게' 외에 '이/가'가 연결되기도 한다.

(15) ㄱ. 저 사람이 <u>아기를</u> 웃겼다.[6]
     ㄴ. 내가 <u>아기에게</u> 우유를 먹이었다.
     ㄷ. 저 사람이 <u>아기를</u> 웃게 하였다.
     ㄹ. 저 사람이 <u>아기가</u> 웃게 하였다.
     ㅁ. 저 사람이 <u>그 소년에게</u> 책을 읽게 하였다.
     ㅂ. *저 사람이 <u>아기에게</u> 웃기었다.
     ㅅ. 저 사람이 <u>그 소년에게</u> 책을 읽히었다.[7]

사동사의 원동사(原動詞)가 타동사인 경우에는 앞의 예문 (15ㄴ), (15ㅅ) 등과 같이 피사동주에 조사인 '에게'가 결합될 수 있는데, 사동사의 원동사(原動詞)가 자동사인 경우에는 앞의 예문 (15ㅂ)과 같이 피사동주에 조사인 '에게'가 연결될 수 없다.

둘째, 단형 사동에서는 하나의 동사가 서술어의 기능을 하는데, 장형 사동에서는 두 개의 동사, 즉 본동사와 보조 동사가 결합하여 서술어의 기능을 한다. 앞의 예문 (15ㄱ), (15ㄴ), (15ㅅ) 등은 단형 사동문인데, '웃겼다', '먹이었다', '읽히었다' 등과 같이 한 개의 동사가 각각 서술어로 기능을 하고 있다. 그런데 장형 사동문인 (15ㄴ), (15ㄷ), (15ㅁ) 등에서는 본동사인 '웃게'와 보조 동사인 '하였다'가 서술어로 기

---

6) 사동사인 '웃기다'의 원동사는 자동사인 '웃다'이다.
7) 사동사인 '읽히다'의 원동사는 타동사인 '읽다'이다.

능을 하고 있다.

셋째, 두 사동형 간에는 부사의 수식 범위가 다르다. 단형 사동에서는 부사가 사동주의 행위를 수식하지만, 장형 사동에서는 피사동주의 행위를 수식한다.

(16) ㄱ. <u>영주가</u> 아기에게 우유를 잘 먹였다.
　　 ㄴ. 영주가 <u>아기에게</u> 우유를 잘 먹게 하였다.

단형 사동문인 (16ㄱ)에서는 부사인 '잘'이 사동주인 '영주'가 먹이는 행위를 수식하지만, 장형 사동문인 (16ㄴ)에서는 부사인 '잘'이 피사동주인 '아기'가 먹는 행위를 한정하고 있다. 이렇듯 단형 사동과 장형 사동 사이에는 부사의 수식 범위가 다르다.

제13장

경어법

한국어의 특징 가운데 하나는 경어법(敬語法)이 정교하게 발달한 언어라는 것이다. 한국어의 경어법을 모르면 한국어로 의사소통을 원만히 하기 어려울 정도로 경어법이 한국어에서 차지하는 비중은 대단히 크다.

이 장에서는 경어법이란 무엇이고, 대우(待遇)를 결정할 때의 요건(要件)은 무엇이며, 경어법에는 어떤 것이 있고, 경어법에 쓰이는 특별한 어휘와 경어법의 용법에 대해서 살펴보기로 한다.

13.1 경어법의 정의

경어법(敬語法)이란 어떤 대상을 언어로써 높이 받들어 대우하거나, 대등하게 대우하거나, 낮게 대우하는 문법 범주이다. 즉 경어법은 사람과 사람 사이의 위계 관계(位階關係)와 친소 관계(親疏關係)를 언어로써 표현하는 법이다. 이것을 '대우법(待遇法)', '높임법', '존비법(尊卑法)', '존대법(尊待法)' 등으로 일컫기도 한다.

(1) ㄱ. 선생님, 안녕히 계십시오.
    ㄴ. 어이 친구, 잘 있게.
    ㄷ. 영희야, 더욱 열심히 공부해라.

앞의 예문 (1ㄱ)은 청자인 '선생님'을 높이 받들어 대우한 것이고, (1
ㄴ)은 '친구'를 대등하게 대우한 것이며, (1ㄷ)은 '영희'를 낮게 대우한
것이다. 이와 같이 언어로써 어떤 대상을 존대하거나, 평대하거나, 하
대하는 문법 범주를 경어법이라고 한다.

경어법은 인간 상호 관계에 기초를 두고 있기 때문에 일차적으로 사
회학, 사회언어학, 문화인류학, 심리학, 민족지학(民族誌學) 등과 긴밀한
관계를 맺고 있다. 한편 대우 현상(待遇現象)이 일정한 언어 형태에 의해
서 규칙성을 가지고 실현되기 때문에 문법론의 한 영역을 차지하기도
하며, 대우 현상은 화맥(話脈) 의존성이 강하여 화용론(話用論, pragmatics)과
도 긴밀한 관계를 맺고 있다. 또한 경어법은 대우를 할 경우에 음성
언어 외에 신체 언어도 중요한 수단으로 사용되므로 동작학(動作學,
kinesics)과도 상호 관련성이 있다. 그런데 이 글에서는 경어법을 주로 문
법론, 화용론, 사회언어학 등의 측면에서 살펴보기로 한다.

13.2 대우의 성립 요건

대우(待遇)는 사람들의 상호 관계에서 성립된다. 이러한 관계에 관련
되는 인물은 화자(話者), 청자(聽者), 제삼자(第三者) 등이다. 결국 대우는
이 세 인물들 간에 작용하는 여러 요인에 의해서 결정된다.

인간관계는 친소 관계(親疎關係)와 위계 관계(位階關係)로 구분된다. 이
것들은 상호 독자적이다. 그리하여 횡적 친소(橫的親疎)에 관계없이 종
적 위계(縱的位階)가 엄존하게 되며, 종적 위계에 관계없이 횡적 친소가

상존하게 된다. '횡적 친소'란 개인 간의 정감적인 거리이며, '종적 위계'란 사회적 위계이다.

연령·사회적 지위·항렬(行列)·성별 등이 종적 위계를 결정하는 요인으로 작용한다. 화계(話階)를 결정할 때 사회에서는 사회적 지위가 연령이나 성별보다 더 중시되고, 가정에서는 항렬이 사회적 지위, 연령, 성별 등보다 더 중시된다.

대우의 상관관계가 결정되는 데 작용하는 또 다른 요인은 제삼자가 화자나 청자와 어떤 관계에 있느냐 하는 것이다. 청자권(聽者圈)에 있는 제삼자는 화자와 청자와의 관계에 따라 대우에 영향을 받으며, 화자권(話者圈)에 있는 제삼자는 화자와 그 사람과의 관계에 따라 대우에 영향을 받는다. 대체로 청자권에 있는 사람이 화자권에 있는 사람보다 본래 이상의 대우를 받게 되는데, 화자권에 있는 사람은 흔히 본래 이하의 대우를 받게 된다(成耆徹, 1985 : 20~21).

(2) ㄱ. 선생님의 <u>자제분</u>이 대학에 합격했습니까?
　　ㄴ. <u>저희 애</u>는 2월에 문학 박사 학위를 받을 예정입니다.

앞의 예문 (2ㄱ)에서와 같이 존대하여야 할 청자의 아들이 화자보다 어린 사람일지라도 높여서 '자제분'이라고 하는데, (2ㄴ)에서 보는 바와 같이 화자의 아들은 성인(成人)이라고 하더라도 '저희 애'라고 하는 것이 그 전형적인 보기에 해당한다.

무엇보다도 대우에 영향을 가장 많이 끼치는 것은 화자가 청자와 제삼자에 대해서 지니고 있는 태도이다. 화자가 그들을 존경하면 존대를 하는데, 그들을 존경하지 않고 경멸하면 하대를 한다.

한국어의 경어법은 어떤 대상을 대우하느냐에 따라 주체 경어법(主體敬語法), 청자 경어법(聽者敬語法), 객체 경어법(客體敬語法) 등으로 나뉜다.

13.3.1 주체 경어법

주체 경어법이란 말하는 이가 문장의 주체를 언어로써 높이거나 낮추어 표현하는 경어법이다. 이것을 '주체 대우법' 또는 '주체 높임법'이라고 일컫기도 한다.

주체 경어법은 존대와 비존대의 이분(二分) 체계로 되어 있다. 주체를 존대할 경우에는 주어와 호응하는 서술어의 용언 어간에 주체 존대 선어말어미인 '-시-'를 붙여서 표현하지만, 주체를 존대하지 않을 경우에는 어떤 특정한 형태소를 첨가하지 않고 표현한다. 문장에서 서술어 기능을 하는 용언의 어간에 선어말어미인 '-시-'가 결합된 서술어와 호응하는 주어에 붙는 격 조사는 '께서' 혹은 '께옵서'이다.

> (3) ㄱ. 동생이 학교에 간다.
> ㄴ. 어머니께서 백화점에 가신다.
> ㄷ. 선생님께서 도서관에 가셨다/가시었다.
> ㄹ. 아버지께서 병환이 다 나으셨습니다/나으시었습니다.
> ㅁ. 선생님은 연세가 많으십니다.
> ㅂ. 선생님은(명사구 1) 안경이(명사구 2) 크시다.
> ㅅ. 선생님은(명사구 1) 지팡이가(명사구 2) 멋지시다.

앞의 예문 (3ㄱ)은 주체인 '동생'을 낮추어 표현한 것이고, (3ㄴ)은 주체인 '어머니'를 높여서 표현한 것이다. (3ㄴ)에서는 비존칭 주격 조사인 '가' 대신에 존칭 주격 조사인 '께서'가 쓰이었고, 서술어로 쓰인 동사 '가다'의 어간에 주체 존대 선어말어미인 '-시-'가 결합되었다. 그리고 (3ㄷ)의 '선생님'과 같이 주체에 존칭 접미사 '-님'을 결합하여 주체 자체를 높이거나, (3ㄹ)의 '병환'이나 (3ㅁ)의 '연세'와 같이 주체와 관련되는 대상을 존대어로 바꿔 표현함으로써 주체를 높이기도 한다. (3ㅂ)이나 (3ㅅ)과 같은 특수 구조 문장에서 '명사구 1'이 '명사구 2'의 소유주이면서 높임의 대상인 경우에 서술어로 쓰이는 용언의 어간에 주체 존대 선어말어미인 '-시-'가 결합된다. 이상의 예문 (3ㅂ)이나 (3ㅅ)과 같이 소유주의 소유물을 존대하여 표현하는 것을 '간접 존대 표현'이라고 한다.

화자의 입장에서 볼 때 주체가 높여서 말하여야 할 대상이더라도 청자가 주체보다 더 높여서 말하여야 할 대상인 경우에는 주체를 낮추어 표현한다. 이와 같은 경어법을 **'압존법(壓尊法)'**이라고 한다.

(4) ㄱ. 할아버지, <u>아버지가</u> 저기에 <u>옵니다</u>.
　　ㄴ. 할머니, <u>어머니가</u> 시장에 <u>갔습니다</u>.

화자의 입장에서 보면, 앞의 예문 (4ㄱ)의 주체인 '아버지'와 (4ㄴ)의 주체인 '어머니'를 높여, 이것들과 각각 호응하는 서술어 (4ㄱ)의 '옵니다'를 '오십니다'로, (4ㄴ)의 '갔습니다'를 '가셨습니다'로 표현하여야 한다. 그런데 (4ㄱ)에서는 청자인 '할아버지'가 주체인 '아버지'보다 더 높여서 대우하여야 할 사람이고, (4ㄴ)에서는 청자인 '할머니'가 주체인 '어머니'보다 더 높여서 대우하여야 할 사람이므로 주체인 '아버지'와 '어머니'를 각각 낮추어 표현한 것이다.

오늘날의 일반 직장에서는 화자가 존대해서 말하여야 할 주체와 청자인 경우 주체가 청자보다 지위가 낮은 사람이더라도 주체를 낮추어 대우하지 않고 듣는 사람과 주체를 둘 다 높여 대우하는 경향이 있다.

    (5) ㄱ. 회장님, <u>부장</u>이 <u>결근하였습니다</u>.
       ㄴ. 회장님, <u>부장께서</u> 결근하였습니다.
       ㄷ. 회장님, 부장이 <u>결근하셨습니다</u>.
       ㄹ. 회장님, <u>부장님이</u> 결근하였습니다.
       ㅁ. 회장님, <u>부장님께서</u> <u>결근하셨습니다</u>.
    (6) ㄱ. 사장님, <u>과장</u>이 외출 중입니다.
       ㄴ. 사장님, <u>과장께서</u> 외출 중입니다.
       ㄷ. 사장님, 과장이 <u>외출 중이십니다</u>.
       ㄹ. 사장님, <u>과장님</u>이 외출 중입니다.
       ㅁ. 사장님, <u>과장님께서</u> <u>외출 중이십니다</u>.

    앞의 예문 (5)의 화자는 청자인 '회장'과 문장 주체인 '부장'의 부하 직원이고, 예문 (6)의 화자는 청자인 '사장'과 문장 주체인 '과장'의 부하 직원인 경우 (5ㄱ), (6ㄱ) 등과 같이 표현하여야 전통적인 압존법에 맞는 문장이 된다. 예문 (5ㅁ), (6ㅁ) 등과 같이 말하면 청자에게 결례가 된다. 그런데 오늘날 사람들 중에는 예문 (5ㄴ) (5ㄷ), (5ㄹ), (6ㄴ), (6ㄷ), (6ㄹ) 등과 같이 말하는 이가 많다. 주체가 청자보다 지위가 낮은 사람이라도 화자의 상사인 경우에는 화자의 입장에서 볼 때 그 주체가 높여야 할 대상이므로 높여 대우하려는 것이다. 사람의 의식이 변하면 언어도 변화하는 것이므로 예문 (5ㄴ), (5ㄷ), (5ㄹ), (6ㄴ), (6ㄷ), (6ㄹ) 등도 한국어의 경어법에 맞는 문장으로 간주하는 것이 합당하다.
    화자의 입장에서 보면 주체가 청자보다 지위가 낮은 사람이라고 하더라도 주체가 화자의 상사인 경우에 주체를 아주 낮추어서 표현한 것을 그 청자가 나중에 알게 되면 불쾌하게 여기거나 불손한 사람이라고 인식할 우려가 있다. 그래서 주체에 존칭 접미사 '-님'이나 존칭 주격 조사인 '께서'를 붙여 표현하든지 주어와 호응하는 서술어로 기

능을 하는 용언의 어간에 주체를 존대함을 뜻하는 선어말어미인 '-시
-'를 결합하여 표현함으로써 주체를 어느 정도 높여 대우하되 청자보
다 낮게 대우하여야 한다. 주체가 화자의 상급자라고 하더라도 주체가
청자의 하급자인 경우에 주체를 지나치게 존대하면 청자가 불쾌하게
여기기 때문이다.

13.3.2 청자 경어법

청자 경어법(聽者敬語法)이란 화자가 청자를 언어로써 존대하거나 평
대하거나 하대하여 표현하는 법이다. 이것을 '청자 대우법(聽者待遇法)',
'상대 높임법', '상대 존대법(相對尊待法)', '상대 경어법(相對敬語法)', '공손
법(恭遜法)' 등으로 일컫기도 한다. 청자(聽者)란 직접적인 청취자나 독자
등을 포함해서 일컫는 말이다. 곧 말하는 사람이나 글을 쓰는 사람에
대응하는 상대자를 뜻한다.

주체 경어법이나 객체 경어법은 존대(尊待)와 비존대(非尊待)의 이분(二
分) 체계인데, 청자 경어법은 청자 지칭의 명사구와 문장의 종결형에서
존대와 하대의 구분이 명백하고, 이것들이 또 각각 구분되는 특징을
지니고 있다. 한국어의 경어법 중에서 청자 경어법은 화맥과 상황, 사
회 변인과 지역 변인 등에 따라 복잡하고 다양하게 실현된다. 청자 대
우에 직접 관여하는 인물은 기본적으로 화자와 청자인데, 때로는 제삼
자가 고려되기도 한다. 그리하여 청자 경어법에서 이 세 인물들 사이
의 여러 대우 요인의 작용에 따라 상이한 대우 표현이 선택되고 결정
되는 것이다.

청자 경어법에서는 화계(話階) 구분이 중요한 비중을 차지한다.

화계는 문장의 종결형 또는 이에 준하는 형태로 표현되는 청자에

대한 화자의 대우 등급을 뜻하는 것이다. 화계를 '등분(等分)'이라고 일컫기도 한다. 한국어의 화계는 청자에 대한 존비(尊卑)의 등급에 따라 동사인 '하다'의 명령법 종결형인 '하십시오체', '하시오체', '하오체', '하시게체', '하게체', '해라체', '하세요체', '해체요', '해체' 등으로 구분한다.

한국어의 화계는 지역·연령·사회 계층·성별 등에 따라 다양한 양상을 보인다. 한국어의 화계는 연령에 따라 50대 이상의 남성이 주로 구사하는 구형 체계(舊形體系)와 청소년층과 여성이 주로 구사하는 신형 체계(新形體系)로 양분된다.

청자 경어법의 구형 체계는 존대(尊待)·평대(平待)·하대(下待) 등으로 삼분된다. 존대는 '하십시오체', '하시오체', '하오체'로 삼분되고, 평대는 '하시게체', '하게체'로 세분되며, 하대(下待)는 '하게체', '해라체'로 세분된다. 구형 체계에서 '하시게체'는 평대로, '하게체'는 평대나 하대로 쓰인다. 이렇듯 동일한 형식이 화자와 청자의 관계, 상황 등에 따라 다른 화계를 나타내는 것이다. 노인이 가까운 친구에게 '하게체'로 말한 경우 그것은 하대를 한 것이 아니라 평대를 한 것이다.

청자 경어법의 신형 체계도 구형 체계와 같이 존대(尊待), 평대(平待), 하대(下待)로 삼분된다. 신형 체계의 존대는 '하세요체'와 '해요체'로 양분되는데, 평대는 '해체' 하나뿐이고, 하대도 '해체' 하나뿐이다. 신형 체계에서 '해체'는 평대(平待)로도 쓰이고 하대(下待)로도 쓰인다.

청자 경어법은 청자에 대한 호칭·문장의 종결형·대우의 정도를 나타내는 어휘[1] 등으로써 실현된다. 청자에 대한 호칭은 이인칭 대명

---

[1] 대우의 정도를 나타내는 어휘에는 낮춤말, 예사말, 높임말 등이 있다. '밥, 술, 병' 등은 예사말이고, '진지·약주·병환' 등은 높임말이다. "제 말씀을 들어 보세요." 에 쓰인 '말씀'은 '말'의 낮춤말인데, "선생님 말씀을 잘 듣겠습니다."에 쓰인 '말씀'은 '말'의 높임말이다.

사나 기타 청자 지칭의 명사로 이루어진다. 청자를 지칭하는 말은 화계에 따라 다음의 (7)과 같이 구분된다.

(7) 하십시오체: 어르신,[2] 선생님
    하세요체: 어르신, 선생님
    해요체: 댁(宅)
    하시오체: 당신(當身)
    하오체: 그대, 당신(當身)
    하시게체: 자네, 그대
    하게체: 자네, 그대
    해체: 너, 자기
    해라체: 너

화계에 맞는 호칭어[3]나 지칭어[4]를 선택해서 사용하여야 경어법에 맞는 말이 된다. 청자를 호칭하거나 지칭하는 명사로는 친족(親族) 계열의 '할아버지', '할머니', '아버지', '어머니', '형', '누나' 등이 있고 비친족(非親族) 계열의 '회장(님)', '사장(님)', '부장(님)', '과장(님)' 등을 들수 있다. 비친족 계열의 호칭어와 지칭어는 '성명' 뒤에 '님[5]', '씨(氏)', '양(孃)', '군(君)' 등이 붙은 말이거나 성명이나 성(姓) 뒤에 직함이 붙은 '이성호 회장(님)', '이 회장(님)' 등과 같은 말이다.

청자 경어법에 맞는 말을 하려면 적절한 호칭어와 지칭어를 사용하여야 하고, 화계에 맞는 종결어미를 사용하여야 한다.

---

2) '어르신'의 본디말은 '어르신네'이다.
3) 호칭어(呼稱語)란 청자를 부르는 말이다.
4) 지칭어(指稱語)란 어떤 대상을 지시하는 말이다.
5) '홍길동 님'에 쓰인 '님'은 의존 명사인데, '사장님', '선생님' 등에 쓰인 '-님'은 접미사이다.

(8) ㄱ. (학생이 교사에게) <u>선생님</u>, 어서 <u>오십시오</u>.

ㄴ. (학생이 교사에게) <u>?선생님</u>, 어서 <u>오오</u>.

ㄷ. (학생이 교사에게) <u>?선생</u>, 어서 <u>오십시오</u>.

앞의 예문 (8ㄱ)은 '하십시오체'에 알맞은 호칭어와 종결어미가 쓰였기 때문에 자연스러운 문장이 되었다. 그러나 (8ㄴ)은 극존대하여야 할 청자에게 '하십시오체' 종결어미 '-십시오'를 사용하지 않고, '하오체' 종결어미 '-오'를 사용하였기 때문에 부자연스러운 문장이 되었고, (8ㄷ)은 적절한 호칭어인 '선생님'을 사용하지 않고 부적절한 호칭어인 '선생'을 사용하였기 때문에 어색한 문장이 되었다.

비종결형으로 표현되는 청자 경어법은 다음의 (9)와 같은 대화에서 찾아볼 수 있다.

(9) ㄱ. 어머니: 어디에 갔었니?

ㄴ. 아들: 박물관에요.

ㄷ. 어머니: 박물관에?

앞의 예문 (9ㄴ)과 (9ㄷ)은 서술어가 생략되어 있지만, 문장의 기능을 수행하는 구(句)이다. (9ㄴ)은 화자가 청자를 존대함을 나타내고 있으며, (9ㄷ)은 화자가 청자를 비존대함을 나타내고 있다.

청자 경어법을 구형 체계와 신형 체계로 나누어 살펴보기로 한다.

(ⅰ) 구형 체계

청자 경어법의 구형 체계(舊形體系)는 한국 사회에서 50대 이상의 남성들이 주로 사용하는 화계 체계이다. 이것은 한국의 사회가 수직 사회에서 수평 사회로 바뀌고, 여성의 지위가 향상되면서 많은 변화의 양상을 보인다. 구형 체계는 '하십시오체', '하시오체', '하오체', '하시게체', '하게체', '해라체' 등으로 세분된다.

청자 경어법은 종결어미만으로 실현되는 것이라고 하여 선어말어미인 '-시-'가 결합된 '하시오체'나 '하시게체'를 화계로 인정하지 않으면서 '하십시오체'는 인정하는 이가 있다. 오늘날 상당수의 한국인들은 화자가 청자를 '하시오체'가 '하오체'보다 더 존대하는 화계로 인식하며, '하시게체'가 '하게체'보다 더 존대하는 화계로 인식한다. 따라서 '하시오체'를 '하오체'에, '하시게체'를 '하게체'에 포함시켜 기술하는 것은 합당하지 않고, 그것들을 각각 독립된 화계로 설정하는 것이 합당하다.

1 하십시오체

'하십시오체'는 화자가 청자를 언어로 가장 높여서 대우하는 것이다. 이것을 '합쇼체'[6] 혹은 '아주높임' 혹은 '극존대(極尊待)'라고 일컫기도 한다. '하십시오체'는 '-(으)십시오', '-ㅂ니다/-습니다', '-ㅂ니까/-습니까' 등의 어미로 실현된다. 이것은 격식을 차려 청자를 극진히 높여 대우하는 경어법이다. 정적(情的)인 거리감이 있는 50대 이상의 사람들 간이나 위계를 중시하는 군대와 경찰 조직 사회에서 주로 쓰인다. 또한 이것은 일반 청중을 대상으로 하는 연설이나 텔레비전·라디오 뉴스 보도 등에서도 쓰인다.

(10) ㄱ. 선생님, 진지 잡수십시오.
　　ㄴ. 선생님, 그동안 안녕하셨습니까?
　　ㄷ. 선생님, 저는 지금까지 독서를 하였습니다.

---

6) '합쇼'는 오늘날 특정한 사회 집단의 구성원들만이 사용하는 말이기 때문에 청자 경어법의 화계의 명칭으로 사용하는 것은 부적절하다.
　[보기] (유흥업소의 종업원이 손님에게) 어서 옵쇼.

오늘날 청소년들 중에는 화자와 청자가 친한 사이인 경우 앞의 예
문 (10ㄱ)을 "선생님, 진지 잡수시지요."와 같이 '하십시오' 대신에 '하
시지요'를 사용하는 이가 많다.

2 하시오체

'하시오체'는 언어로 청자를 '하십시오체'보다 덜 높여 대우하는 것
이지만 '하오체'보다는 더 높여 대우하는 경어법이다[7]. 이것은 선어말
어미 '-시-'와 종결어미 '-오'가 결합된 '-시오'로 표현된다.

'하시오체'는 오늘날 70대 이상의 보수적인 남성이 주로 사용하는
화계이다. 아랫사람인 화자가 윗사람인 청자에게 이 화계로 말하면 결
례를 범하는 것이다. 이것은 화자가 청자보다 지위가 높은 경우, 청자
가 친구인 경우, 청자의 항렬(行列)이 화자보다 높은데 나이가 적은 경
우, 또는 이와 같은 조건을 갖춘 남성이 여성에게 말할 경우에 쓰인다.

> (11) ㄱ. (사장이 과장에게) 김 과장, 너무 늦었으니 그만 <u>퇴근하시오</u>.
>   ㄴ. 친구, 잘 <u>가시오</u>.

'하시오체'는 권위적인 화계이기 때문에 한국 사회가 수직 사회에
서 수평 사회로 바뀌면서 차츰차츰 소멸되어 가고 있다.

3 하오체

'하오체'는 청자를 언어로 약간 존대하는 것이다. 이것은 '-(으)오/-
소', '-구려/-는구려/-로구려' 등의 종결어미로 표현된다. 이것은 70대
이상의 남성 화자가 자기의 아내 혹은 친구 또는 나이가 든 아랫사람
에게 그들을 약간 높여서 대우하는 경어법이다.

---

7) '하시오체'를 인정하지 않는 이들은 이것을 '하오체'로 간주한다.

(12) ㄱ. 여보, 당신이 나를 이해하여 주어야 하오.

ㄴ. 조금 전에 나는 밥을 먹었소.

ㄷ. 경치가 매우 곱구려.

ㄹ. 잠도 잘 자는구려.

'하오체'는 격식성을 띠고 권위적인 화계이기 때문에 한국 사회가 수직 사회에서 수평 사회로 바뀌면서 차츰차츰 구어(口語)에서 사라져 가고 있다. 오늘날 전라도, 경상도, 충청도, 경기도, 강원도, 제주도 등지의 일부 지역에서는 '하오체'가 소멸되어 쓰이지 않는다. 또한 이것을 오늘날 30대 이하의 젊은 사람들은 '하오체'를 거의 사용하지 않는다.

4 하시게체

'하시게체'[8]는 언어로 청자를 '하오체'보다는 낮게, '하게체'보다는 높게 대우하거나, 평대하는 경어법이다. 이것은 선어말어미 '-시-'와 종결어미 '-게'가 결합된 '-시게'로 표현된다.

'하시게체'는 청자의 연령이 화자보다 20년 이상 적지만 청자가 혼인하여 자녀를 두고 있을 경우에 이 화계를 사용한다. 화자가 청자에게 좀더 친밀한 느낌을 주기 위하여 종결어미인 '-게나'를 '하시-' 뒤에 결합하여 '하시게나'로 표현하기도 한다. '하시게체'는 연로한 부모가 40대 이상 된 자녀 또는 자녀의 친구에게 정겹게 말하거나, 80대 이상의 노인이 친구하게 평대할 경우에 사용된다.

(13) ㄱ. 오랜만에 왔으니 천천히 놀다 가시게나.

ㄴ. 여보시게, 나 좀 도와주시게나.

---

8) '하시게체'를 '하게체'로 다루는 이가 있다.

'하시게체'도 '하오체'와 같이 격식성을 띠고 권위적인 화계이기 때문에 오늘날 젊은이들은 이 화계를 거의 사용하지 않는다.

5 하게체

'하게체'는 언어로 나이가 든 화자가 나이가 든 아랫사람에게 격식을 갖추어서 약간 낮추어 대우하거나, 친구에게 격식을 갖추어서 평대하는 것이다.9) '하게체'는 '-게', '-네', '-나', '-(으)세', '-(으)ㄹ세', '-(으)ㅁ세' 등의 종결어미로 표현된다.

(14) ㄱ. 너무 늦었으니 그만 가게.
ㄴ. 비가 많이 내리네.
ㄷ. 자네 그동안 잘 있었나?
ㄹ. 우리 함께 여행을 떠나세.
ㅁ. 여보게, 바로 자네 친구 <u>철수</u>일세.
ㅂ. 내가 양보함세.

'하게체'는 격식성을 띠고 권위적인 화계이어서 '하시오체', '하오체', '하시게체' 등과 같이 소멸되어 가고 있다. 그런데 오늘날 전라남도 지역에서는 '하게체'가 활발히 쓰이고 있다.

(15) ㄱ. 조심해서 잘 <u>먹게</u>.
ㄴ. 자네, 지금 뭘 <u>하는가</u>?
ㄷ. 여보게, 같이 <u>가세</u>

---

9) 1950년대와 1960년대에 대한민국의 일부 지방에서는 중학교와 고등학교에 다니는 학생끼리 '하게체'로 대화를 나누었다.

6 해라체

'해라체'는 언어로 화자가 청자를 가장 낮추어 대우하는 것이다. 이것을 '아주낮춤'이라고 일컫기도 한다. '해라체'는 종결어미인 '-아라/-어라/-여라', '-다', '-느냐', '-냐', '-니', '-자', '-구나' 등으로 표현된다.

(16) ㄱ. 열심히 책을 <u>읽어라</u>.
ㄴ. 저 꽃이 가장 <u>아름답다</u>.
ㄷ. 철수가 책을 열심히 <u>읽는다</u>.
ㄹ. 철수야, 책을 열심히 <u>읽느냐</u>?
ㅁ. 지금 <u>가니</u>?
ㅂ. 같이 <u>가자</u>.
ㅅ. 저 꽃이 가장 <u>향기롭구나</u>!

'해라체'는 윗사람이 나이 어린 아랫사람에게 말할 때나, 어린이가 가까운 친구에게 말할 때 쓰인다. 이와 달리 일반 독자를 대상으로 하는 신문이나 잡지의 글에서도 '해라체'가 사용되는데, 이 경우에는 존비(尊卑) 즉 높임과 낮춤이 중화된 화계로 쓰이는 것이다.

(ii) 신형 체계

청자 경어법의 신형 체계는 여성이나 30대 이하의 남성이 주로 사용하는 체계이다. 이것은 한국의 사회가 수직 사회에서 수평 사회로 바뀌고, 여성의 지위가 향상되면서 구형 체계보다 널리 확산되어 가고 있다. 머지않아 구어에서 구형 체계는 쓰이지 않고 신형 체계만 쓰일 가능성이 있다.

신형 체계에는 '하세요체', '해요체', '해체' 등이 있다. 이것들은 평서문, 의문문, 명령문, 청유문 등이 똑같은 형태로 끝나기 때문에 상황을 무시한 채 문자 언어로 써 놓으면 수용자가 그 문장의 유형을 식별하기가 어렵다. 구어에서는 이것들이 억양으로 구별되므로 문제가 없다. 지역에 따라 상이하지만 일반적으로 평서문은 하강조(下降調)로, 의문문은 상승조(上昇調)로, 명령문은 절단조(切斷調)로, 청유문은 상승하강조(上昇下降調)로 실현된다(5.3 참조).

■ 하세요체

'하세요체'[10]는 구형 체계의 '하십시오체'와 같이 화자가 청자를 아주 높여 대우하는 것이다. 이것은 선어말어미 '-시-'에 종결어미 '-어'가 결합한 형태에 보조사인 '요'가 연결된 '-시어요'의 준말인 '-셔요'의 변이 형태인 '-세요'로 실현된다.

'하세요체'는 '하십시오체'에 비해 친근한 느낌을 주며, 비격식적인 화계이다.

    (17) 갑: 너의 아버지 뭐 하시니?
           을: 밭에서 일하세요. [평서문]
    (18) 지금 무얼 하세요? [의문문]
    (19) (상점 주인이 손님에게) 어서 오세요. [명령문]
    (20) 갑: 누구랑 영화 구경을 갈까?
           을: 저랑 함께 가세요. [청유문]

오늘날 한국 사회에서 30대 이하 사람들은 상대방을 아주 높여서 대우할 경우 구형 체계의 화계인 '하십시오체' 대신에 신형 체계의 화계인 '하세요체'를 사용하는 경향이 농후하다. 그런데 젊은이라고 하더라도 보수적이고 권위적인 사람은 '하십시오체'를 선호하며, 70대

---

10) '하세요체'를 '하셔요체'로 일컫기도 한다.

이상이 된 사람들 중에 아랫사람이 '하십시오체'로 말하지 않고 '하세요체'로 말하면 불쾌하게 생각하는 사람도 있으므로 대상과 상황을 고려하여 '하세요체'를 사용하여야 한다. 아직도 한국 사회에서는 친하지 않은 윗사람을 극진히 높여 대우할 경우에는 '하십시오체'를 사용하는 것이 무난하다.

한국어 문법학자 중에는 '하세요체'를 인정하지 않고 이것을 '해요체'로 다루는 이가 있다. 그런데 오늘날 한국인 가운데 상당수가 '하세요체'가 '해요체'보다 상대를 더욱 존대하는 화계로 인식한다. 따라서 '하세요체'를 '해요체'와 구별하여 별도의 화계로 설정하는 것이 합당하다.

2 해요체

'해요체'는 종결어미인 '-아/-어/-여'나 '-지'에 청자 존대 보조사인 '요'가 결합된 형태로 표현된다. 이것은 '하세요체'보다 청자를 덜 높여 대우하는 것이다. '해요체'는 격식성을 띠지 않고 친밀감을 느끼게 하는 화계이다.

> (21) ㄱ. 할아버지, 안경을 새로 사십시오.
> ㄴ. 할아버지, 안경을 새로 사세요.
> ㄷ. 할아버지, 안경을 새로 사요.
> ㄹ. ʔ할아버지, 안경을 새로 사시오.
> ㅁ. ʔ할아버지, 안경을 새로 사오.

앞의 예문 (21ㄱ)은 '하십시오체'로 청자인 할아버지를 격식을 갖추어 극존대한 것이다. 예문 (21ㄴ)은 '하세요체'로 할아버지에게 친근하게 극존대한 것이고, (21ㄷ)은 '해요체'로 친근하게 존대한 것이다. 예문 (21ㄹ)과 (21ㅁ)이 어색한 문장인 이유는 극존대를 하여야 할 할아버지에게 보통 존대의 권위적인 화계인 '하시오체'와 '하오체'로 말하였기 때문이다. '하시오체'와 '하오체'는 하급자가 상급자에게 사용하면 언어 예절에 어긋난다.

'해요체'가 구형 체계의 화계인 '하십시오체'나 '하오체'에 두루 쓰일 수 있다고 하여 '해요체'를 '두루높임'이라고 일컫는 이가 있다. 이것은 연구자가 자신의 스키마(schema)에 따라 신형 체계를 인정하지 않고 구형 체계를 바탕으로 하여 한국어의 청자 경어법을 논의하려는 데서 기인한 오류이다. 한국어 청자 경어법의 화계에 대한 인식은 세대에 따라 다르다. '하십시오체'와 '하오체'는 높임의 정도가 다르므로 써야 할 대상이 각각 다르다. 한국 사회에서 이것을 무시하고 '하십시오체'로 극존대해서 말하여야 할 청자와 '하오체'로 존대해야 할 상대에게 똑같이 '해요체'로 말하는 것은 언어 예절에 어긋난다. '하십시오체'로 대우할 사람에게 신형 체계로 전환하여 쓸 경우 '하세요체'로, '하오체'로 대우할 사람에게는 '해요체'로 말하는 것이 무난하다.

일부 지역의 보수적인 노인들 중에는 청소년이 자기들에게 비격식체인 '하세요체'나 '해요체'로 말하면 매우 불쾌하게 여기는 이가 있다. 그러므로 청소년은 그러한 노인에게 '하세요체'나 '해요체'로 말하지 말고, '하십시오체'로 말하여야 한다.

❸ 해체

'해체'는 화자가 친밀한 감정을 가지고서 청자를 평대(平待)하거나 하대(下待)하는 것이다. 이것은 종결어미인 '-아/-어/-여11)', '-지', '-구먼/-는구먼/-로구먼' 등으로 표현된다. 화자가 친구인 청자를 평대할

---

11) '하다'의 어간에 종결어미 '-여'가 결합될 경우에는 준말 '해'로 표현된다.

경우 '해체'를 쓰기도 한다. 어린 자녀가 자신의 언니·형·누나·오빠·어머니·아버지 등에게 '해체'를 쓰는 경우도 하대하는 것이 아니라 평대를 하는 것이다. 그런데 절친한 사이가 아닌 아랫사람에게 '해체'를 쓰는 것은 하대하는 것이다.

> (22) ㄱ. (학교 선배가 후배에게) 국어 공부 좀 열심히 해.
> ㄴ. (친구에게) 국어 공부 좀 열심히 해.

앞의 예문 (22ㄱ)은 화자가 청자를 하대한 것이고, (22ㄴ)은 평대한 것이다. 이와 같이 '해체'는 화자와 청자가 어떤 관계에 있느냐에 따라 하대 화계나 평대 화계로 쓰인다. '해체'를 구형 체계의 화계인 '하게체'와 '해라체'에 두루 쓰이는 것이라 하여 '두루낮춤'으로 처리하기도 하는데, 이것은 '해요체'를 '두루높임'으로 간주하는 것과 같은 맥락에서 문제가 있다. 오늘날 불특정 다수의 독자를 대상으로 하는 신문 문장의 표제에서 '해체'를 사용하기도 하는데, 이런 경우는 '해체'가 '해라체'와 같이 존비(尊卑)가 중화된 화계로 간주하여야 한다.

날이 갈수록 청자 경어법의 화계가 격식체와 비격식체, 구형 체계와 신형 체계의 구분이 없어지고 다음의 (23)과 같이 이것들이 섞이어 쓰이는 경향이 농후해져 가고 있다.

> (23) 존대→하대: 하십시오체=하세요체 → 해요체 → 하시오체 → 하오체
> → 하시게체 → 하게체 → 해체 → 해라체

오늘날 한국의 청소년들 가운데 상당수는 앞의 (23)에 제시한 화계 중에서 '하십시오체', '하시오체', '하오체', '하시게체', '하게체' 등을 사용하지 않는다. 이러한 화계는 격식성을 띠고 있으며, 친밀감이 없다. 그리고 '하시오체', '하오체', '하시게체', '하게체' 등은 화자의 권

위가 내포되어 있는 화계이다. 이러한 화계들을 한국의 청소년 가운데 상당수가 싫어하고 사용하지 않는다. 그리하여 머지않아 이러한 화계들은 소멸될 가능성이 있다.

13.3.3 객체 경어법

객체 경어법(客體敬語法)이란 화자가 객체(客體)를 언어로써 존대하거나 하대하여 표현하는 경어법이다. 이것을 '객체 높임법' 또는 '객체 대우법'이라고 일컫기도 한다. '객체'란 동사로 실현되는 행위가 직접적으로 미치는 대상, 즉 주체의 행위가 미치는 대상을 뜻한다. 객체 경어법은 주체 경어법이나 청자 경어법과 달리 객체 대우를 표시하는 특별한 형태소가 없는 대신에 객체 존대를 나타내는 조사인 '께'와 객체 하대를 나타내는 조사인 '에게'가 있다. 그리고 객체를 존대하는 '드리다', '모시다', '바치다', '받들다', '받잡다', '뵙다', '사뢰다', '아뢰다', '여쭙다', '올리다' 등과 객체를 하대하는 '주다', '묻다', '보다', '데리다' 등의 동사가 있다.

(24) ㄱ. 이 빵을 아버지께 드려라.
ㄴ. 이 빵을 동생에게 주어라.
(25) ㄱ. 이 어른을 모시고 가거라.
ㄴ. 이 아이를 데리고 가거라.
(26) ㄱ. 모르는 문제가 있으면 선생님께 반드시 여쭈어 보아라.
ㄴ. 모르는 문제가 있으면 네 친구에게 반드시 물어 보아라.
(27) ㄱ. 고향에 가면 동네 어른을 뵙고 오너라.
ㄴ. 고향에 가면 네 친구를 보고 오너라.

객체 경어법은 존대와 비존대로 양분된다. 앞의 예문 (24ㄱ), (25ㄱ),

(26ㄱ), (27ㄱ) 등은 객체를 존대한 것이고, 예문 (24ㄴ), (25ㄴ), (26ㄴ), (27ㄴ) 등은 객체를 존대하지 않은 것이다.

중세한국어에서는 객체 존대 선어말어미인 '-ᄉᆞᆸ-', '-ᄉᆞᆸ-', '-ᄌᆞᆸ-' 등이 있어 객체 경어법이 발달하였는데, 오늘날에는 이것들이 대부분 소멸되고 몇 개의 변화형만이 남아서 서간문이나 기도문에서 청자 경어법을 나타낼 때에 쓰인다. 다음의 예문 (28ㄱ)에 쓰인 '받자오니'의 '-자오-'와 '나옵니다'의 '-옵-', 예문 (28ㄴ)에 쓰인 '보내오니'의 '-오-', '아옵소서'의 '-옵-' 등이 그 보기에 해당한다. 선어말어미 '-옵-', '-오-', '-자오-' 등은 자신의 진술을 겸양하여 나타냄으로써 청자를 존대함을 뜻한다. 그와 같은 기능을 하는 선어말어미로는 '-삽-', '-사옵-', '-사오-', '-잡-', '-자옵-' 등이 있다. 현대한국어에서 이것들은 청자에게 화자의 공손한 뜻을 나타내는 선어말어미로 쓰인다.

(28) ㄱ. 어머님께서 보내신 편지를 받자오니 기뻐서 눈물이 <u>나옵니다</u>.
    ㄴ. 변변찮은 물건을 <u>보내오니</u> 그리 <u>아옵소서</u>.

청자에 대한 존대 여부도 화자의 태도에 달려 있듯이 주체와 객체의 존대 여부도 화자의 태도에 달려 있다.

(29) ㄱ. 혁아, 이 떡을 네 <u>아비에게</u> <u>줘</u>.
    ㄴ. 혁아, 이 떡을 네 <u>아버님께</u> <u>드려</u>.

동일한 화자가 동일한 청자에게 앞의 예문 (29ㄱ)과 (29ㄴ)처럼 말할 경우 (29ㄱ)에서는 객체가 하대되어 "아비에게 줘."로 표현되었는데, (29ㄴ)에서는 객체가 존대되어 "아버님께 드려."로 표현되었다. 이와 같이 동일한 객체가 존대되거나 하대되는 것은 청자와 객체에 대한 화자의 태도에 따라 결정된다.

13.4 경어법에 쓰이는 어휘

한국어는 경어법에 쓰이는 어휘가 발달되어 있다. 그러한 어휘는 높임말·예사말·낮춤말 등으로 나뉜다.

'높임말'이란 어떤 사람이나 사물을 높여서 이르는 단어로, '공대말(恭待-)' 또는 '존대어(尊待語)' 혹은 '존댓말'이라고 일컫기도 한다. 이것은 직접 높임말과 간접 높임말로 나뉜다. 직접 높임말은 어떤 대상을 직접 높여서 이르는 단어로, '사부님(師父-)',12) '선생님', '어머님', '어르신네' 등이 그 보기에 해당한다. 간접 높임말은 직접 존대를 하는 대상에 딸려 있는 사람이나 사물을 높이어 이르는 단어이다. '댁(宅)',13) '아드님', '따님', '자제분', '진지', '약주(藥酒)' 등이 그 보기에 속한다.

(30) ㄱ. <u>어머님</u>께서도 안녕하십니까?
　　 ㄴ. <u>선생님</u>께서는 <u>진지</u>를 <u>잡수셨습니까?</u>

앞의 예문 (30ㄱ)에 쓰인 '어머님'과 (30ㄴ)에 쓰인 '선생님'과 '잡수셨습니까' 등은 직접 높임말이고, (30ㄴ)에 쓰인 '진지'는 간접 높임말이다.

'예사말'은 보통으로 예사롭게 대우하는 의미를 나타내는 단어로, '어머니', '형', '누나', '밥', '스승', '사부(師傅)', '주다' 등이 그 보기에 속한다.

---

12) 사부(師父): 아버지처럼 우러러 받드는 스승. '사부님'은 '사부'의 높임말이다.
13) '댁(宅)'이나 '존문(尊門)'은 '집'의 높임말이다.

'낮춤말'은 청자를 높여 대우하기 위해서 화자가 자기와 관계되는 것을 낮추어 말함으로써 겸손한 뜻이 담긴 단어로서, '겸양어(謙讓語)' 또는 '겸사말(謙辭-)' 혹은 '겸양사(謙讓辭)'라고 일컫기도 한다. '저',14) '저희',15) '드리다', '받잡다', '뵈다', '뵙다', '여쭈다', '여쭙다' 등이 그 보기에 해당한다.

(31) ㄱ. 잘못한 저를 많이 꾸짖어 주세요.
ㄴ. 고향에 가면 어르신들을 뵙고 오너라.

앞의 예문 (31ㄱ)에 쓰인 '저'와 (31ㄴ)에 쓰인 '뵙고'는 낮춤말에 해당한다.

[표 6] 높임말·예사말·낮춤말

높임말	예사말	낮춤말	높임말	예사말	낮춤말
×	나	저	자당(慈堂)	(남의 어머니)	×
×	우리	저희	춘부장 (春府丈/椿府丈)	(남의 아버지)	×
어르신, 댁(宅), 당신(當身), 그대, 공(公)	너	×	어머님, 빙모(聘母)	장모(丈母)	×
말씀	말	말씀	아버님, 빙장(聘丈)	장인(丈人)	×
성함(姓銜), 존함(尊銜), 함자(銜字)	성명(姓名)	×	선생님	선생(先生)	×
께서, 께옵서	이/가	×	사장님	사장(社長)	×
께	에게	×	부장님	부장(部長)	×
병환(病患)	병	×	형님	형(兄)	×
약주(藥酒)	술	×	누님	누나	×
존영(尊影), 존조(尊照)	사진(寫眞)	×	어르신	어른	×

---

14) '저'는 일인칭 대명사 '나'의 낮춤말이다.
15) '저희'는 '우리'의 낮춤말이다.

높임말	예사말	낮춤말	높임말	예사말	낮춤말
존안(尊顔)	얼굴	×	자시다, 잡수다, 잡수시다(잡숫다)	먹다	×
댁(宅), 존문(尊門)	집	×	주무시다	자다	×
춘추(春秋), 연세(年歲)	나이	×	돌아가시다	죽다	×
진지	밥	×	계시다	있다	×
생신(生辰), 탄신(誕辰)	생일(生日)	×	편찮다, 편찮으시다	아프다	×
오라버님	오라버니	×	×	말하다	여쭈다, 여쭙다
				묻다	
아드님, 영식(令息), 영랑(令郎), 영윤(令胤)	아들	×	×	받다	받잡다
따님, 영애(令愛), 영녀(令女)	딸	×	×	보다	뵈다, 뵙다

한국어에는 앞의 [표 6]에서 보듯이 높임말·예사말·낮춤말 등이 모두 있는 어휘는 극히 적고, 높임말과 예사말이 있는 것이 가장 많다.

한국어로 어떤 대상을 대우할 적에는 적절한 어휘를 사용하여야 경어법에 맞는 말이 된다. 어떤 대상을 언어로 대우할 경우에는 대우의 등급에 적절한 단어를 선택해서 사용하여야 한다.

> (32) ㄱ. 어머니, 할머니의 <u>병환</u>이 다 <u>나으셨어요</u>?
> ㄴ. [?]어머니, 할머니의 <u>병</u>이 다 <u>나았어요</u>?
> (33) ㄱ. 할머니, <u>진지</u> <u>잡수세요</u>.
> ㄴ. [?]할머니, 밥 <u>먹어요</u>.
> (34) ㄱ. 어머니, <u>할머니께서</u> 방에 <u>계세요</u>.
> ㄷ. [?]어머니, <u>할머니가</u> 방에 <u>있어요</u>.

앞의 예문 (32ㄱ), (33ㄱ), (34ㄱ) 등은 할머니를 존대하는 높임말을 적절히 사용하였기 때문에 경어법에 맞는 문장이 되었다. 그런데 예문 (32ㄴ), (33ㄴ), (34ㄴ) 등은 존대하는 할머니와 관련되는 단어의 높임말을 사용하지 않았기 때문에 경어법에 맞지 않는 문장이 되었다.

일반적으로 다른 사람의 부모와 조부모를 부르거나 지칭할 경우에는 예사말인 '어머니', '아버지', '할머니', '할아버지' 등에 존대의 의미를 나타내는 접미사 '-님'을 결합하여 '어머님', '아버님', '할머님', '할아버님' 등을 사용하고, 친부모와 친조부모를 호칭하거나 지칭할 때에는 예사말인 '어머니', '아버지', '할머니', '할아버지' 등을 사용하는 것이 자연스럽다.

13.5 경어법의 용법

경어법의 용법에는 규범적 용법(規範的用法)과 탈규범적 용법(脫規範的用法)이 있다.

규범적 용법이란 경어법을 규범 문법16)에 맞게 사용하는 것이다. 규범 문법은 국민이 언어생활을 할 때 도움을 주기 위하여 언어 규칙을 규범화한 문법이다. 학교 문법이 규범 문법이다. 규범적 용법은 학교 문법에 기술되어 있는 경어법에 맞게 경어법을 사용하는 것이다.

탈규범적 용법은 일정한 목적이나 의도에 따라 경어법을 규범 문법과 다르게 사용하는 것이다. 이것을 '전략적 용법'이라고 일컫기도 한다.

(35) ㄱ. 규범적 용법: 어르신, 이 화장품의 품질은 매우 <u>좋습니다</u>.
ㄴ. 탈규범적 용법: 언니, 이 화장품의 품질은 매우 <u>좋으십니다</u>.

앞의 예문 (35ㄱ)과 (35ㄴ)은 화장품 매장을 찾아온 60대 여성 손님에게 20대 여성 판매원이 한 말이다. (35ㄱ)은 규범적 용법에 따라 경

---

16) 규범 문법은 '1.2.2 실용 문법과 이론 문법'을 참조할 것.

어법을 구사한 말이다. 그런데 (35ㄴ)은 탈규범적 용법에 따라 경어법을 사용한 것이다. (35ㄴ)에서는 '화장품의 품질'을 존대하여 '매우 좋으십니다'라고 표현한 것이다. 존경하는 사람의 소유물이 아닌 것을 존대하여 표현하면 규범 문법에 어긋난 말이 된다. 20대 판매원은 할머니뻘 되는 60대 여성 손님을 '언니'라고 호칭하였다. (35ㄴ)은 판매원이 손님의 환심을 사기 위해서 탈규범적 용법에 따라 한 말이다.

다른 사람과 의사소통을 할 때 목적, 대상, 상황 등을 고려하여 경어법의 규범적 용법과 탈규범적 용법을 적절히 사용하면 의사소통을 효과적으로 할 수 있고, 인간관계도 잘 맺을 수 있다.

제14장
부정법

우리는 어떤 사실이나 가치를 언어로 긍정하기도 하고 부정기도 한다. 이 장에서는 어떤 사실이나 가치를 부정하는 문법 범주인 부정법(否定法)의 정의(定義), 부정소(否定素)인 '아니'와 '못'의 분포 양상, 부정법의 분류(分類) 등에 관해서 살펴보려고 한다.

14.1 부정법의 정의

부정법(否定法)이란 부정소인 '아니'나 '못'으로써 어떤 사실이나 가치를 부정하는 문법 범주이다. 구어에서 부정소인 '아니'는 주로 준말인 '안'으로 쓰인다.

    (1) ㄱ. 나는 사장이다.
       ㄴ. 나는 사장이 <u>아니</u>다.
    (2) ㄱ. 철수는 과일을 먹는다.
       ㄴ. 철수는 과일을 <u>아니</u> 먹는다.

ㄷ. 철수는 과일을 먹지 <u>아니</u>한다.

(3) ㄱ. 연주는 책을 읽는다.

ㄴ. 영수는 책을 <u>못</u> 읽는다.

ㄷ. 영수는 책을 읽지 <u>못</u>한다.

위의 예문 (1ㄴ)은 부정소인 '아니'로써 (1ㄱ)의 "내가 사장이다."라는 사실을 부정하고, 예문 (2ㄴ)과 (2ㄷ)도 부정소인 '아니'로써 (2ㄱ)의 "철수가 과일을 먹는다."는 사실을 부정한 문장이다. 그런데 예문 (3ㄴ)과 (3ㄷ)은 부정소인 '못'으로써 (3ㄱ)의 "영수가 책을 읽는다."라는 내용을 가치적인 측면에서 부정한 문장이다. 이와 같이 부정법은 부정소인 '아니'나 '못'으로써 어떤 사실이나 가치를 부정하는 문법 범주이다.

14.2 부정소의 분포 양상

부정소(否定素)인 '아니'와 '못'은 동사나 형용사와 공기 관계를 맺을 경우에 제약(制約)을 받기 때문에 그 분포 양상이 다양하다. 부정소인 '아니'는 형용사와 공기 관계를 맺을 수 있는데, 부정소인 '못'은 형용사와 공기 관계를 맺지 못한다. 다음의 예문 (4)～(8)에서 보듯이 형용사인 '괴롭다', '나쁘다', '낮다', '높다', '가소롭다', '애처롭다', '사랑스럽다', '자랑스럽다' 등은 부정소인 '아니'와만 공기 관계를 맺는다.

(4) ㄱ. 나는 <u>아니</u> 괴롭다.

ㄴ. 나는 괴롭지 <u>아니</u>하다.

ㄷ. *나는 못 괴롭다.

ㄹ. *나는 괴롭지 못하다.

(5) ㄱ. 이 산이 저 산보다 더 <u>아니</u> 낮다.

ㄴ. 이 산이 저 산보다 더 낮지 <u>아니</u>하다.

ㄷ. *이 산이 저 산보다 더 못 낮다.

ㄹ. *이 산이 저 산보다 더 낮지 못하다.

(6) ㄱ. 그는 성질이 <u>아니</u> 나쁘다.

ㄴ. 그는 성질이 나쁘지 <u>아니</u>하다.

ㄷ. *그는 성질이 못 나쁘다.

ㄹ. *그는 성질이 나쁘지 <u>못</u>하다.

(7) ㄱ. 나는 영주가 사랑스럽지 <u>아니</u>하다.

ㄴ. 나는 영주가 <u>아니</u> 사랑스럽다.

ㄷ. *나는 영주가 못 사랑스럽다.

ㄹ. *나는 영주가 사랑스럽지 <u>못</u>하다.

(8) ㄱ. 나는 나의 존재가 <u>아니</u> 자랑스럽다.

ㄴ. 나는 나의 존재가 자랑스럽지 <u>아니</u>하다.

ㄷ. *나는 나의 존재가 자랑스럽지 <u>못</u>하다.

ㄹ. *나는 나의 존재가 <u>못</u> 자랑스럽다.

다음의 예문 (9ㄱ)과 같이 부정소인 '아니'가 서술어 앞에 놓이면 어색한 문장이 되기도 한다. (9ㄱ)의 '안 있으시다'를 (9ㄴ)처럼 '없으시다'로 바꾸어 쓰면 자연스러운 문장이 된다.

(9) ㄱ. [?]어머니는 말씀이 <u>아니</u> 있으시다.

ㄴ. 어머니는 말씀이 <u>없으시</u>다.

감각 형용사인 '달다', '뜨겁다', '시다', '싱겁다', '쓰다', '짜다', '차다' 등과 심리 형용사인 '기쁘다', '밉다', '분하다', '슬프다', '싫다', '애달프다', '좋다', '즐겁다' 등과 평가 형용사인 '깨끗하다', '시원하다', '악하다', '어질다', '자비롭다', '자유롭다', '잔인하다', '착하다' 등은 부정소인 '아니'나 보조 형용사인 '(-지) 아니하다'와 공기 관계를 맺는다. 그런데 이 형용사들은 부정소인 '못'이나 부정 보조 형용사인 '(-지) 못하다'와 공기 관계를 맺지 못한다.

(10) ㄱ. 이 음식은 <u>아니</u> <u>달다.</u>

　　 ㄴ. 이 음식은 <u>달지</u> <u>아니</u>하다.

　　 ㄷ. *이 음식은 <u>못</u> <u>달다.</u>

　　 ㄹ. *이 음식은 <u>달지</u> <u>못하다.</u>

(11) ㄱ. 나는 <u>아니</u> 슬프다.

　　 ㄴ. 나는 <u>슬프지</u> <u>아니</u>하다.

　　 ㄷ. *나는 <u>못</u> 슬프다.

　　 ㄹ. *나는 <u>슬프지</u> <u>못하다.</u>

(12) ㄱ. 이것은 <u>아니</u> 깨끗하다.

　　 ㄴ. 이것은 <u>깨끗하지</u> <u>아니</u>하다.

　　 ㄷ. *이것은 <u>못</u> 깨끗하다.

　　 ㄹ. *이것은 <u>깨끗하지</u> <u>못하다.</u>

　과정 동사인 '내리다', '오르다' 등과 동작 동사인 '가다', '뛰다', '먹다', '서다' 등은 부정소인 '아니'나 '못'과 공기 관계를 맺는다. 그런데 과정 동사인 '끓다', '마르다' 등은 부정소인 '못'과 공기 관계를 맺지 못한다.

(13) ㄱ. 철수가 산에 <u>아니</u> <u>오른다.</u>

　　 ㄴ. 철수가 산에 <u>오르지</u> <u>아니</u>한다.

　　 ㄷ. 철수가 산에 <u>못</u> 오른다.

　　 ㄹ. 철수가 산에 <u>오르지</u> <u>못한다.</u>

(14) ㄱ. 나는 과일을 <u>아니</u> <u>먹는다.</u>

　　 ㄴ. 나는 과일을 <u>먹지</u> <u>아니</u>한다.

　　 ㄷ. 나는 과일을 <u>못</u> <u>먹는다.</u>

　　 ㄹ. 나는 과일을 <u>먹지</u> <u>못한다.</u>

(15) ㄱ. 그렇게 약하게 불을 때면 물이 <u>아니</u> <u>끓는다.</u>

　　 ㄴ. 그렇게 약하게 불을 때면 물이 <u>끓지</u> <u>아니</u>한다.

　　 ㄷ. *그렇게 약하게 불을 때면 물이 <u>못</u> <u>끓는다.</u>

　　 ㄹ. *그렇게 약하게 불을 때면 물이 <u>끓지</u> <u>못한다.</u>

(16) ㄱ. 매일 비가 와서 빨래가 <u>아니</u> <u>마른다.</u>

ㄴ. 매일 비가 와서 빨래가 <u>마르지</u> <u>아니</u>한다.

ㄷ. *매일 비가 와서 빨래가 못 <u>마른다.</u>

ㄹ. *매일 비가 와서 빨래가 <u>마르지</u> <u>못</u>한다.

희망 동사인 '바라다', '원하다', '희망하다', '필요하다' 등은 부정소인 '아니'와만 공기 관계를 맺는다. 그런데 '바라다'와 '희망하다'는 유사어인데, 이 두 동사는 공기 양상이 다르다. 다음의 예문 (17ㄱ)에서 보듯이 '아니/안 바란다'는 자연스러운데 (18ㄱ)에서 보듯이 '아니/안 희망한다'는 어색하다.

(17) ㄱ. 나는 네가 입학시험에 불합격하기를 <u>아니/안</u> 바란다.

ㄴ. 나는 네가 입학시험에 불합격하기를 <u>바라지</u> <u>아니</u>한다.

ㄷ. *나는 네가 입학시험에 불합격하기를 <u>못</u> <u>바란다.</u>

ㄹ. *나는 네가 입학시험에 불합격하기를 <u>바라지</u> <u>못</u>한다.

(18) ㄱ. ?나는 네가 빨리 귀국하기를 <u>아니/안</u> <u>희망한다.</u>

ㄴ. 나는 네가 빨리 귀국하기를 <u>희망하지</u> <u>아니</u>한다.

ㄷ. *나는 네가 빨리 귀국하기를 <u>못</u> <u>희망한다.</u>

ㄹ. *나는 네가 빨리 귀국하기를 <u>희망하지</u> <u>못</u>한다.

(19) ㄱ. 나는 연필이 <u>아니</u> <u>필요하다.</u>

ㄴ. 나는 연필이 <u>필요하지</u> <u>아니</u>하다.

ㄷ. *나는 연필이 못 <u>필요하다.</u>

ㄹ. *나는 연필이 <u>필요하지</u> <u>못</u>하다.

인지 동사(認知動詞)인 '각성하다', '기억하다', '깨닫다', '생각하다', '알다', '인식하다', '인지하다', '자각하다', '추억하다' 등은 부정소인 '못'과 공기 관계를 맺지만, 부정소인 '아니'와는 공기 관계를 맺지 못한다.

(20) ㄱ. 나는 그 사건을 <u>못</u> <u>기억한다.</u>

ㄴ. 나는 그 사건을 <u>기억하지</u> <u>못</u>한다.

ㄷ. *나는 그 사건을 <u>아니</u> <u>기억한다.</u>

ㄹ. *나는 그 사건을 <u>기억하지</u> <u>아니한다</u>.
(21) ㄱ. 그는 자신의 잘못을 <u>못</u> <u>깨닫는다</u>.
ㄴ. 그는 자신의 잘못을 <u>깨닫지</u> <u>못한다</u>.
ㄷ. *그는 자신의 잘못을 <u>아니</u> <u>깨닫는다</u>.
ㄹ. *그는 자신의 잘못을 <u>깨닫지</u> <u>아니한다</u>.

부정소인 '아니'와 '못'의 분포 양상이 동사나 형용사에 따라 다른 것은 동사·형용사와 부정소인 '아니', '못' 사이에 존재하는 선택 제약에서 기인한다.

14.3 부정법의 분류

부정법은 이것이 실현된 문장의 길이에 따라 '단형 부정법(短形否定法)'과 '장형 부정법(長形否定法)'으로 나뉘고, 사용되는 부정소(否定素)에 따라 '아니 부정법'과 '못 부정법'으로 나뉜다.

14.3.1 '단형 부정법'과 '장형 부정법'

'단형 부정법(短形否定法)'이란 부정소인 '아니'나 '못'이 서술어 바로 앞에 놓여 문장을 부정하는 것이다. 이것을 '짧은 부정법'이라고 일컫기도 한다.

'장형 부정법(長形否定法)'이란 부정소인 '아니'나 '못'이 본용언의 어간에 어미인 '-지'가 결합된 형태 뒤에 놓여 문장을 부정하는 것이다. 즉 이것은 서술어로 기능을 하는 본용언의 어간에 보조적 연결어미인 '-지'를 붙이고, 그 뒤에 보조 용언인 '아니하다'나 '못하다'를 연결하여 문장을 부정하는 것이다. 이것을 '긴 부정법'이라고 일컫기도 한다.

'단형 부정법'은 '장형 부정법'보다 더욱 강한 부정의 의미를 나타내고, '장형 부정법'보다 더 많은 통사적인 제약을 받는다.

(22) ㄱ. 철수가 그 사실을 안다.
ㄴ. *철수는 그 사실을 못 <u>안다</u>.
ㄷ. 철수는 그 사실을 <u>알지 못한다</u>.

앞의 예문 (22ㄴ)과 (22ㄷ)은 (22ㄱ)의 부정문이다. '단형 부정법'이 실현된 (22ㄴ)은 비문법적인 문장이지만, '장형 부정법'이 실현된 (22ㄷ)은 문법에 맞는 문장이다. 이렇듯 '단형 부정법'은 '장형 부정법'보다 통사적인 제약을 더 받는다.

단형 부정문에서는 부정소인 '아니'와 '못'이 바로 뒤에 오는 용언만을 부정하는데, 장형 부정문에서는 명제를 나타내는 문장을 부정한다. 명제를 나타내는 문장을 부정할 때보다 용언을 부정할 때에 제약을 더 많이 받는다. 단형 부정문인 위의 예문 (22ㄴ)은 부정소인 '못'과 동사인 '안다'가 공기 관계를 맺을 수 없는데, '못'과 '안다'가 공기 관계를 맺도록 구성하였기 때문에 비문법적인 문장이 된 것이다. 장형 부정문인 (22ㄷ)에서 부정소인 '못'은 "철수는 그 사실을 안다."라는 명제를 부정할 수 있다. 그래서 (22ㄷ)은 문법에 맞는 문장이 된 것이다.

장형 부정법을 나타내는 명령문과 청유문에서는 보조동사인 '아니하다'와 '못하다' 대신에 보조동사인 '말다'가 사용된다.

(23) ㄱ. 잔디밭에 들어가지 <u>말아라/마라</u>.
ㄴ. 떠들지 <u>말자</u>.

앞의 예문 (23ㄱ)은 명령문이고, (23ㄴ)은 청유문이다. (23ㄱ)에 쓰인 '말아라'나 '마라'를 '못하여라'로 바꾸어 쓰면 (24ㄱ)과 같이 비문법적인 문장이 된다. 그리고 (23ㄴ)에 쓰인 '말자'를 '못하자'로 바꾸어 써도 (24ㄴ)과 같이 문법에 어긋난 문장이 된다.

> (24) ㄱ. [*]잔디밭에 들어가지 <u>못하여라</u>.
>   ㄴ. [*]떠들지 <u>못하자</u>.

14.3.2 '아니 부정법'과 '못 부정법'

'아니 부정법'은 부정소인 '아니'나 보조 용언인 '(-지) 아니하다'로 부정하는 것이다. '못 부정법'은 부정소인 '못'이나 보조 용언인 '(-지) 못하다'로 부정하는 것이다.

'아니 부정법'은 이미 전제된 긍정문의 내용을 사실적 측면에서 부정하는 화자(話者)의 인지(認知) 행위로서, '사실 부정'의 의미를 나타낸다. 종래의 '아니 부정법'에 대한 견해는 행동 유발 요인으로서의 주체의 의도에 근거를 둔 것이다. 그 의도성은 부정문이 되기 전에 이미 내재되어 있는 것이고, 부정문에서 그 의도성이 반드시 의도성만으로 해석되지 않고 단순한 사실의 부정의 의미로도 해석된다. 따라서 '아니 부정법'은 '사실 부정'을 뜻한다.

> (25) ㄱ. 철수는 술을 마셨다.
>   ㄴ. 철수는 술을 <u>마시지 아니하였다</u>.
>   ㄷ. 철수는 술을 <u>아니 마셨다</u>.

앞의 예문 (25ㄱ), (25ㄴ), (25ㄷ) 등에는 '의도'의 의미가 내포되어 있다. (25ㄱ), (25ㄴ), (25ㄷ) 등의 주어인 '철수'가 유정 명사이고, 서술어로 기능을 하는 동사인 '마시다'가 행동주의 의지가 작용할 수 있는 행동성 동작 동사이므로, (25ㄱ), (25ㄴ), (25ㄷ) 등에 '의도성'이 내포되어 있다고 해석할 수 있다.

'못 부정법'은 '가치 부정'을 뜻한다. '못 부정법'이 기본 의미인 '가치 부정'으로 쓰이지 않고 파생된 의미를 나타낼 때에는 대개 금지·불가능 ·무능력 등을 뜻한다.

    (26) ㄱ. 미성년자들은 술집에 <u>들어가지</u> <u>못한다</u>.
        ㄴ. 미성년자들은 술집에 <u>못</u> <u>들어간다</u>.
    (27) ㄱ. 영주는 어려서 그 물건을 <u>들지</u> <u>못한다</u>.
        ㄴ. 영주는 어려서 그 물건을 <u>못</u> <u>든다</u>.

앞의 예문 (26ㄱ)과 (26ㄴ)은 "미성년자들이 술집에 들어가는 것을 금지함"을 뜻하고, (27ㄱ)과 (27ㄴ)은 "영주가 어려서 그 물건을 들 수 있는 능력이 없음"을 뜻한다.

'아니 부정법'과 '못 부정법'을 '서술 관계 부정'이라고 한다. 서술 관계 부정이란 개념과 개념이 결합하여 부정하는 것이다. 이와 달리 하나의 단어로 부정적인 의미를 나타내는 부정을 '특수 부정(特殊否定)'이라고 한다. 특수 부정이 서술 관계 부정보다 더 적절한 경우에도 일반적으로 서술 관계 부정을 사용한다.

    (28) ㄱ. 나는 그 사실을 <u>알지</u> <u>못한다</u>.
        ㄴ. 나는 그 사실을 <u>모른다</u>.

앞의 예문 (28ㄱ)은 '서술 관계 부정'에 해당하고, (28ㄴ)은 '특수 부정'에 해당한다. 일반인들이 '특수 부정'보다 '서술 관계 부정'을 더 사용하는 이유는 '서술 관계 부정'이 '특수 부정'보다 완곡하게 부정의 의미를 나타내기 때문이다.

'이중 부정(二重否定)'은 '강한 부정'을 나타내지 않고 '약한 부정'을 나타낸다. '이중 부정'을 사용하는 심리적 이유는 두 개의 상호 파괴적인 부정어를 통한 우회(迂廻)가 청자의 정신력을 약화시키고, 화자의 입장에서는 무엇인가 주저함을 내포하기 때문이다.

> (29) ㄱ. 너는 학교에 가야 한다.
>   ㄴ. 너는 학교에 가지 <u>않으면</u> <u>안</u> 된다.

앞의 예문 (29ㄱ)은 긍정문이고 (29ㄴ)은 이중 부정문인데, (29ㄴ)이 (29ㄱ)보다 '강한 긍정'의 의미를 나타낸다.

한 문장에서 둘 이상의 부정어가 쓰이어 부정하는 것을 '누적 부정(累積否定)' 혹은 '누가 부정(累加否定)'이라고 한다. 화자는 강한 감정의 영향 하에서 부정의 의미가 충분히 파악되는지에 대해서 확인하기를 원한다. 그러므로 화자는 부정 요소를 동사나 형용사뿐만 아니라 문장 중에서 쉽게 부정될 수 있는 곳이면 어디에나 붙인다. 이를테면 화자는 부정 요소를 한 곳에 한정시키지 않고, 문장 전체를 부정적 색채의 층으로 덮는다.

> (30) ㄱ. 나는 결코 인간이 악한 존재가 <u>아니라고</u> 생각한 적이 <u>없다</u>고 말
>   할 수 <u>없다</u>.
>   ㄴ. 권모술수에 능하지 <u>않은</u> 사람을 현명하지 <u>않은</u> 사람이라고 <u>아니</u>
>   말하는 것은 반드시 양심이 <u>없는</u> 것은 <u>아니다</u>.

앞의 예문 (30ㄱ)과 (30ㄴ)은 두 개 이상의 부정어가 쓰인 누적 부정문이다.

제15장
비교법

비교(比較)란 둘 이상의 사람이나 사물을 견주어 차이점·공통점·우열(優劣) 등을 판단하는 인지 작용이다. 우리는 일상생활을 할 때 대상들 사이의 같음과 다름을 표현하기 위해서 비교법(比較法)을 사용한다. 이 장에서는 비교법의 정의(定義)와 종류(種類)에 대해서 살펴보기로 한다.

15.1 비교법의 정의

비교법(比較法)이란 둘 이상의 사람이나 사물이 지닌 같은 속성 또는 한 사람이나 사물의 두 속성을 견주어 언어로 표현하는 문법 범주이다. 이것을 '견줌법'이라고 일컫기도 한다.

비교법은 비교의 대상·비교의 기준·비교점(比較點)·비교소(比較素)·비교사(比較詞) 등 다섯 요소로 형성된다.

어떤 대상을 개별적으로 인식하지 않고, 다른 대상과의 관련 속에서 인식하는 비교 행위의 언어적 표현을 위해서는 무엇보다도 먼저 비교의 대상이 제시되어야 한다.

(1) ㄱ. <u>영주</u>가 <u>선주</u>보다 10cm 더 크다.
    ㄴ. <u>철수</u>는 <u>영수</u>처럼 용감하다.

앞의 예문 (1ㄱ)과 (1ㄴ)에서 비교의 대상은 각각 '영주'와 '철수'이고, 비교사는 '크다'와 '용감하다'이다. 비교사는 비교의 주체를 비교하려는 속성을 나타내는 것으로, 문장에서는 주로 서술어로 실현된다. 그리고 (1ㄱ)과 (1ㄴ)에서 비교의 기준은 각각 '선주'와 '영수'로서, 이것은 비교 대상에 대한 비교의 기준을 제공한다. 비교의 기준에는 주로 비교격 조사인 '같이', '과/와', '만큼', '보다', '처럼' 등이 연결된다. 위의 예문 (1ㄱ)에서 '10cm'가 비교점에 해당한다. 이것은 한국어에서 수의적으로 쓰인다. 예문 (1ㄱ)에 쓰인 '더'가 비교소에 해당한다. 정도 부사가 비교소가 된다. 비교소에는 '더' 이외에 '가장', '꽤', '너무', '더욱', '덜', '되게', '되우', '매우', '무척', '아주', '약간', '정말', '정말로', '좀' 등이 있다. 비교소는 생략되기도 한다.

요컨대 비교법이란 비교사가 의미하는 속성의 강약의 연속 위에서 비교의 기준에 대한 어떤 대상의 상대적 위치를 나타내는 문법 범주이다.

우리는 일반적으로 같은 부류에 속하는 것으로 인식하는 대상들을 비교의 대상으로 삼지만, 때로는 상이한 부류에 속하는 두 대상을 관련지어 어떤 유사성을 가지는 것으로 표현하기도 한다. 이와 같은 것을 '비유(譬喩)'라고 한다.

(2) ㄱ. 주연은 현주와 성격이 다르다.
    ㄴ. 동혁은 산처럼 인자하다.

앞의 예문 (2ㄱ)은 '주연'과 '현주'의 성격이 다름을 표현한 문장인데, (2ㄴ)은 '동혁'의 성격을 '산'에 비유하여 인자함을 표현한 문장이다. 비교는 동일한 부류에 속하는 두 대상을 견주어 언어로 표현하는 것인데, 비유는 다른 부류에 속하는 두 대상을 견주어 언어로 표현하는 것이다. 대상들을 견주어 표현한다는 점에서 '비유'도 일종의 비교의 특수한 표현 양상이라고 할 수 있다.

15.2 비교법의 종류

비교법에는 동등 비교법(同等比較法)과 부등 비교법(不等比較法)이 있다.

동등 비교법은 비교 주체의 속성이 비교의 기준이 되는 것과 같음을 표현하는 것이다. 이것은 "명사구1 + {이/가, 은/는} + 명사구2 + '와/과' + {같다, 비슷하다}" 혹은 "명사구1 + {이/가, 은/는} + 명사구2 +{처럼, 같이, 만큼/만치} + '… 하다'"와 같이 구성된다.

> (3) ㄱ. 철준은 너와 <u>비슷하다</u>.
> ㄴ. 철준은 너처럼 <u>용감하다</u>.

부등 비교법은 비교 주체의 속성이 비교의 기준이 되는 것과 차이가 있음을 나타내는 것이다. 이것은 "명사구1 + {이/가, 은/는} + 명사구2 + 보다 + 더 + '… 하다'"와 같이 구성되는 것이다.

> (4) ㄱ. 영주는 너보다 더 착하다.
> ㄴ. 현수는 너보다 더 성실하다.

부등 비교법은 우등 비교법(優等比較法)과 열등 비교법(劣等比較法)으로 나뉜다. 우등 비교법은 주체의 속성이 척도상 표준적인 것보다 질적·

양적으로 더 크거나, 더 많거나, 더 강하거나, 더 짙음 등을 표현하는 것이다. 이와 달리 열등 비교법은 비교 주체의 속성이 척도상 표준적인 것보다 질적·양적으로 더 작거나, 더 적거나, 더 약하거나, 더 옅음 등을 표현하는 것이다. 우등 비교법과 열등 비교법은 주로 비교소인 '더'나 '덜'로 구별된다.

> (5) ㄱ. 기차로 여행하는 것이 자동차로 여행하는 것보다 더 {안전하다, 즐겁다}.
> ㄴ. 자동차로 여행하는 것이 기차로 여행하는 것보다 덜 {안전하다, 즐겁다}.

앞의 예문 (5ㄱ)은 우등 비교법의 보기이고, (5ㄴ)은 열등 비교법의 보기이다.

동등 비교법에는 부등 비교법에서 비교소로 쓰이는 '더', '더욱', '덜' 등 대신에 정도 부사인 '아주', '약간', '너무', '정말' 등이 사용된다.

> (6) ㄱ. 너의 모습은 너의 형과 <u>아주</u> 비슷하다.
> ㄴ. 너의 목소리는 너의 형과 <u>약간</u> 같다.

동등 비교법의 비교사는 '같다', '비슷하다', '유사하다' 등밖에 없는데, 부등 비교법의 비교사는 매우 많다. 부등 비교법에는 동등 비교법의 비교사로 쓰이는 형용사 이외의 모든 형용사, 변성 동사 등이 비교사로 쓰인다. 그리하여 부등 비교법은 동등 비교법보다 비교사의 종류에 따라 다양한 양상을 보인다.

> (7) ㄱ. 철수는 영희보다 더 착하다.
> ㄴ. 선주가 영희보다 먼저 그 문제를 풀었다.

ㄷ. 철수가 영수보다 더 멀리 공을 던졌다.

ㄹ. 영수가 영희보다 그 일을 더 잘한다.

ㅁ. 영희는 철수보다 더 이기적이다.

ㅂ. 선주는 다른 학생들에 비해 피아노를 대단히 잘 친다.

ㅅ. 동수가 영수보다 더 용감하다.

비교소인 '더'나 '덜'이 생략되기도 하는데, 이것이 생략되면 비문법적인 문장이 되거나 의미가 달라지는 경우가 있다.

(8) ㄱ. 국어 문제를 푸는 데 나는 너보다 10분 <u>더</u> 걸렸다.

　　 ㄴ. *국어 문제를 푸는 데 나는 너보다 10분 걸렸다.

(9) ㄱ. 나는 너보다 국어 공부를 <u>더</u> 해야 하겠다.

　　 ㄴ. *나는 너보다 국어 공부를 해야 하겠다.

앞의 예문 (8ㄴ)과 (9ㄴ)이 비문법적인 문장이 된 것은 비교소인 '더'가 생략되었기 때문이다.

비교소인 '더', '더욱' 등을 사용하여야 하는데 비교소인 '보다'를 씀으로써 한국어답지 않은, 부자연스러운 문장이 되는 경우가 있다.

(10) ㄱ. 영주는 선주에 비해 피아노를 <u>더욱</u> 잘 연주한다.

　　 ㄴ. ?영주는 선주에 비해 피아노를 <u>보다</u> 잘 연주한다.

(11) ㄱ. 동혁이 철수보다 <u>더욱</u> 의롭다.

　　 ㄴ. ?동혁이 철수보다 <u>보다</u> 의롭다.

앞의 예문 (10ㄱ)과 (11ㄱ)은 자연스러운 문장인데, (10ㄴ)과 (11ㄴ)은 어색한 문장이다. 그 이유는 (10ㄴ)과 (11ㄴ)에서 비교소인 '더' 혹은 '더욱' 대신에 '보다'를 사용해서 일본어나 영어를 직역한 느낌을 주기 때문이다.

제16장
어순

모든 언어는 문장 성분이 일정한 순서로 배열되어 이루어진다. 언어들 중에는 어순(語順) 규칙이 동일한 것이 있고 상이한 것이 있다. 이 장에서는 어순의 정의(定義)와 한국어 어순의 특징(特徵)에 관해서 살펴보기로 한다.

16.1 어순의 정의

어순(語順)이란 문장을 구성하는 성분들의 배열 순서이다. 바꾸어 말하면 어순은 한 문장 내에서 핵심 성분인 서술어와 다른 문장 성분 간의 상대적 위치를 뜻한다.

(1) ㄱ. 철수는 <u>소설을</u> <u>읽는다.</u>
ㄴ. 현수는 <u>음식을</u> 너무 많이 <u>먹는다.</u>
ㄷ. 나는 <u>영주를</u> 동생으로 <u>삼았다.</u>
ㄹ. 나는 <u>새</u> <u>노트를</u> 샀다.
ㅁ. 그는 <u>독서를</u> <u>열심히</u> 한다.

앞의 예문 (1ㄱ) ~ (1ㅁ) 등과 같이 한국어의 문장에서는 핵심 성분인 서술어가 문장의 맨 뒤에 위치한다. 예문 (1ㄱ)에서 '소설을', (1ㄴ)에서 '음식을', (1ㄷ)에서 '영주를', (1ㄹ)에서 '노트를' 등은 목적어이다. 한국어에서는 목적어가 주어와 서술어 사이에 온다. 체언을 수식하는 관형어는 (1ㄹ)에 쓰인 '새'와 같이 피수식어인 체언 앞에 놓이며, 서술어를 수식하는 부사어는 (1ㅁ)에 쓰인 '열심히'와 같이 서술어 바로 앞에 온다. 이와 같이 일정한 문장을 구성하는 성분들의 배열 순서를 어순이라고 한다.

어순은 의미 표현의 명료성(明瞭性)·정확성(正確性)·강조성(强調性)·파악(把握)의 신속성(迅速性) 등과 밀접한 관계를 맺고 있다. 또한 이것은 문법성을 강조하는 데 중요한 기능을 한다.

한국어는 인구어(印歐語)에 비해서 어순이 자유로운 언어이다. 그리하여 그동안 한국어의 어순에 관한 연구가 별로 없었는데, 근래에는 전산언어학(電算言語學, Computational Linguistics)에 대한 연구가 활발해지면서 한국어의 어순에 대한 연구가 많이 이루어지고 있다.

16.2 한국어 어순의 특징

한국어를 흔히 '자유 어순(自由語順)의 언어' 혹은 '비형상적 언어(非形狀的言語)'라고 한다. 이것은 논항(論項)들과 일부 부사어들의 비교적 자유스러운 자리바꿈 현상으로 말미암은 것이다. 그런데 이 세상의 언어 중에서 어순의 제약을 전혀 받지 않는 언어는 없다. 어떤 언어든지 특정의 고정 어순(固定語順)을 지향하는 제약이 있게 마련이다.

어순의 제약에는 통사적 제약(統辭的制約)과 심리적 제약(心理的制約)이 있다. 어순의 제약이 특정 언어의 통사 규칙으로 수용되었을 때에는 그것을 통사적 제약이라고 한다. 어순에 영향을 주는 제약들 가운데 그 언어의 문법이 명시적으로 부과하는 것이 아닌 것을 심리적 제약이라고 한다. 유동적이고 역동적이며 발화 상황에 민감하게 반응하는 심리적 제약의 다양성이 수렴되고 탈상황화(脫狀況化)되고 자동화되면 즉 약정(約定) 인습화되면 그것이 곧 통사적 제약이다.

한국어 어순의 특성으로는 (ㄱ) '주어 + 목적어 + 서술어'의 유형으로 주어가 문장의 맨 앞에 오고, 목적어가 주어와 서술어 사이에 오며, 서술어가 문장의 맨 뒤에 위치하고, (ㄴ) 수식어가 피수식어 앞에 오며, (ㄷ) 중성분(重成分)이 경성분(輕成分) 앞에 놓인다는 점 등을 들 수 있다. 한국어의 일반적인 현상은 서술어가 맨 뒤에 위치하여 그 앞에 오는 성분들을 지배하는 것이다. 그런데 한국어는 교착어(膠着語)[1]이어서 인구어(印歐語)에 비하여 어순이 자유로운 편이다. 한국어는 체언이나 체언 상당 어구에 조사(助詞)가 연결되거나 용언의 어간에 어미가 결합하여 문법적인 기능을 하는 언어이기 때문에 다음의 예문 (2)와 같이 어순이 바뀌어도 문장이 성립한다.

(2) ㄱ. 다행히 철수는 이번 시험에서 낙제를 면하였다.
ㄴ. 다행히 이번 시험에서 낙제를 면하였다, 철수는.
ㄷ. 이번 시험에서 철수는 다행히 낙제를 면하였다.
ㄹ. 낙제를 면하였다 다행히 철수는 이번 시험에서.
ㅁ. 철수는 이번 시험에서 낙제를 면하였다, 다행히.
ㅂ. 면하였다 이번 시험에서 철수는 다행히 낙제를.

인구어(印歐語)에서는 수식어(修飾語)가 피수식(被修飾語) 뒤에 놓이기도 하

---

1) 교착어란 실사(實辭)에 허사(虛辭)-조사, 어미 등-가 결합해서 문법적인 기능을 하는 언어이다. 교착어를 첨가어, 부착어 등으로 일컫기도 한다. 한국어, 터키어, 일본어, 핀란드어 등이 교착어에 해당한다.

는데, 한국어에서는 수식어가 피수식어 앞에 위치하는 것이 원칙이다.

    (3) ㄱ. 나는 <u>저</u> <u>사람</u>을 존경한다.
       ㄴ. 영주는 <u>그</u> <u>선생님</u>을 <u>매우</u> <u>존경한다</u>.

  앞의 예문 (3ㄱ)에서 수식어인 '저'는 피수식어인 '사람' 앞에 놓이고, (3ㄴ)에서는 수식어 '그'가 피수식어인 '선생님' 앞에 위치하며, 수식어 '매우'가 피수식어인 '존경한다' 앞에 놓여 있다. 이렇듯 한국어에서는 수식어가 피수식어 앞에 놓인다.

  수식어와 피수식어는 그것들 사이에 다른 문장 성분이 오는 것을 배척한다. 이것은 의미상 하나로 어울리는 것들끼리 통사적으로 근접 배치되려는 현상에서 기인한다.

    (4) ㄱ. *영주는 그 매우 선생님을 존경한다.
       ㄴ. *영주는 선생님을 매우 그 존경한다.

  앞의 예문 (4ㄱ)은 관형어 '그'와 이것의 피수식어 '선생님' 사이에 관형어인 '그'와 다른 문장 성분인 부사어 '매우'가 끼어들었기 때문에 부자연스러운 문장이 된 것이고, (4ㄴ)은 부사어인 '매우'와 이것의 피수식어인 '존경한다' 사이에 '매우'와 다른 문장 성분인 관형어 '그'가 삽입되었기 때문에 비문법적인 문장이 된 것이다.

  대명사와 수사가 함께 관형어 기능을 할 경우에는 대명사가 수사보다 앞에 놓인다.

    (5) ㄱ. <u>우리</u> <u>세</u> <u>사람</u>이 그 일을 해 냈다.
       ㄴ.*<u>세</u> <u>우리</u> <u>사람</u>이 그 일을 해 냈다.

앞의 예문 (5ㄱ)에서 보듯이 대명사와 수사가 관형어 기능을 할 경우에는 대명사가 수사보다 앞에 놓여야 문법에 맞는 문장이 된다. (5ㄴ)이 비문법적인 문장이 된 것은 수사가 대명사 앞에 놓여 있기 때문이다.

한 문장에 둘 이상의 관형사가 연이어 쓰일 경우에 그것들은 일정한 순서에 따라 배열된다. 대체로 관형사는 '지시 관형사(指示冠形詞) → 수 관형사(數冠形詞) → 성상 관형사(性狀冠形詞)' 등과 같은 순서로 배열된다.

(6) ㄱ. <u>이 모든 새</u> 책은 철수가 나에게 준 것이다.
    ㄴ. <u>저 모든 헌</u> 옷은 일할 때 입는 것이다.

지시 관형사인 '이', '그', '저', '이런', '그런', '저런' 등과 같은 경성분(輕成分)이 중성분(重成分)과 함께 쓰일 경우에는 그러한 경성분을 중성분 뒤에 배열하여야 더욱 자연스러운 문장이 된다.

(7) ㄱ. <u>저 용감하고 의롭고 성실하며 착하디착한</u> 사람은 모든 국민이 존경한다.
    ㄴ. <u>용감하고 의롭고 성실하며 착하디착한 저</u> 사람은 모든 국민이 존경한다.

앞의 예문 (7ㄱ)과 (7ㄴ)은 둘 다 가능한 표현이다. '저'와 '용감하고 의롭고 성실하며 착하디착한'은 '사람'의 수식어로서 단일 층위에서의 단순 공기 관계에 있기 때문에 이들 간의 자리바꿈은 자유롭다. 그런데 실제의 언어 현실에서는 지시 관형사인 '저'가 맨 앞에 놓인 (7ㄱ)보다 피수식어인 '사람' 바로 앞에 놓인 (7ㄴ)이 선호되고 있다.[2] 이와

---

2) 지시 관형사, 수 관형사, 성상 관형사 등이 일정한 체언을 수식할 경우에는 일반적으로 '지시 관형사+수 관형사+성상 관형사'의 순으로 배열된다.
   [보기] 이 모든 새 사람은 인도에서 왔다.

같이 한국어에서는 중성분이 경성분보다 앞에 놓이는 것이 일반적인 현상이다.

정도 부사와 성상 부사가 잇달아 배열될 경우에는 정도 부사가 성상 부사 앞에 놓인다. 그리고 이것들이 문장 내에서 이동할 때에는 한 덩어리가 되어 함께 이동한다.

(8) ㄱ. 그는 <u>매우</u> <u>열심히</u> 일을 하였다.
　　ㄴ. *그는 <u>열심히</u> <u>매우</u> 일을 하였다.
　　ㄷ. 그는 일을 하였다, <u>매우</u> <u>열심히</u>.
　　ㄹ. <u>매우</u> <u>열심히</u> 그는 일을 하였다.
　　ㅁ. *그는 <u>매우</u> 일을 <u>열심히</u> 하였다.

정도 부사와 성상 부사가 잇달아 배열될 경우에는 앞의 예문 (8ㄱ)과 같이 정도 부사가 성상 부사 앞에 놓여야 문법에 맞는 문장이 된다. (8ㄴ)이 비문법적인 문장이 된 것은 성상 부사가 정도 부사의 앞에 배열되었기 때문이다. 앞의 예문 (8ㄷ), (8ㄹ)과 같이 '정도 부사'와 '성상 부사'는 한 덩어리가 되어 함께 자리바꿈을 한다. 그런데 (8ㅁ)과 같이 정도 부사와 성상 부사 사이에 다른 문장 성분이 삽입되면 비문법적인 문장이 된다.

비교 기준을 나타내는 부사어와 성상 부사가 연이어 쓰인 경우에 이것들은 떨어져 이동할 수 있다.

(9) ㄱ. 철수가 <u>자동차처럼</u> <u>빨리</u> 달린다.
　　ㄴ. <u>자동차처럼</u> 철수가 <u>빨리</u> 달린다.

앞의 예문 (9ㄱ)과 (9ㄴ)에서 '자동차처럼'은 비교 기준이 되는 부사어이고, '빨리'는 성상 부사이다. 이것들을 (9ㄴ)과 같이 분리하여 이동하여도 자연스러운 문장이 된다.

성분 부사가 부사어로 서술어를 수식할 경우에 성분 부사의 정상적인 위치는 피수식어인 '서술어'의 바로 앞자리인데, 다음의 (10ㄴ), (10ㄷ)의 '열심히'와 같이 성분 부사가 자리바꿈을 할 수 있다.

> (10) ㄱ. 준혁이 <u>열심히</u> 공부한다.
>   ㄴ. <u>열심히</u> 준혁이 공부한다.
>   ㄷ. 준혁이 공부한다 <u>열심히</u>.

성분 부사인 정도 부사가 명사나 관형사 등을 수식할 경우에는 자리바꿈을 할 수 없다. 다음의 예문 (11ㄱ), (11ㄴ), (11ㄷ) 등에 쓰인 '아주'는 정도 부사이고, '부자'는 명사이다. (12ㄱ), (12ㄴ), (12ㄷ), (12ㄹ) 등에 쓰인 '새'는 관형사이다.

> (11) ㄱ. 동혁이 <u>아주</u> <u>부자</u>가 되었다.
>   ㄴ. *<u>아주</u> 동혁이 <u>부자</u>가 되었다.
>   ㄷ. *<u>부자</u>가 되었다 동혁이 <u>아주</u>.
> (12) ㄱ. 연수는 <u>아주</u> <u>새</u> 옷을 입고 있다.
>   ㄴ. *연수는 <u>새</u> <u>아주</u> 옷을 입고 있다.
>   ㄷ. *<u>아주</u> 연수는 <u>새</u> 옷을 입고 있다.
>   ㄹ. *옷을 입고 있다 <u>새</u> 연수는 <u>아주</u>.

앞의 예문 (11ㄴ)과 (11ㄷ)이 비문법적인 문장이 된 것은 수식어인 정도 부사 '아주'가 피수식어인 명사 '부자' 바로 앞에 놓여 있지 않기 때문이다. 그리고 예문 (12ㄴ), (12ㄷ), (12ㄹ) 등이 비문법적인 문장이 된 것은 수식어인 정도 부사 '아주'가 피수식어인 관형사 '새' 바로 앞에 놓여 있지 않기 때문이다.

문장 부사의 원래 위치는 문장의 맨 앞이다.

(13) ㄱ. <u>다행히</u> 그는 이번 대학 입학시험에 합격하였다.

　　ㄴ. 그는 <u>다행히</u> 이번 대학 입학시험에 합격하였다.

　　ㄷ. 그는 이번 대학 입학시험에 <u>다행히</u> 합격하였다.

　　ㄹ. 그는 이번 대학 입학시험에 합격하였다, <u>다행히</u>.

　　ㅁ. *그는 이번 <u>다행히</u> 대학 입학시험에 합격하였다.

앞의 예문 (13ㄱ)에서 보듯이 문장 부사인 '다행히'는 문두(文頭)에 놓이는 것이 원칙이지만, (13ㄴ), (13ㄷ)과 같이 문중(文中)이나 (13ㄹ)과 같이 문말(文末)로 이동이 가능하다. 그런데 (13ㅁ)에서와 같이 둘 이상의 관형어가 연이어 쓰인 경우 그것들 사이에 문장 부사가 끼어들게 되면 비문법적인 문장이 된다.

문장 부사는 성분 부사를 뛰어넘지 못하며, 연이어 배열되어 있는 성분 부사들 사이에 끼어들지 못한다.

(14) ㄱ. <u>아마도</u> 영희는 피아노를 매우 잘 칠 것이다.

　　ㄴ. 연수는 <u>아마도</u> 피아노를 매우 잘 칠 것이다.

　　ㄷ. *연수는 피아노를 매우 <u>아마도</u> 잘 칠 것이다.

　　ㄹ. *연수는 피아노를 매우 잘 <u>아마도</u> 칠 것이다.

앞의 예문 (14ㄷ)이 비문법적인 문장이 된 까닭은 문장 부사인 '아마도'가 성분 부사인 '매우'와 '잘' 사이에 끼어들었기 때문이고, (14ㄹ)이 비문법적인 문장이 된 것은 문장 부사인 '아마도'가 연이어 있는 성분 부사인 '매우', '잘'을 뛰어넘어 놓이었기 때문이다.

시간 부사어는 일반적으로 문장의 맨 앞에 위치한다.

(15) ㄱ. <u>오늘</u> 나는 고향에 간다.

　　ㄴ. <u>어제</u> 연수가 중국에서 귀국하였다.

앞의 예문 (15ㄱ)에 쓰인 '오늘'과 (15ㄴ)에 쓰인 '어제'는 시간 부사어이기 때문에 문두에 놓인 것이다. 그런데 시간 부사어는 다음의 예문 (16ㄱ) ~ (16ㄹ)에서 볼 수 있는 바와 같이 이동의 제약을 받지 않는다.

(16) ㄱ. <u>오늘</u> 나는 고향에 간다.
ㄴ. 나는 <u>오늘</u> 고향에 간다.
ㄷ. 나는 고향에 <u>오늘</u> 간다.
ㄹ. 나는 고향에 간다 <u>오늘</u>.

부정 부사인 '아니'나 '못'이 부사어로 쓰일 때에도 자리바꿈이 불가능하다. 부정 부사인 '아니'나 '못'은 그것들의 피수식어인 서술어와 응집력(凝集力)이 강하여 표류하지 못한다.

(17) ㄱ. 연수는 집에서 <u>아니</u> 잔다.
ㄴ. *연수는 <u>아니</u> 집에서 잔다.
(18) ㄱ. 연수는 집에서 <u>못</u> 잔다.
ㄴ. *연수는 <u>못</u> 집에서 잔다.

앞의 예문 (17ㄴ)과 (18ㄴ)이 비문법적인 문장이 된 것은 부정 부사인 '아니'와 '못'이 각각 자리 이동을 하였기 때문이다. 부정 부사인 '아니'와 '못'이 그것들의 피수식어 바로 앞에 놓이어야 (17ㄱ), (18ㄱ)과 같이 문법에 맞는 문장이 된다.

한국어는 어순의 제약을 덜 받지만, 어순 규칙에 어긋나게 문장 성분을 배열하면 비문법적인 문장이 되는 경우도 있는 언어이다. 따라서 한국어를 정확히 구사하려면 한국어의 어순 규칙을 반드시 익힐 필요가 있다.

참고 문헌

강범모(1983), 「한국어 보문 명사 구문의 의미 특성」, 『어학 연구』 19-1, 서울대학교 어학연구소.

강은국(1993), 『조선어 문형 연구』, 서광학술자료사.

강현화(1998), 『국어의 동사 연결 구성에 대한 연구』, 한국문화사.

고영근(1974ㄱ), 『국어접미사의 연구』, 백합출판사.

고영근(1974ㄴ), 「현대국어의 존비법에 대한 연구」, 『어학 연구』 10-2, 한국언어학회.

고영근(1981), 『중세국어의 시상과 서법』, 탑출판사.

고영근(1986ㄱ), 「서법과 양태의 상관관계」, 『국어학신연구』, 탑출판사.

고영근(1986ㄴ), 「능격성과 국어의 통사 구조」, 『한글』 192, 한글학회.

고영근(1986ㄷ), 「국어의 시제와 동작상」, 『국어 생활』 86, 국어연구소.

고영근(1993), 『국어형태론연구』, 서울대학교출판부.

고영근·구본관(2008), 『우리말 문법론』, 집문당

고창수(1992), 「국어의 통사적 어형성」, 『국어학』 22, 국어학회.

고창운(1995), 『서술씨끝의 문법과 의미』, 박이정출판사.

권순희(2015ㄱ), 「방송인이 알아야 할 남북한 생활언어 차이」, 『KBS 한국어연구논문집』 64, KBS한국어연구회.

권순희(2015ㄴ), 「한국어 학습자의 언어문화 차이로 인한 표현 이해 간섭 방안 연구」, 『화법 연구』 30, 한국화법학회.

권순희(2016), 「신문 매체 개념어 확대 사용 양상 연구」, 『새국어교육』 107, 한국국어교육학회.

권재일(1985), 『국어의 복합문 구성 연구』, 집문당.

권재일(1998), 『한국어 문법사』, 박이정.

김경훈(1996), 「현대 국어 부사어 연구」, 서울대학교 대학원 박사 학위 논문.

김계곤(1996), 『현대국어의 조어법 연구』, 박이정.

김광해(1989), 「현대국어의 유의 현상에 대한 연구」, 서울대학교 대학원 박사 학위 논문.

김규철(1997), 「한자어 단어 형성에 대하여」, 『국어학』 29, 국어학회.

김규하(1995), 「국어의 비교구문에 관한 역사적 연구」, 경상대학교 대학원 박사 학위 논문.

김기혁(1986), 「국어 보조 동사 연구」, 연세대학교 대학원 박사 학위 논문.

김동식(1981), 「부정 아닌 부정」, 『언어』 6-2, 한국언어학회.

김미선(2001), 「접속부사의 텍스트언어학적 연구」, 중앙대학교 대학원 박사 학위 논문.

김봉모(1990), 「국어 견줌말 연구」, 『한글』209, 한글학회.

김봉주(1984), 『형태론』, 한신문화사.

김상대(1976), 「국어 시제 표시의 특징」, 『국어교 육』 26, 한국국어교육연구회.

김상대(1993), 「구결문의 연구」, 한신문화사.

김석득(1979), 「국어의 피·사동」, 『언어』 4-2, 한국언어학회.

김석득(1992), 『우리말 형태론』, 탑출판사.

김선희(1987), 「현대국어의 시간어 연구」, 연세대학교 대학원 박사 학위 논문.

김성화(1989), 「'-{지/다가/고} 말-'의 의미 기능」, 『국어국문학』1-2, 국어국문학회.

김성화(1990), 『현대 국어의 상 연구』, 한신문화사.

김승곤(1987), 「견줌월 연구」, 『한글』196, 한글학회.

김승렬(1988), 『국어 어순 연구』, 한신문화사.

김영기(1974), 「Variation in Korean Negation」, 『어학 연구』 10-1, 서울대학교 어학 연구소.

김영석·이상억(1992), 『현대 형태론』, 학연사.

김영욱(1986), 「국어 부정문의 유형」, 『선청 어문』 14·15, 서울대학교 사범대학 국어교육과.

김영화 외(2005), 『부정과 부정어』, 한국문화사.

김용경(1996), 「때매김 체계의 변화 양상 연구」, 『우리말 통어 연구』, 박이정.

김용하(1999), 『한국어 격과 어순의 최소주의 문법』, 한국문화사.

김유범 외(1998), 「근대국어 문법의 이해」, 박이정.

김일병(2000), 『국어 합성어 연구』, 역락출판사.

김일웅(1978), 「타동·사역 형태소 '이'에 대하여」, 『한글』161, 한글학회.

김정남(2005), 『국어 형용사의 연구』, 역락출판사.

김정대(1993), 「한국어 비교 구문의 통사론」, 계명대학교 박사 학위 논문.

김정아(1998), 『중세국어의 비교 구문 연구』, 태학사.

김정은(1995), 『국어 단어 형성법 연구』, 박이정.

김정은(1998), 「한자어의 단어 형성법 연구」, 『국어국문학』121, 국어국문학회.

김제열(1999), 「'하다' 구문의 연구」, 경희대학교 박사 학위 논문.

김종현(1998), 「한국어의 메아리 질문」, 서울대학교 박사 학위 논문.

김종훈(1984), 『국어 경어법 연구』, 집문당.

김준기(2000), 『한국어 타동사 유의어 연구』, 한국문화사.

김지은(1998), 『우리말 양태용언 구문 연구』, 한국문화사.

김진해(2000), 『연어(連語) 연구』, 한국문화사.

김진호(2000), 『국어 특수조사의 통사 · 의미 연구』, 역락출판사.

김차균(1980), 「국어의 사역과 수동의 의미」, 『한글』168, 한글학회.

김차균(1990). 『우리말 시제와 상의 연구』, 태학사.

김창섭(1974), 「영 파생과 의미 전이」, 『주시경 학보 』5, 주시경연구소.

김창섭(1996), 『국어의 단어 형성과 단어 구조 연구』, 태학사.

김태엽(1992), 「종결어미의 화계와 부름말」, 『대구어문논총』 10, 대구어문학회.

김태엽(1996), 『경북말의 높임법 연구』, 태학사.

김태엽(2007), 『한국어 대우법』, 역락출판사.

김하규(1995), 「국어의 비교 구문에 관한 역사적 연구」, 경상대학교 박사 학위 논문.

김한곤(1982), 「CAUSE as the Deep Semantic Source of So-called 'Causative' and 'Passive'」, 『어학 연구』 18-1, 서울대학교 어학연구소.

김형규(1975), 「국어 경어법 연구」, 『동양학』5, 단국대학교 동양학연구소.

김형배(1997), 『국어의 사동사 연구』, 박이정.

김혜숙(2000), 『현대국어의 사회적 모습과 쓰임』, 월인출판사.

김혜숙(2001), 『언어의 모습』, 월인출판사.

김흥범(1994), 「한국어의 상징어 연구」, 연세대학교 박사 학위 논문.

김희진(1990), 「시제와 상의 의미」, 국어 의미론, 개문사.

남기심 · 고영근(1993), 『표준 국어 문법론』, 탑출판사.

남기심(1996), 『국어 문법의 탐구 I 』, 태학사.

남길임(2005), 『현대 국어 '이다' 구문 연구』, 한국문화사.

남윤진(1993), 「비유와 비교」, 『국어사 자료와 국어학의 연구』, 문학과지성사.

남지순(2007), 『한국어 형용사 어휘 문법』, 한국문화사.

남풍현(1976), 「국어 부정법의 발달」, 『문법 연구』3, 탑출판사.

노대규(1981), 「국어의 감탄문 연구」, 『말』 6, 연세대학교 한국어학당.

노명희(1998), 「현대 국어 한자어의 단어 구조」, 서울대학교 박사 학위 논문.

도원영(2002), 「국어 형용성 동사 연구」, 고려대학교 박사 학위 논문.

류시종(1994), 「한국어 보조 용언 범주 연구」, 서울대학교 박사 학위 논문.

류현미(1999), 「국어 의문문의 연구」, 충남대학교 박사 학위 논문.

리익선(1974), 『단어만들기연구』, 사회과학출판사.

목정수(2003), 『한국어 문법론』, 월인출판사.

문효근(1983), 「한국말의 군소리·군말」, 『말 8』, 연세대학교 한국어학당.

민현식(1991), 『국어의 시상과 시간부사』, 개문사.

민현식(1999), 『국어 문법 연구』, 역락출판사.

박덕유(1998), 『국어의 동사상 연구』, 한국문화사.

박덕유(2007), 『한국어의 상 이해』, 제이앤씨.

박병채(1989), 『국어발달사』, 세영사.

박선자(1983), 「한국어 어찌말 연구」, 부산대학교 박사 학위 논문.

박승윤(1990), 『기능문법론』, 한신문화사.

박영순(1976), 「국어 경어법의 사회 언어학적 연구」, 『국어국문학』 72·73, 국어
    국문학회.

박영순(1986), 『한국어 통사론』, 집문당.

박영준(1991), 「국어 명령문 연구」, 고려대학교 박사 학위 논문.

방성원(2001), 「국어 보문 연구」, 경희대학교 박사 학위 논문.

배희임(1985), 「국어 피동 연구」, 고려대학교 박사 학위 논문.

배희임(1986), 「'지-'와 피동」, 『국어학연구』, 탑출판사.

서덕현(2004), 『한국어 실용문법 강의』, 월인출판사.

서병국(1974), 「현대국어의 어형성 연구」, 경북대학교 박사 학위 논문.

서상규(1984), 「국어 부정문의 의미 해석 원리」, 『말 』9, 연세대학교 한국어학당.

서상준(1996), 『현대국어의 상대높임법』, 전남대학교 출판부.

서승현(1999), 「'명사-조사-용언' 긴밀 형식 구문에 관한 연구」, 연세대학교
    박사 학위 논문.

서원임(1974), 「사동법 기술 시안」, 『문법 연구』제1집, 탑출판사.

서정목(1987), 『국어 의문문 연구』, 탑출판사.

서정수(1984), 『존대법 연구』, 한신문화사.

서정수(1986), 「'게'와 사동법」, 『국어학신연구』, 탑출판사.

서정수(1981), 「합성어에 관한 문제」, 『한글』 173·174, 한글학회.

서정수(1994), 『국어문법』, 뿌리깊은나무.

서태룡(1979), 「내포와 접속」, 『국어학』 8, 국어학회.

서태룡(1988), 『국어 활용 어미의 형태와 의미』, 탑출판사.

성광수(1976), 「국어 간접 피동에 대하여」, 문법 연구』제1집, 탑출판사.

성광수(1979), 「'하다' 동사의 피동과 사동」, 서병국 박사 화갑 기념 논문집.

성광수(1988), 「국어 어휘 구조와 어형성 규칙」, 『사대논집 13』, 고려대학교.

성기철(1969), 「명사의 형태론적 구조」, 『국어 교육』15, 한국국어교육연구회.

성기철(1971), 「동사류어의 어간구조와 접사」, 『김형규 박사 송수기념논총』.

성기철(1985), 『현대국어 대우법 연구』, 개문사.

손경애(2016), 『연결어미와 연결어미 교육』, 신구문화사.

손남익(1995), 『국어 부사 연구』, 박이정.

손세모돌(1996), 『국어 보조 용언 연구』, 한국문화사.

송병학(1979), 「한국어의 수동태」, 『언어』 4-2, 한국언어학회.

송석중(1978), 「사동문의 두 형식」, 『언어』 3-2, 한국언어학회.

송석중(1993), 『한국어 문법의 새 조명』, 지식산업사.

송영주(1988), 「사동문의 한계 규정과 그 제약성」, 『국어 교육』 63 · 64, 한국국 어교육연구회.

송창선(1998), 『국어 사동법 연구』, 홍문각.

송철의(1983), 「파생어 형성과 통시성의 문제」, 『국어학』 12, 국어학회.

송철의(1988), 「파생어 형성에 있어서의 제약 현상에 대하여」, 『국어국문학』 99, 국어국문학회.

송철의(1989), 「국어의 파생어 형성 연구」, 서울대학교 박사 학위 논문.

시정곤(1994), 「국어의 단어 형성의 원리」, 고려대학교 박사 학위 논문.

시정곤(2006), 『현대국어 형태론의 탐구』, 월인출판사.

신선경(1998), 「'-군(요)'와 '-네(요)'의 쓰임에 대한 연구」, 형태론 3-1, 박이정.

심재기(1982), 『국어어휘론』, 집문당.

심재기(1987), 「한자어의 구조와 그 조어력」, 『국어 생활』 8, 국어연구소.

안명철(1992), 「현대국어의 보문 연구」, 서울대학교 박사 학위 논문.

안상철(1998), 『형태론』, 민음사.

안주호(1997), 『한국어 명사의 문법화 현상 연구』, 한국문화사.

안효경(2001), 『현대국어의 의존명사 연구』, 역락출판사.

양동휘(1994), 『문법』, 한국문화사.

양명희(1998), 『현대국어 대용어에 대한 연구』, 태학사.

양인석(1972), 「Korean syntax : Case Markers, Delimiters, Complementation and Relativization」, Ph. D. dissertation, Univ of Hawaii.

양정석(2006), 『한국어 통사구조론』, 한국문화사.

엄경옥(2008), 「현대한국어 청자대우법의 사회언어학적 연구」, 중앙대학교 박사 학위 논문.

연재훈(1989), 「국어 중립동사 구문에 대한 연구」, 『한글』203, 한글학회.

연재훈(1997), 「타동성의 정의를 위한 원형이론적 접근」, 『언어』22-1, 한국언어학회.

오준규(1971), 「Aspects of Korean Syntax」, 하와이대학교 박사 학위 논문.

왕문용(1981), 「'-게 하다' 구문의 통사 특성」, 김형규 박사 고희 기념 논총.

왕문용·민현식(1993), 『국어 문법론의 이해』, 개문사.

우인혜(1997), 『우리말 피동 연구』, 한국문화사.

우창현(2003), 『상 해석의 이론과 실제』, 한국문화사.

우형식(1996), 『국어 타동 구문 연구』, 박이정.

우형식(2001), 『한국어 분류사의 범주화 기능 연구』, 박이정.

유동석(1990), 『국어 상대높임법과 호격어 상관성에 대하여』, 주시경학보 6, 주시경연구소.

유동석(1995), 『국어의 매개변인문법』, 신구문화사.

유동준(1982), "국어의 능동과 피동", 국어학 12, 국어학회.

유목상(1985), 연결서술어미 연구, 집문당.

유하라(2005), 현대국어 조사의 배열 양상』, 성균관대학교 박사 학위 논문.

유현경(1998), 『국어 형용사 연구』, 한국문화사.

유현경(2007), 「'에게'와 유정성」, 『형태론』9-1, 박이정.

유혜원(2007), 「'-게'에 대한 형태론적 고찰」, 『형태론』9-1, 박이정.

윤석민(2000), 『현대국어의 문장 종결법 연구』, 집문당.

윤평현(2005), 『현대국어 접속어미 연구』, 박이정.

이경우(1981), 「파생어 형성에 있어서 의미 변화」, 『국어 교육』 39·40, 한국국어교육연구회.

이경우(1983), 「부정소 '아니'와 '못'의 의미」, 『국어 교육』 44·45, 한국국어교육연구회.

이경우(1998), 『최근세 경어법 연구』, 태학사.

이관규(1992), 『국어 대등구성 연구』, 서광학술자료사.

이관규(2002), 『학교문법론』, 월인출판사.

이광정(1988), 『국어 품사분류 체계의 역사적 발전에 관한 연구』, 한신문화사.

이광정(1990), 「고유어와 한자어의 특성」, 『국어의미론』, 개문사.

이광정(2003), 『국어문법연구 Ⅰ : 품사』, 역락출판사.

이광호(2007), 「국어 파생 접사의 생산성에 대한 계량적 연구」, 서울대학교 박사 학위 논문.

이규호(2001), 「한국어 복합조사의 판별기준과 구성 연구」, 한국외국어대학교 박사 학위 논문.

이기갑(1989), 「한국어의 어순 뒤섞기와 용이성 측정법」, 『어학 연구』 25-1, 서울대학교 어학연구소.

이기동(1976), 「한국어 피동형 분석의 검토」, 『인문과학논총』 9, 건국대학교.

이기동(1978), 「조동사 '지다'의 의미 연구」, 『한글』 161, 한글학회.

이기문(2001), 『국어사 개설(신정판)』, 태학사.

이남순(1984), 「피동과 사동의 문형」, 『국어학』 13, 국어학회.

이병근(1986), 「국어 사전과 파생어」, 『어학 연구』 22 · 23, 서울대학교 어학연구소.

이병모(1995), 『의존명사의 형태론적 연구』, 학문사.

이상억(1999), 『국어의 사동 · 피동 구문 연구』, 집문당.

이석규(1987), 「현대 국어 정도 어찌씨의 의미 연구」, 건국대학교 박사 학위 논문.

이석주(1989), 『국어형태론』, 한샘출판사.

이석주(2001), 「합성어의 단일어화 현상」, 『국어 교육』 104호, 한국국어교육연구회.

이석주 · 이주행(2017), 『한국어학 개론』(개정판), 보고사.

이선웅(2004), 「미지의 한국어 의존명사에 대하여」, 『형태론』 6-2, 박이정.

이선희(2004), 『국어의 조사와 의미역』, 한국문화사.

이승명(1992), 「국어 비교 구문과 전제」, 『수련어문논집』 19, 부산여자대학.

이승희(2006), 「형용사 명령문에 대한 고찰」, 『국어학논총』, 태학사.

이용주(1974ㄱ), 「한자어의 의미론적 연구(一)」, 『연구논총』 4, 서울대학교 교육회.

이용주(1983), 「한국어 동사의 의미론적 분류의 '-는다/-다' 形의 의미에 관한 연구」, 『師大論叢』 27, 서울대학교 사범대학.

이용주(1986), 「지시 대상의 시간적 특성과 동사 유형」, 『국어학 신연구』, 탑출판사.

이용주(1990), 「고유어와 한자어의 특성」, 『국어의미론』, 개문사.

이용주(1993), 『한국어의 의미와 문법 Ⅰ, -기본적인 관점-』, 삼지원.

이은경(2000), 『국어의 연결어미 연구』, 태학사.

이은희(1993), 「접속 관계의 텍스트언어학적 연구」, 서울대학교 박사 학위 논문.

이은희(2000), 『텍스트언어학과 국어 교육』, 서울대학교 출판부.

이을환 외(1973), 『국어학신강』, 개문사.

이을환 · 이철수(1983), 『한국어문법론』, 개문사.

이익섭 · 임홍빈(1983), 『국어문법론』, 학연사.

이익섭 · 채완(2000), 『국어문법론 강의』, 학연사.

이익섭(2009), 『한국어 문법』, 서울대학교출판문화원.

이정(1981), 「한국어 경어 체계의 제 문제」, 『한국인과 한국 문화』, 심설당.

이정복(2002), 『국어 경어법과 사회언어학』, 월인출판사.

이정택(1992), 「용언 '되다'의 피동법」, 『한글』218, 한글학회.

이주행(1976), 「국어 조동사 연구」, 『논문집』 11, 한국국어교육연구회.

이주행(1981), 「국어의 복합어에 대한 고찰」, 『국어국문학』86, 국어국문학회.

이주행(1982), 「외래어의 형태에 관한 고찰」, 『어문연구』 10-2, 한국어문교육연구회.

이주행(1986), 「의존명사의 의미 분석」, 『월산 임동권 박사 송수기념논문집』.

이주행(1988), 『한국어 의존명사의 통시적 연구』, 한샘출판사.

이주행(1989), 「후기중세국어 시간 부사의 통사 · 의미론적 연구」, 『말』 14, 연세 대학교 언어연구교육원.

이주행(1990ㄱ), 「후기중세국어 시간 부사의 통사 · 의미론적 고찰」, 『기곡 강신 항 선생 회갑 기념 논문집』, 태학사.

이주행(1990ㄴ), 「충북 방언의 상대경어법 연구」, 『평사 민제 선생 화갑 기념논집』.

이주행(1990ㄷ), 「전북 방언의 상대경어법 연구」, 『돌곶 김상선 교수 화갑 기념논집』.

이주행(1991), 「이른바 특수조사 {은/는}에 대한 고찰」『현산 김종훈 박사 화갑 기념 논문집』.

이주행(1992ㄱ), 『현대국어 문법론』, 대한교과서주식회사.

이주행(1992ㄴ), 「남한과 북한의 어휘 비교 연구」, 『한국어 연구논문』 34, KBS 한 국어연구회.

이주행(1993), 「후기중세국어의 사동법에 대한 연구」, 『국어학』 23, 국어학회.

이주행(1994), 「청자 경어법의 화계 구분」, 『효재 이용주 교수 정년 퇴임 기념 논문집』.

이주행(1995), 『한국어 문법 연구』, 중앙대학교출판부.

이주행(1998ㄱ), 「근대 국어 사동법에 대한 연구」, 『국어 교육』 97, 한국국어교 육연구회.

이주행(1998ㄴ), 「남북한 중 · 고교 국어 교과서에 쓰인 언어에 대한 연구」, 『국 어 교육』 98, 한국국어교육연구회.

이주행(1998ㄷ), 「한국 사회 계층별 언어 특성에 관한 연구」, 『사회언어학』 7-1, 한국사회언어학회.

이주행(2000ㄱ), 『한국어 문법 연구』(개정판). 중앙대학교출판부.

이주행(2000ㄴ), 『한국어 문법의 이해』, 월인출판사.

이주행(2002), 「서울 방언의 문법에 대한 연구」, 『조선학』, 중국 중앙민족대학 조선학연구소.

이주행(2003), 「남한과 중국 조선족 사회의 언어 비교 연구」, 『언어과학연구』26, 언어과학회.

이주행(2004), 「남한과 북한의 규범문법 비교 연구」, 『국어 교육』 113, 한국어교육학회.

이주행 외(2007), 『언어학과 문법 교육』, 역락출판사.

이주행(2008), 「한국어와 중국 조선어 학교문법 비교 연구」, 『국어 교육』 125, 한국어교육학회.

이주행(2009ㄱ), 「한국어 문장의 구성 양상의 통시적 고찰」, 『중국 중앙민족대학 국제학술대회 논문집』, 민족출판사.

이주행(2009ㄴ), 『한국어 의존명사 연구』, 한국문화사.

이주행(2016), 「외국어로서의 한국어 교육을 위한 현대 한국어의 상대높임법에 관한 연구」, 『국제한국어교육』 제2권 제2호, 국제한국어교육문화재단.

이주행(2017), 『외국어로서의 한국어 문법 교육론』, 보고사.

이지원(2004), 『現代漢語外來詞研究』, 文鶴出版有限公司.

이찬규(1993), 「국어 동사문의 의미구조 연구－무의도성 동사문을 중심으로」, 중앙대학교 박사 학위 논문.

이창용(1990), 「국어 부정문 연구」, 세종대학교 박사 학위 논문.

이철수(1994), 『국어형태학』, 인하대학교 출판부.

이필영(1993), 『국어의 인용구문 연구』, 탑출판사.

이현규(1985ㄱ), 「객체 존대 '-ᄉᆞᆸ-'의 변화」, 『배달말』 10, 배달말학회.

이현규(1997), 『국어 형태 변화의 원리』, 영남대학교출판부.

이홍식(1991), 「피동과 피동구문」, 『주시경학보』 8, 주시경연구소.

이홍식(2000), 『국어 문장의 주성분 연구』, 월인출판사.

임동훈(1996), 「현대국어 경어법 어미 '-시-'에 대한 연구」, 서울대학교 박사 학위 논문.

임동훈(2006), 「현대국어 경어법의 체계」, 『국어학』 47, 국어학회.

임유종(1999), 『한국어 부사 연구』, 한국문화사.

임지룡(1989), 『국어 대립어의 의미 상관체계』, 형설출판사.

임지룡·임칠성·심영택·이문규·권재일(2010), 『문법 교육론』, 역락출판사.

임홍빈(1987), 『국어 재귀사 연구』, 신구문화사.

임홍빈(1990), 「어휘적 대우와 대우법 체계」, 『기곡 강신항 교수 회갑 기념 국어학 논문집』, 태학사.

장경희(1982), 「국어 의문문의 긍정과 부정」, 『국어학』 11, 국어학회.

장경희(1985), 『현대국어의 양태 범주 연구』, 탑출판사.

장영희(1997), 「화식부사의 의미 유형에 관한 고찰」, 한국어의미학 1, 한국어의

미학회.

정동완(1993), 『국어 복합어의 의미 연구』, 서광학술자료사.

정민영(1994), 「국어 한자어의 단어 형성 연구」, 충북대학교 박사 학위 논문.

정원수(1992), 『국어의 단어 형성론』, 한신문화사.

정정덕(1986), 「국어 접속 어미의 의미·통사론적 연구」, 한양대학교 박사 학위
    논문.

정주리(1994), 「국어 보문동사의 통사·의미론적 연구」, 고려대학교 박사 학위
    논문.

정희자(2002), 『담화와 추론』, 한국문화사.

정희자(2008), 『담화와 문법』, 한국문화사.

정희정(2000), 『한국어 명사 연구』, 한국문화사.

조일규(1993), 「국어 이름씨 뒷가지의 변천 연구」, 동아대학교 박사 학위 논문.

조일규(1997), 『파생법의 변천 Ⅰ』, 박이정.

조일영(1995), 「국어 양태소의 의미 기능 연구」, 고려대학교 박사 학위 논문.

주경희(1992), 「국어 대명사의 담화분석적 연구」, 서울대학교 박사 학위 논문.

주세형(2005), 「통합적 문법 교육 내용 설계의 원리와 실제 연구」, 서울대학교
    박사 학위 논문.

채완(1986), 『국어 어순의 연구-반복 및 병렬을 중심으로』, 탑출판사.

최경봉(1998), 『국어 명사의 의미 연구』, 태학사.

최남희(1996), 『고대국어 형태론』, 박이정.

최동주(1995), 「국어 시상 체계의 통시적 변화에 관한 연구」, 서울대학교 박사
    학위 논문.

최명식·김광수(2000), 『조선어문법』, 연변대학출판사.

최재희(2004), 『한국어 문법론』, 태학사.

최현배(1937), 『우리말본』, 연희전문출판부.

최현배(1975), 『우리말본』, 정음사.

최형용(2003), 『국어 단어의 형태와 통사』, 태학사.

최호철(1993), 「현대국어 서술어의 의미 연구」, 고려대학교 박사 학위 논문.

하길종(1999), 『현대 한국어 비교 구문 연구』, 박이정.

하치근(1989), 『국어 파생 형태론』, 남명문화사.

한길(1991), 『국어 종결어미 연구』, 강원대학교출판부.

한길(1986), 「현대 국어 반말에 관한 연구」, 연세대학교 박사 학위 논문.

한길(2002), 『현대 우리말의 높임법 연구』, 역락출판사.

한길(2004), 현대 우리말의 마침씨끝 연구, 역락출판사.

한길(2006), 『현대 우리말의 형태론』, 역락출판사.

한동완(1996), 『국어의 시제 연구』, 태학사.

한송화(2000), 『현대 국어 자동사 연구』, 한국문화사.

한영목(2004), 『우리말 문법의 양상』, 역락출판사.

허웅(1979), 『우리 옛말본』, 샘문화사.

허웅(1983), 『국어학』, 샘문화사.

허웅(1987), 『국어 때매김법의 변천사』, 샘문화사.

허웅(1995), 『20세기 우리말의 형태론』, 샘문화사.

허웅(1999), 『20세기 우리말의 통어론』, 샘문화사.

현태덕(1987), 「영어의 비교 구문에 관한 연구」, 계명대학교 대학원 박사 학위 논문.

호광수(2003), 『국어 보조 용언 구성 연구』, 역락출판사.

홍사만(2002), 『국어 특수조사 신연구』, 역락출판사.

홍재성(1987), 『현대 한국어 동사구문의 연구』, 탑출판사.

홍종선(1986), 「국어 체언화 구문의 연구」, 고려대학교 박사 학위 논문.

홍종선(1993ㄱ), 「국어 시제의 발달」, 석헌 정규복 박사 환갑 기념 논총.

홍종림(1993ㄴ), 『제주 방언의 양태와 상』, 한신문화사.

황병순(1986), 「국어 복합 동사에 대하여」, 영남어문학 13, 영남어문학회.

황화상(2000), 『국어 형태 단위의 의미와 단어 형성』, 월인출판사.

Abasolo(1977), *Some Observations in Korean Compound Verbs*. 언어와 언어학 5.

Alessandra, T. J. and Hunsaker, P. (1993), *Communicating at Work*. New York : Simon & Schuster, Inc.

Anna-Maria Di Sciullo and Edwin Williams(1987), *On the Definition of Word*. The MIT Press.

Aronoff, M. (1976), *Word Formation in Generative Grammar*. The MIT Press.

Aronoff, M. & Fudeman, K.(2005), *What is Morphology?* Blackwell Publishing. 김경란 (2005), 형태론, 한국문화사.

Bartsch, R. and T. Vennemann(1972), *Semantic Structures*. Athenaum-verlag Germany.

Brasnan, J. W. (1973), *Syntax of the Comparative Clause Construction in English*. Linguistic Inquiry 4. Cambridge MA : MIT Press.

Bauer, Laurie(1983), *English Word-Formation*. Cambridge University Press.

Block, B. & Tracer(1942), *Outline of Linguistic Analysis*. Baltimore.

Bloomfield, L. (1933), *Language*. New York : Holt, Rinehart and Winston.

Bybee, J. M. (1985), *Morphology : A Study of the Relation between Meaning and Form*. Amsterdam : Benjamins.

Chafe W. L. (1973), *Meaning and the Structure of Language*. Chicago : The University of Chicago Press.

Chafe, W. L. (1974), *Language and Consciousness*. Language 50-1.

Chomsky, N. (1957), *Syntactic Structures*. The Hague : Mouton.

Chomsky, N. (1965), *Aspects of the Theory of Syntax*. Cambridge : MIT Press.

Chomsky, N. (1970), Remarks on Nominalization. In Jacobs & Rosenbaum(1970).

Chomsky, N. (1971). Deep Structure, Surface Structure, and Semantic Interpretation, In Steinberg & Jakoboyits(1971).

Chomsky, N. (1981), *Lectures on Government and Binding*. Dordrecht : Foris Publications.

Chomsky, N. (1991), "Some Notes on Economy of Derivation and Representation", in *Principles and Parameters in Comparative Grammar*, ed. R. Fredin, The MIT Press.

Chomsky, N. (1993), "A Minimalist Program for Linguistic Theory", in *The View from Building 20 : Essays in Linguistics in Honor of Sylvain Bromberger*, ed. K. Hale and S. Keyser, The MIT Press.

Chomsky, N. and H. Lasnik(1991), "Principles and Parameters Theory", in Syntax : An *International Handbook of Contemporary Research*, ed. J. Jacobs, A. von Stechow, W. Sternefeld, and T. Vennemann, de Gruyter.Henning Bergenholtz und Joachim Mugdan(1979), *Einführung in die Morphologie*. Kohlhammer.

Comrie, B. (1976), *Aspect*. Cambridge : Cambridge University Press.

Comrie, B. (1985), *Tense*. Cambridge University Press.

Cotes, J. (1983), *The Semantics of the Modal Auxiliaries*. London & Canberra : Croon Helm.

Dik, S. (1978), *Functional Grammar*. Amsterdam : North-Holland.

Dik, S. (1986), On the Notion "Functional Explanation." A. Bossuyt(ed.).

Fleischer, W. (1975), *Wortbildung der deutchen Gegenwartsprache*. 오예옥·이성만(1995), 현대 독일어 조어론, 한국문화사.

Fodor, J. A. (1970), Three Reasons for not Deriving 'Kill' from 'Cause to Die'. Linguistic Inquiry1.

Hockett, C. F. (1958), *A Course in Modern Linguistics*. New York : The Macmillan Company.

Jepersen, O. (1924), *The Philosophy of Grammar*. George Allen & Unwin, Ltd.

Katamba, F. and Sttonham(1993), *Morphology*, Palgrave Macmillan. 김진형·김경란 (2008), 형태론, 한국문화사.

Katz, J. J. and Postal, P. M. (1964), *An Integrated Theory of Linguistic Descriptions*. MIT Press.

Katz, J. J. and Postal, P. M. (1972), *Semantic Theory*. New York : Harper and Row.

Kalevi Tarvainen (1981), *Einführung in die Dependenzgrammatik*. Tübingen. 이점출(1991), 의존문법개론. 한신문화사.

Kuno, S. (1981), *The Syntax of Comparative Clauses*. PCLS 17. Univ. of Chicago : Chicago Linguistic Society.

Lahiri, Utpal(1998), Focus and Negative Polarity in Hindi. *Natural Language Semantics 6.*

Laka, Itziar(1990), Negation in Syntax : On the nature of functional categories and projections. Doctoral dissertation, MIT, Cambridge, MA.

Langacker, R. (1967), *Language and Its Structure*. New York : Harcourt Brace Javanovich, Inc.

Langacker. R. W. (1986), *An Introduction to Cognitive Grammar*. 김종도(1999), 인지 문법의 토대 I, II, 박이정.

Leech, G. N. (1974), *Semantics*. Harmondsworth : Penguin Books.

Leech, G. N. (1983), *Principles of Pragmatics*. London : Longman.

Lyons, J. (1968), *Introduction to Theoretical Linguistics*. Cambridge University Press.

Lyons, J. (1977), *Semantics* 1·2. Cambridge University Press.

Lyons, J. (1981), *Language*. Meaning and Context. Suffolk : Fontona Paperbacks.

Martin, S. E. (1954), *Korean Morphophonemics*. Baltimore.

Nida, E. A. (1949), *Morphology : The Descriptive Analysis of Words*. 2nd ed., Univ. of Michigan Press.

Quirk, R., S. Greenbaum, G. Leech, & J. Svartvic(1972), *A Grammar of Contemporary english*. London : Longman.

Quirk, R., Greenbaum, S., Leech, G. and Svartvik, J. (1985), A Comprehensive Grammar of the English Language. London and New Yo가, Longman.

Radford, A. (1981), *Transformational Syntax*. Cambridge University Press.

Radford, A. (1988), *Transformational Grammar* : a first course. Cambridge University Press.

Robins, R. H. (1964), *General Linguistics : An Introductory Survey*. London : Longmans.

Ross. J. R. (1968), *Constraints on Variables in Syntax*. Indiana University Linguistic Club.

Scalise, S. (1984), *Generative Morphology*. Dordrecht : Foris Publication.

Selkirk, E. O. (1982), *The Syntax of Words*. The MIT Press.

Shibatani, M. (1973), *Lexical versus Periphrastic Causatives in Korean*. Journal of Linguistics 9.

Shibatani, M (1976), Causativization. Syntax and Semantics Vol. 5. New York : Academic Press.

Siegel, D. (1979), *Topics in English Morphology*. Garland Publishing, Inc.

Spencer, A. and Zwicky A. M.(1998), *A New English Grammar*, Oxford.

• 찾 / 아 / 보 / 기 •

저자 이주행(李周行)

산수가 수려한 충청남도 광천에서 태어났다.

서울대학교 국어교육학과를 졸업하고, 서울대학교 대학원에서 석사 학위를, 성균관대학교 대학원에서 박사 학위를 취득하였다. 중앙대학교 국어국문학과 교수와 북경 소재 중앙민족대학 한국학 파견 교수를 역임하였다.

현재 중앙대학교 명예교수, 국제한국어교육문화재단 부이사장이다.

주요 저서

한국어 문법 연구
한국어 문법의 이해
한국어 문법
한국어 의존명사 연구
한국어 사회방언과 지역방언의 이해
한국어학 개론(공저)
표준 한국어 발음 사전(공저)
한국어 어문 규범의 이해
외국어로서의 한국어 문법 교육론
언어학과 문법 교육(공저)
국어 의미론(공저)
언어와 사회(공저) 외 다수

알기 쉬운 한국어 문법론

신정판 인쇄 2019년 2월 1일
신정판 발행 2019년 2월 8일
지은이 이주행
펴낸이 이대현
편 집 박윤정
디자인 김보연
펴낸곳 도서출판 역락 | **등록** 제303-2002-000014호(등록일 1999년 4월 19일)
주 소 서울시 서초구 동광로46길 6-6 문창빌딩 2층
전 화 02-3409-2058(영업부), 2060(편집부) | **팩시밀리** 02-3409-2059
전자우편 youkrack@hanmail.net
홈페이지 http://www.youkrackbooks.com
ISBN 979-11-6244-236-4 93710